KB160699

실학자와 동아시아 교류

실학자와 동아시아 교류

경기문화재단 실학박물관 편

경인문화사

발 간 사

　실학박물관은 개관 이래 실학사상에 관한 자료의 수집과 연구를 비롯하여 교육 및 전시를 통해 조선 후기 실사구시(實事求是)의 신학풍의 출현 배경과 그 내용을 이해하는 데 이바지하고, 나아가 실학이 추구한 개혁과 문명지향의 정신을 오늘과 새로운 시대를 위한 가치 모색의 동력으로 삼고자 힘써 왔습니다.

　이러한 방향에 맞추어 해마다 두 차례의 특별기획전시를 개최하고 있으며, 전시의 주제를 널리 알리고 학술적인 성과를 향후 박물관 전시 교육에 활용하기 위해 실학 관련 주제를 선정하여 학술회의를 진행해왔습니다. 아울러 축적된 연구성과를 엮어 '실학연구총서' 단행본 시리즈 서적으로 발간하고 있습니다.

　한·중 수교 30주년이었던 지난 2022년에 실학박물관은 〈연경(燕京)의 우정〉이라는 주제로 특별전을 개최하였고, 『호저집(縞紵集)』을 최초 완역하여 실학번역총서로 발간하였습니다. 아울러 한·중 수교 30주년을 기념하여 두 차례의 학술회의도 개최하였습니다. 2022년 8월 24일, 한국실학학회와 공동으로 〈실학자와 동아시아, 교류 기록의 표(表)와 리(裏)〉 학술회의를 개최하였으며, 2022년 11월 17일에는 국역 『호저집』 발간을 기념하여 〈박제가와 한·중 묵연(墨緣)〉 학술회의를 개최하였습니다. 이번에 발간한 실학연구총서 제16집 『실학자와 동아시아 교류』는 두 학술회의에서 발표된 아홉 편의 논문을 1, 2부로 구성하여 담은 것입니다.

1부 '실학자와 동아시아, 교류 기록의 표(表)와 리(裏)'는 조선 실학자의 연행기록, 청나라 문인과 주고받은 시문과 편지를 통해 조선과 청나라의 외교사를 조명한 연구와 추사 김정희의 학술외교, 여성 문예활동을 통해 동아시아 각국의 실상과 문화에 기민한 관심을 지니고 있었던 조선 후기 실학자들의 의식 세계에 관한 연구입니다. 1부에 실린 다섯 편의 논문은 조선 후기 문사들이 남긴 동아시아 교류에 관한 다양한 기록과 자료를 탐색한 것으로 당시 각국 간에 이루어진 활발한 학술·문화 소통의 모습을 담았습니다.

2부 '박제가와 한·중 묵연(墨緣)'은 한양대학교 정민 교수님과 연구팀이 『호저집』의 방대한 내용을 번역하고 이를 심층 연구한 네 편의 논문으로 구성하였습니다. 실학자 박제가의 셋째 아들 박장암이 엮은 『호저집』의 '호저(縞紵)'란 본래 비단과 모시라는 뜻으로, 벗 사이에 마음을 담아 주고받는 선물 즉 시문과 편지 등을 가리킵니다. 박제가는 18세기 후반 연행사절로서 1778년 처음 참여한 이래로 1790년에 연이어 2회, 그리고 1801년에 한 차례로 총 네 차례에 걸쳐 중국을 다녀왔습니다. 그는 4차의 연행을 통해 수많은 청조 문인들과 만났고, 조선 사신 중 제일가는 중국 인맥을 형성했습니다. 『호저집』은 바로 이때 박제가가 교유했던 중국 문인들에 대한 기록입니다. 박제가가 해당 인물을 만나게 된 경위, 서로 주고받은 풍부한 시문과 필담 자료 등을 기록해 박제가가 수행한 교유의 전말을 매우 자세하면서도 입체적으로 전하는 아주 중요한 자료입니다. 2부를 구성한 네 편의 논문을 통해 18세기 한·중 문인의 교류 양상과 그 세부를 입체적으로 조망해 볼 수 있을 것이며, 『호저집』이 가지는 문예 교류 자료로서의 가치를 한층 높여 주는 뜻깊은 계기가 마련된 것으로 보입니다.

이번 실학연구총서 발간을 계기로 한·중 문화 교류사의 지평이 확대되어 더욱 다양한 분야에서 활발한 연구가 진행되리라 기대합니다. 좋은 글을 집필해주시고 기꺼이 내어주신 필자 여러분을 비롯하여 학술대회 토론자로 참석해주신 연구자분들에게 감사합니다. 이번 연구 결과의 출간이 학계에 도움이 되기를 기대합니다. 아울러 두 번의 학술대회를 잘 이끌어주신 윤재민 전임 한국실학학회 회장님과 한양대학교 정민 교수님께 감사합니다. 끝으로 학술회의 준비를 비롯하여 총서에 발간에 수고하신 여러분께 감사합니다.

2023. 8

경기문화재단 실학박물관장

정성희

차 례

발간사

1부
실학자와 동아시아, 교류 기록의 표(表)와 리(裏)

燕行 筆談의 實狀과 層位
| 최 식 |

1. 問題提起 ··· 5
2. 燕行 筆談의 屬性과 實狀 ································ 7
3. 燕行 筆談의 內容과 層位 ································ 24
4. 燕行 筆談 硏究에 대한 提言 ························ 39

조선후기 연행록의 계보적 고찰
- 대구서씨가 徐有鎭의 『鍾園遊燕錄』을 중심으로
| 임영길 |

1. 머리말 ·· 49
2. 徐有鎭과 『鍾園遊燕錄』 저술 ························ 51
3. 전대 연행록의 수용 양상 ······························ 60
4. 후대 연행록과의 관련성 ································ 71
5. 맺음말 ·· 79

후지츠카 치카시(藤塚鄰)의 漢學과 北學派硏究의 視座

\- 淸朝考證學 및 東洋學과의 遠近

| 송호빈 |

    1. 머리말 ··· 87

    2. 후지츠카 연구와 후지츠카 관련 자료들 ··················· 91

    3. 淸朝考證學의 傳統과 후지츠카의 漢學 ················ 96

    4. 東洋學의 磁場과 北學派硏究의 視座 ···················· 107

    5. 맺음말 ··· 114

후지츠카 지카시, 또 다른 얼굴

\- 고증학·과학·제국주의

| 정혜린 |

    1. 문제 제기 ··· 125

    2. 후지츠카 지카시의 고증학과 김정희의 고증학 ········· 126

    3. 후지츠카의 고증학: 실사구시와 과학성 ················· 140

    4. 후지츠카 지카시가 언급하지 않은 연구 관점: 제국주의 ········· 149

    5. 맺음말 ··· 157

여성의 화목(畫目), 자수(刺繡)

\- 자수 제발(題跋)로 본 조선시대 여성 문예

| 김기완 |

    1. 들어가며 ··· 165

    2. 자수의 특성: 質料性·合作性·종합성 ························· 171

    3. 안동 장씨 관련 자수첩 사례: 시·서·繡의 결합과 여성문예의 조건 ·· 178

    4. 여성문예물의 유전 범위, 자수첩의 안팎: 규문에서 중국까지 ···· 188

    5. 나가며 ··· 197

2부
박제가와 한·중 묵연(墨緣)

『호저집』의 편집 구성과 자료 가치
| 정 민 |

  1. 머리말 ··· 207

  2. 『호저집』의 유전(流傳) 경위와 소장자 ····················· 210

  3. 편자 박장암에 대하여 ····································· 214

  4. 『호저집』의 편집 원칙 ····································· 220

  5. 『호저집』의 주요 내용 ····································· 224

  6. 맺음말 ··· 233

『縞紵集』에 보이는 박제가의 교유와 교류 양상
| 박종훈 |

  1. 들어가는 말 ··· 241

  2. 청대 문인과의 교유 및 교류 양상 개괄 ··················· 244

  3. 청대 문인과의 교유 양상 ································· 250

  4. 나가는 말 ··· 272

『縞紵集』의 編纂者 朴長馣의 생애와 그 편찬 의식
| 강진선 |

  1. 서론 ··· 279

  2. 朴長馣의 생애와 관력 ····································· 281

  3. 『호저집』 편찬의 지향과 반영 ····························· 289

4. 결론 ·· 322

淸朝文人과 나눈 朴齊家의 편지 자료 검토
- 『縞紵集』을 중심으로
| 이패선 |

1. 머리말 ·· 329

2. 『縞紵集』 수록 편지 자료 개관 ·· 331

3. 편지 분석을 통해 본 朴齊家와 淸朝文人 간의 교유 ················· 335

4. 맺음말 『縞紵集』 수록 편지의 자료 가치 ······································ 359

찾아보기 ·· 363

| 1부 |
실학자와 동아시아,
교류 기록의 표(表)와 리(裏)

2022년 8월 24일,
실학박물관과 한국실학학회가 공동으로 개최한
학술회의에서 발표된 다섯 편의 논문을 수록하였다.

燕行 筆談의 實狀과 層位

최식 공주대학교 한문교육과 부교수

1. 問題提起
2. 燕行 筆談의 屬性과 實狀
3. 燕行 筆談의 內容과 層位
4. 燕行 筆談 研究에 대한 提言

* 이 논문은 『한국실학연구』44(한국실학학회, 2022)에 수록한 내용을 일부 수정·보완한 것임을 밝힌다.

1. 問題提起

연행록은 연행 노정에서 직간접적으로 견문한 체험을 토대로 다양한 방식으로 기록한 저작이다. 조선 500여 년간 명과 청에 1,000여 회에 육박하는 사신을 파견했던 바, 당시 연행에 참여한 三使(정사·부사·서장관) 및 수행원(군관·반당·역관 등)이 남긴 연행록도 대략 600여 종을 상회하는 실정이다. 특히 연행은 중국을 비롯한 주변국의 동향 등 천하의 대세를 살피는 '審勢'로서 매우 중요하다.[1] 그럼에도 동일한 연행 노정을 경유하는 관계로 견문한 내용은 대동소이하고, 교유 인물과 필담 내용만 다른 경우가 허다하다. 따라서 필담은 한중 지식인 교류에서 유의미할 뿐만 아니라, 당시 중국을 비롯한 주변국의 동향 및 중국의 감춰진 이면을 탐지할 수 있는 유용한 수단이다.

> 憲廟 乙巳년(1845)에 내가 서장관에 충원되니 雲石이 웃으며 말했다. "자네는 연경에 들어가서의 세 가지 빈궁에 대한 얘기를 들어 보았는가? 글재주가 모자라서 빈궁한 일과 언어가 통하지 않아서 빈궁한 일, 돈이 부족해서 빈궁한 일을 이르는 말일세."
> "姓字가 本音을 잃는 일이 가장 민망한 일일세."
> 나는 농담 삼아 하는 말로 들었는데, 연경에 들어가자 이른바 삼

---

1) 朴趾源, 『熱河日記』, 「審勢編」: 柳得恭, 『熱河紀行詩註』. "記曰: '善哉覘國乎!' 此使臣之職耳. 其所以覘之之道, 抑在乎耳目, 軍官·譯官·關西馬頭·灣上跟役, 以至彼中通官, 皆使臣之耳目也. 此屬方且困窮無聊, 交相欺詐, 奚暇爲耳爲目乎哉!"

빈이라는 것이 과연 공이 말한 것과 같았고, 공의 성인 趙자를 子午라는 음으로 말하였는데, 오직 나의 李氏만은 본음을 잃지 않았다.[2]

李裕元(1814-1888)과 趙寅永(1782-1850)의 연행 관련 에피소드로, 언어가 통하지 않아서 곤란을 겪는 상황도 등장한다. 이는 두 사람에 국한된 일이 아니라 연행에 참여하는 모든 조선인에 해당하는 사안이다. 일찍이 朴趾源(1737-1805)도 중국 지식인과 필담한 내용을 회상하면서 중국은 바로 문자가 말이 된다는 사실을 깨닫고서 필담의 어려움을 토로한 바 있다.[3]

연행 필담은 洪大容(1731-1783)이 杭州 지식인과의 교류를 기록한 『乾淨衕會友錄』을 기점으로, 박지원의 『熱河日記』에서 그 성격과 내용이 극대화되며, 이후에는 연행록을 구성하는 항목의 하나로 자리 잡는다.

그럼에도 연행 필담 연구는 홍대용과 박지원에 집중되었고, 근래에는 연구 범위가 점차 확대되는 추세이다.[4] 이는 연행록 연구 경향과도 밀접한 관련이 있다. 상당수의 연구자는 『老稼齋燕行日記』·『湛軒燕記』·『열하일기』 등 3대 연행록에 매료되어 연구에 매진하지만,

---

2) 李裕元, 『林下筆記』권25, 「春明逸史」, 〈入燕三貧〉. "憲廟乙巳, 余充三行人, 雲石笑曰: '君聞入燕三貧之說乎? 文貧·言貧·銀貧之謂也.' 又曰: '姓字之失本音, 最可悶也.' 余以詼諧聽之, 及入燕也, 所謂三貧者, 果如公言, 而公姓之趙字, 稱以子午音, 惟余李氏, 不失本音."

3) 朴趾源, 『熱河日記』, 「鵠汀筆談」. "及入皇京, 與人筆談, 無不犀利. 又見所作諸文篇, 則皆遜於筆語, 然後始知我東作者之異於中國也. 中國直以文字爲言, 故經史子集, 皆其口中成語. 非其記性別於人也, 爲之强作詩文, 則已失故情, 言與文判爲二物故也. 故我東作文者, 以齟齬易訛之古字, 更譯一重, 難解之方言, 其文旨氄昧, 辭語糊塗, 職由是歟. 吾歸而遍語之國人, 則多不以爲然, 良足慨然已已矣."

4) 연행 필담 관련 연구 성과는 〈참고문헌〉에 상세하다.

예상과 다른 여러 난관에 봉착하고 만다. 실상 연행 필담도 연행록과 별반 다르지 않다. 그렇다고 현전하는 연행 필담을 자료적 가치가 없다고 속단하거나 폄하해서는 안 된다.

지금까지 창작의도·내용·표현방식 등을 중심으로 연행 필담 연구를 진행하여 상당한 연구 성과가 축적되었음에도 불구하고, 정작 연행 필담의 속성과 실상 또는 내용과 층위에 대한 구체적인 성과는 여전히 미흡하다.

연행 필담은 홍대용의 필담을 분수령으로 그 층위와 성격이 변모하기에 이른다. 이전 중국 지식인과의 필담 또는 문답은 당시 중국을 비롯한 주변국의 동향 및 중국의 감춰진 이면을 탐지하는 '審勢'로서 기능하지만, 이후에는 한중 지식인의 교류에서 인적 네트워크를 구축하는 중요한 수단으로 활용된다.

따라서 본고는 연행 필담의 속성과 실상을 점검하고, 이를 바탕으로 그 내용과 층위까지 살펴보고자 한다. 이는 기초적 토대 연구로 향후 연행 필담 연구의 초석이 되기를 기대한다.

2. 燕行 筆談의 屬性과 實狀

조선과 중국은 언어가 상이하여 의사소통이 상당히 제한적일 수밖에 없다. 역관을 매개로 대화하거나 한문으로 필담해야만 의사소통이 가능하다. 그런데 역관은 연행에서 공식적인 임무를 수행하는 터라, 항상 역관을 대동할 수도 없는 노릇이다. 따라서 필담은 역관의 매개 없이 직접 한문으로 소통하는 유일한 수단인 셈이다. 그러나 필담은 일정한 제약과 구속을 동반하기 마련이다.

다음은 任百淵(1802-1866)이 북경에서 백화로 문답하는 현장이다.

① 장사꾼이 큰 보따리를 메고 와서 문의 주렴을 들어 올리며 말했다.

"물건 사세요?[要買?]"

"올라오게.[上炕.]"

내가 고개를 끄덕이며 대답했다.

그러자 장사꾼이 곧장 반색하며 들어와 앉아 보따리를 풀어놓는데, 각종 물건이 자질구레하여 한두 가지가 아니었다. 시험 삼아 물건 하나를 남겨두고 값을 치르려 하자, 장사꾼은 황급히 손을 내저으며 말했다.

"필요 없습니다.[不要.]"

갑자기 허리춤에서 작은 공책 하나를 꺼내 기록하더니 이렇게 말했다.

"나중에 계산하시면 됩니다.[後日算.]"

계산을 마치자 장사꾼은 스스로 보따리를 정리하여 서둘러 나갔다.

다른 장사꾼이 연이어 오거나 무리를 이루어 여러 번 이르렀지만 모두 똑같았다. 보따리의 각종 물건은 하루 종일 살펴보았는데, 밤이 깊어서도 끊이지 않았다. 때때로 고통스러워 웃으면서 손을 내저으며 말했다.

"안 삽니다, 안 삽니다.[不買不買.]"

그런데 장사꾼도 웃으며 서둘러 들어와서 말했다.

"보따리를 풀어놓을 테니 구경이나 하세요.[開包看看.]"

황파는 물건 구경으로 소일하려고, 장사꾼이 찾아오면 반드시 구경하였다. 내가 일부러 손을 내젓고 쫓아내며 말했다.

"이 나리는 돈이 없는 사람이요. 모두 공짜로 구경하려는 거요.[這老爺空空的, 都是白看看.]"

"아닙니다, 아닙니다.[不是不是.]"

장사꾼은 머리를 가로 흔들며 대답했다.

일부러 장사꾼을 쫓아내려고 물건 하나를 가지고 값이 얼마인지 물었다.

"은자 3냥입니다.[銀子參兩.]"

곧장 두 손가락을 펴서 보이며 말한다.

"2전에 사고 싶소.[二錢買.]"

"손해가 커서 팔 수 없습니다.[狠虧本不能勾.]"

장사꾼은 깜짝 놀라서 대답하고, 다시 묻지 않고서 곧장 가버렸다.

간혹 장사꾼을 불러 한가롭게 이야기를 나누기도 하니, 또한 소일하려는 것이었다.

대략 중국어로 말을 주고받았다.[5]

② 해질 무렵 마두배를 거느리고 거리로 나가 발길 가는 대로 숭문문을 향해 걷는데, 백 걸음을 못 가서 농부 왕맹자가 수레를 타고 오는 것을 보았다. **그는 나를 보고 크게 기뻐하여 수레에서 뛰어내려와 말을 하려고 해도 할 수가 없자 서로 웃을 뿐이었다.** 왕희손이

---

5) 任百淵, 『鏡浯遊燕日録』, 1837년 1월 2일. "賈人輩荷持大包來, 揭門簾子曰: '要買?' 點頭曰: '上炕.' 卽欣然來坐開包, 各樣東西, 瑣細不一. 試一留置, 方欲給價, 彼遽搖手曰: '不要.' 輒於腰間, 出一空格小冊, 請開錄曰: '後日筭.' 筭罷, 彼自收包徑去. 他商踵來, 或成群疊至, 皆一樣. 包裹各樣物類, 終日披閱, 至夜深而不絶. 有時苦惱, 笑而麾之曰: '不買不買.' 渠亦笑而徑入曰: '開包看看.' 黃坡爲其消遣, 有來必閱. 余故麾逐曰: '這老爺空空的, 都是白看看.' 彼搖首曰: '不是不是.' 故欲逐之, 持一物, 問價錢多少. 假如曰: '銀子參兩.' 則乃立二指以示曰: '二錢買.' 彼卽大驚曰: '狠虧, 本不能勾.' 不再問而直走. 或招與開話, 亦欲消遣也. **略以漢語酬答.**"

머뭇거리고 망설이며 사방을 둘러보고 눈을 찌푸리더니 혼잣말을 하는데 매우 답답한 듯했다. 이어 내 손을 잡고 함께 수레를 타고 빠르게 내달려 보령국 문 앞에 도착했다. 수레에서 내려 손잡고 들어가 서둘러 붓과 벼루를 갖추더니 말했다.

"들으니, 東使가 얼마 안 있어 출발한다고 해서, 제가 관소에 찾아가 이별하려고 했습니다. **다행히 길에서 賢弟를 만나 마음을 쏟으려 하는데 벙어리에다 귀머거리인 걸 어찌 하겠습니까? 마주 대한들 울적하고 답답하지 않겠습니까?**"

…(중략)…

왕희손이 말했다.

"**나와 현제가 하루 종일 마주한들 붓과 벼루가 없으면 벙어리에 귀머거리일 뿐입니다.** 그러나 아끼고 좋아하는 마음은 말하지 않아도 서로 아니, 이 거문고가 현이 없는 것은 그 의미를 취한 것입니다. 더구나 저는 늙고 현제는 비록 장년이지만 다시 만날 기약이 없으니 서로 느끼는 감정은 마음에 있지 말에 있지 않습니다."[6]

① 임백연이 鄭煥杓와 북경의 옥하관에서 쉬는데 장사꾼이 보따리를 들고 찾아와 대화하는 내용이다. 당시 북경 옥하관의 매매 상황을 사실적으로 보여주는 대목으로, 장사꾼과의 대화는 백화로 진행된다. 이는 조선인이 물건을 사고파는 행위에서 백화로 의사소통이 가능하

---

6) 任百淵, 『鏡湖遊燕日録』, 1837년 2월 1일. "晡後率馬頭輩, 出街頭, 信步向崇文門, 未百步, 見汪農部孟滋, 乘車而來, **見余大喜, 投下車來, 欲語不能, 相笑而已. 汪躊躇四顧, 皺眉獨語, 中若甚齎,** 乃携手共載, 疾馳到寶寧局門前, 下車携入, 促具筆硯曰: '聞東使不日將戒駕, 僕欲至館相別. **幸逢賢弟於道, 心焉傾注, 其柰啞聾, 相對可不欝陶?**' …… 汪曰: '**吾與賢弟, 終日相對, 非筆硯則一啞一聾耳.** 然愛好之情, 不言相喻, 此琴之無絃, 取其質也. 況僕老矣, 賢弟雖盛年, 會合無期, 相感之契, 在心不在言也.'"

며, 연행에 참여한 대다수가 백화로 日常 會話가 가능했음을 의미한
다. ② 임백연이 북경의 거리에서 汪喜孫을 우연히 만나는 상황이다.
언어가 달라 의사소통도 어렵고, 공개적인 장소라 주변의 시선을 피
하고자, 부득이 자리를 옮겨 필담하며 답답한 심정을 토로한다. '나와
현제가 하루 종일 마주한들 붓과 벼루가 없으면 벙어리에 귀머거리일
뿐입니다.'는 왕희손의 하소연은 필담이 아니면 의사소통이 불가능한
상황을 가감 없이 보여준다. 이는 임백연과 왕희손뿐만 아니라 한중
지식인 누구나 겪는 불편이다.

위의 사례에서 알 수 있듯이, 백화와 필담은 주어진 상황과 여건에
따라 구분하여 사용된다. 따라서 필담은 일상 회화의 범주를 벗어난
내용으로 의사를 소통할 때 사용한다는 의미이다.

그렇다면, '以筆代舌'하는 연행 필담의 속성이 무엇인지 자세히 살
펴보도록 한다.

첫째, 필담은 시·공간적 제약을 수반하고, 문방사우가 구비된 상황
에서 가능하다.

　　① 尹公이 잠결에 그 말을 얼핏 들었는지, 鵠汀을 향해 무어라고
몇 마디 한다. **곡정은 머리를 끄덕이며 즉시 필담하던 초고를 거두
고는 내게 같이 나가자고 한다.** …… 다음날 사신은 5更에 일어나 조
정 반열에 참여하러 갔고, 그 시각에 나도 함께 일어났다. 바로 곡정
에게 가서 촛불을 밝히고 이야기를 했다. 都司 郝成도 같이 만났는
데, 윤공은 새벽에 이미 조정에 들어갔다. **밥을 먹으며 필담하느라
종이 30장을 갈아치웠으니, 寅時에서 酉時까지 무릇 16시간이었다.**[7]

7) 朴趾源, 『熱河日記』, 「鵠汀筆談」. "尹公微聞其語, 向鵠汀數轉云云. **鵠汀首肯, 卽**

　　② <u>설교는 책상 위에 네모진 공책 3, 4권을 내놓아 각각 사람 앞에 벌여놓았는데, 필담하기 위한 재료이다. 서로 돌아가며 토론하였는데, 말에 볼만한 것이 많았다. 그러나 돌아올 때 설교가 모조리 거두어 가고, 또 빠뜨리고 잊어버린 것이 많으니 안타깝다.</u>[8]

　　① 박지원이 열하의 태학관에서 王民皥를 찾아가 필담하는 정황이다. 그런데 윤공의 말을 듣더니 곡정이 갑자기 담초를 거두어 가는 상황이 벌어진다. 이튿날 필담은 종이 30장을 갈아치우고 16시간이나 지속된다. ② 임백연과 吳筠이 필담하는 현장에는 문방사우가 구비되어 있다. 더욱이 언제 끝날지 모르는 필담을 대비해서 책상에는 네모진 공책 3, 4권이 놓여 있다. 정작 필담이 끝나자, 오균이 담초를 모조리 거두어 가는 바람에 빠뜨리고 잊어버린 내용도 많다.

　　위 사례는 필담이 시·공간적 제약을 수반하고, 문방사우가 구비된 상황에서만 가능함을 보여준다. 더욱이 필담 초고에 해당하는 담초조차 수거가 불가능한 경우도 비일비재하다. 이러한 정황은 홍대용의 『간정동필담』에도 보인다. 홍대용 일행이 엄성, 반정균과 필담을 마치자, 엄성과 반정균은 담초의 내용을 일일이 살펴서 기휘에 저촉되는 내용은 제외하고 담초를 돌려주기에 이른다.[9] 따라서 홍대용의 필담은 당

　　　<u>收談草, 揖余同出.</u> …… 次日五更, 使臣起趨班, 余同起. 因赴鵠汀, 明燭而語. 郝都司成相會, 而尹公曉已赴朝也. <u>且飯且語, 易數三十紙, 自寅至酉, 凡八時.</u>"

8) 任百淵, 『鏡浯遊燕日錄』, 1837년 1월 16일. "<u>雪橋於床上, 出空紙方冊三四卷, 列置各人面前, 爲筆談資也. 相與輪回問難, 語多可觀. 而歸時雪橋盡收之, 又多遺忘可歎.</u>"

9) 洪大容, 『乾淨衕筆談』, 1766년 2월 17일. "余曰: '今日問答之紙, 亦並爲持去, 如何?' 力闇曰: '但言語不倫, 字畫欹斜, 可笑.' 余曰: '歸後, 以此錄出問答之語, 以爲生前睹思之資. 且以示之儕流, 傳之後孫耳.' 蘭公曰: '足徵古誼 然必擇其語稍可倫

시 필담 상대자와의 상호 합의에 따라서 기록되었음을 알 수 있다.

둘째, 필담은 일반적으로 만주족이 아닌 한족과의 사이에서 성립한다.

우경이 말했다.

"집안에 일이 있어 먼저 일어나니 저녁까지 모실 수가 없습니다."

"이미 일이 있다면 마음대로 하시지요. 설교가 곁에 있으니 자리가 다하면 끝날 터이니 무슨 허물이 있겠습니까?"

내가 대답하고 몸을 일으켜 전송하였다. 우경이 나가자, 설교가 웃으며 말했다.

"이것은 旗人의 비루한 습속입니다."

"무엇을 비루한 습속이라 하십니까?"

"기인의 관례에는 여자 나이 14세 이상이면 선발하여 궁중에 들이는데 '선수녀'라고 합니다. 4, 5년에 한번 선발하는데 오늘이 바로 선수녀를 선발하는 날입니다. 우경의 누이는 관례상 선발되기 때문에 우경이 수레에 태워 궁으로 들입니다."

"선발되면 조치가 어떠합니까?"

"妃嬪이 되는 수도 있고 지시가 있으면 제왕과 혼인할 수 있습니다. 나머지는 모두 궁중에 흩어져 살다가 17세를 기다려 궁을 나와 시집을 갑니다."

"17세에 궁을 나오면 혼인 시기로는 조금 늦은데 혼인을 원하는 자가 있습니까?"

"이미 內選에 들었으니 그 재주와 용모는 알 수 있습니다. <u>그래서</u>

次者記之. 不然, 見譏後人矣.' 余曰: '知道.' **兩人遍考問答, 其稍涉忌諱者, 或裂而取之, 或全取之, 勢不可挽止之. 此則前後皆如是焉.**

旗下 卿相家가 다투어 아내로 맞으려 하지만, 우리들 한인은 예로부터 이런 비루한 풍습이 없습니다. 오늘 새벽부터 시작해서 3일 동안 차비해서 보내는데, 수레가 구름처럼 모여듭니다. 선발된 자는 다시 날을 잡아 궁으로 들어가고, 그렇지 않은 자는 바로 집으로 돌아갑니다."

말을 마치자, **담초를 집어 불태웠다. 대개 설교와 우경은 스승과 제자 사이라 서로 친밀하여 간격이 없는 듯 보이지만 한인과 청인의 구분에 있어서는 절로 불평한 기색이 있어 이따금 겉으로 드러났다.**[10]

임백연이 한족 출신의 관료 오균과 만주족 솔선을 만나 필담하는 상황이다. 전선이 집안일을 핑계로 자리를 나가자, 오균은 만주족 풍습의 하나인 선수녀를 상세하게 설명한다. 선수녀는 한족에게는 없는 만주족의 비루한 풍습으로 비판의 대상이다. 오균은 필담을 마치자 선수녀 관련 담초를 불태우고 만다.

일찍이 閔鎭遠(1664-1736)은 명 황실의 후손을 자처하는 朱言과 필담한 바 있는데, 당시 주언은 문답한 담초를 불속에 던진다.[11] 이는

---

10) 任百淵, 『鏡浯遊燕日錄』, 1837년 1월 28일. "虞卿書示曰: '家中有事先起, 不可陪奉竟夕, 倘不有咎.' 余曰: '旣有事則唯意焉. 雪橋在座, 竟席當罷, 何咎之有?' 仍起身送之. 虞卿旣出, 雪橋笑曰: **此旗人陋規.** 余曰: '何謂陋規?' 曰: '旗例, 女子十四歲以上, 選入宮中, 名曰選秀女. 四五年一選, 而今日卽選秀之期. 虞卿之妹, 例合選, 故虞卿車送入宮耳.' 問曰: '被選, 如何處置?' 曰: '有爲妃嬪, 有指與諸王爲婚. 餘皆散處宮中, 待年十七, 出宮嫁送.' 曰: '十七出宮, 佳期差晩, 卽有願娶者乎?' 曰: '旣入內選, 則其才貌可知. **故旗下卿相家, 爭自娶之, 而我等漢人, 從前無此陋習.** 自今日曉爲始, 三日裝送, 其車如雲. 中者更擇日進宮, 不中者仍回其家.' 語畢, **取其談草焚之. 盖雪橋·虞卿師生也, 見其相愛無間, 而至於漢淸之分, 自有不平之氣. 時見於外.**"

11) 閔鎭遠, 『燕行錄』, 1712년 6월 8일. "夕有一老人, 來訪於余所館, 爲人頗似質樸. 問其姓名, 則朱言也. … 余問: '然則革除之際, 能免慘禍否?' 對曰: '吾父往征流冦,

주언의 부친이 정씨로 성을 바꾸어 화를 모면한 처지이고, 주언 자신도 '貢生 丁含章'으로 행세하는 사실과 관련이 깊다. 담초의 도말과 소각은 『열하일기』에서 문자옥을 두려워하는 한족의 극단적인 행동을 표현한 대목에서 빈번하게 등장한다.[12]

오균과 전선이 비록 사제 간이지만 한족과 만주족의 갈등은 은연중에 드러나기 마련이다. 만주족 풍습인 선수녀에 대한 비판은 곧장 만주족을 비판하는 것으로 문자옥에 직결되는 문제이다. 따라서 오균은 담초를 은닉과 도말이 아닌 극단적인 방법으로 소각하여 흔적조차 없애고자 한다. 연행에서 중국 지식인과의 필담은 당시 중국의 현안과 실상을 직접 견문하는 절호의 기회이며, 담초의 은닉과 도말 및 소각은 한족과 만주족의 미묘한 관계와 갈등 양상을 집약적으로 보여준다.

셋째, 담초를 모두 수합하는 일은 불가능하다.

> ① 전번에 말씀드린 『회우록』 3권은 매번 한가한 틈을 타서 펼쳐 보면 마치 간정동에서 마주앉아 토론하던 때와 같아, 만리에서 회상하는 괴로움을 위로할 만합니다. **다만 당시 談草는 대부분 형이 보관하여 추기할 방법이 없습니다. 이곳에서 편집한 것은 다만 현존하는**

未返而國亡. 仍爲逃匿此也. 變姓丁得以免禍. 吾亦以貢生丁含章行世, 而本姓名則朱言也.' … 又曰: '見老爺所着衣冠, 不勝欽羨. 吾之所着, 卽與牛馬何異?' **仍以問答所書之紙, 投之於火, 流涕嗚咽曰: '恐有人竊聽, 愼之愼之.'"**

12) 朴趾源, 『熱河日記』, 「鵠汀筆談」. "余曰: 永樂時, 蒐訪天下群書, 爲永樂大全等書, 賺人頭白, 無暇閒筆. 今集成等書, 並是此意否? **鵠汀忙手塗抹**曰: 本朝右文, 度越百王. 不入四庫, 顧爲無用."; "余曰: 頭已發, 志士萬太息. **鵠汀色變, 已而色定, 裂頭厄投爐中**曰: 魯人獵較, 某亦獵較, 豈不是時中之聖? 李卓吾忽自開剃, 這是凶性."; "亨山曰: 癡欲煎膠粘日月. 是時日已暮, 炕中沈沈, 故已喚燭矣. 余曰: 不須人間費膏燭, 雙懸日月照乾坤. **鵠汀搖手, 又墨抹雙懸日月**. 蓋日月雙書, 則爲明字. 余則偶對粘膠句, 而雙懸日月頗諱之也."

종이에 의존하여 기록할 만한 것이 이미 대부분 누락되었고, 語脈 또한 말머리가 빠지거나 말끄트머리가 누락되었습니다. 억측으로 보충하면 본색을 잃을 것이니 매우 안타깝습니다. 형이 보관하신 原草를 혹여 갖고 있으면, 그 중에서 기록할 만한 것을 고르고 피차 수창한 것을 아울러 기록하여 보내주시기 바랍니다. 이곳의 3권 책도 형이 또한 보실 뜻이 있다면 바로 인편에 부쳐 보내드리겠습니다.[13]

　　② 다만 談草는 대부분 추루가 보관했기 때문에 기록한 내용은 오로지 현존하는 담초에 의거했다. 그 담초가 없어 기억해서 기록한 것은 열에 하나둘에 불과하다. 2월 26일 작별할 때, 추루가 손님을 응접하느라 밖에 있어서 담초를 수거해 온 것이 매우 많았지만 그래도 셋 중에 하나를 잃어버렸다. 또한 피차가 오직 대화를 나누는데 급급했던 탓에 쓴 것도 대부분 난잡하고 순서도 없었다. 따라서 현존하는 담초도 질문은 있는데 답변이 없는 것이 있고, 답변은 있는데 질문이 없는 것도 있으며, 말머리가 빠지고 말끄트머리를 누락한 말도 있다. 이러한 상황이라 추기할 수 없는 것은 버리고, 세 사람의 말 가운데 오히려 기록할 수 있는 것은 또한 대략 몇 글자를 보충했다. 다만 話法이 문득 본색을 잃어버리는 것은 어찌할 수 없다. 게다가 간간이 중첩되고 끊어지거나 이어지는 경우도 많다. **이것은 날이 오래 지나서 추기하느라 話草에만 의존했기 때문이니, 그 형세가 그럴 수밖에 없다.**[14]

---

13) 洪大容, 『湛軒書外集』 권1, 「與秋庫書」. "前告『會友錄』三本, 每乘閒披考, 怳然若乾淨對討之時, 足慰萬里懷想之苦. <u>但伊時談草, 多爲吾兄所藏, 無由追記. 此中編次者, 只憑見在之紙, 是以可記者, 旣多漏落, 語脉亦或沒頭沒尾, 臆料追補, 頓失本色, 殊可歎也. 尊藏原草, 如或見留, 幸就其中擇其可記者, 並錄其彼此酬酢以示之.</u> 此中三本書, 吾兄亦有意見之, 當卽附便示之也."

14) 洪大容, 『乾淨衕筆談』, 「乾淨錄後語」. "<u>但其談草多爲秋庫所藏, 是以錄出者, 惟以</u>

　①　홍대용이『간정동회우록』의 부실한 내용을 거론하며 潘庭筠에게 담초를 보내달라고 부탁하는 편지이다.『간정동회우록』은 1766년 2월 1일부터 29일까지 시문과 척독 및 필담을 두루 수록하고 있지만, 그마저도 온전한 상태가 아닌 셈이다.[15] 더욱이 담초는 대부분 반정균이 보관하던 터라, 작별할 때도 반정균이 자리에 없는 틈을 타서 그 일부만을 겨우 가져올 수 있었다. 따라서 필담은 누락이 많을뿐더러 말머리가 빠지거나 말끝이 누락되어 전후 맥락도 들어맞지 않는다. 이러한 내용은『간정동회우록』의 편집후기에 해당하는 ②에 상세하게 드러난다. 당시 홍대용 일행과 항주의 엄성·반정균·육비는 天涯知己를 맺고 돌아올 정도로 막연한 사이였지만, 담초조차 모두 수거하는 걸 허락하지 않았던 셈이다.

見存之草. 其無草而記得者, 十之一二. 其廿六日歸時, 秋庫應客在外, 故收來者頗多, 猶逸其三之一焉. 且彼此惟以通話爲急, 故書之多雜亂無次. 是以雖於其見存者, 有問而無答者有之, 有答而無問者, 有語而沒頭沒尾者亦有之. 是則其不可追記者棄之, 其猶可記者, 於三人之語, 亦畧以數字添補之. 惟無奈其話法, 頓失本色. 且多間現疊出, 或斷或續. 此則日久追記, 徒憑話草, 其勢不得不爾."

15)　洪大容,『乾淨衕筆談』, 1766년 2월 4일. "余曰: 中國戲臺, 專用古時衣帽, 想已習見之也. 蘭公曰: 來此, 見場戲乎? 余曰: 見之. 蘭公曰: 場戲有何好處? 余曰: 雖是不經之戲, 余則竊有取焉. 蘭公曰: 取何事? 余笑而不答. 蘭公曰: 豈非復見漢官威儀耶? 卽塗抹之. 余笑而頷之.": 1766년 2월 12일. "余曰: 二十卷而其中多犯諱之語, 不敢出之. 淸陰文章學術, 爲東方大儒, 而革鼎後, 避世不仕. 十年拘於瀋陽, 終不屈而歸. 蘭公曰: 此田橫也. 余曰: 不然. 此爲明朝守節之人. 蘭公指革鼎曰: 明耶? 抑東耶? 余曰: 本朝之革鼎也. 蘭公始覺而頷之, 卽以筆抹田橫云云.": "又曰: 中國之書, 東方皆有之? 所欲得者何書? 當購以奉上. 余曰: 呂晚村文集及弘光南渡後事蹟欲得之, 而此非付遠之物矣. 蘭公急塗抹余語, 而書于其上曰: 此等沒有.": 1766년 2월 17일. "余別以小紙書問曰: 近聞宮中有大事, 擧朝波蕩云, 兄輩亦聞之乎? 蘭公失色曰: 何以知之? 余曰: 豈無所聞乎? 蘭公曰: 我朝家法, 無廢立事. 且皇太后有聖德, 故賴以無事, 滿人阿永阿極諫幾死, 漢人無一人敢言者, 可愧. 此時, 蘭公隨書隨裂, 擧措慌忙."

넷째, 상대방을 고려한 필담과 시문 창수가 대다수이다.
황파는 또 앞 시에 첩운하여 보였다.

몇 굽이 난간 옆 좁고 기다란 뜨락에	數曲欄邊一笏庭
한 쌍의 앵무새 깃털이 푸르네.	一雙鸚鵡羽毛靑
듣자하니 앵무새는 능히 말을 잘하여	曾聞鸚鵡能言語
새 시를 외게 해서 한나절을 듣는다네.	爲誦新詩半日聽

주성지는 보고 나서 발끈 화를 내어 얼굴빛이 변하더니 붓을 잡고 바로 칠언고시 수십 구를 지었는데, 말마다 사람을 핍박하였다. 대개 황파는 주인집 처마 끝에 매달린 횃대에 앵무새가 잘 길들여진 것을 보았고, 본대로 운을 맞추고 특별히 다른 뜻이 없었는데, **주성지는 앵무새가 말을 하는 것으로 자신을 풍자하고 비난했다고 여기고 시를 지어 반박하니 말에 공격하는 칼날이 많았다.** 여러 사람이 이구동성으로 해명하여 담초가 무더기를 이루었지만 끝내 마음을 돌리지 못했다.[16]

한중 지식인이 만나 필담을 나누고 시문을 창수하는 일반적인 상황이다. 그런데 앵무시로 인해서 정환표와 주성지 사이에서 갈등이 빚어진다. 당시 정환표는 앵무새를 보고 운을 맞추어 시를 지었는데, 주성지는 앵무새가 말을 하는 것으로 자신을 풍자하고 비난한 것으로

---

16) 任百淵, 『鏡浯遊燕日錄』, 1737년 1월 13일. "黃坡又疊前韻以示曰: '數曲欄邊一笏庭, 一雙鸚鵡羽毛靑. 曾聞鸚鵡能言語, 爲誦新詩半日聽.' **誠之見畢, 勃然作色, 援筆立就七古數十句, 語語逼人.** 盖黃坡見主家檐端懸一架鸚鵡甚馴, 因所見趁韻, 別無他意, 而**彼則以爲以鸚鵡能言, 諷己而譏之, 作詩反駁, 語多戈戟.** 諸人交口解論, 談艸成堆, 而終不回悟."

오해하고 만다. 시를 지어 반박할 뿐 아니라 공격하는 말도 서슴지 않는다. 주변에서 아무리 만류해도 주성지의 노여움은 수그러들지 않는다. 이는 상당히 예외적인 경우이다. 통상적으로 한중 지식인의 교류에서 필담과 시문 창수는 빠지지 않는다. 따라서 필담과 시문 창수는 상대방의 처지와 입장을 고려해서 이루어진다고 하겠다.

다음으로 어째서 연행 필담을 공식·비공식 교류로 구분해서 인식해야 하는지 알아보도록 한다.

첫째, 필담은 참여하는 인물에 따라 공식·비공식 교류로 구분이 가능하다.

1 "의복 제도는 지금 천하가 모두 이 제도입니까? 혼인과 제사의 예법도 한결같이 온공과 가례를 사용합니까?"

내가 묻자, 달암이 대답했다.

"그렇습니다."

"부녀자의 의상 제도는 또한 북경과 같습니까?"

"명나라 때의 복식 제도를 따릅니다."

"다른 성도 대체로 같습니까?"

"위에 저고리를 입고 아래에 치마를 입는 것은 천하가 모두 같지만, 만주족과는 크게 다릅니다."

"裹足하는 법은 강남도 그러합니까? 이 전족하는 법은 언제 시작되었습니까?"

"오대 시절 陳後主의 궁궐에서 만들어졌습니다."

"당나라 때에도 이미 弓鞋의 이름이 있었으니 오대 시절을 알 수 있습니다. 우리나라 의관은 명나라 제도입니다."

"귀국의 의관은 주나라 때부터라고 생각했는데 그렇습니까?"

"殷師(箕子)가 흰색을 숭상하여 우리나라 사람은 지금도 흰옷을 입습니다. **笠子와 網巾은 바로 명나라 제도입니다.**"

"**망건은 머리털을 묶는 것이고, 입자는 바로 이른바 斗笠[삿갓]입니다.**"

"강남 음식은 북방과 같습니까?"

"생선과 곡식이 풍족한 지역으로 북방과는 조금 다릅니다."

"상서와 시랑은 모두 만인과 한인이 있지만, 公事는 滿尙書가 한다고 하는데 그렇습니까?"

"만인과 한인이 모두 공사를 처리합니다."

"황제가 신하를 인견할 때 좌우 사관이 말과 행동을 기록합니까? 여러 신하가 獨侍하는 법은 없습니까?"

"경연에서 臨講할 때 모두 독시할 수 있지만, 평상시 인견할 때에는 독시하는 법이 없습니다."

"인견할 때 起居注는 매번 따라 들어갑니까?"

"모두 따라 들어가지 않습니다."[17)]

② "**망건은 이전 명나라의 제도지만 실제로는 좋지 않습니다.**"

---

17) 鄭元容, 『燕行日錄』, 1832년 1월 4일. "余曰: '衣制, 今天下皆此制乎? 婚姻祭祀之禮, 一用溫公家禮乎?' 達庵曰: '然.' 余曰: '婦女衣裳之制, 亦與京師同乎?' 達庵曰: '仍是明時之服制.' 余曰: '他省棚同乎?' 達庵曰: '上裳下裙, 天下皆同, 與滿州大異.' 余曰: '**裹足之法, 江南亦然乎? 此法何時始之?**' 達庵曰: '**五代陳後主宮內所作.**' 余曰: '唐時已有弓鞵之稱, 五代時可知, 我國衣冠明制也.' 達庵曰: '貴國衣冠, 自周想已如此.' 余曰: '殷師尙白, 東人至今衣素. 笠子·網巾, 是明制.' 達庵曰: '**網巾所以束髮, 笠子卽所謂斗笠.**' 余曰: '江南飮食, 與北方同乎?' 達庵曰: '魚米之鄕, 與北稍異.' 余曰: '尙書侍郞, 皆有滿漢, 公事則滿尙書爲之云, 然否?' 達庵曰: '滿漢竝爲公辨.' 余曰: '引見時, 左右史記言記動乎? 諸臣無獨侍之法乎?' 達庵曰: '經筵臨講時, 皆可獨侍, 平常引見, 無獨侍之法.' 余曰: '引見時, 起居注每每隨入乎?' 達庵曰: '竝不隨入.'"

"무슨 까닭이 있습니까?"

"**말꼬리를 머리 위에다 올려놓았으니, 어찌 갓과 신발을 뒤바꿔 놓은 것이 아닙니까?**"

"그렇다면 어째서 없애지 않습니까?"

"**예전 제도를 편하게 여기고 또한 명나라 제도를 차마 잊지 못해서입니다.**"

내가 또 물었다.

"부인의 작은 신발은 어느 시대에 시작되었습니까?"

난공이 대답하였다.

"확실한 증거가 없습니다. 다만 南唐 때 李宵娘부터 시작되었다고 전합니다."

내가 말했다.

"**이것 또한 매우 좋지 않습니다. 저는 일찍이 '網頭와 纏足은 중국의 厄運을 예견하는 것이다.'라고 말했습니다.**"

역암이 고개를 끄덕였다.

난공이 말했다.

"제가 일찍이 俳優의 망건을 가져다가 장난삼아 써보았는데, 매우 불편했습니다."

"월나라 사람에게 章甫는 쓸모가 없습니다."

내가 장난삼아 말하자, 두 사람은 모두 크게 웃었고 또한 부끄러운 기색이 있었다.[18]

---

18) 洪大容, 『乾淨衕筆談』, 1766년 2월 12일. "余曰: '網巾雖是前明之制, 實在不好.' 力闇曰: '何故?' 余曰: '以馬尾戴頭上, 豈非冠屨倒置乎?' 力闇曰: '然則何不去之?' 余曰: '安於故常, 且不忍忘明制耳.' 余又曰: '婦人小鞋, 始於何代?' 蘭公曰: '無明證. 但傳云始自南唐李宵娘.' 余曰: 此亦甚不好. 余嘗云網頭·纏足, 乃中國厄運之先見者. 力闇頷之. 蘭公曰: '余嘗取優人網巾, 戲着之, 甚不便.' 余戲之曰: '越人無用章甫.' 兩生皆大笑, 亦有愧色."

1 鄭元容(1783-1873)이 工部主事 程德麟을 만나 필담하는 장면이다. 2 홍대용 일행이 엄성·반정균·육비와의 교유를 기록한 『간정동 필담』의 한 대목이다. 모두 조선 사대부의 망건과 한족 여인의 전족을 주제로 필담이 진행되는데, 분위기는 사뭇 다르다. 정원용의 필담은 첨예한 사안인 衣冠 문제임에도 불구하고 커다란 갈등 없이 순조롭게 진행된다. 반면 홍대용의 필담에는 망건과 전족 모두 좋지 않다고 단언하고 '網頭와 纏足은 중국의 厄運을 예견하는 것이다.'라고 단도직입적으로 표현한다. 이는 필담에 참여하는 사람에 따라 그 분위기는 달라짐을 의미한다.

정원용과 정덕린의 필담은 조선의 정사와 청의 공부주사의 공식적 교류이므로, 첨예한 사안을 최대한 회피하여 순조롭게 진행되고 있다. 반면 홍대용 일행과 항주의 세 선비의 필담은 조선의 공식 사절이 아닌 자제군관과 항주의 선비의 비공식적 교류라서, 서로 흉금을 터놓고 진술한 대화를 나누고 天涯知己를 맺었던 셈이다. 따라서 연행 필담도 공식적 교류와 비공식적 교류로 구분하여 인식하는 것이 필요하다.

둘째, 衣冠·節義 등 정치적인 필화를 일으킬 수 있는 사안에 대한 필담은 매우 조심스럽게 이루어지는 경향이 있다.

1 "杭州에도 만주족이 있습니까?"
문자, 난공이 대답했다.
"만주족이 천하에 퍼져 인구가 날로 번성하니 저마다 旗官이 있어 통치합니다."
남방의 악기를 물으니,
"옛 악기는 모두 있으나 곡조가 북방과는 전연 다릅니다."

난공이 대답하자, **역암은 이렇게 말하고는 즉시 붓으로 지워버렸다.** **"북방의 소리는 오랑캐 음악과 뒤섞여 모두 金石의 殺伐한 소리입니다."**[19]

② "頭厄에도 이미 탄식했을 터이니, 志士라면 만 번이나 크게 탄식을 했을 겁니다."

내가 말하자, **곡정은 얼굴빛이 변했다. 조금 뒤 안색을 되찾고 두액을 찢어 화로 속에 던지며 말했다.**

"'노나라 사람들이 獵較을 하자 공자 역시 엽각을 하였다.'고 하니, 어찌 시속을 따르는 성인이 아니겠습니까! 그러나 이탁오는 갑자기 스스로 머리털을 잘랐으니, 이는 흉악한 성품입니다."

"듣자하니, 절강 지방의 剃頭店에는 간판에다 '盛世樂事'라 했답니다."

"들어보지 못했습니다. 이는 성석금의 快說과 뜻이 같습니다."[전날 곡정과 필담할 때 머리·입·발 3大厄의 이야기가 있다.][20]

① 엄성과 반정균이 옥하관을 찾아와 조선의 三使와 필담한 내용이다. 그런데 앞서 홍대용 일행과의 필담과는 전혀 다른 분위기가 감지된다. 엄성은 '북방의 소리는 오랑캐 음악과 뒤섞여 모두 금석의 살벌한 소리입니다.' 답하고서 즉시 붓으로 지워버린다. 이는 엄성이 조선 삼사와의 자리를 공식적 교류로 판단하고 향후 문제가 생길까 염

---

19) 洪大容, 『乾淨衕筆談』, 1766년 2월 4일. "問: '杭州亦有滿洲乎?' 蘭公曰: '滿洲遍天下, 生齒日繁, 而各有旗官領之云.' 問南方樂器, 蘭公曰: '古器皆有之, 音腔與北方迥異云.' **力闇云: '北音雜以胡樂, 皆是金石噍殺之聲.' 卽塗抹之.**"

20) 朴趾源, 『熱河日記』, 「鵠汀筆談」. "余曰: '頭厄已發, 志士萬太息.' **鵠汀色變. 已而色定, 裂頭厄投爐中**曰: '魯人獵較, 某亦獵較, 豈不是時中之聖! 李卓吾忽自開剃, 這是凶性.' 余曰: '聞折中剃頭店所號盛世樂事.' 鵠汀曰: '未之聞也. 是與石成金快說同意.'[前日與鵠汀語, 有頭口足三大厄之說]"

려해서 행동한 셈이다. ② 박지원이 왕민호와 필담하는 대목이다. 왕민호는 頭厄[망건]·口厄[담배]·足厄[전족]을 이미 언급했음에도 불구하고, 두액에 민감하게 반응하여 담초를 찢어 화로 속에 던지는 지경에 이른다. 왕민호의 언급에 따르면 한족의 명나라가 멸망하고 만주족의 청나라가 중원을 차지한 것도 三厄과 무관하지 않을 듯하다.

3. 燕行 筆談의 內容과 層位

연행 필담은 홍대용의 필담을 분수령으로 그 층위와 성격이 변모하기에 이른다. 이전 중국 지식인과의 필담 또는 문답은 당시 중국을 비롯한 주변국의 동향 및 중국의 감춰진 이면을 탐지하는 '審勢'로서 기능하지만, 이후에는 한중 지식인의 교류에서 인적 네트워크를 구축하는 중요한 수단으로 활용된다.

또한 필담집을 표방한 『萬泉錄』·『菊壺筆話』 등은 당시 중국을 비롯한 주변국의 동향 및 중국의 감춰진 이면을 탐지하는 '審勢'로서 기능하는 동시에 홍대용의 필담과 마찬가지로 중국 지식인과의 교류를 중시한다. 반면 19세기 이후 연행록에 등장하는 대다수의 필담은 한중 지식인의 교류에서 인적 네트워크 구축에 집중한다.

앞서 살핀 바와 같이, 연행 필담의 속성과 실상을 숙지하더라도 필담 요령은 간과할 수 없는 내용이다.

　　① 매번 만나는 곳에서 붓으로 혀를 대신지만 담초는 붓으로 지워버린 것이 많았습니다. **간혹 당시 제도를 찬양할 때는 장난치고**

웃으면서 뜻을 보였고, 간혹 옛일을 언급할 때는 서로 돌아보면서 울음을 삼켰습니다. 심지어 서독과 시화도 모두 연호를 버리고 우리들의 뜻을 따랐습니다.[21]

　②　대개 중국 선비는 성품이 자랑하고 과시하는 걸 좋아하며 학문은 해박함을 귀하게 여겨 經史를 넘나들며 먼지를 휩쓸고 바람이 일어날 지경이다. 그러나 우리나라 사람은 대부분 辭令에 익숙하지 못하여 **간혹 어려운 걸 질문하기에 급급하거나 시국의 일을 섣불리 이야기하며, 간혹 스스로 의관을 과시하며 저들이 부끄러워하는지를 살피며, 간혹 대놓고 한족을 어떻게 생각하느냐고 물어 저들의 가슴을 답답하게 만든다. 이런 행동은 저들도 기휘하는 일이고 우리에게도 어설픈 실수이니, 또한 섬세하지 못한 것이다.** 그러므로 그들의 환심을 사려면 반드시 대국의 명성과 교화를 곡진히 찬미하여 먼저 그들의 마음을 안정시키고, 중국과 우리나라가 일체임을 부지런히 보여 혐의를 멀리하도록 힘써야 한다. 한편으로 예악에 뜻을 두어 스스로 전아함을 보이고, 한편으로 역사를 거론하면서도 최근 사정은 언급하지 말아야 한다. **겸손한 마음으로 배움을 청하여 마음 놓고 이야기하도록 유도하고, 겉으로 모르는 척하여 그들의 마음을 답답하게 만든다면, 그들이 눈과 눈썹 사이에서도 진위를 볼 수 있고, 이야기하고 웃는 사이에도 실정을 탐지할 수 있다.** 이것이 내가 문자 밖에서 그 영향을 대략 얻었던 방법이다.[22]

---

21)　洪大容, 『湛軒書內集』 권3, 「又答直齋書」. "每於逢場, 以筆代舌, 而譚草塗抹者多. **或贊揚時制, 嬉笑而示志, 或語及古昔, 相顧而吞聲, 至書牘詩畫, 皆去年號, 以從吾輩之志.**"

22)　朴趾源, 『熱河日記』, 「審勢編」. "蓋中州之士, 性喜矜誇, 學貴該洽, 出經入史, 揮麈風發. 然我人類多未閑辭令, **或急於質難, 遽談當世, 或自誇衣冠, 觀其愧服, 或直問思漢, 使人臆塞, 此等非但彼所忌諱, 在我踈失, 亦自不細.** 故將要得其歡心, 必曲贊

③ 필담은 붓으로 입을 대신하는 것이다. 의자를 마주하고 앉아도 입으로 말을 소통할 수 없지만 붓으로 대화하여 모두 마음을 토로하고 회포를 쏟아낼 수 있다. 조용하고 우아하며 부연하는 말도 없고 시끄러운 소리도 없으니 입으로 말하는 것보다 훨씬 낫다. 저들은 필담에 민첩해서 구절이 껄끄럽고 말이 길더라도 반드시 종이를 펼치고 붓을 휘두르면 간명하고 통달하며 조리가 맥락을 꿰어 혼란스럽지 않다. 시를 짓는 것도 마찬가지다. **시를 수창할 때 의미 있는 구절이 있으면 반드시 그 옆에다 권점을 더하고 비점을 찍어야 한다. 웃는 얼굴로 "정말 그렇습니다. 정말 그렇습니다." 말하거나, 머리를 끄덕이며 "참으로 좋습니다. 참으로 좋습니다." 말해야 한다.**23)

① 金元行(1702-1772)의 문하에서 수학하며 절친한 관계를 유지하던 金鍾厚(1721-1780)와 '第一等人'에 대한 논쟁에서 홍대용이 필담의 대략을 해명한 내용이다. 『간정동회우록』은 무수히 지워버린 담초 가운데 일부에 불과하고, 崇明背淸의 논리에 입각하여 필담에서 우회적으로 뜻과 감정을 토로한 사실을 적시한다. 이는 『간정동회우록』을 바라보는 당대의 부정적 시선을 무마하려는 의도가 짙다.

② 『열하일기』의 필담을 관통하는 내용이다.24) 박지원은 숭명배청

大國之聲敎, 先安其心, 勤示中外之一體, 務遠其嫌. 一則寄意禮樂, 自附典雅, 一則揚抃歷代, 毋逼近境. **遜志願學, 導之縱談, 陽若未曉, 使鬱其心, 則眉睫之間, 誠僞可見, 談笑之際, 情實可探.** 此余所以畧得其影響於紙墨之外也."

23) 韓弼敎, 『隨槎錄』권4, 「聞見雜識」. "筆談者, 以筆代口也. 對椅而坐, 口雖不能通語, 筆下娓娓, 皆可以吐心瀉懷, 而從容閑雅, 無演語無譁聲, 大有勝於口話矣. 彼人敏於筆談, 雖句澁語長者, 必操紙輒下, 旣簡且暢, 條貫脈絡, 不相錯亂. 其作詩亦然. **凡酬答之際, 若有可意之句, 則必加圈打點於其旁, 或堆笑曰: '果然果然.' 或點頭曰: '儘好儘好.'**"

24) 이현식(2017), 참조.

의 논리에 입각한 단도직입적이고 직설적인 언급을 비판하는데, 이는
『간정동필담』에 보이는 홍대용의 필담 방식이다. 따라서 우회적인 방
식으로 유도하여 진위를 판별하고 실정을 탐지할 것을 주문한다. 이
것이 문자 밖에서 그 영향을 얻었던 『열하일기』의 필담 방식이다.

③ 총 30조목의 필담을 「班荊叢話」로 기록한 韓弼敎(1807~1878)의
언급이다. 그런데 홍대용·박지원과는 전혀 다른 방식의 필담 요령을
제시한다. '정말 그렇습니다.'와 '참으로 좋습니다.'를 연거푸 말할 뿐,
별다른 대응이 없다. 홍대용의 숭명배청 논리에 입각한 방식이나 박
지원의 우회적인 방식도 실제 필담에서는 무용지물인 셈이다. 「반형
총화」는 필담의 대상에 따라 분량과 내용이 제각각이다. 심지어 많지
않은 담초를 얻으려다가 온갖 수모를 당하기도 한다.[25] 따라서 한필
교의 필담은 홍대용과 박지원의 수준에는 미치지 못하나 도리어 필담
의 실상을 온전하게 보여준다.

홍대용·박지원·한필교 등이 나름대로 필담 요령을 제시하지만, 어
느 것이 옳다고 단정하기 어렵다. 필담의 현장과 교유 인물에 따라서
그 요령도 수시로 변하기 마련이다.

홍대용의 필담 이전에는 중국 지식인과의 필담 또는 문답은 당시
중국을 비롯한 주변국의 동향 및 중국의 감춰진 이면을 탐지하는 '審

---

25) 韓弼敎, 『隨槎錄』 권5, 「班荊叢話上」, 〈雙陽店劉中興張輝斗筆談〉. "士裕曰: '紅箋
談草, 將欲攜去, 未知肯許否?' 張曰: '偶爾閑談, 原皆俗語, 何必攜去? 惟恐遺笑於
大方也.' 余曰: '千里邂逅, 傾蓋立談, 亦可謂三年有緣. 何必過辭, 以孤遠人之好意
也?' 張曰: '新將白箋上有筆談, 弟欲留下以爲異時之快, 未知可否?' 余曰: '這裏有
貴姓尊號, 欲歸示同遊之人, 以志萍逢之喜.' 張乃投筆而取其牋紙, 看看良久, 割其
上段而手扯之. 余曰: '談紙攜去, 實無他意, 而當面扯裂, 顯有自外之意, 終欠相敬
之風. 君子之待人, 固如是乎? 竊爲足下不取也.'"

勢'로서 기능하는데, 閔鼎重(1628-1692)의『燕行日記』와 成後龍(1621-
1671)의『赴燕日錄』이 대표적인 사례이다.

　당시 민정중은 冬至正使이고, 성후룡은 정사의 수행원으로 연행에
참여한다. 그런데『연행일기』와『부연일록』은 동일한 내용이 매우 많
다. 성후룡이 작성한 '聞見錄'은『연행일기』중「聞見別錄」과 관련이
깊으며,「王秀才問答」과「顔知縣問答」은 내용조차 서로 동일하다.

구분	1669.11.14	王秀才問答	顔知縣問答
閔鼎重			
成後龍			

　따라서『부연일록』은『연행일기』의 초고에 해당하며,「王秀才問答」
과「顔知縣問答」은 성후룡이 민정중을 대신해서 중국 지식인과 필담
한 사실을 보여준다.[26] 이는 매우 예외적인 사례로서 연행록과 마찬

가지로 연행 필담도 치밀한 연구가 필요하다고 하겠다.

다음은 『연행일기』 가운데 「王秀才問答」에서 '審勢'와 관련한 내용이다.

> "「禹貢」의 산천이 모두 版籍에 다 들어갔습니까?"
>
> "또 正朔을 받드는 나라들이 매우 넓어졌습니다. 安南 같은 諸國은 어제 비로소 돌아갔습니다."
>
> "지난해 표류하던 선박이 우리나라 경내로 와서 정박하면서 永曆帝가 아직도 남쪽 변방에 살아 있다고 자세히 전했는데, 이 말이 맞습니까?"
>
> "그 당시 믿을 수 있는 사람이라곤 孫可望과 李定國 두 사람뿐이었습니다. 항복할 사람은 항복하고 죽을 사람은 죽었으며, 영력제가 마침내 緬國에 의해 붙잡혀 청나라에 바쳐진 지 지금 벌써 5년이 지났으니, 표류인의 말은 믿을 수가 없습니다."
>
> "항복한 자는 누구이며, 면국은 어디에 있습니까?
>
> "항복한 자는 손가망이고, 면국은 交趾 남쪽에 위치하니, 해외의 한 나라입니다."
>
> "송나라가 멸망할 때의 고사와 같았습니까? 아니면 해를 당했습니까?"
>
> "청나라 병사들에게 쫓겨 어쩔 수 없이 면국에 투항했는데, 해를 피하려다가 도리어 해를 당했습니다."[27]

---

26) 조선 사신 일행이 북경의 천주당을 방문하여 서양의 선교사와 필담하는 경우, 중국 문인이 중간에서 선교사의 문답을 대신하는 전달하는 사례도 많다. 신익철(2013), 참조.

27) 閔鼎重, 『老峯集』 권10, 「王秀才問答」. "禹貢山川, 盡入版籍否?' '且奉朔者甚廣, 如安南諸國, 昨始歸去也.' '昨歲漂船來泊我國之境, 詳傳永曆尚保南徼, 此言的否?'

　　중국 지식인과 필담한 내용은 대부분 당시 중국을 비롯한 주변국의 동향 및 중국의 감춰진 이면을 탐지하는 것이다.[28] 따라서 홍대용의 필담 이전에는 중국 지식인과의 필담 또는 문답이 당시 중국을 비롯한 주변국의 동향 및 중국의 감춰진 이면을 탐지하는 '審勢'로서 기능함을 의미한다.

　　반면 19세기 이후 연행록에 등장하는 대다수의 필담은 한중 지식인의 교류에서 인적 네트워크 구축에 집중한다. 대표적인 사례가 임백연의 『鏡浯遊燕日錄』이다.[29]

　　『경오유연일록』은 당시 한중 지식인 교류의 단면을 상세하게 보여준다. 당시 秦琳의 언급에 따르면, 조선 사신을 名士로 여기고 교유를 바라는 중국 지식인의 상황과 御史의 參奏 문제로 조선 사신을 꺼리는 당시 분위기가 고스란히 포착된다. 아울러 조선은 다른 나라와는 다르기 때문에 혐의와 간극은 없으니 오해하지 말 것을 당부한다. 이는 당시 중국 지식인이 조선 사신을 명사로 여기고 왕래하며 교분을 맺기를 바라며 각별하게 대우했음을 보여준다.

　　첫째, 한중 지식인 교류에서 만남을 주선하고 교두보 역할을 수행한 인물로 金正喜(1786-1856)와 姜溍(1807-1858)의 역할이 감지된다. 임백연은 김정희와 강진의 소개로 중국 지식인의 존재를 파악하고, 강진과 친분이 있던 江文鐸과 진림을 매개로 그들과의 교류를 시도한

　　'當日所恃者, 孫可望·李定國二人耳. 降者降而死者死, 永曆逐爲緬國所獻, 今已五年矣. 漂泊人言, 不足信也.' '降者是誰? 緬國在何地?' '降者孫可望, 緬國者在交趾之南, 乃海外一國也.' '如宋故事耶? 抑遇害耶?' '爲兵所追, 不得已而投緬國, 蓋避害而反遇害也.'"

28) 후마 스스무 지음, 신로사 외 옮김(2019), 참조.

29) 최　식(2019a)를 요약하여 제시한다.

다. 특히, 강문탁과 진림 같은 인물은 조선 사신이 중국 지식인과 교류하는데 상당한 역할을 수행한 것으로 판단된다.

둘째, 임백연이 연행 노정에서 교유한 중국 인물은 총 20여 명인데, 앞서 언급한 강문탁과 진림을 제외하더라도 吳筠·姚涵·汪喜孫 등과 친분이 각별하고 교류도 활발하다. 특히, 『상간편』의 간행에는 黃爵滋·韓韺海 등이 직접 참여한다. 오균은 詩草 1권을 보내 序跋을 부탁하고, 자신의 초상화인 「海天虛舟圖」의 題畵詩를 부탁한다. 요함은 김정희의 금석학 자료에 커다란 관심을 가지고, 李尙迪(1804-1865)의 부탁으로 양장철태엽을 시장에서 구해서 전달한 정도로 조선 지식인의 동향과 교류에 매우 민감하다. 왕희손은 임백연을 매우 각별하게 대우한 바, 『유문청공집』에다 '劉文淸公集, 孟滋贈, 鏡浯藏.'이라 친필로 써서 주고, '汪喜孫印' 4자가 음각된 黃石小方印을 선물한다.

셋째, 연행 인편에 한중 지식인의 尺牘과 시문 및 선물이 상당수 왕래한 정황이 포착된다. 한양에서 북경으로 가져간 품목에는 글씨(조광진)·문집(『해거시초』, 김양순 시권)·전별시축(「신취미태사잠유시첩」)·편지(안영 편지) 등 다양한 품목이 확인된다. 반면, 북경에서 한양으로 들여온 품목으로 羊腸鐵胎葉·담배·호필·남묵·부채(潘錫恩 글씨, 蔣祥墀 글씨, 홍현주)·글씨(오균 長軸)·문집(『史梅叔詩集』, 『周易闡要』, 『유문청공집』, 『宋學師承記』)·도장('汪喜孫印')·편지와 선물(조병구, 方義鏞, 洪奭周) 등이다. 이 밖에도 많은 척독과 시문 및 선물이 다양한 방법으로 왕래가 이루어진다.

넷째, 『상간편』의 저작과 간행은 그 유례를 찾을 수 없는 한중 지식인 교류의 획기적인 사건이다. 연행 노정에서 수창한 신재식·이노집·조계승·이봉녕·최헌수·정환표·임백연·이상적 등 8명의 시 15수씩

을 선발하여 총 27제 120수를 북경에서 목판본으로 『상간편』을 간행
한다. 당시 황작자는 교정뿐 아니라 小序를 쓰고 한운해는 書籤을 써
서 판각에 부친다. 당시 『상간편』 간행은 한중 지식인의 이목을 집중
시킨 듯하다. 그러한 연유로 임백연은 본래 판각 의도를 분명하게 밝
히고, 애써 지나친 의미 부여를 하지 말라고 당부한다. 이는 '不知本
意, 强生毁譽者, 何足恤也, 亦何足辨也?'는 언급에서 확인된다.

또한 『菊壺筆話』는 1821년 조선의 玉壺 李肇源(1758-1832)과 중국
의 지식인 菊人 周達이 북경에서 교류하며 필담한 기록이다. 서명도
주달의 호 菊人과 이조원의 호 玉壺에서 각각 한 글자씩 차용한 것이
다. 이는 1766년 2월 북경에서 조선의 홍대용 일행과 항주의 세 선비
의 교류를 계승하는 측면이 농후하다.[30] 이조원은 조선에 귀국한 이
후에 『국호필화』를 완성하여 주달에게 보낸다. 따라서 『국호필화』는
당시 중국을 비롯한 주변국의 동향 및 중국의 감춰진 이면을 탐지하
는 '審勢'로서 기능하면서 한중 지식인의 교류 양상을 보여주는 자료
이다. 더욱이 필담은 이전 필담의 내용과 유사한 측면이 많다.

다음은 필담의 내용 중 몇 가지 사례이다.

菊壺筆話	出典	出典	出典
余曰: "不過一兩盃而止矣. 飲一斗, 是無量之酒戶也. 但中國之盃, 小如栗殼. 古亦如此, 則一日須傾三百盃也, 非難事. 笑笑."	洪大容, 『湛軒燕記』, 「飲食」. "酒盃絶小, 僅容數匙, 溫酒鑞器, 亦僅容一杯. 圓而腰細, 隔其腰, 上受酒, 下透火氣, 易溫如影響. 瀉于杯, 執杯而嗍少許, 卽必攢眉聚口而	金景善, 『燕轅直指』, 「飲食」. "其飲法, 盃甚小, 菫容數匙, 溫酒之鑞壺, 亦菫容數盃. 體圓腹細, 隔其腰以上受酒, 下有穴納火, 取其易溫, 瀉之盃, 少噉, 輒呷下酒物, 如是	

---

30) 박현규(2005), 참조.

菊壺筆話	出典	出典	出典
	長呼, 談少間而後再囓. 凡七八囓, 始盡一杯. 不惟紅露烈釀, 其淸酒黃酒亦然. 以此終日飮, 不劇醉, 亦不傷人, 享其趣而不受其敗. 古人一日三百杯, 良有以也, 亦不足爲異也."	者五六, 始啐其一盃. 是以終日飮, 不劇醉. 古人一日三百盃, 良有以也, 亦不足爲異也."	
余曰: "三秋桂子, 十里荷花, 卽金主送死之媒, 此古語也. 宋主之無意恢復, 亦未必非西湖爲宴安之鴆毒, 而西湖又爲士大夫放蕩之淵藪."	李岬, 『燕行記事』. "嘗聞金陵序班之言. 其家在湧金門外, 十里荷花, 三秋桂子, 依舊爛熳. 湖水雖稱十里, 中有島嶼, 故合內外池, 其實則廣七里, 長十二里許, 而遊舫彩鷁, 簇立坌集. 每八月十四五六日, 浙江潮至之時, 則波高殆過數層樓閣. 寒山寺今已頹廢, 姑蘇城尙存, 而岳陽樓幾盡傾圮, 不堪登臨, 居人爲之改葺. 金陵亦甚荒蕪, 湖上有王姓富商, 捐十餘萬金修治, 今則景物絶勝, 距四明·天台, 不過四五百里. 士子則不就公車, 率子弟讀書講道者亦多云."	洪大容, 『乾淨衕筆談』, 1766년 2월 3일. "平仲曰: '貴處三秋桂子·十里荷花, 風物尙如舊耶?' 蘭公曰: '不但此而已. 西湖風物, 爲天下第一. 水深一二丈, 淸可見底, 雖萍藻沙石, 歷歷可見. 四山皆平不甚高. 有四賢堂, 祀唐李泌·白居易·宋蘇軾·林逋, 我皇上四次臨幸, 百廢俱修, 比舊尤加壯麗. 其地有蘇堤等十景, 又有數十景, 雖匝湖不過四十里, 而奇峰靈岫, 莫可名狀. 湖中有堤十里, 兩岸皆栽桃柳."	李永得, 『燕行雜錄』, 〈燕都記聞〉. "西湖在府西. 湖上景物, 大勝於杭州西湖, 而名反不及者, 以湖處僻隘, 遊賞罕少也. 所謂三秋桂子, 十里荷香, 實合此湖之稱. 滿水芙蓉, 環隄桂樹, 異香馥馥, 令人神越. 又有紅樹綠陰, 晴沙白石, 處處可賞. 遊山濃黛, 澄波漾碧, 飛禽游魚, 翶翔活動, 此皆杭湖之所不及也."
余曰: "人之生當任其天生, 而自幼縛而局之, 縮而小之, 失其本然之天, 豈不可惜? 所見不好, 故問也."	洪大容, 『乾淨衕筆談』 1766년 2월 12일. "余又曰: '婦人小鞋, 始於何代?' 蘭公曰: '無明證. 但傳云始自南唐李宵娘.' 余曰: '此亦甚不好. 余嘗云網頭·纏足, 乃中國厄運之先見者.' 力闇頷之."	李德懋, 「天涯知己書」. "湛軒曰: '網巾, 以馬尾戴頭上, 豈非冠屨倒置乎?' 力闇曰: '何不去之?' 湛軒曰: '安於古常, 且不忍忘明制耳.' 又曰: '婦人小鞋, 始於何代?' 蘭公曰: '此無明證, 但傳云始	朴趾源, 『熱河日記』, 「太學留舘錄」, 1780년 8월 10일. "(鵠汀)又曰: '貴國婦人, 亦纏脚否?' 曰: '否也. 漢女彎鞋, 不忍見矣. 以跟踏地, 行如種麥, 左搖右斜, 不風而靡, 是何貌樣?' 鵠汀曰: '獻賊京

菊壺筆話	出典	出典	出典
		自南唐李霄娘.' 湛軒曰: '此亦甚不好. 余嘗云網頭·纏足, 乃中國厄運之先見者.' 烱菴曰: '網巾, 不惟馬尾不好, 額上係巾痕, 大是不好. 婦人係脚, 余澹心懷, 著其原始甚詳, 載李漁『一家言』. 且康熙時, 有禁不能遵云. 網頭·纏足, 拈出甚好? 出頭不得, 展足不得, 非厄運而何?'"	觀, 可徵世運, 前明時, 至罪其父母, 本朝禁令至嚴, 終禁他不得. 蓋男順而女不順也.' 余曰: '貌樣不雅, 行步不便, 何故若是?' 鵠汀曰: '恥混韃女.' 卽抹去. 又曰: '抵死不變也.' 余曰: '三河·通州之間, 白頭丐女, 滿髻插花, 猶自纏脚, 隨馬行丐. 如鴨飽食, 十顚九仆. 以愚所見, 還不如韃女遠甚.' 鵠汀曰: '故是三厄.' 余曰: '何謂三厄?' 鵠汀曰: '南唐時張霄娘, 俘入宋宮, 宋宮人爭效其小脚尖尖, 勒帛緊纏, 遂成風俗. 故元時漢女, 以小脚彎鞋, 自爲標異. 前明時, 禁他不得, 韃女之嗤漢女纏脚, 以爲誨淫則寃矣. 這是足厄.'"

　　먼저, 이조원은 주량이 얼마나 되느냐는 주달의 질문에 한두 잔에 그친다고 답한다. 이어서 중국의 잔은 밤송이처럼 작으니, 예전도 이러하다면 하루에도 모름지기 삼천 배를 마시는 것도 어렵지 않다고 자신의 견해를 덧붙인다. 그런데 이러한 내용은 홍대용의『담헌연기』에 이미 보이고, 이후 김경선의『연원직지』에도 등장할 정도로 널리 알려진 사실이다.

　　또한, '三秋桂子, 十里荷花'는 西湖의 風物을 거론할 때 빠지지 않는 언급이다.『국호필화』에 영향을 미친 홍대용의『간정동필담』(1766

년 2월 3일)에 자세하게 나타나고, 李岬의 『燕行記事』와 李永得의 『燕
行雜錄』에도 서호를 소개하면서 특기한 내용이다.

끝으로, 한족 여인의 纏足에 대한 이조원의 생각이다. 어려서부터
발을 싸매서 작게 만드니 본연의 천성을 잃어버려 안타까울 뿐 아니
라 보기에 좋지 않다고 말한다. 일찍이 왕민호가 말한 명나라가 멸망
한 삼액 가운데 하나인 足厄으로, 이는 홍대용의 『간정동필담』(1766
년 2월 12일)과 李德懋의 「天涯知己書」에도 언급한 사안이다.

따라서 『국호필화』는 기존의 필담과 연행록을 계승하여, 당시 중
국을 비롯한 주변국의 동향 및 중국의 감춰진 이면을 탐지하는 '審勢'
로서 기능하면서 한중 지식인의 교류 양상을 보여주는 자료이다.

다음으로 李田秀의 『入瀋記』에는 『萬泉錄』이란 필담집이 수록되어
있는데 주목할 만하다. 『入瀋記』는 연행기에 해당하는 『西遊記』와 필
담에 해당하는 『萬泉錄』을 바탕으로 완성한 저작이다.[31] 그런데 중국
지식인과의 필담 현장에는 필담뿐 아니라 口話[백화]까지 사용하고
있다.[32] 기존 홍대용과 박지원의 필담에는 백화에 대한 언급이 없어,
순전히 '以筆代舌'하는 필담이 진행된 것으로 알려져 있다. 그런데, 임
백연의 사례에서 알 수 있듯이 일상 회화는 백화로 소통했음을 추정
할 수 있다.

---

31) 李田秀, 『入瀋記』. "凡例. 一. 是書艸稿, 元有『西遊記』·『萬泉錄』二種. 『西遊記』乃
吾所艸也, 自渡江後, 記日用凡事. 『萬泉錄』卽仲兄所草也, 自逢張裕崑後, 記往來
酬酢者. 今此所錄, 合以一之. 『萬泉錄』則不敢大有增損, 而惟於余曰, 卯君曰處當
爲換書, 而三人鼎話之際, 誰問誰答, 初無論序. 且如論一事, 而仲兄問其首, 余問其
尾之類甚多. 故只於專屬其人, 則方稱仲兄曰余曰, 其他則但書書問曰問曰, 蓋兩人
之言, 卽同一意故也."

32) 李田秀, 『入瀋記』, 1783년 8월 23일. "此後凡稱書問書答者, 筆談也. 只稱問曰答曰
者, 口話也."

특히 『만천록』은 秘諱에 관한 일을 필담하는 경우에 謎語를 사용한 사례가 등장한다. 앞서 忌諱에 해당하는 담초를 은닉·도말·소각하는 행위와는 달리, 필담을 改錄하고 草本를 뒤에 부기하고 있다.[33] 여느 필담에도 보이지 않는 매우 특수한 사례이다.[34]

구분	『入瀋記』 改錄	『萬泉錄』 草本
1783.08.27	書問曰: 本朝不立太子, 何也? 書答曰: 金匱藏名, 閣老知其處. 預立則恐臣下黨附耳.	書問曰: 根晨不立豆曉, 何也? 書答曰: 黃篏弄字, 元棠知之, 龍强俱類.
	書問曰: 僕等來此後, 往來城內外, 略得遊覽殿廨廟觀, 而東門外有一廟堂, 號鄧將軍廟. 朱門黃瓦, 極其宏麗, 似非尋常神祠之比. 未知此是誰人之廟歟? 書答曰: 此是本朝極祕諱之事, 係不敢言, 而於先生故略言其槪, 千萬愼口. 明朝一名將, 爲本朝太祖皇帝所誘殺. 其人爲厲祟, 侵困太祖. 太祖不勝痛苦, 設祭祈命. 其人托夢來言曰: 你要命認親我祭我先於汝祖云云. 故京師及諸行官皆立廟, 每歲元朝, 皇上先謁其廟然後, 方進太廟. 凡所尊奉, 與太廟一體. 問曰: 其將姓名, 先生曾聞之否? 答曰: 姓鄧而名則不知, 毛文龍之副將云, 大抵大氣魄底人.	書問曰: 聽有禹室. 書答曰: 椵副作巡, 瞞暈籲供.
	書問曰: 往在丁丑, 本朝與我國講和時, 我國斥和人尹集·洪翼漢·吳達濟三人, 爲本朝所逮拘北入, 其後究竟不明白. 先生或有聞, 可詳敎否? 此則未必爲祕諱之事也.	書問曰: 鼎客如何? 書答曰: 靠不昏者周黎, 此亦當一樣鼎也. 在你中心, 仍手昏.

<hr>

33) 李田秀, 『入瀋記』, 1783년 8월 27일. "『萬泉錄』草本, 凡係祕諱之事, 皆作謎語. 故今悉改錄, 而附書原段, 以資覽者之一粲. 後倣此."
34) 陳 俐(2016), 참조.

구분	『入瀋記』 改錄	『萬泉錄』 草本
	書答曰: 三人事, 僕未曾有聞, 而大抵前明之末, 如此人極多, 皆被誅滅. 此三人亦當如此究竟. 又書曰: 三人在你國忠臣. 仍扯其紙, 手指其口.	
1783.08.29	書問曰: 近日滿漢相婚云, 然否? 書答曰: 前不爾, 近頗然.	書問曰: 邇有黃黑共色, 果否? 書答曰: 前不爾, 近則然.
1783.08.29	書問曰: 近聞蒙古漸盛云, 然否? 本朝昇平日久, 兵力尙能如前耶? 書答曰: 本朝兵力, 則無遜於前, 而蒙人則近果漸盛矣.	書問曰: 銀子頗多云, 然否? 黃米如何? 書答曰: 黃米恐無凶荒之慮, 而銀子近頗至賤矣.
1783.09.03	書問曰: 永曆皇帝, 不知究竟. 或云: 後在安南云, 然否? 其亡果在何時? 書答曰: 在緬甸, 與其子孫, 俱爲吳三桂所誘殺, 國遂亡.	書問曰: 長書不知究. 或云: 去寧午是耶? 太公何時? 書答曰: 在遠畿, 俱爲人蔘肉桂所誤, 不救.
1783.09.03	書問曰: 三桂之叛, 本朝爲明朝地耶? 抑自圖割據耶? 書答曰: 只欲自伯一方, 後因移封起兵.	書問曰: 蔘桂是內托之劑耶? 欲只湯耶? 書答曰: 欲用伯道矣. 因加入於他方中, 反有害矣.
1783.09.03	書問曰: 吳之國名云何? 初在雲南, 後封何地? 傳聞其子爲駙馬, 則何故反耶? 或云: 三桂之侄, 多勇善戰, 而中丸死, 兵遂不振云, 然否? 書答曰: 僕晚生, 未得其詳. 大約康熙十三年反, 二十七年平. 又云: 吳逆祖塋, 在定遠界, 本朝破其墳.	書問曰: 蔘桂邦名云何? 初在雲南, 後在何藥? 胤玉潤何爲誰陽? 或謂謂次阮善聞, 而當圓而盡. 故遂不千仞圖, 然否? 書答曰: 寧嶂蘭成反, 項羽少一平, 晚生不詳. 厥立康逈, 根晨破之.
1783.09.03	書問曰: 聞本朝國姓, 每朝皆擇好姓落點云, 然否? 書答曰: 沒有此事. 本朝本覺羅氏, 翻華姓爲趙.	書問曰: 聞曰閈根晨, 名上字一晨, 皆落點否? 書答曰: 沒有此事. 根晨根醒列中, 反堯舜子.

그런데 미어로 필담한 내용 중에는 그 진위가 의심스런 대목이 산견된다.

바로 '근래 만주족과 한족이 서로 혼인한다.[近日滿漢相婚]'을 굳이 '근래 황색과 흑색이 색을 공유하는가[邇有黃黑共色]'로 필담했는가 여부이다. 이는 만주족이 누런 옷을 입고 한족이 검은 옷을 입는 풍속

을 바탕으로 서로 혼인하는 상황을 말한다. 그런데 '만한상혼'의 문제
는 崔德中이 연행한 1712년에도 가난한 한족은 만주족과 혼인하는 사
례가 보이고,35) 이후 李海應의 『蓟山紀程』에는 '滿漢婚法'을 제정하여
시행한 사례도 등장한다.36) 따라서 한족의 입장에선 부끄러운 일이지
만 비휘와는 관련이 없는 내용이다.

더욱이 '오삼계'와 관련한 내용을 한약 재료 '蔘桂'로 표현한 대목
은 실상과 부합하지 않는다. 일찍이 청 조정은 오삼계의 반란에 동조
했던 사람들을 당시 불모지였던 요동 일대로 강제로 이주시켰던 바,
연행록에는 요동 일대를 경유할 때마다 오삼계 관련 정보를 빠짐없이
기록하고 있다.

이는 당시 건륭제가 심양에 행차하여 주변 경계가 삼엄한 탓에 기
휘하여 미어를 사용한 것일 수도 있지만, 기존 필담과 차별화를 목적
으로 미어를 사용한 것일 수도 있다. 이는 분명하게 판단할 수 없지
만, 한중 지식인이 미어로 필담하여 의사소통한 사실은 매우 이례적
이다.

---

35) 崔德中, 『燕行錄』, 1712년 12월 20일. "淸漢之人, 不相婚嫁, 而淸人則火葬後, 埋其
骨而成墳, 漢人則入其棺而埋葬, 皆不着莎草, 只於寒食及十月節, 行祭後加土於墳,
故名曰加土." : 12월 16일. "漢人之大族巨卿之家, 尙不與淸人相婚. 其他常漢貧班,
與淸婚姻者有之, 而爲其子孫者, 喪制袞足等事, 一從父邊, 而雖淸人, 其死者有遺
言, 則不火葬."
36) 李海應, 『蓟山紀程』 권5, 「風俗」. "漢人羞與滿人婚. 然聞有婚姻而若無間然者. 凡
漢父滿母之子曰烏金朝, 例屬漢軍. 蓋淸朝始令薙髮, 并禁纏足, 女子無一應從者.
康熙初, 斬貴族一家, 而申其令, 猶終不聽從. 於是, 始定互婚法, 且令從母. 母若滿
人, 則女不得纏足, 子屬於旗下, 欲其久而成俗. 然漢人之自好者, 則至于今, 絶不相
婚云."

4. 燕行 筆談 研究에 대한 提言

지금까지 연행 필담의 속성과 실상을 점검하고, 이를 바탕으로 그 내용과 층위까지 살펴보았다. 연행 필담이 어떠한 과정으로 형성되는가는 기존 연구에서 다음과 같이 제시한 바 있다.[37]

<筆談 形成 過程>

(filtering)

필담 초고　　………………………………………………………………　필담록

(gatekeeping)

그런데 최근에 다양한 필담 자료가 학계에 보고되면서, 필담의 형성 과정을 상세하게 구분할 필요성이 제기되는 실정이다.

최근 과천시 추사박물관은 『역주 추사필담첩1(김노경·김명희 편)』·『탈초·역주 추사필담첩2(김정희·박제가 편)』을 간행한 바,[38] 담초가 수습되어 필담으로 완성되는 과정을 보여주는 귀중한 자료이다. 기존 연행 필담 연구는 대부분 완성된 필담을 대상으로 연구를 진행하고, 담초 또는 담초의 수습 과정을 주의 깊게 살피지 못한 실정이다. 따라서 연행 필담의 형성 과정을 이해·파악하는데 매우 유용하다. <일러두기>는 『추사필담첩』의 자료적 성격을 간략하게 보여준다.

---

37) 김풍기(2011), 참조.
38) 김노경·김명희 편, 『역주 추사필담첩1』, 과천시 추사박물관, 2021; 김정희·박제가 편, 『탈초·역주 추사필담첩2』, 과천시 추사박물관, 2022.

〈일러두기〉
1. 이 책은 과천시 추사박물관 소장 『추사필담첩』의 후반부를 탈초(脫草)·역주(譯註)한 것이다.
2. 『추사필담첩』은 박제가·유득공(추정, 1801), 김정희(1809-1810), 김노경, 김명희(1822-1823)가 연경에서 만난 청나라 학자들과 나눈 240(뒷면 포함)의 필담자료이다. 이 가운데 후반부에 배치된 김노경·김명희의 필담(119-190면)은 2021년에 출간하고, 김정희·박제가 등의 필담(001-118)은 2022년에 출간할 예정이다.
3. 필담첩 원자료에서 최근에 작성된 것으로 보이는 자료(표제지, 목록)와 내용상 2권(김정희·박제가 편에 속하는 188면은 탈초·번역을 생략하였다.
4. 필담철 원본의 크기는 겉표지를 기준으로 30.3×89.5(세로x가로, cm)이나, 필담지들의 크기가 제각기 다르므로 비율을 조정하여 수록하였으며, 원본 크기는 하단에 일일이 표기하여 독자들의 이해를 돕고자 하였다.
5. 필담 내용 중 필사자가 누구인지 알 수 있는 경우, 역자의 판단에 따라 문장 끝에 이름을 약식으로 표기했다. 각 이름의 약식 표기는 다음과 같다. ([노] : 김노경, [명] : 김명희, [식] : 유식, [심] : 장심, [달] : 주달)
6. 탈초한 한문의 줄바꿈 형식은 원문의 형태에 따랐으며, 내용 이해를 돕기 위해 현대의 문장부호를 덧붙였다. 원문에 결실된 부분은 ■, 해독 불가능한 부분은 ■, 지워진 부분은 ●으로 표기하였다.

秋史筆談帖1	原文
	"大壽幾何?"
	"五十八."[노]
	"貴庚?"[노]
	"四十九."
	"眼慣否?"
	"塗鴉不成畫法, 見笑."
	"大山見贈, 故置之懷袖, 不忍數數搖之, 恐其傷汚."
	"臨行時當用意畫呈."
	"書法亦極佳, 大有古意."
	"王公是何人?"[노]
	"此公, 亦是吾輩山人, 現已出京矣."

　　『추사필담첩1』에서 확인할 수 있듯이, 김노경과 김명희가 1822-1823년에 중국의 북경에서 만난 청나라 학자들과 나눈 필담자료이다. 한 마디로 담초를 수습·정리하여 기록한 필담의 초고본에 해당한다.

앞서 거론한 「王秀才問答」·「顔知縣問答」과도 그 형태가 유사하다. 따라서 연행 필담 중에는 담초를 수습·정리하여 기록한 형태(필담 초고본)가 존재가 한다는 의미이다. 필담 초고본도 완전한 형태를 갖추고 있지만, 필담 현장의 생생한 분위기는 온전히 전달하지 못한다.

乾淨錄2	1766.02.17
	乾淨錄2
	十七日.
	饌食出門, 爲衙門所阻, 還入脫衣, 因下輩懇請于提督之奴, 衙門始許之, 乃出去池城玉河橋旁, 雇車疾驅而至, 早食而往, 門者先報, 蘭公走出迎入, 過力闇所所居之炕炕, 隔簾而呼曰: '嚴兄.'
	力闇答曰: '諾.'
	蘭公曰: '洪碩士兄來啊.'
	力闇疾答應曰: '唯.'
	掀簾而出, 相揖而入.
	乾淨筆談
	十七日.
	早食而往, 門者先報, 蘭公走出迎入, 過力闇所, 隔簾而呼曰: '嚴兄.'
	力闇曰: '諾.'
	蘭公曰: '洪兄來.'
	力闇疾應曰: '唯.'
	掀簾而出, 相揖而入.
	乾淨衕筆談
	十七日.
	早食而往, 門者先報, 蘭公走出迎入, 過力闇所居之炕, 隔簾而呼曰: '嚴兄.'
	力闇曰: '諾.'
	蘭公曰: '洪碩士來啊.'
	力闇疾應曰: '唯.'
	掀簾而出, 相揖而入.

반면, 『숭실대학교 한국기독교박물관 소장 乾淨錄』39)은 『추사필담

39) 홍대용, 『숭실대학교 한국기독교박물관 소장 乾淨錄』, 숭실대학교 한국기독교박물관, 2018.

첩』과는 전혀 다른 형태로, 문답을 수록할 뿐만 아니라 필담 현장의 분위기를 생동감 있게 보여준다. 『간정록』은 홍대용의 『간정동회우록』 傳寫本으로 3권 가운데 2권(1766.02.17~02.23)에 해당한다. 더욱이 『간정동회우록』이 이후 『간정필담』으로 편집되거나 『간정동필담』으로 편집되는 과정을 매우 상세하게 파악할 수 있다.[40] 주목할 내용은 담초가 『간정동회우록』으로 완성되고, 이후 첨삭 등 수정을 거쳐 『간정필담』과 『간정동필담』으로 재편집되었다는 사실이다. 이는 완성된 필담조차도 이후 첨삭 등 수정이 더해진다는 의미이다.

따라서 필담의 형성 과정을 상세하게 구분하여 제시하면 다음과 같다. 필담 현장의 분위기를 사실적으로 전달하는 필담 완성본은 문답을 수록한 필담 초고본보다 입체적인 표현이 가능한 셈이다.

<筆談 形成 過程>

	收拾·整理		添加·删削	
談草	⋯⋯⋯⋯⋯⋯	筆談 草稿本	⋯⋯⋯⋯⋯⋯	筆談 完成本
	記錄	『秋史筆談帖』 『燕行日記』 中 「王秀才問答」· 「顔知縣問答」	修訂	『菊壺筆話』 『萬泉錄』 『乾淨衕會友錄』 『熱河日記』 筆談

향후 연행 필담 연구는 필담의 속성과 실상에 기반하여 상호 교류적 측면을 고려한 신중한 접근이 필요하며, 공시적·통시적 시각과 관점으로 내용과 층위를 파악하고 인식해야 한다.

---

40) 신로사(2018) : 후마 스스무 지음, 신로사 외 옮김(2019) : 장경남(2019), 참조.

　　연행 필담에는 동일한 주제와 내용이 상투적으로 등장하는데, 한족 여인의 전족과 서호의 풍물을 표현한 '삼추계자십리하화(三秋桂子十里荷花)'가 대표적인 사례이다. 반면, 다른 연행 필담과의 차별성을 강조하려는 목적으로 다양한 장치를 마련하기도 한다.

　　앞서 살핀 바와 같이, 이전수의 『입심기』에 수록된 『만천록』은 秘諱에 관한 일을 필담하는 경우에 미어를 사용한 사례가 보이고, 또한 박지원의 『열하일기』에는 홍대용이 거론한 足厄(纏足)과 頭厄(網巾)에다 口厄(煙草)을 추가하여 '三厄'이라 일컫는다. 심지어 『열하일기』의 '삼액'은 후대 연행록에 다양한 형태로 수용되기도 한다. 따라서 연행 필담은 진부하고 상투적인 주제와 내용뿐 아니라 독창성과 차별성을 강조하기 위해서 다양한 장치를 활용한다.

참고문헌

金景善,『燕轅直指』/ 閔鼎重,『老峯集』/ 閔鎭遠,『燕行錄』/ 朴趾源,『燕巖集』
/ 成後龍,『赴燕日錄』/ 李器之,『一菴燕記』/ 李德懋,『靑莊館全書』/ 李永得,
『燕行雜錄』/ 李裕元,『林下筆記』/ 李田秀,『入瀋記』/ 李肇源,『菊壺筆話』/
李海應,『薊山紀程』/ 任百淵,『鏡浯遊燕日錄』/ 鄭元容,『燕行日錄』/ 崔德中,
『燕行錄』/ 韓弼敎,『隨槎錄』/ 洪大容,『湛軒書』/ 洪大容,『湛軒燕記』

김노경·김명희 편,『역주 추사필담첩1』, 과천시 추사박물관, 2021.
김장희·박제가 편,『탈초·역주 추사필담첩2』, 과천시 추사박물관, 2022.
박지원 지음, 김혈조 옮김,『열하일기』1·2·3, 돌베개, 2009.
임백연 지음, 부유섭·최식 옮김,『국역 경오유연일록』, 세종대왕사업기념사업회,
    2017.
한필교 지음, 김현미·조창록·이규필 옮김,『국역 수사록』1·2, 세종대왕사업기념
    사업회, 2017.
홍대용,『숭실대학교 한국기독교박물관 소장 乾淨錄』, 숭실대학교 한국기독교박
    물관, 2018.
후마 스스무 지음, 신로사 외 옮김,『조선연행사와 조선통신사』, 성균관대학교 출
    판부, 2019.

권정원,「朝鮮後期 韓國·中國間 文化交流의 一樣相-筆談을 중심으로」,『한자한
    문교육』11, 한국한자한문교육학회, 2003.
김규선,「해제-연행 필담으로 살펴보는 김정희·박제가의 재발견」,『탈초·역주 추
    사필담첩2』, 과천시 추사박물관, 2022.
김영죽,「연행 體驗 기록의 慣行과 그 매커니즘」,『한문고전연구』34, 한국한문
    고전학회, 2017.

김풍기, 「필담의 문화사-조선후기 동아시아 문화 교류의 한 방법」, 『비평문학』 42, 한국비평문학회, 2011.

김현미, 「18세기 전반 연행의 사적 흐름과 연행록의 작자층 시고」, 『한국고전연구』 8, 한국한문고전학회, 2002.

박향란, 『연행록 소재 필담의 연구: 홍대용·박지원 등을 중심으로』, 보고사, 2013.

박현규, 「延世大 소장 燕行錄 : 韓弼敎《隨槎錄》解題」, 『열상고전연구』 19, 열상고전연구회, 2004.

_____, 「조선 사신과 청조 문사의 참된 우정과 필담록:《菊壺筆話》」, 『동방한문학』 28, 동방한문학회, 2005.

신로사, 「《乾淨錄》의 자료적 특징과 해제」, 『숭실대학교 한국기독교박물관 소장 乾淨錄』, 숭실대학교 한국기독교박물관, 2018.

신익철, 「18세기 연행사와 서양 선교사의 만남」, 『한국학문학연구』 51, 한국한문학회, 2013.

이현식, 「《열하일기》〈심세편〉, 청나라 학술과 사상에 관한 담론」, 『동방학지』 181, 연세대 국학연구원, 2017.

임영길, 『19세기 전반 연행록의 특성과 朝·淸 문화 교류의 양상』, 성균관대박사논문, 2017.

장경남, 「홍대용의 필담집《간정동회우록》,《간정필담》,《간정동필담》에 대하여」, 『국학연구』 38, 한국국학진흥원, 2019.

전수경, 「韓弼敎의《隨槎錄》研究」, 성균관대 석사논문, 2010.

陳　俐, 「論淸代中朝文士筆談的主要特徵」, 『대동한문학』 46, 대동한문학회, 2016.

진재교, 「'燕行錄'과 知識·情報-지식·정보의 수집과 기록방식」, 『대동문화연구』 97, 성균관대 대동문화연구원, 2017.

최　식, 「韓中 知識人 交流와 記錄-洪大容과 嚴誠을 중심으로」, 『반교어문연구』 40, 반교어문학회, 2015.

_____, 「연행 지식·정보의 수집·정리 및 확대·재생산-연행록의 형성 과정과 특징을 중심으로」, 『동방한문학』 75, 동방한문학회, 2018.

_____, 「1836년 燕行과 《鏡浯遊燕日錄》-한중 지식인 교류의 내용과 실제」, 『한문고전연구』 39, 한국한문고전학회, 2019.

_____, 「《熱河日記》에 비친 홍대용의 그림자」, 『대동한문학』 59, 대동한문학회, 2019.

_____, 「燕行 筆談의 實狀과 層位」, 『한국실학연구』 44, 한국실학학회, 2022.

_____, 「筆談의 형성 과정과 성격《秋史筆談帖》과 〈班荊叢話〉」, 『대동한문학』 74, 대동한문학회, 2023.

조선후기 연행록의 계보적 고찰

- 대구서씨가 徐有鎭의 『鍾園遊燕錄』을 중심으로

임영길 단국대학교 한문교육연구소 연구교수

1. 머리말

2. 徐有鎭과 『鍾園遊燕錄』 저술

3. 전대 연행록의 수용 양상

4. 후대 연행록과의 관련성

5. 맺음말

* 이 글은 「조선후기 연행록의 계보적 고찰:徐有鎭의 『鍾園遊燕錄』을 중심으로」,
『한국실학연구』 44호, 한국실학학회, 2022를 수정·보완한 것이다.

1. 머리말

연행록 연구에 있어 상호텍스트성은 중요하게 고려해야 할 특징 중 하나이다. 전대 연행록의 내용을 전재(轉載)하고, 동행인의 전언(傳言)을 기록하며, 지리서와 유서 등을 발췌·인용함으로써 각종 지식정보를 수집·정리 및 확대·재생산하는 연행록 글쓰기의 관습적 특성은 선행연구에서 지적되어왔다.[1] 저자가 실제로 견문한 기록 위에 여타 문헌의 관련 자료들을 중첩하는 과정에서 출전을 밝히지 않았더라도 이를 표절로 간주하기보다는, 정보 제공의 차원에서 기록의 한계를 보완하기 위한 자연스러운 현상으로 이해할 수 있다. 이러한 경향은 19세기로 갈수록 더욱 심화하였는데, 이른바 3대 연행록으로 손꼽는 18세기 김창업(金昌業)의 『연행일기(燕行日記)』, 홍대용(洪大容)의 『연기(燕記)』, 박지원(朴趾源)의 『열하일기(熱河日記)』가 후대 연행록의 내용과 체재에 지대한 영향을 주었음은 새삼 강조할 것이 없거니와, 한 가문 내에서 특정한 연행 문헌이 전승된 양상[2]은 연행록

1) 임기중, 「연행가사와 연행록의 상호원전성과 유행양식」, 『연행록연구층위』, 학고방, 2014; 진재교, 「燕行錄과 知識·情報—지식·정보의 수집과 기록방식」, 『대동문화연구』 97, 성균관대 대동문화연구원, 2017; 김영죽, 「연행 체험 기록의 관행과 그 매커니즘」, 『한문고전연구』 34, 한국한문고전학회, 2017; 최식, 「연행 지식·정보의 수집·정리 및 확대·재생산—연행록의 형성 과정과 특징을 중심으로—」, 『동방한문학』 75, 동방한문학회, 2018 등.
2) 이와 관련하여 林侑毅, 「朝鮮後期 豊山洪氏 家門燕行錄 研究」, 고려대 박사학위논문, 2019에서 '가문연행록'이라는 접근법을 제시하고, 풍산 홍씨가 洪良浩-洪義俊·洪錫謨·洪敬謨 3대의 연행록을 고찰했으며, 감준희, 「조선 후기 대구서씨

이라는 텍스트의 성립 과정을 잘 보여준다는 점에서 특별히 주목된
다. 즉 연행록의 유전(流傳)과 수용은 3대 연행록에 기반한 변용이라
는 '보편성'과 가계나 교유 등의 인적 관계를 통한 향유라는 '특수성'
의 두 가지 측면이 복합적으로 작용한 결과물이라는 점을 유념할 필
요가 있다.3)

　　이 글에서는 3대 연행록 이외에 19세기 연행록 저술에 일정한 영
향을 미쳤다고 판단되는 대구 서씨가 서유진(徐有鎭, 1768-1812)의『종
원유연록(鍾園遊燕錄)』4)을 중심으로 특정 연행록이 전파되고 수용되
는 과정을 추적해보고자 한다.『종원유연록』은 19세기 초반 가문이라
는 특수한 관계에 더하여 교유 관계를 매개로 일련의 '연행록군'이 형
성된 정황을 증명해 준다. 뿐만 아니라 서술 방식의 측면에서 19세기
여러 연행록에『종원유연록』의 직·간접적 영향이 짙게 나타나므로,
조선후기 연행록의 '계보적' 독해를 가능하게 한다는 점에서 자료적
가치가 크다. 당대에 널리 읽힌 연행록이 수용된 경위를 추적하는 작

　　가 연행록 연구」, 한국학중앙연구원 박사학위논문, 2021에서는 8대에 걸친 대
　　구 서씨가 연행록 10여 종을 종합적으로 검토하였다.
　3) 임영길, 「19세기 前半 燕行錄의 특성과 朝·淸 文化 交流의 양상」, 성균관대 박
　　사학위논문, 2018, 58-78쪽에서 연행록의 유전 및 수용 과정에, 보편화된 독서
　　물로서의 통시적·공시적 측면과 가계·교유·당색·사승 관계에 기반한 직접 매
　　개의 측면이라는 양대 축이 존재한다는 점을 지적하면서 몇몇 사례를 거론하
　　였다.
　4) 서유진의『종원유연록』은 양서원, 「서유진의『종원유연록』자필본」,『고서연
　　구』 27, 한국고서연구회, 2009에서 처음 소개하였고, 임영길, 「19세기 前半 燕行
　　錄의 특성과 朝·淸 文化 交流의 양상」, 성균관대 박사학위논문, 2018에서 19세
　　기 전반의 주목할 만한 연행록 중 하나로 다룬 바 있다. 그 당시에는 개인 소장
　　으로 자료 검토에 어려움이 있었으나 최근 성균관대학교 존경각에서 입수하여
　　열람이 가능해졌다.

업은 연행 관련 지식정보의 공유 및 확산 과정을 추적하는 실마리를
제공할 수 있다. 또한 19세기에 저술된 연행록이 대체로 선행 기록을
답습하여 그만의 특색이 없다는 비판적 시선을 해명할 수 있다는 데
연구 의의가 있다고 할 수 있다.

2. 徐有鎭과 『鍾園遊燕錄』 저술

대구 서씨가는 조선 전기 徐居正(1420-1488) 이후 徐渻(1558-1631)
대부터 번창한 조선 후기 명문가로서 1643년 진하 겸 동지 정사로 심
양을 다녀온 徐景雨부터 1891년 진하 겸 사은 정사로 북경을 다녀온
徐正淳에 이르기까지 총 36명의 사신이 49차례에 걸쳐 연행을 다녀왔
으며, 그들이 남긴 13종의 연행록이 현전하고 있다.[5] 그중 徐有鎭의
가계를 중심으로 살펴본다.

서유진은 자가 치범(穉範)·태악(太嶽)이고, 호가 종원(鍾園)이다. 그
의 6대조는 서성의 넷째 아들이자 선조의 부마로 달성위(達城尉)에 봉
해진 徐景霌이며, 5대조는 서경주의 셋째 아들 徐晉履이다. 본래 서유진
의 생부는 서성의 둘째 아들 徐景需의 5대손인 徐積修(1732-1796)인데,

---

5) 대구 서씨 가문에서 삼사신에 임명된 인물 및 연행록을 남긴 인물의 수효는 감
   준희, 「조선 후기 대구서씨가 연행록 연구」, 한국학중앙연구원 박사학위논문,
   2021, 53-54쪽 참조. 대구 서씨는 달성 서씨와 관향이 같고 달성이 대구의 옛 이
   름이기도 하여 학계에서 종종 혼동하여 사용하지만, 두 집안은 시조와 항렬을
   달리하고 세거지도 서로 다르며, 대동보도 따로 만들어 구분하고 있다. 대구 서
   씨는 고려 때 군기소윤을 지낸 서한(徐閈)을 시조로 하고 주로 서울에 거주하
   여 '경파(京派)'라 부르며, 달성 서씨는 고려 때 달성군에 봉해진 서진(徐晉)을
   시조로 하고 주로 영남에 세거하여 '향파(鄕派)'라 부른다(같은 논문, 3쪽 참조).

서유진은 서경주의 5대손인 徐富修(1747-1781)에게 출계하였다.

서유진은 1790년(정조 14) 진사시에 합격한 뒤 정릉 참봉·아산 현감 등을 지냈다. 성균관 유생으로 있던 1801년에 5촌 당숙인 서미수(徐美修, 1752-1804)가 동지 겸 진주 부사에 임명되자 그의 반당(伴倘) 자격으로 연행에 참여하였다. 당시 사행의 정사는 조윤대(曺允大)이고, 서장관은 이기헌(李基憲)이며, 주문모(周文模) 신부 등을 처형한 사실을 청 조정에 보고하기 위한 목적으로 파견한 사행이었다.6)

천자의 나라는 만국이 모여드는 곳이다. 지금 夷狄(만주족을 가리킴)이 중국 땅을 차지하여 선왕의 전장과 문물제도가 대부분 사라졌다. 다만 궁궐의 장엄함과 백관의 창고, 동산, 성곽, 해자의 크고 부유함은 어렴풋이 상상하여 얻을 수 있는 것이 아니니, 한번 보지 않고서는 천지의 광대함을 알 수 없다. 그러나 지금 세상에 바다 모퉁이 외진 나라에서 태어나 수레와 말의 자취가 감히 강역의 한계를 벗어날 수 없으니, 옛사람이 주나라, 노나라, 제나라, 송나라, 정나라, 진나라에 가되 어디를 간들 불가할 일이 없는 것과 같은 경우가 아니다. 내가 (중국에) 한번 가서 그 도읍의 번성함을 마음껏 보고 싶다고 생각했으나 그 방편을 얻지 못하다가, 올해 가을 종숙부인 參判公(서미수)이 동지 겸 진주사의 부사로 임명되었기에 마침내 종유하길 원하는 뜻을 말하니 종숙부가 승낙하였다. 족제(族弟)인 서유직(徐有稷) 치형(稚馨)은 이웃에 살면서 정이 돈독하여 시를 짓고 술을 마시며 노닐기를 함께 하지 않은 적이 없었는데, 이번 사행에

---

6) 1801년 동지사행의 연행록으로 서장관 이기헌의 『燕行錄』(필사본 3책, 규장각 소장)이 전하는데, 신유사옥과 서학에 관한 청조의 입장, 백련교도의 난에 대한 동향 등을 소상히 보고하였다.

도 함께 하기로 하였다.7)

  서유진은 평소 북경의 번성한 모습을 마음껏 보기를 염원하던 차
에, 동지 부사로 충원된 종숙부 서미수에게 요청하여 중국 견문의 기
회를 얻을 수 있었다. 위 인용문을 보면 1801년 당시 서유진은 한양에
서 이웃해 살면서 각별하게 지내던 족제 서유직(徐有稷, 1770~1831)과
동행했음을 알 수 있는데, 서유진의 연행 체험을 살펴보기에 앞서 서
유직이란 인물에 각별한 주목을 요한다.
  서유직은 자가 치형(穉馨)·순경(舜卿)이고, 호가 창서(蒼墅)이다.
서성의 셋째 아들 서경빈(徐景霖)의 6대손으로, 서유직의 부친은 서
준수(徐寯修, 1751~1832)이다. 서유진은 1795년(정조 19) 진사시에 합
격하고 사옹원 주부·양성 현감·음성 현감 등을 지냈다. 주목되는 점
은 서유직이 1801년 서유진과 함께 연행을 떠나기 이전, 성균관 유생
으로 있던 1798년에 동지사 서장관 서유문(徐有聞, 1762~1822)의 반당
으로 첫 연행길에 올랐다는 사실이다. 서유문은 서유진과 함께 서문
택(徐文澤)의 고손자로 서유진의 삼종형이 된다. 서유직은 서유문과
촌수로는 12촌으로 다소 먼 친척 간이지만 서유진과의 친분으로 인해
서유문을 수행했으리라 짐작한다. 후술하겠지만 서유문의 한글 연행
록인『무오연힝녹』에는 청조의 여러 사정에 대한 서유직의 전언(傳

<hr />

7) 徐有鎭,『鍾園遊燕錄』권1,「發行日記」, 1801년 10월 27일, "天子之國, 萬方之所
  聚會也. 今夷狄主中土, 先王之典章文物蕩然無復存者, 第其宮闕之壯, 百官倉廩苑
  囿城池之大且富, 有非依俙倣像之所可得, 不一見則不足以知天地之廣大. 然而生乎
  今之世海隅偏邦, 車馬之迹不敢出封疆之限, 非如古之人之之周之魯之齊之宋之鄭
  之秦, 無往而不可也. 余思欲一往恣觀其都邑之盛, 而未得其便, 是歲之秋, 從叔父
  參判公充冬至兼陳奏副使, 遂告以願從遊之意, 從叔父曰諾. 族弟有稷稚馨居比隣,
  情愛篤, 凡詩酒遊娛, 未嘗不與共之, 今行亦將偕焉."

言)을 비롯하여 당시 서유직이 썼다는 '일기'의 내용이 다수 기록되어 있어[8] 서유문이 연행록을 작성하는 데 서유직의 견문과 교유 활동이 큰 비중을 차지했음을 알 수 있다.

서유직의 연행에서 또 한 가지 특기할 점은, 그가 『북유록(北遊錄)』이란 연행록을 저술한 사실이다. 서유직은 제2차 연행을 다녀온 뒤에 자신의 두 차례 중국 체험을 종합하여 『북유록』을 완성했으리라 추정되는 바, 현재 일실되어 전하지 않는 『북유록』의 존재는 이규경(李圭景)의 『오주연문장전산고(五洲衍文長箋散稿)』를 통해 확인된다.[9] 이규경은 중국의 각종 제도, 물건, 문화, 풍속 등을 변증하면서 여러 전거 중 하나로 『북유록』을 꼽았는데, 『북유록』이라는 서명을 명시한 글은 「부제흑진변증설(浮提黑眞辨證說)」, 「청계원류변증설(淸系源流辨證說)」, 「고구제변증설(古柩制辨證說)」, 「피말변증설(皮韈辨證說)」, 「독륜거변증설(獨輪車辨證說)」, 「수거변증설(睡車辨證說)」, 「청비록대소각본변증설(淸脾錄大小刻本辨證說)」, 「앵무변증설(鸚鵡辨證說)」 등이며, 출전을 『유연기(遊燕記)』라고 쓴 「연중혼가변증설(燕中婚嫁辨證說)」, 「매탄변증설(煤炭辨證說)」, 「탁타변증설(槖駝辨證說)」과 『입연잡기(入燕雜記)』

---

8) 徐有聞, 『무오연힝녹』 권4, 1799년 1월 20일, "내가 이 길을 오면서부터 잠을 잘 이루지 못하고, 밤이 곧 되면 치형과 이광직을 불러 앉히고 무슨 좋은 말과 오늘 구경한 바를 이르라 하여 문득 3, 4경을 지내니, 견디지 못하여 일어나 가려 하여도 굳이 앉혀서 수작하니, ……"; 권5, 1799년 2월 3일, "치형이 들어와 서산을 가노라 하니, …… 치형이 해 진 후 돌아왔으니 특별히 일기를 적은 것이 있어 자못 자세한지라, 이에 부족하나마 기록하노라. ……" 등. 이하 『무오연힝녹』의 현대역은 서유문 지음, 조규익 등 주해, 『한글로 쓴 중국여행기 무오연행록』, 박이정, 2002를 따랐다.

9) 이종묵, 「《五洲衍文長箋散稿》에 보이는 조선의 逸書」, 『진단학보』 121, 진단학회, 2015, 194-195쪽에서 일실된 연행록 중 하나로 서유직의 『북유록』을 언급하였다.

로 쓴 「조선변작미창변증설(漕船變作米艙辨證說)」, 그리고 출전을 밝히지 않았으나 「연도상례변증설(燕都喪禮辨證說)」, 「연경주거교량변증설(燕京舟車橋梁辨證說)」 등에서도 서유직의 연행록을 참조한 것으로 보인다. 이같이 판단하는 근거는, 서유진의 『종원유연록』 권6에 수록된 총 12개 항목의 잡록에서 위에 열거한 변증설 내 인용 대목이 동일하게 발견되기 때문이다. 실제로 『북유록』과 『종원유연록』은 깊은 유사성을 지녔을 것으로 추측된다. 일례로 이규경은 조선 문인과 청 문사 간의 필담 내용도 변증의 중요한 근거 자료로 활용한 바, 중국에 전해진 『청비록』 판본과 관련하여 「청비록대소각본변증설」에서 『북유록』 소재(所載) 서유직과 진용광(陳用光)의 필담으로 소개한 대목이 『종원유연록』 1802년 1월 28일자 일기에 그대로 실려 있는 점은 『북유록』과 『종원유연록』의 긴밀한 상관성을 방증한다.[10] 요컨대 서유직의 연행 기록은 서유문 및 서유진이 연행록을 저술하는 과정에 일정한 영향을 미쳤을 가능성이 다분하다는 점을 짚어둔다.

---

10) 李圭景, 『五洲衍文長箋散稿』, 經史篇○經史雜類·其他典籍, 「淸脾錄大小刻本辨證說」, "我純廟辛酉(1801), 蒼墅徐知縣有稷甫隨使遊燕都, 撰『北遊錄』, 與江西新城人陳瘦石庶吉士用光筆談. 瘦石曰: '先生知『淸脾錄』誰所撰與?' 蒼墅答以'此弊國李公雅亭先生某甫所著也. 先生何以見聞?' ……"; 서유진, 『종원유연록』 권4, 「留館日記」 下, 1802년 1월 28일, "瘦石問曰: '先生知『淸脾錄』誰所撰也?' 稺馨曰: '此敝邦李德懋號雅亭所著, 先生何以見問?' ……" 이밖에 『오주연문장전산고』와 『종원유연록』의 동일 기록을 짝지어보면 다음과 같다. 「浮提黑眞辨證說」-「藩胡」, 「古柩制辨證說」-「器用」, 「皮韈辨證說」-「衣服」, 「獨輪車辨證說」·「燕京舟車橋梁辨證說」-「舟車」, 「煤炭辨證說」-「飮食」, 「鸚䳇辨證說」·「橐駝辨證說」-「畜物」, 「漕船變作米艙辨證說」-「山川」, 「燕中婚嫁辨證說」-「風俗」, 「燕都喪禮辨證說」-「衣服」·「器用」·「風俗」 등.

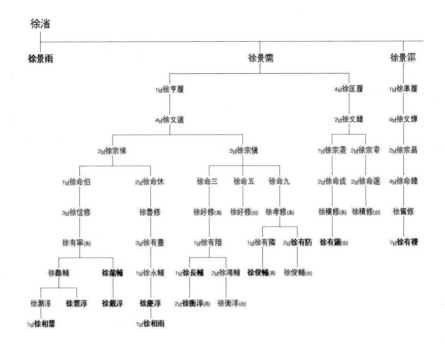

　　『종원유연록』은 필사본 6권 3책으로, 크게 일기와 잡록 두 부분으로 구성되어 있다. 권수(卷首)에는 서유진의 벗 이옥(李鈺, 1760-1815)[11])이 쓴 서문 3편과 「행중인마총수(行中人馬總數)」·「방물(方物)」·「영상(領賞)」·「광록시식물(光祿寺食物)」을 수록하였다. 「행중인마총수」는 사절단에 속한 인원의 명단을 상세히 정리한 것이며, 「방물」·「영상」·「광록시식물」은 각각 조선에서 청 조정에 바친 물품의 목록, 청에서 조선 국왕과 사신에게 내려준 물품, 북경에 체류할 때

---

11) 김영진, 「조선후기 명청소품 수용과 소품문의 전개 양상」, 고려대 박사학위논문, 2004, 135쪽의 주415에서 서문을 쓴 '梅花樵者'가 이옥임을 밝혔다.

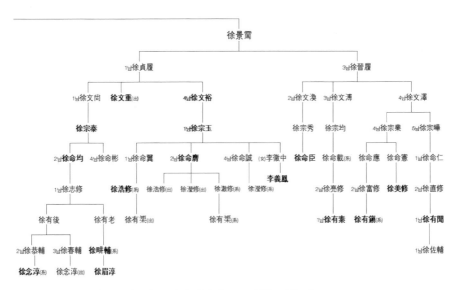

〈그림 1〉 대구 서씨 가문의 주요 연행 인물 계보도

(※ 연행을 다녀온 인물은 굵게 표시하였다.)

광록시에서 삼사신과 역관 등에게 매일 지급한 음식을 기록한 것이다.

권1-권5는 일기에 해당한다. 노정에 따라 「발행일기(發行日記)」, 「도강일기(渡江日記)」, 「유관일기(留館日記)」(上·下), 「회정일기(回程日記)」로 편명을 붙이고 권차를 구분한 점이 주목된다. 19세기 한문산문 연행록은 일기체 형식이 대다수를 차지한다. 단, 대체로 일기를 기본 체재로 삼되, 일기 본문 안에 한시나 기문, 필담, 서신 등 다양한 형식의 글을 삽입한 경우, 일기와 잡록(또는 기문)을 별도로 구분하여 정리한 경우, 일기·시·잡록·기문·필담·서신 등 문체별로 분류하여 여러 편에 나누어 수록한 경우 등의 복합체 구성이 주를 이룬다. 특히 박지원의 『열하일기』에서 볼 수 있듯이 『종원유연록』을 비롯한 다수의 연행록에서 여정별·주제별·문체별로 각 편을 독립시켜 체계적으로 편집한 것이 19세기 연행록의 체재상에 나타나는 한 특징임을 감안할 때12) 『종원유연록』은 그 시기가 앞선다는 점에서 후대 연행록에 일정한 영향을 끼쳤을 가능성을 생각해볼 수 있다.

<표 1> 『종원유연록』의 체재

책수	권수	편명
天		「叙一」, 「叙二」, 「叙三」
		總目
	卷首	「行中人馬總數」, 「方物」, 「領賞」, 「光祿寺食物」
	卷之一	「發行日記」 1801년 10월 27일-11월 23일
	卷之二	「渡江日記」 1801년 11월 24일-12월 24일
	卷之三	「留館日記 上」 1801년 12월 25일-12월 30일
地	卷之四	「留館日記 下」 1802년 1월 1일-2월 5일
人	卷之五	「回程日記」 1802년 2월 6일-3월 26일
	卷之六	「道路」(9칙), 「山川」(21칙), 「城闕」(7칙), 「宮室」(11칙), 「衣服」(18칙), 「飮食」(25칙), 「器用」(26칙), 「舟車」(10칙), 「畜物」(21칙), 「風俗」(40칙), 「藩胡」(9칙), 「言語」(8칙) 이상 12항목 205칙

---

12) 19세기 일기체를 중심으로 한 복합체 연행록의 특징은 許放, 「철종시대 燕行錄 연구」, 서울대 박사학위논문, 2016 및 임영길, 「19세기 前半 燕行錄의 특성과 朝·淸 文化 交流의 양상」, 성균관대 박사학위논문, 2018 참조. 참고로 19세기 『종원유연록』 외에 여정별·주제별·문체별로 여러 편을 설정한 연행록의 편명을 제시하면 다음과 같다. 李海應 『薊山紀程』(1803): 出城, 灣渡, 渡灣, 留館, 復路, 附錄 / 李鼎受 『游燕錄』(1811): 我境, 渡江, 留館, 回程, 留柵, 還渡 / 李在洽 『赴燕日記』(1828): 路程記, 往還日記, 歷覽諸處, 主見諸事) / 朴思浩 『燕薊紀程』(1828): 留館雜錄, 車燈漫錄, 關河詠懷, 遂審紀行, 南館題詠, 應求漫錄, 春樹淸譚, 楡西館記, 蘭雪詩龕, 玉河簡帖, 金臺詩集 등 / 韓弼敎 『隨槎錄』(1831): 北行總要, 日月紀略, 遊賞隨筆, 風俗通攷, 聞見雜識, 班荊叢話 / 金景善 『燕轅直指』(1832): 出疆錄, 留館錄, 回程錄, 留館別錄 / 金貞益 『北征日記』(1841): 行邁程史, 玉河聞見, 歸來補遺 / 徐慶淳 『夢經堂日史』(1855): 馬訾軔征紀, 五花沿筆, 日下賸墨, 紫禁瑣述, 玉河旋軫錄 등.

권6은 잡록에 해당한다. 서유진이 관찰했거나 직·간접으로 수집한 정보들을 「道路」 이하 「言語」까지 12가지 주제별로 정리하였다. 단, 19세기에는 18세기 연행록과 달리 작품 전체를 항목식으로 구성한 잡록체 또는 기사체 연행록이 거의 없는 대신에,[13] 일기의 앞이나 뒤에 별도의 편을 마련하고 여러 항목의 잡록을 덧붙여 견문을 종합 정리하는 서술 방식이 정착되어 일기에 잡록을 더하는 체재가 보편화되었다.[14] 이 같이 19세기 연행록에 보이는 공통된 경향성을 고려하면 서유진의 『종원유연록』이 채택한 서술 방식은 19세기 연행록에 나타난 형식상의 변화라고 할 수 있는 일기체의 변용, 즉 복합체 연행록의 형태를 띤다.

서유진은 중국의 선진 문물제도와 풍속을 세밀하게 관찰하고 명승고적을 적극적으로 탐방했으며, 청 문사들과 교유한 경위 및 필담한 내용, 주고받은 시문과 편지 등을 소상히 기록하였다. 『종원유연록』에 붙인 서문에서 이옥은 "물건을 관찰한 것이 어찌 그리도 상세하며, 일을 기록한 것이 어찌 그리도 기억력이 좋은가. 아, 또한 드물 것이다.", "내가 『종원유연록』 3책을 섭렵해 보니 일찍이 들은 적 없는 내용이 많았다. 내가 전에 듣지 못한 것을 익히 듣고 나서 서유진이 남

---

13) 현전하는 19세기 연행록 중 잡록 형식만으로 작성한 것은 유득공(柳得恭)의 『연대재유록(燕臺再遊錄)』(1801)과 심응지(沈應之)의 『운연과안록(雲烟過眼錄)』(1846) 등으로 그 수량이 매우 적다.

14) 이경설(李敬卨)의 『연행록(燕行錄)』(1809), 남이익(南履翼)의 『초자속편(椒蔗續編)』(1821), 이우준(李遇駿)의 『몽유연행록(夢遊燕行錄)』(1848) 등과 같이 '잡록' 부분을 따로 설정하지 않았더라도 일기 중간에 잡록류의 글을 삽입한 형태도 일부 존재한다. 19세기 연행록에 나타난 일기체의 '변주' 양상에 대해서는 임영길, 「19세기 前半 燕行錄의 특성과 朝·淸 文化 交流의 양상」, 성균관대 박사학위논문, 2018, 163-169쪽 참조.

이 보지 못한 것을 능히 보고 남이 기록하지 못한 것을 능히 기록했음을 알았다."15)라고 하여『종원유연록』에 담긴 기록의 참신함을 강조하였다. 이옥의 평은 여타의 연행록과 차별되는『종원유연록』의 가치를 단적으로 증명해 준다.

3. 전대 연행록의 수용 양상

1) 洪大容의『燕記』

『종원유연록』의 내용을 검토해보면, 서유진은『일통지(一統志)』,『명사(明史)』 등과 더불어 전대 연행록으로 김창업의『연행일기』와 홍대용의『연기』를 주로 참고하여 자신의 견문과 비교하고 관련 정보를 보충한 것으로 파악된다. 다음은 산해관에 당도한 날의 일기이다.

산해관 남쪽 300보쯤 되는 곳에 성이 허물어져 보수하지 않았는데 다만 철망으로 보호하고 바깥에 붉은 목책을 둘렀다. 세상에 전해지기를 '吳三桂 일찍이 성을 헐고 청병을 산해관에 끌어들였다. 그후 황제(강희제)가 關東에 행차할 때 반드시 관문을 통해서 갔다.'라고 하니 근본을 잊지 않는 뜻에서 나온 것이다. 일찍이 湛軒 洪大容의『燕記』를 보았는데 關內人과의 문답에서, '長城의 남북에는 옛날

---

15)『종원유연록』卷首,「叙一」, "今觀『鍾園游燕錄』三冊, 觀物, 何其詳也, 記事, 何其强也, 吁亦夥矣.",「叙三」, "及歲己巳(1809), 適鍾園宅, 見案上有『游燕錄』三冊, 日: '此余嚮者之游也.' 余爲涉獵之, 多余之所未曾聞者, 余旣益聞所前未聞, 知徐子能見人所未見, 記人所未記."

에 水門이 있었는데 목책으로 두른 것이 바로 남쪽 수문입니다. 오삼계가 산해관을 지키며 군사를 사열할 때 북쪽 수문을 통해 나갔다가 옷을 갈아입고 말을 갈아타고 돌아와서 남쪽 수문으로 들어가서 군대의 위엄을 과시하였습니다. 流賊 李自成이 石河 서쪽에 군사를 주둔하고 있었는데 오삼계가 관문을 열고 나와 싸워 거짓으로 패한 척하여 청병을 유인하니, 청병이 좌우익으로 나누어 양쪽 수문을 통해 들어가 관을 따라 서쪽으로 가서 갑자기 공격하자 오삼계가 마침내 군사를 돌려 맞붙어 싸웠습니다. 이것이 奇門의 生門法입니다. 성을 허물고 군사를 받아들였다는 것은 애초에 그런 일이 없었습니다. 지금 수문을 수리하지 않는 것은, 지금은 천하가 한 집안으로 關外가 곧 황제의 본가인데 성을 보수해서 장차 누구를 방어하겠습니까? 前朝(명)는 오랑캐 말이 한번 움직이면 경사에서 경계를 엄중히 하였으니 薊州와 良鄕은 오랑캐의 外府이고, 潮河와 喜峰은 오랑캐의 길이어서 성과 보를 보수하는 것은 진실로 형세상 당연할 뿐이었습니다. 지금 황제가 盛京에 거둥할 때는 古北口로 나가서 산해관으로 돌아옵니다.'라고 하였으니, 근본을 잊지 않는다는 것은 거짓말이다.16)

서유진은 산해관에서 허물어진 성을 보수하지 않고 방치한 이유에

16) 서유진,『종원유연록』권2,「渡江日記」, 1801년 12월 16일, "關之南三百步許, 城毀而不修, 但以鐵網護之, 其外環以紅柵. 世傳: '吳三桂嘗毀城, 引入淸兵, 其後皇帝幸關東, 必由此行', 盖出不忘本之意. 嘗見洪湛軒大容『燕記』, 與關內人問答以爲, 長城南北舊有水門, 環以柵者, 乃南水門. 吳三桂守關觀兵, 由北水門出, 改裝衣馬, 還入南水門, 夸耀兵威. 方流賊李自成駐兵于石河西, 三桂開關出戰, 佯敗而誘之, 於是淸兵張左右翼, 由兩水門而入, 循關而西, 突起而擊之, 三桂遂還軍合戰, 此奇門生門法也. 毀城納兵, 初無是事. 今不治水門者, 今天下一家, 關外乃皇帝本家, 修城將以防誰. 前朝則虜馬一動, 京師戒嚴, 薊州良鄕爲虜外府, 潮可喜峰爲虜坦途, 繕城修堡固其勢當耳. 今皇帝幸盛京, 出由古北口, 還由山海關, 所謂不忘本者妄也."

대해 의구심을 나타내며 『연기』에서 본 '闕內人'과의 문답 내용을 상
기하였다. 이 대목은 『연기』의 〈孫進士〉 조에 실린 홍대용이 深河에서
교제한 孫有義와 나눈 긴 편폭의 문답을 서유진이 나름대로 요약하고
재배치하여 기술한 것이다. 서유진이 홍대용의 연행록을 숙독했음을
짐작할 수 있다.

특히 『종원유연록』 권6에 수록된 잡록에서 『연기』의 영향력이 강
하게 감지된다. 서유진은 『연기』의 기사체 항목 가운데 「市肆」·「寺
觀」·「飮食」·「屋宅」·「巾服」·「器用」·「兵器」·「樂器」·「畜物」 등과 같은 표
제어를 차용한 것으로 보인다. 제목이 유사할 뿐 아니라, 일부 내용은
홍대용의 기록을 토대로 하되 거기에 자신이 견문하고 수집한 정보를
보태어 증보한 사례가 눈에 띈다. 분량면에서도 『종원유연록』의 잡록
이 『연기』의 관련 항목보다 훨씬 풍부한 내용을 담고 있다. 일례로 서
유진은 『연기』의 「器用」을 「기용」과 「주거」로 세분하였는데, 홍대용·
박지원·박제가 등 북학파 지식인들이 특별히 주목한 각종 수레 및 기
계의 구조와 작동법, 선박과 수문의 제도 등을 중점적으로 다루고 있
어 이용후생에 대한 서유진의 관심 지향을 뚜렷하게 확인할 수 있다.
여기에는 대구 서씨가의 가학 전통도 일부 영향을 주었을 것이다.
『종원유연록』에서 『연기』를 변용한 사례로 곡식을 터는 기계인 풍구
에 대한 서술을 비교해본다.

風櫃子는 키 대신에 겨를 까부는 것이다. 나무로 궤를 만들되, 남·
북의 길이가 배가 되게 하고, 아래에다 기둥 넷을 세웠다. 한쪽 머리
에는 風扇이 들어 있는데, 빙빙 도는 조그만 車軸이 궤 밖으로 나와
있다. 축 끝에 구부러진 자루를 꿰어 돌리기에 편리하게 하였다. 위
아래 세 면을 판자로 에워싸고 오직 한 면만을 열어서 바람을 통하

여 겨를 까분다. 풍차의 앞쪽 궤 위는 남북으로 판자 둘이 비스듬히
안쪽으로 향해 내려가 있는데, 두어 말 곡식을 담을 수 있다. 두 판
자 끝의 벌어진 곳으로는 겨우 곡식 몇 알이 들어갈 정도인데, 판자
가 아래로 기울어지면 담겨 있던 곡식이 그 틈을 따라서 풍차 앞으
로 발을 드리운 모양처럼 퍼져 내려간다. 가벼운 겨는 궤 밖으로 날
려 나가고, 무거운 곡식알만 아래로 떨어지게 된다. 그 아래에는 또
비스듬히 붙은 판자가 있다. 판자 가운데는 체를 설치하여 싸라기와
모래를 체에서 바로 아래로 떨어지게 하였으니, 궤 옆으로 비스듬히
나오는 곡식알은 고르고 깨끗해서 밥을 지을 수 있다.[17]

키 대신 겨를 까부는 것을 風櫃子라고 한다. 그 제도는 나무를 엮
어 궤로 만들었는데, **길이는 4척 남짓하고, 높이는 3척이며, 너비는
그 길이의 반이다.** 위아래 세 면을 모두 얇은 판자로 둘러싸고 오직
머리 한쪽만 열어두어 바람이 나오게 하여 겨를 까분다. 궤 안에는
비스듬히 판자를 깔고 그 혓바닥이 궤 앞으로 내밀되 아래로 쳐지게
한다. 궤 안 맨 후면에 風扇을 설치하여 扇軸 역시 궤 앞으로 나와
있는데, 선축의 끝에 꼬부랑한 자루를 만들어 돌리기 편리하게 한다.
윗부분에 둥그스름하게 구멍 하나를 뚫고 남북으로 판자 둘을 놓아
받치되 안으로 향하여 비스듬히 내려가서 두어 말 곡식을 받을 수
있게 한다. 그리고 두 판자의 끝은 서로 맞붙지 않고 겨우 곡식 몇
알이 들락거릴 정도이다. **그래서 위쪽에서 찧은 곡식이 아래로 쏟아**

---

17) 洪大容, 『燕記』(『湛軒書』 外集 권10), 「器用」 제14칙, "風櫃子, 所以代箕而簸糠.
爲木櫃, 南北倍長, 下設四柱. 一頭藏風扇小旋車, 軸出櫃外, 軸端貫曲柄, 以便旋轉.
上下及三面, 并圍以板, 惟開一面, 以通風出糠. 風車之前, 從櫃上南北, 置兩板, 斜
下內向, 可受數斗之穀. 兩板之端不合者, 僅容數粒, 板旣斜下, 則所受之穀, 從其隙
布下于風車之前, 如垂簾狀. 使輕糠颺出櫃外, 重粒下墜, 其下又有斜板, 板中施羅
篩, 使碎粒與沙屑, 由篩而直下, 則其斜出于櫃傍者, 顆粒均凈可飯也."

지게 하고 扇軸을 돌려서 풍선이 돌면 곡식 받는 판자가 비스듬히 놓여 있으므로 곡식이 두 판자 사이로 해서 궤의 혓바닥으로 나오니, 그 모양은 폭포가 쏟아지는 것 같아서 무거운 쌀알은 아래로 떨어지고 가벼운 겨는 궤 머리로 날아간다. 또 비스듬한 판자 가운데 체를 설치하여 싸라기와 모래가 체를 통해 바로 내려가게 하였으므로 궤 옆으로 비스듬히 나가는 곡식알은 고르고 깨끗해서 하루에 까부는 곡식으로 수십 석을 얻을 수 있다.[18]

풍구는 둥근 통 속에 장치한 날개를 돌려 바람을 일으켜서 곡물에 있는 쭉정이나 겨, 먼지 등을 날리는 데 쓰던 기구이다. 서유진은 『연기』의 내용을 저본으로 삼으면서 풍구의 형태와 작동 원리를 더욱 상세하게 기술하였으며, 일부 구절의 순서를 바꾸어 재배치하는 한편, 곡식이 나오는 통로를 '櫃舌'이라고 하거나 쭉정이와 겨가 떨어지는 모습을 폭포가 쏟아지는 것 같다고 표현하기도 하였다.

또한 서유진은 『연기』에 없는 「藩胡」 조를 추가하여 몽골, 회회, 러시아, 섬라, 안남, 진랍 등 청의 주변국을 소개하고, 「言語」 조에서는 한어, 만주어, 몽골어 및 중국 내 방언의 특징들을 정리하여 외국어에 대한 관심을 드러내었다. 이처럼 서유진은 홍대용의 『연기』에서

---

18) 서유진, 『종원유연록』 권6, 「器用」 제1칙, "代箕而簸穅曰風櫃子. 織木爲櫃, 長四尺有咫, 高三尺, 廣視其長半之. 上下三面, 并圍以薄板, 惟開頭一面, 以出風而揚穅. 櫃中嵌以斜板, 出其舌於櫃前而向下, 設風扇於櫃中最後面, 旋其扇軸, 亦出櫃前, 施曲柄於軸端, 以便旋轉. 從上面圓剡一竅, 而南北置兩板而承之, 向內而斜下, 可受數斗穀, 而兩板之端不相合者, 僅容數粒. 於是自上面垂下舂杵之穀, 而旋軸而搖扇, 則受穀之板旣斜, 而穀從兩板間布出于櫃舌, 其形如垂瀑, 重粒下墜, 而輕穅颺出于櫃頭. 又於斜板之中, 施以羅篩, 使碎粒與沙屑, 由篩而直下, 故其斜出于櫃傍者, 顆粒勻淨, 一日所簸, 可得數十碩."

차용한 잡록 형식을 적극 활용하여 『연기』의 기록 위에 자신의 관찰과 경험을 보태어 새로운 문물에 대한 관심을 환기하고 중국과 관련한 각종 지식 정보를 확충하였다.

2) 徐有聞의 『무오연힝녹』

『무오연힝녹』은 5권 5책의 한글본 연행일기로, 사행 절차와 의례에 관한 제반 사항들을 비롯하여 중국의 풍속·문물·고적·언어 등 연행에 관한 각종 정보를 충실히 제공하고 있다. 특히 『무오연힝녹』은 홍대용의 한글본 연행일기인 『을병연행록』의 영향을 가장 많이 받았으며 일부 내용은 그대로 전재되어 있기도 하다.[19] 한 가지 주목되는 점은 서유진의 『종원유연록』에서 『무오연힝녹』의 흔적이 포착된다는 것이다. 예컨대 『종원유연록』 1801년 11월 4일자 일기에는 중국의 황제와 예부에 올릴 표자문을 검토하는 과정과 외교 문서에 찍는 인장의 형태가 소개되어 있는데, 여타의 연행록에 보이지 않는 정보로서 『무오연힝녹』의 내용과 거의 일치한다.[20] 서유진은 "책문에서부터 북경에 이르기까지 3일이면 도달할 수 있다고 한다.[自柵至北京, 三日可

---

19) 장경남, 「서유문의 『무오연힝녹』 연구」, 『국어국문학』 130, 국어국문학회, 2002, 162–168면 참조.

20) 서유문, 『무오연힝녹』 권1, 1798년 10월 16일조; 서유진, 『종원유연록』 권1, 「발행일기」, 1801년 11월 4일, "每歲節使之行, 有上皇帝表移禮部咨文, 各有正副本, 又有暗本, 盖敬愼之至也. 慮有字句之脫誤, 自在京時, 三使臣屢會於政府及司譯院考准, 旣發, 又在道考准, 至渡江乃已, 是謂查對也. 查對畢, 輒封狀以啓, 亦例也. 咨文安大國所賜, 印文曰朝鮮國王之印, 金印龜紐, 右方刻花艸篆, 左方刻滿州字. 大國之制, 金印龜紐, 賜親王世子, 如安南·琉球等國, 皆賜銀印駝紐, 可見優待我國如內服, 非外藩諸國比也."

達云]"(11월 29일조/『무오연힝녹』 11월 24일)라고 하거나 "접관청을
지났다. 일찍이 들으니 중국은 관장을 교체하는 곳에 반드시 接亭이
있는데 우리나라의 交龜亭과 같다고 하니 지명은 이 때문인 듯하다.
[歷接官廳, 曾聞中國官長交遞之地, 必有接亭, 如我國交龜亭, 地名似以
此]"(12월 4일조/『무오연힝녹』 11월 29일)라고 서술한 것과 같이 '∼
云', '曾聞∼', '所謂∼' 등의 표현을 사용하여 전해 들은 사실로서 『무
오연힝녹』의 기록을 곳곳에서 인용하고 있다.

　　**중강에 이르니 또 소서강이라 일컫더라. 여기를 지나면 저희 땅이
라.** 길옆에 갈수풀이 얽히어 겨우 수레 지나게 통하였으니 객회가
극히 슬프며, 하물며 깊은 겨울에 삭풍이 처량하여 석양이 뫼에 내
리는 때를 당하여 머리를 돌려 동을 바라보매 눈물 아니 낼 이 없으
며, 보내는 사람도 강가에서 바라보면 갈수풀 사이에 푸른 일산이
나부끼다가 잠깐 사이에 간 곳이 없어지니, 아득히 넋이 빠지지 않
을 이 없다 하더라. (중략)
　　압록강 근원이 북도 백두산 아래에서 내려 두만강 하류라. **여기는
마재(말고개)라 일컬으니 하늘이 장강으로 양국의 지경을 삼은 고
로 강물 동편·서편의 풍속이 분명히 다르며,** 강가에 왕왕이 수자리
사는 저들의 초막이 있으며, 산수가 수려하고 수풀이 울창하니 가히
밭 갈음직하며 사람 살음직한 곳이 많더라. **소서강 서편에 한 뫼가
있으되 이름은 '마이'라 하니, 바위와 돌이 푸르러 병풍같이 둘렀으
며 곁에 짧은 묏부리 있으니 이름은 '구리'라.** 일찍이 절이 있어 섬
돌이 오히려 있다 하더라.
　　또 10여 리 지나니 **누런 갈수풀이 들에 가득하여 바라보매 끝이
없고 사이사이 불지른 곳이 있으니, 이는 저들이 사냥하던 곳이라
하며,** 혹 길가에 큰 나무 누웠으니 크기 아름이 지난지라. 여름에 물

이 많은 즉 큰 나무가 떠나와 돌에 걸리어 이렇다 하며, 또 수레 자
국이 깊이 두어 치 되며, **물이 깊은 곳은 다 다리를 놓았으니, 이는
해마다 사행시에 의주에서 놓은 바요, 수목 사이에 작은 길이 두루
났으니, 곧 저들이 짐승을 쫓아다니던 길이니, ⋯⋯**21)

　5리를 가서 또 소서강을 건넜다. 중강이라고도 하는데 저쪽과 우
리나라의 경계가 나뉘는 곳이다. 하늘이 긴 강을 그어 양국의 경계
로 삼았는데 강의 너비는 옷의 띠 하나 정도에 불과하나 강을 건너
니 이미 다른 나라의 풍경이었다. 누렇고 흰 갈대가 넓은 들판에 가
득한데 군데군데 불을 놓아 태운 흔적이 있으니 오랑캐가 그 안에서
사냥을 한 것이다. 강 서쪽에 '마이'라는 산이 있는데 가파른 절벽이
깎아지를 듯하며, 또 한 산기슭이 절벽 뒤쪽을 따라 울타리처럼 서
있는데 의주 사람들이 '구리산'이라 부른다. 방피포를 지나 또 애하
를 건넜는데 압록강, 소서강과 이 강을 아울러 3개의 강이 되므로
삼강이라고 한다. 여기부터는 수레바퀴와 말발굽 자국이 길에 뒤섞
여 끊이지 않는다. 대개 책문 안에 사는 사람들이 빈산에 벌목하러
왕래하는 것이 끊이지 않기 때문에 건널 수 없는 시내에는 작은 다
리를 설치하고 해마다 수리한다. 갈대 사이로 좁은 길들이 또한 사
방으로 나 있었는데 이는 오랑캐가 짐승을 쫓아다니느라 자연스레
사용하여 길이 된 것이다.22)

---

21) 서유문, 『무오연힝녹』 권1, 1798년 11월 19일조.
22) 서유진, 『종원유연록』 권2, 「도강일기」, 1801년 11월 24일, "行五里, 又渡小西江,
亦名中江, 此乃彼我分界處也. 天畫長江爲兩國之限, 其廣不過一衣帶水, 而過此,
已是殊邦風氣. 黃蘆白葦, 一望彌予, 往往有縱火燒痕, 卽胡人之打獵其中者. 江之
西, 有山曰馬耳, 峭壁如削, 又有一麓從壁後離立, 灣人稱之曰九里山. 歷方陂浦, 又
渡愛河, 鴨綠·小西並此爲三江, 故亦名三江. 自此車轍馬迹, 交于路不絶. 盖柵內居
人, 伐薪於空山往來者相屬, 故川溪之不可躍而過者, 亦設徒杠, 而歲葺之. 蘆葦間

첫 번째 인용문과 비교하여 두 번째 인용문을 보면, 서유진은 압록강의 지리정보를 기술하면서 『무오연힝녹』의 내용을 순서를 바꾸어 재정리하기도 하고, 안시성의 유래에 관해서는 『무오연힝녹』에서 김창업의 『연행일기』와 『대명일통지』를 인용하여 고증한 내용을 그대로 옮겨오기도 하는 등23) 연행록을 정리하는 과정에서 다양한 방식으로 『무오연힝녹』을 참조하였다.

한편, 앞 장에서 서유직이 1798년 서유문을 수행하여 중국에 다녀왔으며 서유문의 『무오연힝녹』에 서유직의 견문이 상당 부분 반영되어 있음을 언급하였다. 서유직은 1801년 재차 연행하여 대부분의 일정을 서유진과 동행하였는데, 서유직은 자신의 선행 경험을 바탕으로 서유진의 중국 체험에 충실한 길잡이 역할을 했던 듯하다. 일례로 조선 사절단이 요양에 당도했을 때 서유진이 그곳의 번화한 시가지를 보고 감탄하자, 서유직은 "심양을 보지 못하고서 경도된단 말입니까." 라며 비웃기도 하였다.24) 서유직이 서유진에게 전해준 정보 가운데는 『무오연힝녹』에 동일하게 언급된 경우가 종종 있는데, 이는 『무오연힝녹』과 『종원유연록』이 상관성을 띠는 배경에 서유직이라는 인물의

小逕亦縱橫四出, 此因胡人逐獸奔逸, 介然用之而成路者也."

23) 서유문, 『무오연힝녹』 권1, 1798년 11월 23일, "『노가재일기』에 이르되, '이는 고구려 동명왕이 쌓은 성이요, 안시성이 아니라.' 하니, 안시성만이 어찌 동명왕이 쌓은 바가 아니리오. 『일통기』를 보건대 이것이 실로 안시성이라. 여기에서 5리를 가서 주필산이 있으니 이 또한 명백한 증험이라.": 서유진, 『종원유연록』 권2, 「도강일기」, 1801년 11월 28일, "『稼齋燕記』以爲'此係東明王所築, 非安市也.' 安市獨非東明所築乎. 自此從山谷, 行五里, 有后詩駐蹕山, 足爲明驗. 且據『一統志』, 此爲古之安市城, 無疑."

24) 서유진, 『종원유연록』 권2, 「도강일기」, 1801년 11월 3일, "一行衝過大市街, 金牌丹榜, 左右拱向, 雜貨雲委, 令人心目俱驚. 余歎曰: '曾不料天下乃有如此繁麗.' 稚馨從傍哂之曰: '不及見瀋陽而傾倒乃爾耶.'"

존재가 중요한 요소로 작용했음을 말해준다는 점에서 주목된다. 그 단적인 사례로 『무오연힝녹』과 『종원유연록』에서 유리창을 소개한 대목을 차례로 제시한다.

치형은 진사 이자송과 검서 이경인을 좇아 날마다 구경하고 들어와 본 바를 전하니, 내 일기에 누관과 산천과 명승지와 풍속을 기록한 것은 치형이 전하는 것이 많은지라. 이날 치형이 비로소 유리창을 구경하고 돌아와 대강 전하되, "…… 유리창은 명나라 적에 동창이라 일컫던 곳이라. 호동 어귀에 또한 이문이 있고 문을 들어가니 **책 가게가 있으니 각각 당호를 명색을 나눠 '숭문당', '문수당', '성경당', '명성당', '문성당', '유당', '취성당', '대초당', '유무당', '문무당', '영화당', '문환재' 모두 열세 가게라. 다 두 겹 집을 짓고** 안팎으로 여러 탁자를 사면으로 높게 쌓았으며, **집 위에 또한 누각을 만들었으니 한 가게에 쌓인 것이 수만 권이 넘을지라. 책 목록을 상고하니 태반이 명나라 때 이후 문집이요,** 태평성대에 유익이 될 것이 많으니 모두 전에 듣도 못하던 바라. 우리나라 책을 사는 법이 해마다 이전에 나온 것을 구하기에 우리나라 사람을 만나면 값을 많이 불러 비싸니, 우리나라에서 귀하게 여기는가 짐작할 일이라. 이 가게 외에 또한 두세 곳이 있으나, 그다지 볼만하지 않으며, 가게는 다 **우리나라 『동의보감』을 고이 책으로 꾸며서 서너 질 없는 곳이 없으니,** 저들이 귀히 여기는 바인가 싶더라. ……"25)

밥을 먹은 뒤에 치형과 함께 정양문을 걸어 나섰으니 바로 황성의 남문이다. …… 유리창은 명 宣宗 때 만든 곳으로 환관으로 하여

---

25) 서유문, 『무오연힝녹』 권2, 1798년 12월 22일조.

금 유리창에 앉아 민심을 포착하게 하였는데 지금은 폐지하여 市肆가 되었다. 유리창은 모두 27만 칸으로 정양문에서 선무문까지 걸쳐 다섯 개의 골목이 있는데 모두 해내외의 보화가 쌓여있는 곳이다. 유리창 입구는 모두 책 가게이며 堂號를 쓴 편액을 걸어 구별하였으니, 崇壽堂·文粹堂·誠敬堂·名盛堂·文盛堂·敬有堂·聚星堂·帶艸堂·郁文堂·文茂堂·英華堂·文煥堂·文華齋 모두 열세 점포이다. 모두 두 겹으로 벽을 만들고 이중의 누각을 만들어 책을 쌓아두었는데, 그중 한 점포에서 소장한 책이 모두 수백 종은 족히 된다. 잠시 문성당에 앉아서 장서 목록을 열람하니 태반이 명·청대 이후의 문집이고 간간이 경전에 보탬이 될 만하여 장서가가 빼놓을 수 없는 것들이 있었다. 또 우리나라 『東醫寶鑑』을 새로 간행하고 고운 포갑으로 장정하여 가게마다 각각 서너 질을 가지고 있었다.[26]

우선 두 기록에서 공통적으로 '치형', 즉 서유직이 견문에 참여한 점을 눈여겨볼 필요가 있다. 내용을 비교해보면 『무오연힝녹』은 열세 곳이 아닌 열두 곳의 서점을 열거하였고(『종원유연록』에는 文華齋가 더 있음) 崇壽堂이 숭문당으로, 敬有堂이 유당으로, 郁文堂이 유무당으로 되어 있는 등 약간의 다른 서술도 보이지만, 유리창 서점에 명·청대 문집이 많으며 그중 『東醫寶鑑』이 진열되어 있다는 사실을 공통

---

26) 서유진, 『종원유연록』 권3, 「留館日記」 上, 1801년 12월 26일, "飯後偕稚馨步出正陽門, 乃皇城南門也. …… 廠係明宣宗時所刱, 令貂璫坐廠, 採捕人情, 今廢爲市肆. 廠共二十七萬間, 盖自正陽門橫亘至宣武門有五巷, 而皆海內外貨寶之所居積也. 廠之口皆書肆, 扁以堂號而別之, 曰崇壽堂·文粹堂·誠敬堂·名盛堂·文盛堂·敬有堂·聚星堂·帶艸堂·郁文堂·文茂堂·英華堂·文煥堂·文華齋, 凡十三舖, 皆爲複壁重樓貯書, 其中一舖所藏俱不減數百種. 乍坐文盛堂, 繙閱藏書錄, 太半明淸以後集錄, 而間亦可以羽翼經傳, 有藏書家之不可闕者. 又新刊我東毉鑑, 粧以秀匣, 舖各有三四袠."

적으로 특기하였다. 이 밖에도 『무오연힝녹』과 『종원유연록』에서 여
타의 연행록에 실리지 않은 내용이 동일하게 발견되는 점으로 미루어
볼 때 대구 서씨가 서유문–서유직–서유진 세 사람의 연행록이 가문
내에서 전승되고 수용된 정황을 확인할 수 있다.

4. 후대 연행록과의 관련성

1) 李海應의 『薊山紀程』

서유진의 연행록은 이후 19세기 연행록에 직·간접적인 경로로 수
용된 것으로 파악된다. 이러한 점은 각 연행록에 첨부된 잡록 부분을
통해서 선명하게 드러난다. 먼저 1803년 동지사행의 연행록인 이해응
의 『계산기정』(5권 5책, 규장각 소장)은 편년체 일기에 여러 편의 詩
序+詩가 수록된 독특한 체재의 연행시집으로, 권5의 「附錄」에 22개
항목의 잡록을 수록한 형태이다. 그중 〈道里〉·〈山川〉·〈城闕〉·〈宮室〉·
〈衣服〉·〈飮食〉·〈器用〉·〈舟車〉·〈風俗〉·〈畜物〉·〈言語〉·〈胡藩〉을 검토해
보면 표제어 및 내용 모두 『종원유연록』과 매우 유사하다는 점을 포
착할 수 있다. 특히 다음 인용문에서 『계산기정』이 『종원유연록』을
참고한 사실이 명백해진다.

재상의 자식이 시정아치 노릇을 하고 시정아치의 자식이 재상 노
릇을 하고 있다. **陳希曾의 조부 世爵의 家狀을 본 적이 있는데**, "세작
은 문학하던 집안의 자식으로 집안 형편이 몰락하자, 곧 燕·齊·閩·
越의 사이에서 물건을 판매하여 누거만금의 재물을 모았다. **그의 아**

들 道는 진사에 합격하여 자급이 資政大夫에 이르렀다."라고 하였다. 가장에서 그가 계기를 잡아 재화를 불린 재주를 칭찬하여 말하고 빠짐없이 편찬하여 드날리고 탄복함을 그치지 않았으니, 세속에서 名檢을 천하게 여기는 것을 여기에서 알 수 있다.27)

재상의 자식이 시정아치 노릇을 하고 시정아치의 자식이 재상 노릇을 하고 있다. 한번은 陳希曾의 조부 世爵의 家狀을 보니, "세작은 대대로 벼슬하던 집안의 자식으로 집안 형편이 몰락하자, 곧 燕·齊·閩·越의 사이에서 물건을 판매하여 누거만금의 재물을 모았다. 그의 아들 道中은 진사가 되어 자급이 資政大夫에 이르렀다."라고 하였다. 도중이 계기를 잡아 재화를 불린 재주를 칭찬하여 말하고 빠짐없이 편찬하여 마치 찬양한 듯하였으니, 세속에서 名檢을 천하게 여기는 것을 여기에서 알 수 있다.28)

위는 『종원유연록』의 기록이고 아래는 『계산기정』의 기록이다. 명분과 법도를 천하게 여기고 재화를 숭상하는 청나라 풍속의 한 사례로 陳希曾의 조부 陳世爵이란 인물의 「家狀」 내용을 언급한 것이다. 진희증은 1801-1802년 그의 숙부 진용광, 형 陳希祖 등과 함께 서유진·서유직 일행과 여러 차례 만나 두터운 교분을 맺은 인물로, 이해

---

27) 서유진,『종원유연록』권6,「風俗」제3칙, "宰相之子做市井, 市井之子做宰相. 嘗見陳希曾之祖世爵家狀, 以爲世爵以文學之子, 家事聊落, 卽貿販於燕齊閩越之間, 資累鉅萬. 其子道中進士, 資至資政大夫. 其狀稱述其執契殖貨之才, 撰次無遺, 布揚歡美之不已, 俗之賤名檢卽此可見."

28) 李海應,『薊山紀程』권5,「附錄」,〈風俗〉제2칙, "宰相之子做市井, 市井之子做宰相. 嘗見陳希曾之祖世爵家狀, 以爲世爵以世官之子, 家事聊落, 卽貿於燕齊閩越之間, 資屢鉅萬. 其子道中進士, 資至資政大夫. 道中稱述其執契殖貨之才, 撰次無遺, 若揄揚者然, 俗之賤名檢卽此可見."

응과는 교유한 사실이 확인되지 않는다. 따라서 진세작의 가장은 서유진이 입수한 기록으로 보는 것이 타당하다. 더욱이 서유진의 기록 가운데 "가장에서 그가 계기를 잡아 재화를 불린 재주를 칭찬하여 말했[其狀稱述其執契殖貨之才]"다는 대목이 있는데, 이해응은 이를 "도중이 계기를 잡아 재화를 불린 재주를 칭찬하여 말했[道中稱述其執契殖貨之才]"다고 하여 '其狀'을 '道中'으로 바꾸어 옮겼다. 진세작 아들의 이름은 陳道'인데 '道中'을 이름으로 오인하여 잘못 기록하는 실수를 범한 것이다. 여기에서 진세작의 가장을 본 사람은 이해응이 아니라 서유진이라는 사실이 입증된다.

앞서 『오주연문장전산고』에 인용된 『북유록』의 내용과 『종원유연록』의 내용이 거의 일치한다는 점을 지적한 바 있는데, 『계산기정』의 부록에서도 『북유록』 및 『종원유연록』과의 유사성을 발견할 수 있다. 단 이해응이 『종원유연록』에만 전적으로 의지한 것은 아닌 듯하다. 「호번」 조를 예로 들면, 『계산기정』은 蒙古·回子·鄂羅斯·暹羅·浮提國·黑眞國·安南國·眞臘國·農耐國을 차례로 소개한 다음, '총론' 격인 글을 맨 마지막에 배치하여 마무리하였다. 이 중 농내국을 제외하면 『종원유연록』의 「藩胡」에 수록된 나라와 그 순서 및 내용 모두 정확하게 일치하는데, '농내국' 조는 이해응이 1803년 皇曆齎咨官의 手本에 있던 기록을 옮겨 적은 것이다.[29]

①乾隆末不知何國人三百餘名, 皆赤髮, 眼光閃爍如火, 衣服異常, 行步便捷, 從南方來, 郡縣皆不能覺. 及到燕, 百餘人忽病死, 其餘二百人自

---

29) 이해응, 『계산기정』 권5, 「부록」, 〈胡藩〉 제8칙, "農耐國, 安南之附庸也. …… 是癸亥(1803)皇曆賫咨官手本中所錄也."

詣禮部, 請得朝見, 乾隆帝卽引見, 時衛侍森列, 其中十三歲兒最聰慧, 先詣和坤拜跪, 大臣阿肅呵叱之 對曰：“將以問陛見之禮” 帝不悅, 命逐出都門外, 纔出城, 便不知去處. ②嘗見『明末記異』有言. “萬曆末葉御史永盛按江右. 有司呈一輩狂客. 自言：‘能爲黃白事. 劇飲娛樂. 市物甚侈. 多取珠玉綺繪. 償之過于直. 及暮忽不見. 詰其逆旅衣裳. 則無有. 比早復來. 甚怪之. 請大搜索.’ 葉不許, 第呼召至前, 能爲江右土語, 自言爲海外浮提國人, 且不諱黃白事難爲也. 手持一石似水晶, 可七尺許, 置于案, 上下前後物物映其中, 極寫毛芥, 又持一金鏤小函, 中有經卷, 烏楮綠字如般若語, 覽畢則字飛. 其人願持二者爲獻, 葉曰：‘汝等必異人, 所獻吾不受, 然可速出境, 無惑吾民.’ 於是各叩頭而去. ③蓋海外有浮提國, 其人皆飛仙, 好遊行天下, 至其地, 能言土人之言, 服其服, 食其食, 喜飮酒無數, 亦或寄情於陽臺別館, 欲還其國, 一呼吸可萬里, 忽然飄擧” 此荒唐之說, 然而誠如是也. 其三百人者亦浮提人之流歟

- 徐有鎭, 『鍾園遊燕錄』 권6, 「胡藩」

①乾隆末不知何國人三百餘人, 皆赤髮, 眼光閃爍如火, 衣服異常, 行步便捷, 從南方來, 郡隊皆不能覺得. 及到燕, 百餘人忽病死, 其餘二百餘人自詣禮部, 請朝現, 乾隆帝卽引見, 時侍衛森列, 其中十三歲兒最聰慧, 先詣和肅拜跪, 大臣阿肅呵叱之, 對曰：“將以問陛見之禮” 帝不說, 命逐出都門外, 纔出城, 便不知去向. ②嘗見『明末記異』有言, “萬曆末御史葉永盛按江右, 有司呈狂客一群, 自言：‘能爲黃白事, 極飲娛樂, 市物甚侈, 多取珠玉綺繪, 償之過于直, 及暮忽不見, 詰其逆裳, 則無有, 比早復來, 甚怪之, 請大搜索.’ 葉不許, 第呼名至前, 能爲江右土語, 自言爲海外浮提國人, 且不諱黃白事. 手持一石似水晶, 可七尺許, 置于案, 上下前後物物映其中, 極寫毛芥, 又持一金鏤小函, 中有經卷, 烏楮綠字如盤若語, 覽畢則字飛. 其人願持二者爲獻, 葉曰：‘汝等必異人, 所獻吾不受, 可速出境, 無惑吾民.’ 於是各叩頭而去. ③蓋海外有浮提國, 其人皆飛仙, 好遊行天

下, 至其地, 能言土人之言, 服其服, 食其食, 喜飮酒無數, 亦或寄情於陽
垌別館, 欲還其國, 一呼吸可萬里, 忽然飄擧." 此滉瀁之言也, 然而誠如
是, 其三百人者亦浮提人之流歟.

– 李海應, 『薊山紀程』 권5, 「附錄」, 〈胡藩〉

위 『종원유연록』의 기록은 앞서 언급한 이규경의 『오주연문장전
산고』, 「浮提黑眞辨證說」에 『북유록』의 기록으로 실려 있다. 세 기록
의 字句를 비교해보면 이해응은 서유진의 『종원유연록』을 참고한 것
으로 판단된다. 이해응이 『종원유연록』을 접할 수 있었던 데는 徐長
輔(1767–1830)가 매개가 된 것으로 보인다. 이해응은 1803년 동지사
서장관 서장보를 따라 입연했는데, 서장보와 서유진의 생부 서적수가
모두 서성의 둘째 아들 서경수의 후손이므로 이해응이 서장보를 통해
서 서유진의 연행록을 접했을 개연성이 크다고 본다. 대구 서씨 가문
내에서 향유된 연행록이 교유 관계를 매개로 제3의 인물에게 전파된
것이다.

한편 『종원유연록』은 『계산기정』을 거치면서 재가공된 후 다시 여
러 연행록에 전승된 것으로 파악된다. 단적인 예로 앞의 '부제국'이
朴思浩의 『燕薊紀程』(1828)과 趙鳳夏의 『燕薊紀略』(1842)에도 동일하
게 실려 있다. 단 두 연행록은 단락이 ③→②→①의 순서로 되어 있다
는 차이가 있다. 또 『종원유연록』의 마지막 문장과 『계산기정』·『연계
기정』·『연계기략』을 대조해보아도 『연계기정』과 『연계기략』에서만
앞의 세 연행록과는 또 다른 유사성을 발견할 수 있다.30)

---

30) 朴思浩, 『燕薊紀程』 권2, 「諸國」, "或疑浮提人耶."; 趙鳳夏, 『燕薊紀略』 권4, 「雜
錄」, 〈胡藩〉, "此或疑浮提人之流歟."

즉, 『종원유연록』을 수용한 『계산기정』이 『연계기정』에 일부 활용되었고, 그 『연계기정』의 기록이 다시 『연계기략』에 전해진 것으로 여겨진다. 먼저 박사호와 이해응이 직접 교제한 흔적을 찾지 못했지만, 『계산기정』과 『연계기정』의 관련성은 어느 정도 유추가 가능하다. 이해응의 벗 서장보가 박사호의 숙부 朴天健의 사위로 박사호의 從妹夫가 된다. 박사호는 서장보가 무장 현감(1812), 곡산 부사(1818), 경기도 관찰사(1826) 등을 지낼 때 막객으로 있었고 서장보의 동생 徐鴻輔가 청산 현감(1827)으로 부임할 때도 동행했으므로 박사호가 서장보를 통해서 이해응의 연행록을 읽었으리라 여겨진다. 다음으로 조봉하는 趙秉鉉(1791-1849)의 아들로, 조병현이 1837년 진주 겸 사은 부사가 되었을 때 박사호가 그의 비장으로 연행에 참여하였다. 박사호는 조병현이 공충도 관찰사(1833), 평안도 관찰사(1844), 광주 유수(1847)로 있을 때 배종하였고, 1846년에는 조봉하의 형 趙龜夏가 성천 부사에 임명되자 그를 수행하였다. 박사호가 조병현 부자와 인연이 깊었던 사실로 보건대, 조봉하는 분명 박사호의 연행록을 보았을 것이다. 물론 조봉하가 『계산기정』을 직접 보았을 가능성도 배제할 수는 없지만,31) 현재로서는 조봉하와 이해응의 연결고리를 찾을 수 없으므로 조봉하가 박사호를 통해서 『계산기정』을 접했을 가능성을 생각해 볼 수 있다.

---

31) 『연계기략』 권3에 '(附)雜錄摠目'이라고 하여 「山川」·「道路」·「城闕」·「宮室」·「寺廟」·「耕稼」·「衣服」·「飮食」·「菜果」·「茶藥」·「穀種」·「魚肉」·「柴炭」·「器用」·「舟車」·「男女」·「言語」·「儀禮」·「科宦」·「婚喪」·「風俗」·「畜物」·「胡藩」으로 세부 항목을 분류한 후 견문을 정리한 것을 보면, 『계산기정』보다 목차가 세분화되어 있으나 내용은 『계산기정』의 「부록」과 동일하면서도 추가된 기술이 있다. 이 점에서 조봉하가 『연계기정』과 『계산기정』을 함께 참조했을 가능성도 있다.

정리하면 박사호의 『연계기정』은 『계산기정』을 참조한 것이며,[32) 조봉하의 『연계기략』은 『연계기정』을 저본으로 삼은 것이다.[33) 다만 『계산기정』의 「호번」을 기준으로 『연계기정』의 「諸國」 및 『연계기략』의 「胡藩」과 비교해보면, 『연계기정』은 琉球國을, 『연계기략』은 琉球國과 喀爾喀을 추가하였다. 두 연행록에서 공통적으로 유구국을 주목했으나 내용이 전혀 다르고, 『연계기정』은 『종원유연록』과 『계산기정』에 실린 '총론'이 있으나 『연계기략』은 누락되어 있어 수용 양상이 완전히 일치하는 것은 아니다.

2) 李鼎受의 『遊燕錄』

『계산기정』에 이어서 『종원유연록』의 영향은 1811년 동지사행의 기록인 이정수의 『유연록』에서도 확인된다. 『유연록』(필사본 11권 11책, 고려대 육당문고 소장)은 시+잡록+일기의 복합체 연행록이다. 크게 詩(권1-2), 總記(권3-5), 日記(권6-11)의 세 부분으로 나뉜다. 일기는 여정 순서에 따라 「我境」, 「渡江」, 「留館」, 「回程」, 「留柵」, 「還渡」라는 편명을 달고 있어 『종원유연록』과 유사성을 띤다. 총기는 「一行上下人馬總記」-「兩國禁條總記」 12편과 「異觀實聞總記」(上·中·下)로 이루어져 있고, 「이관실문총기」는 다시 〈風俗人物〉·〈衣服飮食〉·〈言語文

---

32) 『연계기정』과 『계산기정』의 유사한 대목들은 대체로 『계산기정』에서 『종원유연록』을 전재한 것이다. 참고로 이정수의 『유연록』에도 거의 그대로 실려 있음을 추가로 확인하였다.

33) 예를 더 들면, 조봉하가 10월 29일 평양에서 練光亭·浮碧樓·永明寺·淸流壁·箕子井·仁賢書院·武烈祠·箕子墓·嬋姸洞을 소개한 기록이 박사호의 『연계기정』 11월 5일자 일기와 혹사하다.

字〉·〈冠婚喪葬〉·〈城池宮室〉·〈道街市店〉·〈陵墓祠院〉·〈器用貨貝〉·〈舟輦
騎乘〉·〈水火薪燭〉·〈耕種蠶織〉·〈獸畜禽魚〉·〈書册名目〉·〈官職科第〉·〈各
省風土〉·〈外國朝聘〉16개의 소항목으로 구성하였는데, 특히 「이관실
문총기」에서 『종원유연록』의 잡록을 활용한 정황이 두드러진다.

　　이정수는 『종원유연록』의 여러 대목을 연행록의 적재적소에 배치
하여 정보를 보충하였다. 몇 가지 예를 들면, 〈외국조빙〉에 실린 44개
나라 중 앞에서 살펴본 부제국을 포함하여 몽골·회자·흑진국 및 총론
격인 글에 한해서 그 출처가 바로 『종원유연록』의 「호번」이라고 생각
된다. 『유연록』의 '부제국'조는 단락의 순서를 ②→③→①로 달리 배
치하여 명나라 萬曆 때의 일이 청나라 乾隆 때의 앞에 놓이도록 하였
으나 내용은 『종원유연록』과 같다. 서유문과 서유진의 연행록에 동일
하게 실린 표자문 인장 관련 기록 역시 『유연록』에 보인다.34) 또한
〈도가시점〉에 실린 유리창 기록에는 앞서 『무오연힝녹』과 『종원유연
록』의 유리창 기록에서 살펴본 13곳의 서점 상호를 포함하여 榮錦堂
과 名貴堂이 추가되어 있다. 『종원유연록』을 토대로 정보를 보충한
정황이 뚜렷하다.35)

　　이정수가 『종원유연록』을 수용한 배경에는 이정수의 부친 李基憲

---

34) 李鼎受의 『遊燕錄』 권3上, 「使行齋去文書式例總記」, "御寶刻'朝鮮國王之印', 金
印龜紐, 右方刻花艸篆, 左方刻滿州字, 大國所賜也. 大國之制, 金印龜紐, 賜親王世
子, 如安南·琉球等國, 皆賜銀印駝紐, 可見優待我國, 非外藩諸國比也."

35) 이정수는 더 나아가 〈書册名目〉에서 유리창에서 본 중국 서목을 經籍類·史傳
類·子集類·字韻類·書畫類·六典類·雜術類·雜著類로 분류하여 小字雙行으로 열
거하여 중국의 출판문화에 주목하였다. 〈官職科第〉에서는 청의 관직 제도와 과
거 제도 전반을 등급별로 세세히 정리하였으며, 〈各省風土〉에서는 『一統志』에
실린 疆域·形勝·風俗·土産 관련 내용을 발췌하여 기록 대상의 범위를 연행 노
정 상의 지역에 국한하지 않고 중국 전역으로 확장하였다.

이 매개가 되었으리라 추측된다. 이기헌은 1801년 동지 겸 진주사 서장관으로 중국에 다녀왔고 당시 부사였던 서미수와 친분이 두터웠다.36) 이기헌이 자신의 동생 李致憲과 서유진이 청 문인 陳希曾을 방문한 일을 언급하면서 서유진을 친구라 칭하였고, 이정수도 이 일을 상기하고 있는 것을 볼 때37) 이러한 인맥 관계를 토대로 이정수가 서유진의 연행록을 접했을 것으로 생각된다.

5. 맺음말

이 글은 19세기에 특정 가문에서 전승된 후, 교유 관계를 매개로 일련의 문인들 사이에 두루 향유된 대구 서씨가 서유진의 『종원유연록』을 중심으로 연행록의 수용 양상을 살펴보고, 특정한 경향성을 띠는 '연행록군'의 존재와 그 형성 연원을 규명하였다. 그 결과, 서유문의 『무오연힝녹』과 서유직의 『북유록』의 예리한 관찰과 풍부한 기록을 적절히 수용한 서유진의 『종원유연록』이 19세기 문인들 사이에 직·간접적인 경로로 수용되어 연행록의 내용 및 체재에 일정한 영향

---

36) 이정수, 『유연록』 권6, 「我境」, 1801년 11월 2일, "蓋徐丈於先君行時, 以副使往, 契誼甚篤."

37) 李基憲, 『燕行錄』, 「燕行日記」, 1802년 1월 2일, "徐友稚範昨與一朝士邂逅, 約今日相訪."; 이정수, 『유연록』 권7, 「留館」 上, 1812년 1월 25일, "徐丈(有鎭 字稚範)於辛酉(1801)行, 與陳也邂逅廠舍, 于後借叔父訪于其家者數, 遭會于廠舍者一, 遭陳也亦一. 至館中, 取見其時『日記』, 則彼此傾倒, 數千言往復書牘亦屢矣." 이정수는 法藏寺의 白塔 벽면에서도 서유진의 이름을 확인하였다. 1월 23일조, "壁面多東人題名, …… 北壁之上楣得先君子題名, 一行列書之, 曰'副使徐美修', '書狀官李某(其時正使則不來云)', 次曰'李某', 叔父也, 次'徐有鎭', 副使之從至也."

을 미쳤음을 밝힐 수 있었다. 『종원유연록』은 체재면에서 일기에 여러 항목의 잡록을 별도로 첨부한 '복합체' 형식이 유행하는 토대를 마련했을 뿐만 아니라, 내용면에서 18세기 중·후반 이후 청조의 선진 문물제도나 외국 문물에 대한 조선 문인들의 관심을 더욱 확장하는 데 기여했다는 점에서 19세기 연행록의 사적 전개에서 차지하는 위상이 적지 않다. 더욱이 12개 항목으로 구성된 『종원유연록』의 잡록은 홍대용의 기사체 연행록인 『연기』를 바탕으로 증보하여 이용후생을 강조하고 있어 홍대용의 『연기』가 후대에 전승된 정황을 확인케 하는 자료이자, 북학파 연행록의 실용적 관점을 충실히 계승한 기록으로 평가할 수 있다.

『종원유연록』은 19세기 이해응의 『계산기정』(1803)과 이정수의 『유연록』(1811)에 영향을 주었고, 『종원유연록』의 내용과 체재를 대폭 수용한 『계산기정』은 다시 박사호의 『연계기정』(1828), 조봉하의 『연계기략』(1842) 등에 파급되었다. 요컨대 『종원유연록』은 19세기에 가계 및 교유 관계가 복합적으로 작용하여, 서유문 『무오연힝녹』—서유직 『북유록』—서유진 『종원유연록』—이정수 『유연록』 / 서유진 『종원유연록』—이해응 『계산기정』—박사호 『연계기정』—조봉하 『연계기략』으로 이어지는 연행록 간의 상관관계를 규명하는 실마리를 제공한다. 이처럼 동시대의 특정 연행록이 여러 단계를 거쳐 파생되어 광범위하게 영향력을 행사했다는 것은, 당대 문인들이 연행록을 저술하는 과정에서 공통된 지향점을 견지했음을 방증하는 지표가 될 수 있다. 다만 본고에서는 『종원유연록』에 담긴 내용상 특징을 충실히 조명하지 못하였다. 또한 학술 사상적 측면에서 북학파(또는 실학파) 연행록과의 관계 및 이용후생의 도구와 서양의 과학기술 등을 중시한 대구 서씨가 가학 전통과의 영향 관계를 보다 상세히 규명할 필요가 있다. 이에 대해서는 별도의 지면을 기약하고자 한다.

참고문헌

金景善, 『燕轅直指』, 『연행록선집』 상, 성균관대 대동문화연구원, 1960.

金昌業, 『燕行日記』, 『연행록선집』 상.

金學民, 『薊程散考』, 『연행록전집 일본소장편』 1, 동국대 한국문학연구소, 2001.

朴思浩, 『燕薊紀程』, 『연행록전집』 85-86, 동국대 출판부, 2001.

朴趾源, 『熱河日記』, 『燕巖集』, 『한국문집총간』 252.

徐有聞, 『戊午燕錄』, 『연행록전집』 61-62.

徐有鎭, 『鍾園遊燕錄』, 성균관대 존경각 소장.

李基憲, 『燕行錄』, 『연행록선집』 하, 성균관대 대동문화연구원, 1962.

李鼎受, 『遊燕錄』, 『연행록속집』 123-126, 상서원, 2008.

李海應, 『薊山紀程』, 『연행록선집』 상.

趙鳳夏, 『燕薊紀略』, 『연행록전집 일본소장편』 2.

洪大容, 『燕記』, 『湛軒書』, 『한국문집총간』 248.

대구서씨세보편찬위원회 편, 『大邱徐氏世譜』, 뿌리문화사, 2003.

감준희, 「조선 후기 대구서씨가 연행록 연구」, 한국학중앙연구원 박사학위논문, 2021.

김영죽, 「연행 체험 기록의 관행과 그 매커니즘」, 『한문고전연구』 34, 한국한문고전학회, 2017.

김영진, 「조선후기 명청소품 수용과 소품문의 전개 양상」, 고려대 박사학위논문, 2004.

양서원, 「서유진의 『종원유연록』 자필본」, 『고서연구』 27, 한국고서연구회, 2009.

이종묵, 「『五洲衍文長箋散稿』에 보이는 조선의 逸書」, 『진단학보』 121, 진단학회, 2015.

임기중, 「연행가사와 연행록의 상호원전성과 유행양식」, 『연행록연구층위』, 학고

방, 2014.

임영길, 「19세기 前半 燕行錄의 특성과 朝·淸 文化 交流의 양상」, 성균관대 박사
　　　학위논문, 2018.

林侑毅, 「朝鮮後期 豊山洪氏 家門燕行錄 硏究」, 고려대 박사학위논문, 2019.

장경남, 「서유문의『무오연힝녹』연구」, 『국어국문학』130, 국어국문학회, 2002.

조규익, 「조선 후기 국문 사행록 연구(Ⅲ): 〈무오연힝녹〉의 내용과 의미」, 『숭실
　　　어문』18, 숭실어문학회, 2002.

진재교, 「'燕行錄'과 知識·情報-지식·정보의 수집과 기록방식」, 『대동문화연구』
　　　97, 성균관대 대동문화연구원, 2017.

최　식, 「연행 지식·정보의 수집·정리 및 확대·재생산-연행록의 형성 과정과 특징
　　　을 중심으로-」, 『동방한문학』75, 동방한문학회, 2018.

許　放, 「철종시대 燕行錄 연구」, 서울대 박사학위논문, 2016.

후지츠카 치카시(藤塚鄰)의 漢學과
北學派研究의 視座

– 淸朝考證學 및 東洋學과의 遠近

송호빈 고려대학교 문과대학 한문학과 조교수

1. 머리말
2. 후지츠카 연구와 후지츠카 관련 자료들
3. 淸朝考證學의 傳統과 후지츠카의 漢學
4. 東洋學의 磁場과 北學派研究의 視座
5. 맺음말

* 본고는 『한문학논집』 제65집(근역한문학회, 2023.06.30.)에 실은 같은 제목의 논문을 재수록하고 일부 자구를 수정한 것이다.

1. 머리말

北學이라는 말은 본디 위계성 혹은 위치성을 내포한다. 學의 주체인 우리와 學의 대상 또는 방향인 北은 대등한 높이에 있거나 밀착된 거리를 두지 않는다. 北은 '위'에 있는 것이자 위쪽을 가리키는 방향이고 學은 그 위로 '올라가야' 하는 運動이다. 그런데 北學은 일종의 저항으로 존재하는 물리적 높이 또는 거리를 극복하고 목적한 지점에 도달하는 力學的 행위에 그치지 않는다. 운동의 주체가 대상과 똑같은 성질의 것으로 스스로를 바꾸는 化學的 결합까지 성취할 때 비로소 뜻한 바를 완수한다.

나는 中華의 법으로 오랑캐를 바꾸었다는 말은 들었지만 중화가 오랑캐에게 바뀌어졌다는 말은 듣지 못했다. 陳良은 초나라 출신으로 周公과 仲尼의 道를 좋아하여 북쪽으로 중국에 가서 배워 중국의 학자들조차도 그를 앞서지 못하였으니 진량은 이른바 豪傑之士다. …… 나는 깊은 골짜기에서 나와 높은 나무로 옮아간다는 말은 들었지만 높은 나무에서 내려와 깊은 골짜기로 들어간다는 말은 듣지 못했다. 「魯頌」에 "戎과 狄을 치니 荊(楚나라)과 舒(楚와 가까운 나라)가 징계되었네"라 하였다. 주공께서 바야흐로 그들을 치셨거늘 그대는 그들을 배운다니 또한 잘 바뀌지 못하는 것이다.
【朱熹 註】… 진량은 초나라에서 태어났으니 중국의 남쪽에 있었다. 그러므로 북쪽으로 길을 떠나 중국에 가서 배운 것이다. … [1]

『孟子(集註)』에는 이미 北學이라는 행위의 위계성·위치성이 北(과 南) ― 夏와 夷 ― 中과 戎狄·荊舒에, 그에 수반되는 上向性의 운동이 北(遊) ― 出 ― 遷에, 그 운동의 최종 목적이자 결과가 變 ― 善變이라는 글자들에 새겨져 있다. 이는 北學이라는 이름을 가져다 쓴 朴齊家(1750-1805)의 『北學議』에 그대로 옮겨진다. 燕行에서 돌아와 중국에서 배울 점을 상소한 趙憲(1544-1592)에 대해 楚亭은 "중국의 문화를 받아들여 조선의 현실을 변화(用夏變夷)시키고자 애쓰는 정성 아닌 것이 없었다"고 하였다.2)

따라서 박제가가 北學이라는 이름 아래 읽은 "선진국 청나라와 후진국 조선의 위계적 이항대립" 구조 속에서 "조선은 중국의 결여태로 표상"될 수밖에 없다.3) 조선은 중국으로 (善)變해야 하는 존재이다. 학문이란 주체가 대상과 일정한 거리를 두고 대상을 複數로 관찰·분석·검증하여 대상 및 그 안팎의 조건과 환경을 이해하며 나아가 대상에 빗대어 주체의 사정을 미루어보거나 대상과 주체를 아우르는 세계의 전체상을 해명함을 기본 원리이자 목표로 삼는 일이라고 할 수 있다. 단지 배우는 일은 학문에 이르는 과정이나 학문을 하는 행위 가운

---

1) 『孟子集註』「滕文公·上」吾聞用夏變夷者, 未聞變於夷者也. 陳良, 楚産也, 悅周公仲尼之道, 北學於中國, 北方之學者, 未能或之先也, 彼所謂豪傑之士也. …… 吾聞出於幽谷, 遷于喬木者, 未聞下喬木而入於幽谷者. 「魯頌」曰, "戎狄是膺, 荊舒是懲." 周公方且膺之, 子是之學, 亦爲不善變矣. (註 : … 陳良, 生於楚, 在中國之南. 故北遊而學於中國也. …)

2) 朴齊家 지음, 안대회 교감·역주(2013), 『(완역 정본) 북학의』, 돌베개. 26면. 「自序」重峯以質正官入燕. 其「東還封事」, 勤勤懇懇, 因彼而悟已, 見善而思濟, 無非用夏變夷之苦心. …… 取『孟子』陳良之語, 命之曰北學議

3) 박희병(2013), 『범애와 평등』, 돌베개. ; 김대중(2013), 「'내부⇄외부'에 대한 두 개의 시선 - 이덕무와 박제가」, 『한국사연구』 162, 한국사연구회.

데 일부분이 될 수 있을지언정 학문 자체는 아니다. 더욱이 주체가 대상에 도달하여 마침내 그와 같아지기를 바라는 것은 학문이라 일컫기 어렵다. 그렇다면 北學의 學은 학문을 뜻하는 名詞가 아니라 '배우자'라는 請誘形의 動詞로 새김이 마땅하다. 北學은 주의·주장·제안·활동(및 그것을 말하거나 실천하는 사람들)을 수식해주는 말, 즉 北學論·北學思想·北學派와 같은 낱말을 이루는 데 쓰이는 것이 적절하다.

그렇지만 北學이라는 말은 무슨무슨 學이라는 어휘의 짜임을 연상시키기 때문인지 性理學에 견주어지는 자리에서, 새로운 經世學이나 考證學을 포함하거나 그 자체인 것처럼 곧잘 쓰이는 까닭에 마치 北學이 단일하고 체계적인 학문인 것처럼 여겨지기도 한다. 또 北學이라는 두 글자의 낱말에 北의 '무엇을, 어떻게' 혹은 北으로 가서 '무엇을, 어떻게' 學하자는 것인가가 새겨져 있지 못한 까닭에 이 말의 정의·범주·성격 등이 모호하게 생각된다. 이 문제는 이 말을 박제가의 『북학의』라는 — 北學의 의미가 비교적 일관된 문맥 속에서 좁고 선명하게 쓰인 — 텍스트 밖에서 쓰기 시작한 것과 동시에 胚胎되어 있던 것이라고 할 수 있다.

이와 같이 다소 흐릿한 개념의 북학(론/사상/파)을 보다 객관적으로 살펴보기 위해서는, 그 이름 아래 무리지어 논해지는 洪大容(1731~1783), 朴趾源(1737~1805), 李德懋(1741~1793), 박제가 등 같은 시대를 살아간 이들의 같고 다름을 변별해내는 일과 함께[4] 조선 중기 이전에 이루어진 관련 사안들을 미시적·통시적으로 추적함으로써 조선 후기 북학론의 가치를 객관적·다면적으로 살펴보는 것 또한 중

---

4) 이경구(2009), 「조선 후기 주변 인식의 변화와 소통의 가능성 — 18세기 연행록과 북학파를 중심으로 —」, 『개념과 소통』 3, 한림과학원. ; 박희병(2013) 등.

요하다.5)

　『華東唱酬集』과『金石目攷覽』은 金正喜의 再傳弟子인 譯官 金秉善 (1830-1891)이 박제가 ― 김정희 ― 李尙迪로 이어진 자료군을 이어받아 편찬한 未完·未定의 자료집성이다. 필자는 이 두 문헌을 사례로 삼아 19세기 말, 20세기 초에 걸쳐 北學을 호명하는 생각과 행동들이 단일하게 계승되거나 단선적으로 전개되지 않았음을 ― "北(遊而)學於中國"의 선언이 文面에서는 거의 그대로 이어지되 北學에 대한 안목(문명론·중국론)이 俗化되고 北學을 문헌으로 구현하는 수법(고증학·문헌학)이 劣化되었음을 확인하고 있다.6)

　김병선 歿後『華東唱酬集』을 비롯한 그의 舊藏 자료들은 藤塚鄰(후지즈카 치카시, 1879-1948)에게 넘어갔다. 후지츠카는 전통 漢學의 末裔로 자처하는 동시에 帝國大學이라는 근대적 學制의 교원으로서 김정희를 중심으로 한 北學派 연구의 先鞭을 잡았으며 그의 성과는 오늘날까지도 한중교류연구에 적지 않은 영향을 미치고 있다. 따라서 그의 연구가 北學을 둘러싼 한국한문학연구사에서 어떤 의미를 갖는지 淸朝考證學 및 이른바 東洋學과의 거리재기를 통해 살펴볼 필요가 있다.

---

5) 김대중(2022), 「조선 중기 벽돌 사용 담론과 조선 후기 북학론」, 『한문학보』 46, 우리한문학회. 김대중은 조선 후기 이전의 이용후생론(벽돌 사용 담론)을 검토함으로써 조선 후기 북학론에 비평적 거리를 유지하며 그 가치를 검증하고자 하였다.

6) 송호빈(2017), 「金秉善 編『華東唱酬集』 研究」, 고려대학교 대학원 국어국문학과 박사학위논문. ; 송호빈(2019), 「人物錄으로서의『華東唱酬集』과 조선후기 인물록의 한 系譜」, 『어문논집』 제87호, 민족어문학회. ; 송호빈(2021), 「『華東唱酬集』 所收 일본·베트남·류큐 관련 자료에 대하여」, 『어문논집』 제91집, 민족어문학회.

2. 후지츠카 연구와 후지츠카 관련 자료들

후지츠카 치카시가 우리 학계에 남긴 가장 큰 업적은 『淸朝文化東傳の硏究─嘉慶·道光學壇と李朝の金阮堂』이라고 할 수 있다.[7] 1974년 그의 令息 후지츠카 아키나오(藤塚明直. 1912-2006)가 부친의 박사학위논문을 단행본으로 펴낸 것이다. 이 책은 바로 이듬해 우리나라에 알려졌다.[8] 마침 이 무렵은 한문학 유산의 가치를 재발견하고 實學과 小說 등을 중심으로 한국한문학이 본격적으로 연구되기 시작하던 시기이기도 하다. 사실 이 책이 단행본으로 출판되기 전부터 그의 논문들은 北學派에 관한 史實을 파악하는 데 독보적인 것이어서,[9] 우리가 스스로의 한문학 유산을 되돌아보고 현대 학문으로서의 한국한문학 연구가 첫 궤적을 그려가는 데 후지츠카가 陰으로 어떠한 기여하였을지 익히 짐작할 수 있다.

후지츠카의 이 책은 1994년 우리말로 옮겨지면서,[10] 秋史 金正喜 및 그와 교유한 청나라 문인들에 관한 자료의 존재와 내용을 파악하고 그 실물을 수집하며 그에 대한 실증적 연구를 수행하는 데 指南의 역할을 해왔다.[11] 2006년에는 후지츠카 아키나오가 부친 舊藏 자료들

---

7) 藤塚鄰 著·藤塚明直 編(1974), 『淸朝文化東傳の硏究─嘉慶·道光學壇と李朝の金阮堂』, 國書刊行會.
8) 천관우(1975), 「書評: 淸朝文化 東傳의 硏究」, 『역사학보』 68, 역사학회.
9) 천관우, 같은 글, 136면. ; 藤塚明直는 『淸朝文化東傳の硏究』에 붙인 후기에서 이 책의 출판 전 한국에서 藤塚鄰의 논저를 인용한 예로 1971년에 나온 이기백의 『韓國史新論』과 김사엽·조연현의 『朝鮮文學史』를 들고 있다.
10) 박희영 역(1994), 『추사 김정희 또 다른 얼굴』, 아카데미하우스.
11) 박철상(2010), 『세한도』, 문학동네. 〈머리말〉 ; 박철상(2010), 「秋史 자료의 정리현황과 향후 과제」, 『추사연구』 8, 추사연구회, 78면.

을 과천시에 기증하였다. 과천문화원에 의해 그 기증 문물 목록과 관
련 자료집 등이 출간되고 『淸朝文化東傳の硏究』가 다시 번역·간행됨
으로써 후지츠카의 업적이 크게 조명되었다.[12] 이로써 후지츠카를 통
한 추사 연구, 후지츠카의 장서와 학문에 대한 연구의 기초가 놓였다
고 할 수 있다.

후지츠카의 蒐書 및 연구 자체에 접근하여 후지츠카 연구의 轉機
를 마련하였던 것은 2014년을 전후하여 박영미·김영진·정민·이효진
이 내놓은 일련의 성과들이다. 박영미는 일본과 한국을 主從 관계로
파악하면서도 근대적 방법으로 한문 자료를 연구한 일제강점기 在朝
일본인 학자들의 성과와 의의를 살피며 후지츠카를 다루었다.[13] 김영
진은 일본 東洋文庫 등에 소장된 후지츠카 구장 김병선 編 『화동창수
집』의 梗槪를 밝히고 후지츠카에 대한 객관적·비판적 연구를 촉구하
였다.[14] 정민은 미국 하버드옌칭도서관에 소장된 후지츠카의 장서를
대거 발굴하고 그의 연구 경향을 탐색하였다.[15] 후지츠카가 이룬 장
서와 학문의 實體에 능동적으로 다가서고 그것을 총체적으로 파악하
고자 한 첫 성과라고 할 수 있다. 이효진은 근대의 조선유학사연구와

---

12) 과천문화원(2008), 『(후지츠카 기증 추사자료전 Ⅲ) 후지츠카의 추사연구자료』,
　　과천문화원. ; 과천문화원(2009a), 『후지츠카 기증 고서류 목록집 Ⅰ』, 과천문
　　화원. ; 과천문화원(2009b) 『후지츠카 기증자료 목록집 Ⅱ』, 과천문화원. ; 윤철
　　규·이충구·김규선 역(2009), 『秋史 金正喜 硏究: 淸朝文化 東傳의 硏究 한글완
　　역본』, 과천문화원.
13) 박영미(2012), 「일제 강점기 在朝日本人의 한문학연구 성과와 그 의의」, 『한문
　　학논집』 34, 근역한문학회.
14) 김영진(2013), 「'華東唱酬集' 연구 ‐ 편찬자 金秉善과 자료의 梗槪 소개」, 『한국
　　학논집』 53, 계명대학교 한국학연구소.
15) 정민(2014), 『18세기 한중 지식인의 문예공화국: 하버드 옌칭도서관에서 만난
　　후지쓰카 컬렉션』, 문학동네.

김정희 인식을 검토하며 후지츠카가 京城帝國大學 교수로서 행한 중국철학 강좌와 조선유학에 대한 연구 활동을 밝혔다.[16] 비슷한 시기에 일본 京都大學 人文科學研究所가 입수하고 동 연구소 및 高麗美術館에 소장된 후지츠카의 구장서 및 유품들로 후지츠카의 콜렉션이 확장되었으며 이에 대한 金文京의 연구 보고가 나왔다.[17] 또한 최근 정혜린은 김정희 연구에서 후지츠카가 관심을 두었던 점은 무엇이었나, 라는 질문을 던지며 김정희 연구를 둘러싼 후지츠카의 연구 관점과 방법론 및 그 배경에 대해 고증학·과학·제국주의를 키워드로 삼아 검토하였다.[18]

필자는 2016년을 전후하여, 당시까지 제출된 성과들을 이어 후지츠카에 대한 연구를 보완하였다.[19] 필자는 후지츠카를 추사나 북학파에 대한 조사·연구의 길잡이 혹은 마중물로 삼지 않고 후지츠카 자체

---

16) 李曉辰(2013),「京城帝国大学の支那哲学講座と藤塚鄰」,『文化交渉』創刊号, 関西大学東アジア文化研究科. ; 李曉辰(2014a),「近代日韓における金正喜認識: 藤塚鄰の金正喜研究と『阮堂先生全集』刊行を起点として」,『東アジア文化交渉研究』 7, 関西大学文化交渉学教育研究拠点. ; 李曉辰(2014b),「京城帝國大學における朝鮮儒學研究: 高橋亨と藤塚鄰を中心に」,『퇴계학논집』 14, 영남퇴계학연구원. ; 李曉辰(2014c),「藤塚鄰の朴齊家研究 ─ ハーバード·燕京図書館の藤塚コレクション資料を中心に」,『文化交渉(東アジア文化研究科院生論集)』 3, 関西大学東アジア文化研究科. ; 李曉辰(2015),「京城帝国大学における韓国儒教研究活動」,『東アジア文化交渉研究』 8, 関西大学文化交渉学教育研究拠点.

17) 京都大學 人文科學研究所 주최, '藤塚鄰博士遺品展示會 및 講演會', 2015.02.22. ; 金文京 編(2015),『藤塚鄰博士遺品展示會目錄·解題(講演會「東アジア近世の書籍文化交流」資料)』, 京都大學人文科學研究所. ; 金文京(2015),「十八·十九世紀朝鮮燕行使の清朝における交流: 藤塚鄰博士遺品の紹介を通じて」,『日本中国学会報』 65, 日本中国学会.

18) 정혜린(2022),「후지츠카 지카시, 또 다른 얼굴 ─ 고증학·과학·제국주의」,『한국실학연구』 44, 한국실학학회.

19) 송호빈(2017), 위의 학위논문.

를 연구하는 일의 의미를 논하였다. 그의 저술목록을 재검토하고 실물과 대조하여 누락되어 있던 자료 일부를 찾았다. 또 그의 문헌 수집과 장서의 流轉을 정리하고 그가 어떻게 『華東唱酬集』을 입수하고 '말 없이' 자신의 연구에 활용하였는지 살폈다. 필자는 논문·칼럼·기사 등 후지츠카와 관련된 자료를 추가로 찾아 그의 저술목록을 정비·보완하는 일, 그의 문헌 수집과 연구 활동이 한국한문학연구사에서 어떠한 의미를 지니는지 검토하는 일을 추후 과제로 삼았다.

후지츠카의 저술목록과 자료의 정리는 여전히 미완이다. 필자는 졸고에서 후지츠카의 학문 역정을 파악하는 데 유효한 인터뷰와 칼럼 6편, 기존의 저술목록20)에서 빠져 있던 논문 9편(1편은 기존 저술목록에 등재된 논문의 재게재)을 추가로 찾아 정리하였다. 특히 후지츠카 아키나오가 찾지 못하여 1974년 『淸朝文化東傳の硏究』 간행 때 넣지 못한 洪良浩의 燕行 및 淸 문인과의 교유에 대한 논문을 확인하였다.

『淸朝文化東傳の硏究』는 후지츠카의 독보적인 업적이되, 1935년 학위논문제출 이후 原稿가 일부 산일되고 타계 전까지 행해진 수정·증보가 반영되지 않았다. 이로 인해 후지츠카의 한중교류 연구, 특히 추사 이외의 인물에 대한 연구 성과와 방법을 살피는 데 다소 불완전한 면이 있다. 무엇보다 추사를 비롯한 18·19세기 한중교류에 대한 연구와 거의 대등한 비중을 차지하는, 후지츠카 학문의 한 축인 經學에 대한 성과를 놓칠 수밖에 없다. 따라서 『淸朝文化東傳の硏究』 이외의 자료들을 가능한 찾아 갈무리하고 그것들을 통해 후지츠카에 다가설 필요가 있다. 신문 기사를 제외하고 근래 추가로 찾았거나 기존의 저술

---

20) 坂本太郎 외(1985),「先学を語る: 藤塚鄰博士(含 年譜·著述目錄)」,『東方学』69, 東方学会.

목록에 누락되어 있음을 확인한 자료들은 다음과 같다.

論著
· 「「復初齋集の侏文」を讀みて」, 支那学社 編, 『支那学(Sinology)』 4,
  弘文堂書房, 1927.03.
  기존의 저술목록에 누락되어 있다.
· 『中庸研究』 手稿本 2冊 (乾坤 2卷), 未詳.
  과천문화원 추가 기증자료 목록집에 여타 구장 고서들과 함께
  등재(經-169)되어 있으나[21] 기존의 저술목록에 누락되어 있다.
  公刊되지 않은 自筆稿本이어서 목록에 넣지 않았거나 저술목록
  작성 전에 존재가 확인되지 않은 듯하다.
· 『孫子新釈』, 弘道館, 1943.
  森西洲와 공저. 이효진의 논문에서 언급되었으나[22] 기존의 저술
  목록에 누락되어 있다.

漢籍
· (淸)朱右曾 著, 『逸周書集訓校釋·逸周書逸文』 1冊(逸周書集訓校
  釋 10卷, 逸周書逸文 1卷)
  "今西龍"·"今西春秋"印記, "敬贈今西先生 藤塚鄰"墨書. 일본 국
  회도서관 소장.
  후지츠카가 이마니시에게 증여한 일련의 책들이 天理圖書館 밖
  에서도 확인되는 예이다.
· (淸)翁方綱 撰, 『蘇齋附記』 14冊 (易附記 14卷·後1卷, 書附記 14卷)

---

21) 과천문화원(2009b), 위의 책, 7면(도판), 26면(목록).
22) 李曉辰(2014b), 303면.

"望漢盧仿汪容甫初刊述學本製箋" 用紙에 轉寫. 일본 국회도서관 소장.

후지츠카의 望漢盧仿汪容甫初刊述學本製箋 轉寫本이 하버드옌칭도서관의 후지츠카 콜렉션 외에서도 찾아지는 예이다.

其他資料
· 田中生, 「名家書齋巡禮(其一) 望漢盧記 (文學博士藤塚鄰氏蒐書之顚末)」, 『讀書』 第1卷 第1號, 朝鮮讀書聯盟(朝鮮總督府學務局社會敎育課內), 1937.01.
  후지츠카의 서재 望漢盧 방문 인터뷰. 후지츠카의 口語가 생생하게 실려 있다.
· 藤塚鄰, 「敬義の道念」, 『斯文』 第20編 第3號, 斯文會, 1938.03.
  京城放送局 修養講座 방송 원고를 고친 것이다.
· 小柳司気太(1870–1940), 『東洋思想の研究』, 森北書店, 1942.
  卷末에 藤塚鄰의 跋文이 있다. 후지츠카는 도쿄제국대학 시절 저자에게 수업을 들었다. 저자는 훗날 大東文化學院 敎授와 學長을 지낸다. 후지츠카도 뒤이어 大東文化學院 總長이 된다.
· 中山 淸, 『奧遊日録』, 宮城縣圖書館, 1949.
· 加藤 淸, 『先人の歩んだ道』, 宮城縣人社, 1959.
· 今村鞆介, 『燕沢の碑と藤塚鄰博士』, 仙台郷土研究会, 1984.

3. 清朝考證學의 傳統과 후지츠카의 漢學

후지츠카의 연구는 秋史의 청조고증학 수용과 연찬을 중심으로 한 北學(한중교류)에 대한 연구와 『論語』·『中庸』에 대한 문헌학적 연구

로 대별된다. 후지츠카가 이룬 후자의 성과에 우리는 크게 주의를 기
울이지 않아 왔으나,『논어』와『중용』연구는 그가 일생 이룬 업적 가
운데 절반을 조금 밑돈다. 특히 그의 경학 연구는 渡韓 이전과 歸日
이후는 물론 추사와 한중교류 연구에 매진하던 京城帝國大學 재직 시
절(1926-1940)에도 꾸준히 계속되었다.

　그는 경성제국대학에 재직 중이던 1938년 자국의 군주에게『중용』
首章을 進講하였다. 이는 手稿本『中庸進講草案』1冊(교토대학 인문과
학연구소 소장)으로 남아 있다. 앞서 살펴본『中庸硏究』2冊은 여러
편으로 간행된『중용』에 대한 소논문들의 원고이거나, 이것들을 단행
본으로 묶어 출판하기 위한 초고로 생각된다. 후지츠카 경학의 핵심
에 있는 것은『논어』이다. 그는 대학 졸업 후 京城帝國大學 교수로 부
임하기 전까지(1908-1926) 나고야(名古屋)의 제8고등학교에서 한문
강사와 교수로 재직하였다. 그는 이때『論語集注』를 교과서로 사용하
였다. 후지츠카는 박학다식하였지만 특히『논어』에 대해서는 그 앎이
끝이 없었다. 경성제대 재직시에 스승 우노 테츠토(宇野哲人, 1875-1974)
로부터 박사학위청구논문의 제출을 독려받았을 때 처음에는 학위논
문으로『논어』에 관한 연구를 제출하려고 했다.23) 후지츠카가 숨을
거두기 직전까지 손에 쥐고 있던 것도『논어』였다. 그는 斯文會理事長
과 大東文化學院專門學校總長으로 재직 중이던 1948년, 출판사의 권유
로『論語總說』의 간행을 결심하고 즉각 작업에 착수하였으나 곧 중병
에 든다. 병상에서 아들의 代筆로 교정을 계속해갔으나 수십 쪽을 남
기고 서거한다. 유언에 따라 아들과 제자 가토 조켄(加藤常賢, 경성제

23) 宇野精一,「序にかへて」: 藤塚鄰 著・藤塚明直 編(1974). 1~2면.

대·도쿄대 교수, 1894-1978)이 교정을 마치고 이듬해 출간한다.[24] 즉 후지츠카에게 『논어』 연구는 하나의 전공 분야가 아니라 일생을 관통하는 일이었으며 그 結晶이 遺著 『논어총설』에 있다.[25]

　이처럼 후지츠카 학문의 중심에는 『논어』과 『중용』이 있었다. 가토 조켄은 후지츠카의 경성제국대학 퇴임기념식 축사에서 자신의 스승을 많은 사람들이 "朝鮮學者라고 여기는 것에 항의하며 선생님께서는 청조 경학의 실사구시를 주축으로 한 고증학자임을 주장"하였다.[26] 또한 『朝鮮及滿洲』에 연재된 「城大敎授評判記」에서도 후지츠카 학문의 본령은 이른바 '支那哲學' 즉 넓은 의미의 漢學·經學으로 규정된다.[27] 아들의 전언에 따르면 후지츠카도 스스로의 학문을 漢學·經學·支那哲學으로 불렀다.[28]

　그렇다면 후지츠카는 한학 즉 중국 경학의 방법과 역사에 대해 어떠한 인식을 가지고 있었을까. 그가 목적이자 방법으로 추구하였던 漢學은 좁은 의미의 漢學 정확히는 淸朝考證學이었다. 그는 宋學과 漢學을 경학사의 전개나 경학의 방법에서 있어 대등한 것으로 보지 않았다. 경학에는 송학이 있었고 또한 한학이 있었다, 라는 것이 아니라 송학을 극복한 것이 한학이었다는 발전의 과정으로 파악하고 한학의 우위을 천명한다.

---

24) 加藤常賢, 「序」, ; 藤塚鄰(1949), 『論語總說』, 弘文堂. 1~2면.
25) 이 책은 2005년 중화인민공화국에서 번역되었다. 陈东 译, 『论语总说』, 国际文化出版公司, 2005. 최근 『淸朝文化東傳の硏究』도 중국어(간화자)로 옮겨졌다. 刘婧 译注, 『淸代文化东传硏究 ― 嘉庆、道光学坛与朝鲜金阮堂』, 凤凰出版社, 2020.12.
26) 加藤常賢, 「跋」; 藤塚鄰 著·藤塚明直 編(1974), 528면.
27) 岡本濱吉(1938), 「城大敎授評判記(四)」, 『朝鮮及滿洲』 第354號, 朝鮮雜誌社.
28) 藤塚明直(1969), 「服部宇之吉先生と父藤塚鄰」, 『斯文』 58, 斯文会. 30면.

【A】중국 明朝 말기는 정치에 있어 막바지에 이르렀던 것처럼 학문과 문화에 있어서도 끝자락에 도달하고 있었다. 愛親覺羅가 중국에 군림하여 淸朝를 창건하게 되면서부터 明末 학계의 墮氣를 一新하고 청조 독자의 학풍을 수립하여 내용 충실하고 生彩奕奕한 一大문화를 구성하였다. 그 학문연구의 방법은 이른바 '實事求是'로 종래의 주관적이고 독단적이며 空疏한 방법을 배척하고 사실에 즉하여 증거를 파악하는 객관적·과학적 연구방법을 취한 것이었다. 經學에 대해서 예를 든다면 宋明諸儒의 색안경으로부터 벗어나 漢唐에 거슬러 올라갔고, 漢唐諸儒로부터 벗어나 先秦時代로 복귀하여 참으로 본원적인 모습을 파악하려고 했던 것이다. 그 결과 여러 가지 학문 — 考證學·校勘學·目錄學·文字學·金石學·天算學·史學·地理學 등이 새롭고도 왕성하게 일어났다. 정녕 淸朝學은 학문적 가치에 있어서 宋明(원문은 宋淸으로 되어 있음. 誤植으로 보임 — 필자)의 그것보다 우월성을 많이 가지고 있다고 해도 좋으리라 생각한다.[29]

【B】經學(廣義에 있어서)의 발전과 변천은 둘로 대별할 수 있다. 첫째는 漢代에 있어서 章句訓詁의 學이며, 또 하나는 宋代에 있어서 義理의 學이다. 唐의 시대는 훈고학에서 의리학으로 遷移하는 과도기였으며, 元明의 사이는 완전히 송대 의리학의 支流餘裔라고 보아 마땅하다. 그렇다면 淸朝는 어떠하였느냐 하면, 宋元 의리의 학문에 반항하여 한대의 古로 복귀하였다고 할 수 있다. 이 점에서는 한대의 學에 포섭되지만 그러나 완전히 漢學으로 복귀하였던 것만은 아니며, 청조에는 스스로 청조만의 특수한 학풍이 있다. 그 학풍을 학자들은 考證學이라고 부르고 있다. 과연 고증은 확실히 淸朝學의 커

---

29) 藤塚鄰(1947), 「序」, 『日鮮淸の文化交流』, 中文館書店, 1~2면.

다란 특색이지만 그것만으로는 아직 충분히 그 특색이 모두 드러나지 않는다. 오히려 實事求是의 학이라고 부르는 편이 가장 적절하며 또 가장 포괄적이라고 생각한다. 그것을 현대의 말로 바꾸어 부르자면 이른바 과학적 연구법에 의한 학문이다. 宋儒 明儒처럼 주관적으로 사물을 보지 않기에 객관적·과학적으로 보지 않으면 안된다고 하는 점에 청조학의 新生命이 존재한다. 즉 청조학은 일면 한학에의 복귀이며 한편으로는 과학적 연구인 것이다.[30]

인용문【B】가 실린 『논어총설』의 위상은 위에서 말한 바와 같다. 인용문【A】의 출전인 『日鮮清の文化交流』는 후지츠카가 생전에 간행한 유일한 단행본으로 박사학위논문의 출판에 앞서 일부를 발췌하고 한두 편을 덧붙인 책이다. 패전 후 새로운 시대를 맞은 자국의 학계·문화계에 자신이 이전 수십 년에 걸쳐 이룩한 연구의 한 축, 그 핵심을 우선 발신하고자 한 것이다.

이 책에 실린 첫 번째 글인 「四庫全書の大成と日本及び朝鮮文籍の採錄」에서 후지츠카는 사상 통제와 지식인 탄압이라는 『사고전서』의 어두운 면을 간략히 언급하고는 있지만 강희제·옹정제·건륭제의 文治가 "꼭 漢人 회유책에서 나온 것만 아니기 때문에 여러 황제 자신의 異常한 好學心의 유발과 時代精神의 영향도 간과해서는 안 된다"고 하였다.[31] 여기서 시대정신이란 梁啓超(1873~1929)가 1920년에 말한, 盛衰를 거듭하며 갈마드는 時代思潮 그 가운데서도 가장 현저한 例로 규정한 청조고증학일 것이며,[32] 후지츠카 역시 "『사고전서』는 구상

---

30) 藤塚鄰(1949), 234~235면.
31) 藤塚鄰(1947), 「四庫全書の大成と日本及び朝鮮文籍の採錄」, ; 『日鮮清の文化交流』, 中文館書店, 1면.

자체가 한학운동의 방법론과 입론을 채용한 한학운동의 기록"33)으로 송학과의 헤게모니 투쟁에서 승리한 것34)이라는 인식을 같이 하고 있다고 볼 수 있다.

후지츠카는 보다 이른 시기에 쓴 미완의 논문에서도 宋學을 '自由 硏究'라고 부르며 宋儒들은 『春秋』에 대해 기존의 三傳에 의거하지 않고 "自己特得의 설"로 해석의 문제를 해결하려고 하였는데 이는 "실로 破天荒의 태도로 저 漢儒들이 꿈에도 미치지 못했던 것"이라고 하였다.35) 특히

> 孫復의 『春秋尊王發微』와 胡安國의 『春秋傳』을 보면 經文에 대해 의미가 통하지 않으면 마음대로 移易한 곳이 있다. 이처럼 경의 본 문을 제멋대로 이쪽저쪽 바꾼다는 것은 漢代의 학자에게서는 도저 히 볼 수 없는 대담함이었다.36)

라고 하여 經文 텍스트를 임의로 變改하여 해석하는 태도를 비판하고 있다. 따라서 송명의리학에서 청조고증학으로의 이행을 발전 단계의 선상에 놓고 후자를 우월한 것으로 보는 후지츠카의 經學觀은 그의 학문을 연찬하는 과정에서 一貫되고 完整된 인식이었다고 여겨도 좋 을 것이다.

---

32) 梁啓超 지음, 이기동·최일범 옮김(1987), 『淸代學術槪論』, 여강출판사, 13~22면.
33) 켄트 가이(R. Kent Guy) 지음, 양휘웅 옮김(2009), 『사고전서』, 생각의나무, 259면.
34) 같은 책, 207~260면.
35) 藤塚鄰(1928), 「宋儒の自由硏究と朱晦庵の態度」, 『朝鮮及滿洲』第248號, 朝鮮雜 誌社, 27면.
36) 같은 글, 29면.

후지츠카의 언설 가운데 조금더 注意할만한 낱말은 客觀(的)과 科學(的)이다. 즉 청조고증학이 뛰어난 이유는 그것이 곧 객관적이고 과학적인 방법 자체이거나 그것에 도달 혹은 근접한 방법이기 때문이라는 것이다. 이는 후지츠카에 조금 앞서 梁啓超가 청조고증학은 유럽의 르네상스에 비견되는 객관적이고 과학적인 학문으로 파악한 것과 같다. 양계초는 『治國學的兩條大路』(1923)에서 첫 번째 강령으로 "문헌의 학문은 객관적인 과학적 방법을 이용하여 연구해야 한다"고 하였다. 이와 같은 인식은 서양문헌학 — 그 가운데서도 실증과 근거를 과학과 객관의 조건, 문헌실증주의를 객관적이고 과학적인 학문 방법으로 여기는 독일고전문헌학의 영향을 받은 것으로 추정된다.[37] 서양(독일) 문헌학이 일본에 수입·교육된 것은 1900년 전후, 즉 후지츠카가 제2고등학교와 도쿄제국대학에서 공부하던 무렵이다. 근대 일본에 서양문헌학을 본격적으로 소개한 것은 이즈음 '국문학자' 하가 야이치(芳賀矢一, 1867-1927)로, 그는 베를린에 유학하여 독일문헌학을 배우고 도쿄제국대학 교수를 지냈다. 후지츠카는 서양문헌학 자체를 그대로 이식 받은 것은 아니나 도쿄제대의 스승들이나 양계초와 같은 이들에 의해 독일문헌학의 基調 즉 문헌에 의한 실증이 곧 과학적이고 객관적인 학문이라는 인식에 시나브로 젖어들었을 것이다.[38]

무엇보다 후지츠카가 한문 자료를 다루는 가장 우월한, 객관적·과

---

37) 안재원(2019), 『원천으로 가는 길 : 서양 고전 문헌학 입문』, 논형, 91~113면.
38) 경성제대를 졸업한 金台俊도 유사한 표현을 하고 하고 있다. 그는 『朝鮮漢文學史』(1931)에서 문학을 정의하면서 학문 분야를 科學·文學·哲學으로 대별하여 영역으로서의 '과학'을 언급하는 한편, 『朝鮮小說史』(1930~31, 1933, 1939)에서는 시대성을 고려한 고전 텍스트 해석을 科學的인 연구라고 하여 방법으로서의 '과학(적인 것)'을 언급하였다.

학적 방법으로 청조고증학을 특정·단언할 수 있었던 결정적인 배경
에는 도쿄제대 한(문)학 전공의 커리큘럼에 있다. 1877년 도쿄대학 개
교와 함께 설치되었던 和漢學科는 1882년 古典講習科로 바뀌고 제국
대학이 된 후 文科大學 漢文學科 등을 거쳐 支那哲學支那文學講座로
여러 차례 편제를 바꾸게 된다. 그런데 고전강습과는 史學 연구 등에
필요한 한문 해독 능력을 기르기 위해 國學을 염두에 두고 설치되었
음에도 불구하고, 애잇머리부터 청조고증학 연찬을 선명히 표방하였
다. 후지츠카의 은사 우노 테츠토는 자신의 스승 시미다 쵸레(島田重
礼, 한문학·지나철학 전공, 1838–1898)가 "오로지 청조고증학만 했다"
고 술회하였으며 시게노 야스츠구(重野安繹, 사학 전공, 1827–1910)도
"학문은 고증학"이라는 입장이었다. 고전강습과는 특히 『皇淸經解』을
주요 텍스트로 삼아 연구는 물론 학생들을 교육하면서 정치나 도덕으
로부터 분리된 순수한 학문 연찬을 강조하였는데 이것이 일본에서의
근대적 한학 연구의 시작이었다.[39]

　후지츠카의 이러한 청조고증학의 지향은 단지 경학(사)에 대한 담
론에 머무르지 않고 개별 텍스트 특히 『논어』의 주석서들에 대한 관
점과 분석에 구체적으로 적용된다. 그는 漢儒의 『논어』 주석서들을
차례로 살피고 鄭玄이 사용한 저본을 고증한 뒤 정현이 兩漢經師들
가운데 발군이며 魏晉六朝唐宋의 학자들이 정현을 부정하고 新說을 세
운 것이 많지만 정현의 위상은 변치 않는다고 하였다.[40] 何晏의 『論語

---

39)　町田三郎(1998),「東京大学『古典講習科』の人々」,「『漢籍國字解全書』について」,
　　『明治の漢学者たち』, 硏文出版, 128~150면.
40)　藤塚鄰(1942),「論語鄭注に關する二三考察」,『大東文化學報』 4輯, 大東文化硏究
　　會. 17면.

集解』에 대해서는 그 漢學의 방법을 상찬한 뒤 자신도 『논어집해』의
텍스트를 같은 방법으로 엄밀히 분석·비판한다. 그는 孔注로 알려졌
던 것들에서 鄭注를 변별해낸 뒤 그것을 당시 최신 발굴 자료였던 돈
황사본 등으로 재차 방증하고 나아가 "馬國翰이 『集解』 속에서 孔注
인 것들을 뽑아내서 『論語孔氏訓解十一卷』을 편찬하였는데 지금 보면
수많은 疏繆를 면하지 못하기 때문에 곧장 이것을 근거로 삼는 것은
위험하다"고 평가하였다.41) 그러면서도 『논어집해』를 "오늘날에 이르
기까지 논어 연구의 最古이자 最高의 책"42)이라고 평가한다. 그 이유
는 '집해'의 방식이 다음과 같기 때문이다.

> 그 연구법은 이미 一家의 祖述傳承이 아니라 정말로 구속되지 않
> 는(捉はれざる. 고정된 가치관이나 사고방식 등에 얽매이지 않는 一
> 필자 붙임) 折衷的 태도이다. 그리고 하나하나 注家의 성명을 기록
> 한 것은 邢昺의 이른바 '示無勦說'(疏語)인 것으로 그들의 학자적 양
> 심의 예민함을 보여주고 있으며, 최후에 諸家의 설로 귀결되지 않는
> 것이 있다면 그것을 改易하여 自說을 내고 있다."43)

후지츠카는 『집해』의 이러한 태도 즉 문헌을 대하는 시각과 방법
을 "簡擇剪裁"함으로도 표현하며 "『논어집해』가 취한 태도는 대체로
兩漢의 風을 이어 간결하며 아직 義疏·講疏의 風은 보지 않는다. 字義
해석이 위주로, 淸儒 등이 크게 기뻐한 바이다."라고 하였다.44)

---

41) 藤塚鄰(1939), 「何晏の論語集解に關する二三の考察」, 『漢學會雜誌』 7卷3號, 東
   京帝國大學文學部支那哲文學研究室漢學會.
42) 같은 글, 6면.
43) 같은 글, 14면.

청조고증학자들이 기꺼워한 방법은 후지츠카에게도 그러한 것이 었다. 여기서 그의 학문적 취향, 연구와 글쓰기 스타일의 한 근원을 찾을 수 있다. 『淸朝文化東傳의 硏究』는 자료와 인물에 대한 발굴·제시·고증의 방대한 點綴 혹은 交織이라고 할 수 있다. "簡擇剪裁"함, 적확하되 건삽한 스타일이 그대로 드러난다. 그는 문인 간 주고 받은 詩文도 마치 經傳에 注解하는 것처럼 다룬다. 그가 작품론·작가론으로 나아가지 못한(혹은 않은) 것은 義疏·講疏를 붙이지 않으며 좀처럼 自說을 세우지 않는 兩漢의 風과 흡사하다. 그는 한중일 개인의 관계와 학문 교류를 考究하여 이와 같은 방대한 하나의 세계를 펼쳐보이면서도 '문예공화국'[45)과 같은 개념 또는 이론을 세우지 않았거나 못했다. 또 앞으로 추사 개인에 대한 연구를 깊이 하고 싶다고 하였는데[46) 이를 이루지 못한 것은 자료의 燒失이나 다른 여건 등도 원인이 되었겠지만 위와 같은 학문 태도가 근저에 자리잡고 있었기 때문이라고 짐작된다.

이러한 연구방법을 취한 이상, 旣往 문헌의 수집은 우선 무엇보다도 긴급한 일이 되지 않을 수 없다. 문헌의 수집이라고 하면, 그것은 어느 정도 財力을 갖추면 가능한 것처럼 생각되지만 실은 끊임없이 추구하는 열렬한 討究心이 없다면 실현할 수 없는 것이다. 박사의 收

---

44) 같은 글, 21면.

45) 高橋博已(2009), 『東アジア文芸共和国—通信使·北学派·蒹葭堂 』, 新典社.

46) 「京城日報」, 1936.05.14. 〈藤塚, 森, 尾高三教授の苦心酬ひられて半島最高學園の春は朗か〉 "본 논문은 주로 완당과 **청유의 접촉점**을 묘사했지만, 앞으로는 완당 그 사람에 대한 연구를 발표하여 그가 어떻게 청조학을 이조학단에 이식하였는가를 살펴보고 싶다." 번역 및 밑줄은 필자.

書를 향한 열렬한 욕구는 실은 경탄할만한 일이었다는 것은 동학들 사이에서는 널리 알려진 일이다. 그러나 이는 세상에 흔한 수집벽으로 인한 것이 아니며 一言半句라도 의거하는 바가 없이는 언설을 펼칠 수 없다는 탐구정신에 의한 것이었다. 그렇기에 望漢盧, 이는 박사의 서재 이름인데, 그 중에는 宋元版의 珍本은 거의 볼 수 없었다. 그럼에도 불구하고 實事求是의 청조고거학 서적의 풍부함에 이러서는 우리나라에 있어서는 견줄 바가 없었다 해도 과언이 아니라고 생각한다. 연구상의 필요에 의해서는 본서에도 서술하고 있는 『經句說』이나 『論語義疏』의 中國刻本처럼 또 『論語徵』의 和刻本처럼 前後의 別刻本을 남김없이 수집했던 것이다. 적어도 학문에 종사하는 이상 당연한 것이지만 그것을 실제로 하는 것은 쉬운 일이 아니다.[47]

문헌의 수집 즉 원본에 즉한 연구는 고증학·문헌학의 기본이나, 여기서도 예의 그 적확하고 건삽한 학문 태도가 드러남을 엿볼 수 있다. 추사 자료 역시 大家의 珍品이라서가 아니라 연구 자료로서 수집된 것이다. 그는 한편으로 이러한 蒐書로 이룬 서재를 望漢盧 외에 後名山文庫라 부르기도 했다. 藤塚家의 5대 선조인 藤塚知明(1737–1799)이 1789년 1만여 권의 서적으로 이루었다 산일된 名山文庫를 계승·복원한다는 의미였다.[48]

---

47) 加藤常賢, 「序」 ; 藤塚鄰(1949), 1면.
48) 田中生(1937), 「名家書齋巡禮(其一) 望漢盧記 (文學博士藤塚鄰氏蒐書之顚末)」, 『讀書』 第1卷 第1號, 朝鮮讀書聯盟(朝鮮總督府學務局社會敎育課內). 일본 東洋文庫 소장 『華東唱酬集』 1-1책 卷首에 찍혀 있는 名山文庫 장서인을 지금까지 "得名山藏圖書"로 읽어왔는데 "後名山藏圖書"로 보아야 할 것이다.

4. 東洋學의 磁場과 北學派硏究의 視座

　후지츠카는 자신의 漢學 즉 청조고증학으로 자신의 연구과 집필을 一以貫之하였지만, 넓은 의미의 한학은 시대의 급변과 더불어 다양하게 전개되며 변화되어 갔다. 근대 일본의 한학은 후지츠카와 같이 강단에서 연구되는 학문이면서 민간에서 활동하는 한학자들에 의한 교양이자 개인이나 詩社 등을 통해 창작·향유되는 문학이기도 했다. 國語·國文과 짝을 이루어 國漢의 개념을 이루기도 하였으며 서양의 학문을 흡수하는 번역장치로서 기능하거나 반대로 서양에 대항하는 가치로 작용하기 하였다. 무엇보다 한학은 '同種同文의 나라'인 아시아에 대한 지배 욕망과 결합하기도 했다.[49] 이른바 '支那學'이 그것이다. 支那學은 한학을 계승하는 동시에 한학과 대립하는 것으로, 이전의 한학이 보편 학문으로 諸學의 기초였던 데 비해 支那學은 서양 지역학의 영향으로 인해 중국이라는 지역·국가를 연구하는 학문으로 바뀌는 한편 서양 인문학의 영향을 받아 文學·史學·哲學으로 분화되었다.[50]

　이처럼 한학은, 제국주의와 함께 탄생한 소위 東洋學의 磁力에 이끌려 그 모습을 왜곡시키거나 자리한 위치를 옮겨갈 수밖에 없었다. 후지츠카의 한학, 무엇보다 그것을 바탕으로 삼은 추사 및 한중교류 연구는 이로부터 완전히 자유로울 수 있었을까. 더욱이 후지츠카가 맞이한 두 번의 학문적 轉機 즉 1921년의 북경 파견과 1926년 경성제국대학 부임 모두 '제국'의 팽창과 連動된 것이었음을 간과할 수 없다.

---

49) 樋口浩造(2007), 「近代の漢学」 ; 吉田公平, 「近代の漢学」. 『日本思想史学』 39, 日本思想史学会.
50) 齋藤希史(2007), 「「支那学」の位置」, 『日本思想史学』 39, 日本思想史学会.

특히 경성제대는 설립목적부터 동양학 연구의 권위·본거지·전초기지
등을 표방하였다.51)

　후지츠카가 '內地'로부터 부임한 교수로서 총독부의 통치에 협력한
것은 당연하다. 그는 중등학교 시찰 등 통상의 업무 외 — 특히 일제
가 아시아태평양침략전쟁으로 치달았을 때 — 儒敎의 논리로 일제 통
치에 대한 순종과 이른바 內鮮一體를 강조하는 사회교육 또는 시국강
연을 다수 하였다.52) 그가 경성제대를 퇴임하고 일본으로 돌아가는
길, 한반도에서 마지막으로 수행한 일은 부산에서의 시국강연회였
다.53) 또 1944년에는 경성제대 명예교수 직함으로 다카하시 토우루
(高橋亨, 1878–1967), 기타 신로쿠(喜田新六, 1903–1964)가 함께 쓰고
朝鮮儒道聯合會가 간행한 『國體明鑑』을 감수하였다.

　그러나 후지츠카를 御用·官邊學者로 단정하기는 어렵다. 경성제대
에 막 부임한 그는 대다수의 교수들이 『文敎の朝鮮』 京城帝國大學開
學記念號에 개교와 관련한 時宜的 글을 썼을 때 거의 유일하게 전공
논문 「四庫全書編纂と其の環境」을 내고 있다. 경성제대 퇴임 귀국길
에 행한 시국강연의 제목은 「內鮮支に亘る文化交流の一考察」이다. 그
가 1947년 출간하는 유일한 단행본의 서명과 유사하다. 時局의 요청
과 다소 거리를 둘 수 있는 주제였으리라 추측할 수 있다.

---

51)　服部宇之吉(1926), 「京城帝國大學始業式に於ける總長訓辭」『文敎の朝鮮(京城帝
　　國大學開學記念號)』 6, 朝鮮敎育會, 3~4면. ; 윤해동·정준영 편(2018), 『경성제
　　국대학과 동양학 연구』, 선인.
52)　藤塚鄰(1938), 「敬義の道念」, 『斯文』 第20編 第3號, 斯文會. ; 「儒道精神」, 1939.
　　11.24.(이효진(2015). 191면) 등.
53)　「釜山日報」, 1940.03.28. 2면. "…藤塚鄰氏の時局講演會を開催する、演題は「內鮮
　　支に亘る文化交流の一考察」に決したが…"

무엇보다 그는 학자로서 식민통치를 합리화하거나 그 이론적 근거를 제공하는 데 적극 협력하지는 않은 것으로 보인다. "경성제국대학에 있어 일본인 교관에 의한 조선연구의 특질은 총체적으로 조선 문화와 사회의 독창성·독창성에 대한 인식이 아니라 일본의 식민지가 되지 않을 수 없는 '停滯性'의 분석에 초점이 놓여 있었"[54]고 다카하시 토오루가 이른바 皇道儒學 제창하며 일련의 글들을 발표했던 것[55]과는 다른 궤적을 보인다. 이효진·정민 등 선행연구에서 지적했던 것처럼 후지츠카는 청조고증학을 수용하고 연찬한 추사를 발굴함으로써 다카하시와 다르게 조선 유학이 주자학만이 아님을, 조선 유학의 다양성과 발전상을 역설하였다. 그는 박사학위논문 머리말에서

1926년 京城帝國大學이 설립되자 그곳으로 가 중국철학을 강의하라는 발령을 받으면서 다시 京城 땅을 밟게 되었다. 당시 주변 사람들이 말하기를 朝鮮 500년의 문화와 宋明學의 찌꺼기 같은 학문을 제외하고 달리 무엇이 있겠느냐고 했다. 그럴까. 과연 그럴까. (중략) 淸朝文化가 동쪽으로 전해진 이른바 東傳의 경로를 분명히 고증할 수 있기에 이르렀다. (중략) 아울러 앞서 조선의 학계를 가리켜 송명학 말류 외에 아무런 학문도 남아 있지 않다고 하면서 청조문화의 東傳과 같은 사실을 전혀 인정하지 않았던 논자들의 주장이 마치 외눈박이 눈으로 세상을 보는 것과 같은 부실한 것이라는 사실을 알게 됐다. (중략) 특히 淸朝學의 대완성자 중 한 사람인 金阮堂을 중심으로 청조문화가 조선에 유입된 자취를 연구·규명하고 중국과 조

---

54) 中見立夫(2006), 「日本的「東洋学」の形成と構図」, 『「帝国日本の学知 第3巻 東洋学の磁場』, 岩波書店. 44면.

55) 이효진(2015)

선 학자들의 접촉·교류를 구체적으로 살핌으로써 수많은 서적과 탁
본이 동쪽으로 전해지고 또 서쪽으로 건너간 사실을 서술해, 기존에
아무도 거들떠보지 않았던 조선 학계의 뛰어난 일면을 지속적으로
그리고 의도적으로 높이 현창하고자 한다.56)

라고 하였다. 1935년 경성제대 교수 더욱이 法文學部長 재임 중에 쓴
문장이라고 생각하면 학문을 통치에 활용하여 결국 학문의 진상을 왜
곡하는 마는 일에 대한 반감과 질책이 묵직하게 느껴진다. 그의 연구
는 정인보(鄭寅普, 1893-1950)와 다카하시 등에 의해 반론이 제기되기
도 하였지만57) 연구자 이외의 지식인에게 반향을 얻었던 것 같다. 소
설가 李台峻(1904-?)은 종합월간지『春秋』1941년 10월호에서 '先生이
읽으신 最近의 良書는 무엇입니까'라는 설문에 "今春부터『書苑』에 連
載되는 藤塚氏의 金阮堂을 中心으로 한 淸李朝文人들의 墨緣史等입니
다'라고 답하고 있다.58) 또한 후지츠카는 칼럼과 강연 등으로도 "조
선 학계의 뛰어난 일면을 지속적으로 그리고 의도적으로 높이 현창"
하였고 이는 식민지 조선의 일반 대중들에게도 큰 호응을 얻었던 것
으로 보인다.59) 이러한 반응은 후지츠카의 성과를 추사 및 한중교류

---

56) 윤철규 외 역(2009), 16~17면.

57) 이효진(2014a)

58) 李台峻(1941),「나의 독서관」;『春秋』, 1941년 10월호, 150면. (도서출판 역락
영인본, 628면)

59)「중앙일보」, 1932.12.08. 3면 "충청남도(忠南) 초등학교 교장회의는 오는 九일부
터 十五일까지 一주일간 개최한다는 바 경성제대의 등총(藤塚)교수도 와서 김
완당(金阮堂)이라는 제목으로 강연이 잇스리라 한다";「동아일보」, 1938.06.12.
2면 "파주군에서는 성대교수 등총(藤塚)박사를 초빙하야 지난 二十八일 오후
二시부터 임진소학교강당에서 강연회를 개최하엿는대 각 면에서 모인 청강자
는 초만원을 이루엇다";「동아일보」1939.12.04. 4면 "오는 八일 오일 오후二시

연구의 길잡이 혹은 마중물, 나아가 한일 간 상호 이해와 우호의 상징처럼 여기는 오늘날의 반응과 맥을 같이 한다고 할 수 있다.

　그런데 필자가 후지츠카를 처음 접했을 때부터 의문을 가진 것은 후지츠카 아키나오가 부친의 업적 및 한국과의 인연을 이야기할 때 드러낸 전형적인 오리엔탈리즘이다. 그는 아버지와 함께 살았던 당시 조선을 "古生層의 기저부가 노출되어 있던", "이러한 固定된 생활양식", "일본에는 없는 '생활 속에 살아 있는 古典'", "지구 이전의 地球史가 간직되어 있던", "자손들마저 先世의 값어치도 모르는 형편인 이 停滯된 아시아 사회"로 회상한다.60) 이러한 정체된 조선에서 했던 아버지의 연구와 강의에 대해

　　이들 편지, 글과 글씨는 내 아버지인 후지츠카가 고물상에 부탁하거나 몸소 지방을 찾아가 명문가를 방문하면서 기증받거나 구입한 것들로 말하자면 발굴이었다. (중략) 이러한 강좌의 광경이야 말로 외지에 설립된 대학의 모습이라고 할 수 있을 것이다. 그런데 옥스퍼드대학에도 이와 같은 광경이 있었다. (중략 : 로제타석 비문과 파피루스를 해독한 이야기) 大英帝國과 朝鮮總督府 치하에서 이러한 유사한 학풍이 일어나게 된 것은 兩 宗主國의 품격에서 발단한 일이 아니었을까.61)

부터 동四시까지 충남도내 제一회의실에서 성대교수 등총박사(城大敎授藤塚博士) 내림으로 청조문화동점사(淸朝文化東漸史) 상에 혹성과 같은 역할을 보여준 박헌재(朴獻齋) 선생에 대하야 강연회를 개최하게 되엿는바 일반유지와 각 단체학교 등에서도 다수 청강하기를 요망하고잇다한다."

60) 藤塚明直(1969), 32면.
61) 藤塚明直(2005), 「배용준 아닌 박제가」, 『추사연구』 2, 추사연구회. 301~311면. 같은 해 4월 일본의 잡지에 실렸던 글을 번역·轉載한 것이다.

라고 회상하는 점이다. 그는 부친 스스로 자신의 학문을 漢學·經學 때
로는 支那哲學이라고도 했지만 주로 支那學이라고 불렀는데 이는 스
승 핫토리 우노키치(服部宇之吉, 1867-1939)의 영향을 받아 그의 구상
이 體化되었던 것 아닐까 추정한다. 또 지나학은 "古代祀典의 발굴 같
은 것도 포함하면서도 국가적·국제적 규모에서의 탐사개발"이라는
의미로, 아버지는 "지나학을 전문으로 하고 있다는 자부심이 있던 것
은 확실하지만 결코 Sinology(여기서는 문자·음운·훈고학 등 좁은 의
미의 문헌학)를 지향했던 것은 결코 아니라"고 하였다.[62] 후지츠카를,
발달한 학문과 문화의 수준을 가지고 스스로의 유산과 가치에 무지몽
매한 지역에 임하여 그것을 발굴·탐사·개발함으로써 그 지역의 문명
을 계몽해주는 지역학자로서 자리매김하는 것이다.

　이것은 자신이 바라는 像을 말한 것일 수도 있다. 그러나 아키나오
가 보이는 부친의 학문에 대한 祖述에 가까운 태도 ― 아키나오의 글
과 부친의 논저를 대조해보면 부친의 논저 상당한 부분을 인용하거나
원용하고 있음을 알 수 있다 ― 를 보면 아들의 위 언술은 후지츠카
의 진상을 아주 왜곡·윤색한 것은 아니지 않을까. 후지츠카는 스스로
아시아 침략과 지배에 附庸하는 동양학으로 학문의 지향과 방법을 꾸
리고 그것으로 조선과 중국을 바라보지는 않은 듯하다. 그러나 팽창
하는 근대 일본과 함께 전통적인 한학이 지나학으로 바뀌어가는 시대
를 몸소 관통하고, 더욱이 그 과정 속에서 결정적인 학문적 轉機를 맞
이하면서 동양학이라는 지역학 속에 내재되어 있는 우월한 '발굴자'
로서의 관념을 어느 정도 가지게 된 것은 아닐까. 후지츠카의 학위논

---

62) 藤塚明直(1969), 30~31면.

문은 다음과 같이 말하고 있다.

> 학술 발전이 크게 진전된 오늘날까지도 여전히 학자들 사이에서 이 문제를 되돌아보지 않는다는 점은 참으로 불가사의한 일이다. 그런데 오히려 이 문제는 지금부터 130년 전 일본의 도쿠가와 시대 석학들의 입에 올라 조선의 사절에 전했다. (중략)
>
> 洪湛軒, 朴燕巖, 李雅亭, 柳惠風, 朴楚亭, 洪耳溪 등이 속속 연행해 청나라의 여러 명사들과 친하게 사귀었던 화려한 장면은 그 한 부분 일망정 전해주지 않은 것은 참으로 유감이었다. 이렇게 해서 줏사이와 고도의 기대는 결국 아무것도 이뤄지지 않고 끝나버렸다. 그렇지만 줏사이와 고도 같은 일본 석학의 입을 통해 이미 이 문제가 제기되었다는 사실만으로도 뜻 깊다고 하지 않을 수 없다. 지금 이 논문을 쓰는 나 자신은 空谷跫音처럼 마치 쓸쓸한 골짜기에서 사람 발자국 소리를 들은 것과 같은 기쁜 느낌이 든다.[63]

후지츠카의 사승과 학통을 거슬러 올라가면 마츠자키 코우도우(松崎慊堂, 이름 復, 1771-1844)에 닿는다. 후지츠카는 도쿄제국대학에서 호시노 호우죠우(星野豊城, 이름 恒, 1839-1917)에게 배웠고, 호시노는 시오노야 토우인(塩谷宕陰, 이름 世弘, 1809-1867)[64]을 사사하였으며,

---

63) 윤철규 외 역(2009), 129~133면.
64) 塩谷宕陰은 서양 열강의 청나라 침탈 상황에 대해 논한 『隔鞾論』으로 알려졌다. 1859년 목판으로 간행된 『隔鞾論』은 곧 우리나라로 유입되어 읽힌 듯하다. 『隔鞾論』 和刻本이 국립중앙도서관, 서울대 규장각한국학연구원, 숭실대 한국기독교박물관 등에 소장되어 있다. 轉寫本도 단국대 퇴계기념도서관, 고려대 도서관, 성균관대 도서관 등에 전해진다. 근래 코베이 경매(241회, 2020.01.22.)에 나왔던 『酉山詩抄』·『洛下詩抄』 합철본 말미에도 「題隔鞾論首」가 필사되어 있다. 김병선은 『華東唱酬集』의 목록에 『隔鞾論』 가운데 「論聖祖貽謨」, 「論夷

시오노야는 마츠자키의 가르침을 받았다. 후지츠카는 이와 같은 사승 관계 그리고 스승들과 본인 가문이 어떠한 관계를 가지는지에 대해, 모두 6장으로 구성된 『日鮮淸の文化交流』의 제5장 「쓰시마에 있어서 일본과 조선 학인의 문화공작과 청조학」 말미에 자세히 밝혀두었다. 그는 『日鮮淸の文化交流』 서문에서 "동아시아 삼국 사이에 교류한 문화의 여러 모습을 구명하기 위하여 여섯 장으로 나누어 각각 특수한 장면을 전개 서술해가면서 그 여러 항목 사이에 혈맥이 서로 부딪치고 호흡이 서로 통하는 연관 관계를 제시하고, 붓을 「四庫全書의 大成과 일본 및 조선 문적의 채록」에서 시작하여, 「청유 翁廣平의 일본 문화 연구」로 마무리하였다."고 하였다. 청조 고증학을 수용하고 발달시킨 일본의 학술 전통 그리고 그것이 사승과 가학으로 전해져 와 자신에게 이르렀다는 자부를 이 책의 行間과 章節의 사이에 담아냈다고 할 수 있다.

5. 맺음말

이상에서 필자는 후지츠카의 다음과 같은 논리를 읽는다.

進漢學」을 적어두었다. 「論聖祖貽謀」는 李珥의 십만양병설을 언급하고 있으며 「論夷進漢學」은 오히려 한학이 서양으로 전파될 것을 주장하는 내용이다. 이노구치 아츠시(猪口篤志) 저 심경호·한예원 역, 『일본한문학사』, 소명출판, 2000. 493~494면에 따르면 塩谷宕陰은 관학파(성당파)에 속하는 인물로 학문은 정주학을 중심으로 하되 경사를 겸비한 실용의 학문을 표방하였으며 유학자라 불리는 것을 꺼려하고 무사로서의 정체성을 가지고 있었다.

1. ① 조선과 일본이 청조고증학을 접하고 그것을 받아들인 경로
   는 다르다.

   ② 조선은 燕行 등 인적 교류를 통한 직접적인 전래, 일본은 서
   적의 舶來를 통한 간접적인 전래였다.

   ③ 그런데 오히려 청조고증학의 발달상에 대해 무지하던 조선
   지식인들을 일깨워준 건 일본인 학자들이었다.

2. ① 다만 조선에는 추사라는 한 명의 "초월적 존재"가 청조고증
   학을 받아들여 그것의 "위대한 學績을 이루었"으나 그 뒤로
   고증학이 계승되지 못하고 그것의 존재마저 잊혀졌다.

   ② 이에 비해 청조로부터 일본으로 전해진 고증학은 학자들에
   의해 연찬이 거듭되며 자신에게까지 계승되었으며

   ③ 여기에 서양의 학제와 학문이 더해져 객관적·과학적 학문
   방법을 갖춘 자신이 조선인들 스스로 잊고 있던 조선의 위
   대한 遺産을 발굴하고 현창한 것이다.[65]

후지츠카가 고교, 대학, 대학원, 제8고 한문 강사 및 교수 시절을
거쳐갔던 시기는, 한시문 창작으로서의 한학은 쇠퇴하였지만 지역학
으로서의 지나학 연구가 활발해지는 한편 총서 출판을 통해 한문 유
산들이 정리·교감되어 가던 때였다.[66] 이러한 환경도 후지츠카에게

---

65) 다음도 유사한 논리이다. "和田一朗은 『金鰲新話』에 대해 이같이 높게 평가하
   였음에도 불구하고 『金鰲新話』가 '400년간 謄本 그 자체가 매몰되어져 오랫동
   안 간행되지 못했던 것은 유감스러운 일이었지만 당시 일본의 학자 및 서가의
   노력에 의해 發售된 것은 다행이었다'고 하며 작금의 『金鰲新話』는 조선인이
   아니라 일본인의 힘에 의해 전승·보존되었다고 하였다." 박영미(2012), 242면.
66) 村山吉廣(1999), 『漢学者はいかに生きたか ― 近代日本と漢学』, 大修館書店, 2~
   27면.

일정한 영향을 미치지 않았을까. 富山房의 『한문대계』(1909-1916)와 와세다대학출판부 『先哲遺著 漢籍國字解全書』(1909-1917)가 그 대표적인 총서들이다. 이들은 단지 한적, 한문 텍스트의 정본을 추구한 것이 아니라 주석 등을 통해 에도시대 이후 일본 한학의 우수성과 독자성 강조하였다. 더욱이 『한문대계』의 교정자는 핫토리 우노키치와 호시노 호우죠우였다.[67]

추사를 비롯한 북학파에 대한 후지츠카의 연구는 스스로 말한 바와 같이 조선과 청조 학자의 "접촉점을 묘사"하는 데 그쳤으며 그가 상정하고 있는 접촉점은 상호 대등한 통로이거나 비판적 해석와 수용이 작동하는 함수통과 같은 것이 아니라 淸朝學이 조선 학계에 이식되는, 빨대와 같은 기능을 하는 접점이었다. 그는 중국과 일본에서 발달한 고증학의 방법을 계승하며 그것을 객관적·과학적인 것으로 보았다. 그러나 정작 그는 근대적 학제에서 근대적 학문을 표방하였음에도 불구하고 청조고증학 자체와 거리를 두고 그것을 객관적·과학적으로 조망하지 못한 듯하다. 추사를 비롯한 북학파 연구에서 보여주는 그의 한계, 그 가장 밑바닥에는 이와 같은 까닭이 자리하고 있다고 생각된다. 따라서 이러한 의구심을 바탕에 두고 그의 추사 및 북학파 연구 성과를 다시금 '고증'하는 작업이 필요할 것이다. 후지츠카 학문의 결정체라고 일컬어지는 『논어총설』에 대해서도, 후지츠카 자신이나 제자들의 언설을 뒤로 물리고 『논어총설』의 텍스트 그 자체를 검증해보는 일이 요망된다.

추사가 조선의 唯一無二한 최고 수준의 고증학자라는 것은 추사에

---

67) 町田三郎(1998), 「『漢文大系』について」, 「『漢籍國字解全書』について」, 『明治の 漢学者たち』, 研文出版.

대한 더할 나위 없는 현양이기도 하지만 동시에 조선의 경학, 한문학에 대한 무시이기도 하다. 후지츠카는 분명 『華東唱酬集』을 자신의 한중교류 연구에 활용하였음에도 이 문헌의 존재에 대해 끝내 침묵을 지켰다. 그는 자신이 찾고 싶은 것을 찾고, 보고 싶은 것을 보고, 말하고 싶은 것을 말했을 뿐이다. 후지츠카의 연구는 지역학으로서의 동양학의 자장 안에서 청조고증학을 당위명제로 삼고 북학파를 비롯한 한국한문학이라는 객체의 세계에 그것을 연연적으로 적용한 것이다. 그러나 그의 연구가 근대적 학문으로서 先驅에 위치하며 그 연구의 시각과 방법에 '과학적인 고증학'이 자리하고 있으며 그 성과가 방대함으로 말미암아 그의 연구가 마치 귀납적인 방법을 통해 행해진 것처럼 쉬이 여겨진다. 후지츠카를 비롯한 근대 일본인 학자들이 성취하였으며 지금까지 영향을 미치고 있는 그들의 연구 혹은 발굴이 한국한문학 연구사에서 어떤 의미와 가치를 지니는지, 考證學을 비롯한 전통 학문 그리고 東洋學과 같은 근대의 학문적·사회적 풍토와의 거리재기를 방법으로 삼아 더욱 면밀히 검토해나가고자 한다.

참고문헌

1. 원전 및 역주

『孟子集註』

塩谷宕陰, 『隔鞾論』

朴齊家 지음, 안대회 교감·역주(2013), 『(완역 정본) 북학의』, 돌베개.

2. 목록 및 해제

과천문화원(2008),『(후지츠카 기증 추사자료전 Ⅲ) 후지츠카의 추사연구자료』, 과천문화원.

과천문화원(2009a), 『후지츠카 기증 고서류 목록집 Ⅰ』, 과천문화원.

과천문화원(2009b), 『후지츠카 기증자료 목록집 Ⅱ』, 과천문화원.

金文京 編(2015), 『藤塚鄰博士遺品展示會目錄·解題(講演會「東アジア近世の書籍文化交流」資料)』, 京都大學人文科學硏究所.

3. 연구서(단행본)

高橋博已(2009), 『東アジア文芸共和国―通信使·北学派·蒹葭堂』, 新典社.

金台俊(1931), 『朝鮮漢文學史』, 朝鮮語文學會(朝鮮語文學叢書 1).

金台俊(1933), 『朝鮮小說史』, 朝鮮語文學會(朝鮮語文學叢書 2).

藤塚鄰(1947), 『日鮮淸の文化交流』, 中文館書店.

藤塚鄰(1949), 『論語總說』, 弘文堂.

藤塚鄰 著·藤塚明直 編(1974), 『淸朝文化東傳の硏究―嘉慶·道光學壇と李朝の金阮堂』, 國書刊行會.

박철상(2010), 『세한도』, 문학동네.

박희병(2013), 『범애와 평등』, 돌베개.

박희영 역(1994), 『추사 김정희 또 다른 얼굴』, 아카데미하우스.

안재원(2019), 『원천으로 가는 길 : 서양 고전 문헌학 입문』, 논형.

梁啓超 지음, 이기동·최일범 옮김(1987), 『淸代學術槪論』, 여강출판사.

윤철규·이충구·김규선 역(2009), 『秋史 金正喜 硏究: 淸朝文化 東傳의 硏究 한글
　　　완역본』, 과천문화원.

윤해동·정준영 편(2018), 『경성제국대학과 동양학 연구』, 선인.

이노구치 아츠시(猪口篤志) 저, 심경호·한예원 역(2000), 『일본한문학사』, 소명출판.

정민(2014), 『18세기 한중 지식인의 문예공화국: 하버드 옌칭도서관에서 만난 후
　　　지쓰카 컬렉션』, 문학동네.

町田三郎(1998), 『明治の漢学者たち』, 研文出版.

村山吉廣(1999), 『漢学者はいかに生きたか － 近代日本と漢学』, 大修館書店.

켄트 가이(R. Kent Guy) 지음, 양휘웅 옮김(2009), 『사고전서』, 생각의나무.

4. 연구논문(학술지)

김대중(2013), 「'내부⇌외부'에 대한 두 개의 시선 － 이덕무와 박제가」, 『한국사
　　　연구』 162, 한국사연구회.

김대중(2022), 「조선 중기 벽돌 사용 담론과 조선 후기 북학론」, 『한문학보』 46,
　　　우리한문학회.

金文京(2015), 「十八·十九世紀朝鮮燕行使の淸朝における交流: 藤塚鄰博士遺品
　　　の紹介を通じて」, 『日本中国学会報』 65, 日本中国学会.

김영진(2013), 「'華東唱酬集' 연구 - 편찬자 金秉善과 자료의 梗槪 소개」, 『한국
　　　학논집』 53, 계명대학교 한국학연구소.

吉田公平, 「近代の漢学」, 『日本思想史学』 39, 日本思想史学会.

藤塚鄰(1928), 「宋儒の自由研究と朱晦庵の態度」, 『朝鮮及滿洲』 第248號, 朝鮮

雜誌社.

藤塚鄰(1939),「何晏の論語集解に關する二三の考察」,『漢學會雜誌』 7卷3號, 東京帝國大學文學部支那哲文學研究室漢學會.

藤塚鄰(1942),「論語鄭注に關する二三考察」,『大東文化學報』 4輯, 大東文化研究會.

박영미(2012),「일제 강점기 在朝日本人의 한문학연구 성과와 그 의의」,『한문학논집』 34, 근역한문학회.

박철상(2010),「秋史 자료의 정리현황과 향후 과제」,『추사연구』 8, 추사연구회.

송호빈(2017),「金秉善 編『華東唱酬集』 研究」, 고려대학교 대학원 국어국문학과 박사학위논문.

송호빈(2019),「人物錄으로서의『華東唱酬集』과 조선후기 인물록의 한 系譜」,『어문논집』 제87호, 민족어문학회.

송호빈(2021),「『華東唱酬集』所收 일본·베트남·류큐 관련 자료에 대하여」,『어문논집』 제91집, 민족어문학회.

이경구(2009),「조선 후기 주변 인식의 변화와 소통의 가능성 − 18세기 연행록과 북학파를 중심으로 −」,『개념과 소통』 3, 한림과학원.

李曉辰(2013),「京城帝国大学の支那哲学講座と藤塚鄰」,『文化交渉』創刊号, 関西大学東アジア文化研究科.

李曉辰(2014a),「近代日韓における金正喜認識: 藤塚鄰の金正喜研究と『阮堂先生全集』刊行を起点として」,『東アジア文化交渉研究』 7, 関西大学文化交渉学教育研究拠点.

李曉辰(2014b),「京城帝國大學における朝鮮儒學研究: 高橋亨と藤塚鄰を中心に」,『퇴계학논집』 14, 영남퇴계학연구원.

李曉辰(2014c),「藤塚鄰の朴齊家研究 ― ハーバード·燕京図書館の藤塚コレクション資料を中心に」,『文化交渉(東アジア文化研究科院生論集)』 3, 関西大学東アジア文化研究科.

李曉辰(2015),「京城帝国大学における韓国儒教研究活動」,『東アジア文化交渉

研究』 8, 関西大学文化交渉学教育研究拠点.

정혜린(2022), 「후지츠카 지카시, 또 다른 얼굴 ― 고증학·과학·제국주의」, 『한국
　　　실학연구』 44, 한국실학학회.

齋藤希史(2007), 「「支那学」の位置」, 『日本思想史学』 39, 日本思想史学会.

中見立夫(2006), 「日本的「東洋学」の形成と構図」, 『「帝国日本の学知 第3巻 東洋
　　　学の磁場』, 岩波書店.

樋口浩造(2007), 「近代の漢学」, 『日本思想史学』 39, 日本思想史学会.

5. 칼럼·수필·인터뷰·기사 등

岡本濱吉(1938), 「城大教授評判記(四)」, 『朝鮮及滿洲』 第354號, 朝鮮雜誌社.

藤塚明直(1969), 「服部宇之吉先生と父藤塚鄰」, 『斯文』 58, 斯文会.

藤塚明直(2005), 「배용준 아닌 박제가」, 『추사연구』 2, 추사연구회.

藤塚鄰(1938), 「敬義の道念」, 『斯文』 第20編 第3號, 斯文會.

服部宇之吉(1926), 「京城帝國大學始業式に於ける總長訓辭」 『文敎の朝鮮(京城帝
　　　國大學開學記念號)』 6, 朝鮮敎育會.

李台峻(1941), 「나의 독서관」 ; 『春秋』, 1941년 10월호(도서출판 역락 영인본).

田中生(1937), 「名家書齋巡禮(其一) 望漢廬記 (文學博士藤塚鄰氏蒐書之顚末)」,
　　　『讀書』 第1卷 第1號, 朝鮮讀書聯盟(朝鮮總督府學務局社會敎育課內).

천관우(1975), 「書評: 淸朝文化 東傳의 硏究」, 『역사학보』 68, 역사학회.

坂本太郎 외(1985), 「先学を語る: 藤塚鄰博士(含 年譜·著述目錄)」, 『東方学』 69,
　　　東方学会.

「京城日報」, 1936.05.14.

「釜山日報」, 1940.03.28.

「중앙일보」, 1932.12.08.

「동아일보」, 1938.06.12.

「동아일보」, 1939.12.04.

후지츠카 지카시, 또 다른 얼굴

- 고증학·과학·제국주의

정혜린 서울대학교 강사

1. 문제 제기
2. 후지츠카 지카시의 고증학과 김정희의 고증학
3. 후지츠카의 고증학: 실사구시와 과학성
4. 후지츠카 지카시가 언급하지 않은 연구 관점
   : 제국주의
5. 맺음말

* 이 글은 2022년 실학박물관·한국실학학회 공동 학술대회 '실학자와 동아시아 교류 기록의 표와 리'에서 발표한 내용을 수정·보완하여 『韓國實學硏究』 44호(韓國實學學會, 2022)에 게재한 논문임을 밝힌다.

1. 문제 제기

후지츠카 지카시는 김정희의 경학을 본격적으로 연구한 최초의 학자로서 현재까지도 많은 김정희 연구자들에게 김정희 다음으로 주목받고 있다. 그의 연구서와 수집 자료들은 19세기 한·중·일 학술문화 교류 연구자라면 반드시 검토해야 하는 1차 연구서로서, 필자도 김정희의 경학과 예술론을 연구하면서 그의 연구로부터 큰 도움을 받았다. 방대한 자료를 정리한 그의 경이로운 연구는 여전히 후학들에게 여러 질문을 던지며 새로운 연구를 자극한다. 그 질문은 김정희에 대한 것도 있고 후지츠카에 대한 것도 있다. 필자도 후지츠카에 대해 오래 묵혀둔 질문이 있다. 왜 그는 김정희가 청대 제 학술 성과들을 '나름의 기준을 가지고 절충'한다고 한 점을 전혀 주목하지 않았을까 하는 점이었다. 이제 김정희로부터 후지츠카로 관심을 돌려 여러 자료를 검토본 후, 그 질문을 '김정희의 학술 자취에서 그의 관심사는 과연 어디에 있었는가.'라고 정리해 답변을 모색해 본다. 필자는 이제까지 김정희의 경학과 예술론을 공부하면서 ① 김정희가 청대 학술 중 어떤 성과를 수용해 조선으로 이동시켰으며, ② 그 수입물들에 대해 어떤 태도를 가지고 있었는가, ③ 김정희는 청대 학술을 어떻게 변형·응용했는가. ④ 그의 학문은 조선 학계에 실제적으로 어떤 효과를 미쳤는가를 주목했다. 후지츠카의 연구서들은 ②~④에 별다른 관심이 없었던 듯하다. (사실 ①에 대해서도 내용이 아닌 자료·인물의 명목에만 관심을 기울인 듯하다) 그렇다면 김정희의 학술 자취에 던진 후

지츠카의 질문은 무엇이었을까, 그리고 그 질문은 그의 연구 내용에
영향을 끼쳤을까. 본 논문은 김정희의 경학에 대한 후지츠카의 관심
사, 연구 관점과 방법론, 그의 학술 세계에 영향을 끼쳤을 문화적 학
문적 환경을 살펴볼 것이다. 그리고 후지츠카와 현재 연구자들의 학
문적 관심사와 관점, 방법론상의 차이를 확인하여 이제까지의 연구를
반성하면서 김정희 경학에 대해 새로운 질문을 모색해 본다.

2. 후지츠카 지카시의 고증학과 김정희의 고증학

우선 후지츠카 지카시(藤塚鄰, 1879-1948)가 누구인지 질문하지 않
을 수 없다. 한국의 고전 연구자들은 후지츠카에 대해 얼마나 알고 있
을까. 많은 연구자들이 그의 방대한 자료를 계속 이용해왔지만, 후지
츠카가 자료들을 수집했던 목적, 그 수집의 범위, 자료의 연결 및 구
성의 관점을 다룬 연구는 극히 소략한 편이다. 물론 후지츠카가 김정
희 연구의 중요한 길목이니만큼 김정희에 대한 연구의 대부분은 후지
츠카가 소장하거나 저술한 자료를 사용하지 않을 수 없는 만큼 그가
소장하거나 저술한 자료를 발굴·해석하는 작업은[1] 꾸준히 진행되어
왔지만 본 논문에서 주목하는 바 후지츠카 지카시라는 학자의 학문
세계, 그의 학문적 관점과 관심사, 방법론 자체를 주목한 연구는 李曉
辰(2013)을 제외하면 거의 존재하지 않았다고 해도 무방하다. 이효진

---

1) 후지츠카의 소장품 중 조·청 문인간 주고받은 畫像 자료에 대한 모문방(2015),
『華東唱酬集』에 대한 김영진(2016)과 송호빈(2016), 금석학 자료에 대한 박철
상(2016)이 그 대표적 사례에 속한다.

(2013)이 일본 지나학계 내에서의 후지츠카의 학문적 계보와 경성대 교수재임 시기의 강좌 내용을 밝혔다면, 본 논문은 후지츠카의 학문 세계를 알려줄 가장 직접적인 단서로서 그와 그의 주변인들이 제시한 학문적 특징들, 연구 분야와 방법론을 살펴본다. 먼저 그의 연구 분야부터 살펴보자. 후지츠카는 김정희를 중심으로 한 조선 후기 학계의 청대 고증학 수용을 연구하여 1936년에 「李朝における淸朝文化の移入と金阮堂」으로 박사학위를 받았고, 그 연구성과는 조선과 일본의 학자들로부터 높은 평가를 받았다. 그런데 그의 제자인 카토 조겐(加藤常賢)은 후지츠카가 김정희 연구자로 회자되는 것을 불쾌하게 여기고 중국 고증학 연구자라고 항변했다. 카토는 경성제대 조교수(재임: 1928-1933)를 거쳐 이후 동경제대 교수를 역임한 인물로서 후지츠카가 박사학위 논문을 준비하는 것을 옆에서 지켜본 인물이다. 그는 자신의 목격에 근거하여 후지츠카의 한국 체류 중 연구는 한국에 묻혀 있는 청대 경학 자료의 발굴을 목표로 삼았다고 확신했다.[2] 실제 일본에서도 후지츠카는 한학자, 공자학의 대가로 알려져 있다. 1940년 후지츠카가 경성제대 교수를 퇴임할 무렵 오사카 마이니치 신문은 후지츠카를 "핫토리 사후 일본 유일한 최고의 한학자"로 소개했다. 그리고 그의 업적은 "淸鮮 문화교류와 관련해 신발견"을 한 데 있으니, 청조문화의 이동과 김완당을 연구하여 청조의 문화가 반도에는 들어오지 않았다는 이제까지의 선입견을 파기했고 이제 '청조 동점사'라는 제목으로 저술을 기획하고 있다고 했다.[3] 신문기사 역시 후지츠카는 '청조 고증학의 이동을 연구한 것이지 한국 경학 자체가 연구 목표는

---

2) 藤塚鄰 (1993), 「跋」, 559면.
3) 『大阪每日新聞 朝鮮版』, 學藝, 19400317, 162~163면.

아니었음을 분명히 밝혔다.

후지츠카 지카시 본인도 자신이 청에서 에도로 전해진 고증학의 계승자임을 넌지시 밝히는 글을 남겼다. 그는 자신의 집안 그리고 학맥 모두에서 에도의 고증학의 중요한 계보와 맞닿는다고 언급했다. 가문의 측면에서 후지츠카의 5대조 知明이 1800년 사망했을 때 그의 비문을 작성해준 이가 『일존총서』의 편찬자 중 한 명인 하야시 줏사이(林述齋, 1768-1841)이고 줏사이에게 중간에서 비문을 부탁해 준 이가 줏사이의 제자인 마츠자키 고도(松崎謙堂, 1771-1844)였다.4) 마츠자키는 일본에서 가장 먼저 『황청경해』를 주목한 인물이며 줏사이와 마츠자키는 1811년 조선통신사를 맞이하여 이들과 대담을 했다.5) 그리고 학맥의 측면에서 자신의 대학 재학 중 경학을 주로 지도한 인물은 호조 호시노(豊城星野, 1838-1917)이며6) 호시노의 학맥은 시오노야 토인(鹽谷宕陰, 1809-1867)을 거쳐 마츠자키 고도로 거슬러 올라간다고 했다.7) 후지츠카 지카시의 아들 후지츠카 아키나오(藤塚明直, 1912-2006) 역시 위의 학맥·인맥을 전하면서 아버지가 하세노로부터 『황청경해』에 대해 배웠다고 증언했다.8) 이상과 같은 후지츠카와 그 주변 일본인들의 의견을 종합하자면 후지츠카는 청대 고증학과 일본 고학의 전통을 잇는 인물이다. 그렇다면 후지츠카가 김정희를 청대 고증학의 또 다른 계승자로서 주목했을 때 그는 한학자로서 고증학에 대해 무엇이 궁금했으며, 식민지의 前 왕조의 학자인 김정희가 고증

---

4) 藤塚鄰(2017), 139~140면.
5) 정혜린(2019), 150~155면. 참조.
6) 호조는 호시노 히사시(星野恒)의 호.
7) 藤塚鄰(2017), 141면.
8) 藤塚鄰(1993), 「後記」, 565~567면.

학을 전달받았다는 것이 그에게 어떤 의미를 지니는지 질문할 차례이다. 두 질문에 대한 답변은 탐색해 본다.

후지츠카는 김정희에 관한 방대한 실물자료에9) 근거해 김정희에 관한 사실관계를 실증한 대단한 연구성과를 제시했고, 그의 연구물은 연구자들에게 거의 원전에 버금가는 가치를 지닌 것으로 간주된다. 그런데 잊지 말아야 할 점이 있다. 당연히 그의 연구물은 자료를 단지 발견하고 그러모아 놓은 것이 아니라 선별한 것이고, 이 선별된 자료들로부터 어떤 사실은 존재한다고 논증하고 동시에 다른 어떤 사실들은 논의 밖으로 밀어내고서는 그 논증된 사실에만 일정한 의미를 부여한다는 점이다. 요컨대 자료의 선별과 배제, 사실의 확인과 배제, 가치 평가를 수행하는 연구자의 평가 기준이 연구의 단계 단계마다 개입되어 있다. 김정희에 대한 연구도 예외일 수는 없을 것이다. 우선 『추사 김정희 또 다른 얼굴』을10) 읽어본 연구자라면 누구나 의아해 하는 부분이 있다. 왜 후지츠카는 청대 고증학의 조선으로의 이동을 다루면서 정작 그 고증학의 내용에는 별다른 관심을 기울이지 않았는가 하는 점이다. 그는 이동한 자료의 명목 외에 어떤 학문적 내용이

---

9) 『동아일보』, 「冊의周邊 1/古書店今昔」, 1965년 9월 16일 석간 5면, "일제 때 서울에서 가장 책을 많이 소장하고 있던 사람이 城大의 藤塚교수, 그 다음이 崔南善씨였지요. 세 번째가 今西라는 일본인." (이효진(2013), 279면.)

10) 『추사 김정희 또 다른 얼굴』은 후지츠카의 박사학위 작성 시기부터 그 이후 「李朝における淸朝文化の移入と金阮堂」를 거의 원형 그대로 실었고, 그 외 藤塚隣, 「日·朝·淸의 文化交流」, 「朝鮮朝의 學人과 乾隆文化」(『朝鮮支那文化研究』, 1947), 「李美卿 姜豹菴의 進賀」(『書苑』제3권 제5호), 「吳蘭雪과 淸朝文化」(『書苑』제3권 제8호), 「海東金石苑을 중심으로 하는 淸朝文化交流研究(上)」(『東方學報』제10책), 「淸朝 文化交流의 一斷面」(『한학회잡지』제10권 제2호)와 기타 원고를 정리하여 간행한 『淸朝文化東傳の研究 :嘉慶·道光學壇と李朝の金阮堂』(東京:國書刊行會, 昭和50(1975))을 번역한 도서이다. (藤塚隣(1993), 563~564면. 참조.)

오고 갔고, 그 이동의 결과 발생한 새로운 학문적 상황에 대해서는 별다른 관심이 없었던 흔적이 역력하다. 대표적인 두 사례를 들어본다.

먼저 후지츠카가 김정희를 가장 부러워했던 대목을 살펴보자. 김정희는 북경에서 고증학의 대가인 翁方綱(1733-1818)과 阮元(1764-1849)을 직접 만나서 중국의 가장 값진 유물에서부터 최신 고증학 관련 저작까지 눈으로 확인했고 거기에다가 귀국 후에도 서찰을 통해 옹강방으로부터 고증학에 대해 가르침을 받았다. 청의 대학자들과 직접 대면하여 가르침을 받는다는 것은, 후지츠카의 표현에 따르자면 청과 공식적으로 외교를 진행하지 않았던 에도 막부의 학자들에게는 불가능했던 "행운"일 따름이다.11) 후지츠카는 옹방강이라는 당대 최고의 고증학자로부터 김정희가 학문적으로 어떤 칭찬과 애정을 받았는지 옹방강은 "작은 키의 精悍하고 氣魄이 넘치는 청년 阮堂을 보고는 마치 楚亭을 만나는 것과 같은 심경이었을 것이다."처럼12) 본인의 상상력을 동원해 상황을 묘사해 놓았다. 그리고 옹방강이 김정희에게 보낸 서찰 4종을 하나하나 나열했다. 그런데 그 서찰의 내용 중 경학 내용과 관련된 부분, 즉 옹방강이 漢代 경학, 注疏學의 중요성을 김정희에게 일깨워주고 이를 김정희가 어떻게 받아들였는가 하는 부분은 간략한 제목과 원문의 인용, 서너 문장 정도의 내용소개의 형식으로 구성되어 있다. 예컨대 제1봉을 서술한 부분을 정리해 보면, ①봉투의 서명과 작성날짜 고증, 이 서찰이 부분적으로 실린 옹방강의 문집 논문과 글자의 출입 대조 ②10항목으로 서찰 내 경학 관련 내용소개이다. 10개 항목은 모두 후지츠카가 옹방강의 주장을 일본어로 요약한

11) 藤塚鄰(1993), 20면.
12) 藤塚鄰(1993), 103면.

문장으로 이루어져 있고 편지 원문은 중간중간 번역·설명없이 인용
되었다. 후지츠카의 설명은 옹방강이 언급하는 문헌들의 출처와 참고
문헌, 소장처 제시에 한한다. 옹방강의 학문적 주장에 대한 설명은 단
한 번, 제3 항목 '鄭注의 잘못'을 옹방강이 주장한 이유는 "段玉裁가
鄭注에 구애되어 說文을 注하기 때문에 특히 覃溪가 논박을 한 것이
다. 鄭注가 옳지 않다는 것은 그 후 王紹蘭, 王筠, 薛壽 등 諸儒들도 언
급하고 있다."라는 부분에 그친다.[13] 마지막으로 서찰의 내용을 정리
하여 "이상 十個條에 걸쳐 세심한 주의를 주고 있다. 阮堂은 그 당시
한 대의 禮學을 硏鑽하고 있었으므로 특히 그러한 폐단에 빠지지 않
도록 大儒인 鄭玄의 예를 들어 鄭玄이라 할지라도 맹종하기만 할 것
이 아니라는 것을 가르친 것이다."라고[14] 설명하는데, 이 부분이 옹방
강의 경학과 관련해 후지츠카가 부연한 전부이다. 후지츠카의 서술은
연구물에 대한 설명·해석이라기보다는 解題 정도에 그친다는 것을 알
수 있다. 10항목 중에는 옹방강의 漢末折衷論이 있지만(제8항목), 옹
방강이 漢學과 宋學을 어떤 방식으로 절충했고, 옹방강의 義理와 주자
학의 의리가 어떤 관계인지 어떠한 질문도 설명도 없다. 또한 張惠言
(1761~1802)의 학술업적에 대한 비판(제5항목)은 동시대 경학계에서
옹방강의 위치를 제시하는 중요한 단서가 되지만 비판 내용과 학술적
의미 모두 후지츠카의 관심 밖에 있다. 요컨대, 옹방강으로부터 김정
희에게 전달된 학술정보의 내용은 항목별로 정리되었을 뿐 그 내용에
대한 설명은 몇 개의 항목에 해제로 보일 정도로 소략하고 해석·비평
은 거의 찾아볼 수 없다.[15]

---

13) 藤塚鄰(1993), 213~214면.
14) 藤塚鄰(1993), 214면.

두 번째, 후지츠카가 '海外墨緣'이라고 소개했던 자료, 즉 김정희가 권돈인을 대신해 왕희손에게 보낸 서찰에 대해서도 기술 방식은 유사하다. 이 서간문은 김정희가 후지츠카의 표현대로 "건륭·가경년간의 학계를 손에 쥔 것처럼"[16] 청대 고증학에 대한 지식의 방대함과 깊이를 잘 드러내는 중요한 글이다. 그럼에도 이 서찰에 대한 그의 서술은 역시 원문에 대한 번역없는 인용과 해제 정도의 첨언에 그친다. 후지츠카의 서술은 ①권돈인이 왕희손에게 일명 「해외묵연」의 서찰을 전한 시기와 경로, 이 서찰 내용에 흥미를 보이는 왕희손의 학술적 관심 7항목[17] ②왕희손에게서 이 서찰을 소개받은 두 인물 중 劉毓崧 발문(跋)에 대한 번역없는 원문 인용 ③ 두 번째 인물인 李祖望의 敍 전문을 번역 없이 원문 인용으로 나누어 볼 수 있다. 그 중 권돈인의 지식을 칭찬한 부분만 다시 부연하여 "彝齋를 평하기를 지식과 견문은 山井鼎·物觀諸人의 밑에 있지 않다고 칭한 점은 가장 주목할 만한 것이다. 이리하여 그가 던진 하나의 돌은 揚州의 學壇에 크게 파도쳐서 東國의 權彝齋의 명성은 가는 곳마다 시끄럽게 전해지게 되었다. 그리하여 걸출한 海東의 積學의 선비로서 공경의 표적이 되었다."라고 평가.[18] ④ 후지츠카가 이 서찰의 접한 경유와 경외의 소회 표명 ⑤서찰 초본의 발견과 초본 작성자가 권돈인이 아닌 김정희라는 점에 대한

---

15) 藤塚鄰(1993), 제2, 제8장 참조. 그 외에 옹방강이 김정희에게 보낸 두 번째 서찰 내용 중 (가)와 (나)는 옹방강의 한송절충론적 강학론의 핵심에 해당하는데 그는 어떠한 설명도 제시하지 않았다. (藤塚鄰(1993), 216면.)

16) 藤塚鄰(1993), 439면.

17) 藤塚鄰이 열거한 항목 중 (나)~(바), (아), (자) 항목에 해당(藤塚鄰(1993), 434~436면.)

18) 藤塚鄰(1993), 439면.

고증. ⑥이 서찰이 김정희가 청의 명류에게 보냈을 수백 통의 서찰 중 남은 2종 중 하나라는 문헌적 의의 제시. ⑦초본 전문의 번역없는 인용. ⑧초본이 언급하는 학문 분야, 문헌, 청대 학자들의 인명 정리이다. 초본 중 세부적으로 후지츠카가 주목하여 부연설명하는 항목들은 ①옹방강과 완원은 유독 경칭을 사용할 정도로 김정희가 크게 존경한다는 점, ②김정희가 『황청경해』의 옹방강에 대한 태도가 부당함을 지적한 점. ③김정희와 鄧尙璽의 인맥, 김정희가 초본에서 언급한 다른 인물들과의 인맥 ④경학적 측면에서 후지츠카가 유일하게 주목한 김정희의 금문경학에 대한 태도이다. ④에 부언하자면, 김정희가 청대 문헌에서 단 한 군데서 언급된 柳榮宗의 금문설에 관심을 보였고 대표적인 금문 경학자인 魏源이 정현의 학문을 "十四博士의 家法이 鄭學으로 인하여 모두 망한다."라고 비판한데 대해 부당하다는 견해를 밝혔는데, 후지츠카는 김정희의 견해가 "타당한 견해인 것 같다"라는 간략한 평을 남겼다.[19] 후지츠카는 이어서 장제량의 저서명, 관력, 주변인물과 조선학인의 관계를 보완했다. ⑤마지막으로 청대 주자학자들을 김정희가 언급한 것은 왕희손도 한송절충론을 고수하고 김정희도 동일한 입장이기 때문이었을 것이라고 간략히 자신의 추측을 부연했다.[20] 역시 후지츠카는 「해외묵연」 초본에 관해서도 해제 정도로 서술을 그치고 김정희가 언급한 학자들의 학문적 성향, 이들에 대한 김정희의 평가가 의미하는바 청대 학자들의 것과 구분되는 김정희의 학문적 관점을 무관심하게 지나친다.[21]

---

19) 藤塚鄰(1993), 447면.
20) 이상 해외묵연에 대한 내용은 藤塚鄰(1993), 437~448면. 참조.
21) 藤塚鄰(1993), 제2, 제16장.; 정혜린(2019). 51~70면. 참조.

　거론하는 학술 이론의 내용에 대한 서술, 해석, 평가를 최소화하는
연구 방법론은『추사 김정희 또 다른 얼굴』전편에 걸쳐 예외가 없다.
어떤 자료가 청의 누구로부터 누구를 거쳐 조선의 누구에게 도달했는
가 하는 사항만 확인될 뿐, 자료의 학술적 내용, 이동에 따른 의미의
변화, 원저자와 수용자의 학문적 관점의 비교 등은 묻거나 답하지 않
았다. 무엇보다 청의 고증학적 성과들에 대해 김정희는 어떤 태도를
취하고 어떤 학문적 목표를 내걸었을지, 그 성과들이 김정희에게서
어떻게 종합되고 변화되었는가에 대해 후지츠카는 묻지 않았다. 다시
말해 앞서 서론에서 거론한대로 필자의 관심사 ①~④는 후지츠카의
연구 영역이 아니었던 것이다.

　그러나 김정희는 옹방강뿐 아니라 옹방강과 입장이 다른 段玉裁
(1735-1815)·劉台拱(1751-1805) 등의 학술업적을 후배로서 절충한다
고(後輩之折衷) 자신의 학문적 목표를 밝힌 바 있다.[22] 이 대목에 대
해 후지츠카는 김정희가 옹방강의 학문을 무조건 받아들이고 맹종하
지 않는 '至公至平'한 태도를 보인 것으로 칭송했다.[23] 그러나 김정희
가 청대 학계 내 어느 쪽에도 손도 들어주지 않는 공평함 자체를 중
시한 언급도 없을뿐더러, 어느 한쪽에 기울어지지 않은 것과 김정희
가 말하는 절충에는 큰 차이가 있다.

　김정희는 독립적 저술을 거의 남기지 않았지만, 그는 몇 가지 남아

---

22) 金正喜,『阮堂全集』卷5,「與李月汀~璋昱」, "無論如彼如此, 今日急務, 只是存古
　　爲上. 覃翁亦存古之學也, 段劉亦存古之學也. 覃翁存古而不泥於古, 段劉存古而泥
　　於古. 覃翁之不泥於古者, 亦有可議處, 段劉之泥於古者, 亦有可議處, 後輩之折衷,
　　亦在於是, 恐不必衡量之以鐵論. 今如人蔘爲上品, 丹砂爲下品, 恐不必也, 願更裁
　　擇焉."
23) 藤塚鄰(1993), 355면.

있는 논저들에서 자신의 학문적 기준과 지향점을 분명하게 언급했다. 그는 금석학 방면에서는 한국의 금석학을 연구하여 『海東碑考』, 『禮堂金石過眼錄』을 남겼고 음운학에서는 「聲均辨」을, 상서 금고문 논쟁에 관해서는 「尙書今古文辨」과 같은 단편적인 저작을 남겼다. 이들 저작은 김정희가 청대 학자들이 축적한 학문 방법론과 성과를 종합·절충하여 어떤 방식으로 자기화하려 했는지 알려준다. 아래에서 상술하듯이 「상서금고문변」이 기존의 논쟁을 부분적으로 심화한 것이라면, 『해동비고』, 『예당금석과안록』, 「성운변」은 청대 학술 성과를 조선의 학문으로 응용·재생산한 결과물들이다.

2종의 금석학 저술은 널리 알려진 대로 청대까지 축적된 금석학의 방법론을 수용하여 한국의 금석문들을 연구한 대표적인 사례이다.[24] 「성운변」은 김정희가 중국과 한국의 음운학을 총체적으로 살펴 특히 反切法을 논한 저작이다. 글자의 소리를 표현하자면 形聲의 원리에 근거하여 글자의 소리와 글자의 내용(事)을 동시에 담아야 한다. 그러나 반절법에서는 반절의 음가를 표시하는 두 글자가 모두 그 음가가 표시되는 글자의 의미와 형상을 담지 않으며 단지 소리를 고르는 (均字之聲) 법칙인 雙聲과 疊韻의 원리만 적용된다. 요컨대 반절 표기법은 글자를 만드는 원리인 형성의 원리에 위배된다는 것이다. 중국의 반절법을 들여온 조선 역시 동일한 문제를 가지고 있다. 이에 그는 명말의 陳第(1541-1617) 이래 顧炎武(1613-1682), 江永(1681-1762), 戴震(1724-1777), 단옥재 등이 이룬 성운학 업적을 토대로 최근 孔廣森(1751-1786), 莊述祖(1751-1816), 劉逢祿(1776-1829), 미상의 張씨 등

---

24) 박철상(2011).

의 여러 음운학 성과들을 반드시 종합하여 일정한 지침을 마련하고
절충해야 한다는(必有所以定針而折中者) 지침을 제시하는 것으로 맺
는다.25) 그는 단순히 청대 학술계에 대해 균형을 맞추는 것이 아니라
그들과는 다른 독자적인 학문 기준을 수립하고 이를 기준으로 제 입
장 중 어느 쪽에 치우치지 않고(中) 변형을 수반하는(折) 종합을 목
표로 한다는 것을 짐작케 한다.

「상서금고문변」 상·하는 청대까지 축적된 금문상서와 고문상서의
전래과정을 종합·정리하여 자신의 의견을 밝힌 논문이다. 김정희의
이 글은 조선의 상서학에 중요한 의미를 지닌다. 조선에서는 김정희
가 위작이라고 밝힌 蔡沈의 고문상서본인『書集傳』을 저본으로 한
『書集傳大全』을 세종 18년(1436)에 전래된 이래 유일의 주석본으로
사용해왔기 때문이다. 김정희는 채침의 상서본의 진위 문제와 채침본
의 학습 여부를 둘러싸고 제주 유배시절 만난 凝窩 李元祚(1792-
1871)와 두 차례 논변을 벌였다. 이 논쟁은 김정희의 상서학 연구가
단순히 先進 학문의 수용을 위한 것이 아니라 조선 경학의 현실을 반
성하고 조선학계에 새로운 제안을 던졌다는 점을 알려준다.26) 이상의
논의들로부터 김정희의 학술적 목표는 첫째 동북아시아 학술의 원형
이자 학문적 원형이면서 理想인 先秦 경학을 재구성하는 것을 목표로
하여 선진과 가장 근접한 한대 경학에 대해 集古·博古의 자세를 견지
하되 한대 경학을 연구하는 청대 학자들 어느 한 사람에게만 의존하

---

25) 金正喜, 위의 책 地, 「聲均辨」, "自陳顧江戴段王以來, 聲均之學, 漸次發明, 殆無餘
　　 蘊. 又有孔氏莊氏張氏劉氏之書, 同異紛綸, 然各有好處, 皆可以懸之日月, 必有所
　　 以定針而折中者矣."
26) 金萬鎰(2012).

지 않고 이들의 업적을 종합하여 제3의 길을 모색한다는 博綜과 절충
을 지향한다는 점, 둘째 중국 경학의 한국 경학으로의 응용·확장이
었음을 확인할 수 있다.27)

　그러나 후지츠카가 김정희 관련 자료들로부터 확인한 것은 김정희
개인의 학문적 목표와 목표를 실현하려 한 흔적이 아니었다. 후지츠
카의 김정희에 대한 관심을 이해하자면 후지츠카의 조선 경학관을 확
인할 필요가 있다. 그의 조선 경학관은 '조선 후기 경학의 지속적인
쇠퇴'로 요약할 수 있다. 그가 보기에 조선의 학자들은 청대 고증학도
전혀 받아들이지 않고 "단조롭고 평이하며 편협하고 고루함의 폐단"
을 지속했다.28) 朴齊家·洪大容 등과 김정희는 그러한 조선 학계에서
'예외적인' 인물들이다. 특히 1811년 통신사단이 조청 문화교류의 내
용을 일본에 전달하지 않았다는 점은 조선의 오만함에 대한 후지츠카
의 판단을 더욱 공고하게 한 듯하다.29) 반면 김정희는 에도 막부에
들어 일본 문화가 융성하게 성장했다는 것을 "공경하고 사모"하거나
"사모하고 한편으로는 두려워"하는 거의 유일한 학자인만큼 그에 대
한 후지츠카의 존경은 더욱 깊어지는 듯하다.30) 김정희와 조선 학계
의 대비는 『추사 김정희 또 다른 얼굴』에서 여러 번 등장하며31) 후지

---

27) 金正喜, 위의 책 卷5,「與李月汀-璋煜」, "今所云馬鄭. 特擧其大槩也. 若又止此二
　　家而已. 烏在其博綜也. 雖如惠氏之易漢學, 張皐文易虞氏義等書. 不能無一二可議
　　所貴在存古也……唐以前說經之書, 今通行十三經之外, 不能數種. 余蕭客之解鉤沈
　　甚好, 但不能無憾於頗有去取也. 如孔氏所輯皪氏全書, 當爲善本矣."(정혜린(2019),
　　1장 참조.)

28) 藤塚鄰(1993), 22면.

29) 藤塚鄰(1993), 164~165면 등.; 藤塚鄰(2017), 31~33면.

30) 藤塚鄰(1993), 163면, 165면.

31) 藤塚鄰(1993), 41면, 51면, 87면 등.

츠카의 다른 글들에서도 반복되었다. 경성제대를 퇴임하던 해인 1940
년에 쓴 글에서도 그는 김정희 활동 시기에 조선에서는 주자학 이외
의 학문은 인정되지 않는다고 아쉬워했다.[32] 그에게서 김정희는 "조
선 500년 학단에서 뛰어난 존재이니, 조선에 새로운 실사구시의 학문
을 드높여 송명 말류에 빠진 조선 학계의 편협하고 비루한 상황에 포
탄을 던진 것과 같은 혁혁한 국면을 만들어 낸" 인물이다.[33]

　그러면 오만함·비루함과 대조되는 김정희의 우수함은 겸손함과
지성이라고 정리할 수 있을까. 후지츠카는 "慕華心"이라고 말했다. 그
는 박제가에 대해 모화심이 매우 강렬하여 김정희가 "東夷之人"을 자
처하는 것과 서로 통하니, 교만한 종래의 東俗과는 완전히 다르다고
칭송했다.[34] 요컨대 이들이 다른 조선 학자들과 달리 뛰어났던 점은
오랑캐임을 자각하고 강한 모화심을 가지고 있었다는 데 있다. 후지
츠카가 김정희의 청대 고증학에 대한 주체적인 종합의 의도에 주목하
지 않은 이유 중 하나도 당시 청에 대해 조선 문인들이 가져야 할 태
도를 '모화심'이라고 판단한 데 있었을 것이다. 『추사 김정희 또 다른
얼굴』의 문면에 두드러지지는 않지만, 후지츠카가 전제하는 김정희의
학술적 목표, 의도는 모화였다. 후지츠카가 '東傳'·'東漸', '교류'가 아
닌 전달에 집중한 것도 모화주의에 의한 중화사상의 이동이라는 그의
기준이 작동한 것으로 짐작된다. 후지츠카의 김정희에 대한 연구는
요컨대 청과 조선, 중화-이민족 간에 김정희를 매개로 실현된 중화주
의의 전파에 대한 귀납적 논증이었다고 정리해 볼 수 있다.

---

32) 藤塚鄰(1940), 4~7면.:藤塚鄰(1993), 20~23면.
33) 藤塚鄰(1993), 87면.；藤塚鄰(2005), 209면.
34) 藤塚鄰(1993), 51면.:藤塚鄰(2017), 72면.

그리고 후지츠카의 관심사를 다시 한번 더 확증해주는 것은 丁若鏞(1762-1836) 등에 대한 그의 평가이다. 조선 19세기를 연구하는 사람이라면 적어도 1930년대 한국에서 정약용의 전집이 발간되고 연구가 한창 활발하던 때임을 상기하며, 후지츠카가 정약용도 고루한 송명 말류에 빠진 학자로 여겼을까 궁금할 수도 있다. 후지츠카는『추사 김정희 또 다른 얼굴』에서 申綽(1760-1828), 정약용을 언급했다. 다만 후지츠카는 이들이 "舊見을 타파했어도 박학신흥의 기운을 촉진한 大功"은 박제가나 김정희와 같은 入燕 인물들에게 돌려야 한다고 이들을 자신의 연구 영역에서 '배제'했다.[35] 이 대목에서 후지츠카가 조선의 김정희가 의도했던바 청대 고증학의 자기화, 변형을 자신의 연구 영역에서 '배제'하고 오직 고증학을 수용했다는 사실만 자신의 연구 영역으로 '선택'하고 '가치를 부여'했다는 점이 더욱 분명해진다. 후지츠카는 김정희를 비롯한 조선 학자들의 청-에도 간 학술 전달자 역할 규명만을 학문적 목표로 삼았다고 정리해 볼 수 있다.

이제 후지츠카가 왜 김정희가 수용한 청대 고증학의 구체적 내용, 이들에 대한 김정희의 학문적 태도와 목표, 성과에 전혀 주목하지 않았는지 그 이유를 검토해 볼 차례이다. 그의 연구 방법론과 연구 이념을 차례로 살펴본다.

---

35) 藤塚鄰(1993), 63면.

3. 후지츠카의 고증학: 실사구시와 과학성

1) 후지츠카의 실사구시와 고전의 실사구시

후지츠카는 자신의 학문적 방법론에 대해 "과학적"이라는 용어를 자주 사용했다. 그가 청대 고증학에 대한 김정희의 주체적 수용 태도에 무관심하고 고증학 자료의 청에서 조선으로의 이동, 그것도 자료의 명목에만 집중하여 해제 정도로 자신의 서술을 제한한 데는 과학적 방법론이 영향을 끼친 것은 아니었을지 검토해 볼만하다. 그에게서 과학적 연구의 의미를 살펴본다.

과학이라는 단어는 그가 청대 고증학의 정신을 "實事求是"라고 요약하면서 서술할 때 자주 등장한다. 그가 청대 고증학의 계승자를 자처한 만큼 실사구시와 '과학'은 그의 연구 방법론의 주요 특징을 함축하는 개념들이라고 할 수 있다. 그가 말하는 과학과 실사구시는 각각 어떤 의미를 지니는 것일까. 그는 1931년 한 기고문에서 고증학은 "한학이라기보다 실사구시의 학문이며 과학적"이라고 언급한 바 있다.[36] 『추사 김정희의 또다른 얼굴』에서도 후지츠카는 청조 학문을 실사구시의 학문이며 과학적 연구의 정수라고 서술했다.[37] 이후 1947년에 출판한 『日鮮淸の文化交流』 서문에서 보다 상세하게 청대 학문연구 방법은 실사구시로서 "종래의 주관적이고 독단적인 空疏한 방법론을 배척하고 사실에 입각하여 증거를 파악하는 객관적인 과학적 연구방법론"이라고 서술하였다.[38] 1949년에 출판한 『論語總說』에서도 "청대

---

36) 藤塚鄰(1931), 2면.
37) 藤塚鄰(1993), 22면.

학술의 큰 특징을 포괄하기에는 考據는 부족한 듯하고 실사구시가 더 적합하다."라고 실사구시를 힘을 주어 언급한다. 그리고 실사구시는 "송명 유학의 주관성과 사변성을 제거하고 완전히 객관적이고 과학적인 연구를 진행하여 이전의 학술과 다른 측면"이라고 부연했다.[39] 후지츠카에 의하면 고증학은 한 대 훈고학, 명청대 성리학과는 다른 학문적인 특징, 사실에 근거해 논증하는 객관적인 과학으로서의 실사구시라는 성격을 지닌다.

그렇다면 후지츠카가 말하는 '과학'과 '실사구시'로서의 청대 고증학의 정체는 그가 연구한 청대 고증학자나 김정희가 말하는 실사구시, 고증학의 개념과 일치할까. 일치하지 않는다면 어떤 관계에 있는 것일까. 이하에서는 그의 실사구시 개념을 김정희, 그리고 그가 주목했던 청대 고증학자, 옹방강, 이장욱, 완원의 것과 비교해 본다. 애초 '실사구시'는 한 대에 등장했다고 알려져 있다. '실사구시'는『漢書』,「河間獻王傳」중 "修學好古, 實事求是"라는 구절에 등장한 이래 경학자들이 사용한 관용어이다. 하간헌왕 劉德(?-b.c.130)은 진나라의 분서갱유 이후 사라진 유학 경전들을 수집하는 데 힘썼으며 당시 도교의 팽창에 맞서 유학을 진흥시키고자 노력했다. 후지츠카도 주목한 김정희의「실사구시설」을 살펴보자. 김정희는「실사구시설」에서 실사구시를 유가 일반에서 통용되는 聖學의 성격으로 언급했다. "성현의 도는 몸소 실천하고 공소한 논의를 하지 않고 실제적인 것을 구하는데 있다."(夫聖賢之道, 在于躬行, 不尚空論, 實者當求.) 이들의 학문은 "일삼는 바가 실제에 근거하지 않고 단지 공허하고 소략한 방법을 편

---

38) 후지츠카 치카시(2017), 14면. (원저는 藤塚鄰(1947).)

39) 藤塚鄰(2005)(원저는 藤塚鄰 著,『論語總說』, 東京:弘文堂, 1949.)

의적으로 일삼거나, 옳음을 구하지 않고 기성 관념을 주장"(不實以事
而但以空疎之術爲便, 不求其是而但以先入之言爲主)하는 입장과 대비된
다. 실과 시는 각각 현실에 대해 허술하고 공허함, 올바름에 대한 확
인을 거치지 않은 기성 관념과 대비된다. 요컨대 김정희가 말하는 실
사구시는 현실에 부합하는 옳음이라고 정리할 수 있다. 이 기준에서
한대 훈고학은 전통에 정밀하고 실제에 준거를 두는데 극진했고 주석
을 작성할 때도 역시 사실에 근거하여 옳음을 구했다.[40] 실사구시의
기강이 무너진 것은 도가의 허와 무를 추구하는 학술(虛無之學)이 등
장하면서부터이며, 불교가 흥성하면서 더욱 극심해졌다.[41] 요컨대 도
가와 불교의 학설은 실사구시에 상반되는 대표적 사례이다. 김정희에
의하면 양명학은 이러한 공과 무를 추구하는 기풍을 계승했지만 송대
성리학은 실사구시의 정신을 벗어나지 않았다.[42] 그가 말하는 실사구
시는『한서』내 실사구시의 함의를 계승하여 한학과 송학을 포함해
현실에 근거해 옳음을 구하는 유가의 학문적 태도를 지칭하며, 후지
츠카가 언급한 바 한학·성리학과 다른 고증학의 특징과는 그 의미가
전혀 다르다.

　김정희의 실사구시설은 민노행이 지은 後紋가 병자년 즉, 1816년에
작성된 것으로 보아 적어도 김정희 30세 이전에 작성된 것으로 보이

---

40) 金正喜, 위의 책 권1,「實事求是說」, "漢儒于經傳訓詁, 皆有師承, 備極精實. 至于
　　性道仁義等事, 因爾時人人皆知, 無庸深論, 故不多加推明. 然偶有注釋, 未嘗不實
　　事求是也."
41) 金正喜, 위의 글, "自晉人講老莊虛無之學, 便于惰學空疎之人, 而學術一變. 至佛道
　　大行而禪機所悟, 至流于支離, 不可究詰之境, 而學術又一變. 此無他, 與實事求是
　　一語, 盡相反而已."
42) 金正喜, 위의 글, "兩宋儒者闡明道學, 于性理等事, 精而言之, 實發古人所未發. 惟
　　陸王等派, 又蹈空虛, 引儒入釋, 更甚于引釋入儒矣."

는데, 그즈음 옹방강이 사망(1818) 이전에 김정희에 준 것으로 보이는
〈실사구시잠〉 편액도 비슷한 취지에서 실사구시를 풀이하고 있다.
"과거를 상고하여 현재를 증명하는 것은, 산처럼 높고 바다처럼 깊다.
사실을 규명하는 것은 책에 있고 이치를 탐구하는 것은 마음에 달렸
다. 근원이 하나임을 의심하지 말아야 중요한 나루를 찾을 수 있다.
만권의 책을 관통하는 것은 오직 이 가르침일 뿐이다.43)" 옹방강의
편액은 '실사구시' 大字와 이 구절을 풀이하는 작은 글씨의 箴으로 구
성되어 있다. 잠의 문장을 풀이하자면, 문헌으로부터 사실을 규명하
는 한학, 마음의 이치를 탐구하는 송학의 차이점에 집착하지 말고 이
둘이 공통으로 추구하는 근원을 토대로 현실에서 옳음을 구하고 마음
과 관련된 이치를 탐구하는 것, 이것이 실사구시이다. 김정희의 「실사
구시설」은 옹방강의 〈실사구시〉 현판을 풀이한 듯 근본 취지가 일치
한다.

　옹방강 외에 후지츠카가 『추사 김정희 또 다른 얼굴』에서 주목한
청대 학자들, 이장욱과 완원의 실사구시에 대한 견해를 살펴본다. 김
정희의 「실사구시설」이 작성된 지 대략 10년 후인 1826년에 이장욱은
김정희의 아우 김명희에게 서찰을 보냈다. 그는 "더욱 실사구시의 학
문을 하시고 禪悅의 학문에 공허하게 뛰어들지 마십시오. 훈고와 의
리는 절대로 두 길이 아닙니다."라고 하였다.44) 이 문장에서 실사구시
는 선불교의 비현실적인 학문과 대비되는 실제에 천착하여 진리를 구

---

43) 옹방강이 쓴 '실사구시' 현판(국립고궁박물관 소장). "攷古證今, 山海崇深, 蒐實
　　在書, 窮理在心, 一源勿貳, 要津可尋, 貫徹萬卷, 只此規箴. 實事求是箴."
44) 藤塚鄰(1993), 345면, "尤望爲實事求是之學, 勿爲蹈虚禪悅之學, 訓詁義理, 斷無兩
　　岐之道……道光三年歲在癸未阮元識"

하는 학문을 지시하며 한 대 경학의 훈고학적 전통뿐 아니라 송대 의
리학도 배제하지 않는다. 그의 실사구시설은 옹방강, 김정희가 유가
외의 사상에 대해 배타적 정체성을 드러내면서 한학과 고증학의 구분
은 크게 염두에 두지 않는 입장과 일치한다.

한편 완원의 경우, 자신의 문집인『연경실집』, 「自序」에서 "나의 경
설은 옛 가르침을 미루어 밝히며 일삼을 때는 사실에 근거를 두고 올
바름을 구할 뿐이지 감히 異論을 세우려는 것이 아니다"라고 하여 실
사구시가 자신의 경학의 요지임을 밝히기도 했다.45) 그러나 그는 다
른 글에서는 '실사구시'라는 용어에 만족하지 못하는 듯한 태도를 보
이기도 했다. 완원은『황청경해』찬문을 작성하면서『황청경해』의 편
찬 이념을 '平實精詳'이라고 명시했다.46) 완원은 이 찬문에서 1828년
학해당에서『황청경해』의 판각이 완성되었고 夏修恕가 서문을 작성
했으며 마지막 구절에 자신이 '益見平實精詳'이라는 구절을 더해 완성
했다는 것을 밝혔다. 그리고 완원이 밝힌 바 '實事求是'라는 어구에
'平實精詳'을 굳이 덧붙인 이유는 다음과 같다. 평실정상은 경해의 요
체(經解之要), 즉『황청경해』를 편집한 학술 이념이자 방법론이다.
'平'이란 高遠하지 않게 현실에 대해 묻고 사유하며 '實'은 공허하지
않게 옛것을 탐구하여 올바름을 구하는 것이며, 명료함을 통해 정교
(精)를 구하고 박학을 통해 상세함(詳)을 추구하니, 평실정상은 곧 학

---

45) 阮元,『揅經室集』,「自序」, "余之說經, 推明古訓, 實事求是而已, 非敢立異也."
46) 후지츠카는 이 찬문 합벽이 왕희손으로부터 권돈인을 거쳐 김정희에게 전해졌
   을 것으로 추정했다. 후지츠카는 찬문을 표구한 채로 소장했고 지금은 과천문
   화원에 수장되어 있다. 이로 보아 후지츠카가 찬문을 보았던 것은 분명해 보인
   다. 그리고 이 찬문은『완당선생전집』권8, 「잡지」에 초록되어 있다. (정혜린
   (2019), 81~83면 참조.)

문 방법론의 기본적인 지표라는 것이다. 완원은 실사구시라는 용어가 처음 출현한 이후 1800여 년이 지난 시대의 학문적 이념과 방법을 명료하게 드러내기는 힘들다고 보았던 것 같다. 그는 아마도 청대 고증학이 한 대 출현한 실사구시의 학문을 보완하여 더 정교하고 상세하게 연구한다는 점을 강조하기 위해 '평실정상'을 造語했다고 짐작된다. 평실정상은 실제(實)와 참됨(是)의 추구라는 고학의 연구 이념과 함께 현실적이고(平·實) 정교하고(精) 상세함(詳)을 갖춘다는 연구 방법론을 강조한 것이다.[47]

후지츠카는 『皇清經解』를 동경제대 시절부터 연구했고 『황청경해』를 일찍이 소장했다.[48] 아마도 그는 『황청경해』 편찬의 총책임자인 완원이 『황청경해』의 편찬 정신을 실사구시에서 '平實精詳'으로 수정했다는 점도 알고 있었을 것이다. 얼핏 보기에 평실정상은 후지츠카가 말하는 과학에 근접해 보이지만, 그는 보편적으로 사용되는 실사구시라는 관용구를 사용하고 완원이 청대 고증학 특유의 정밀한 연구 방법론으로 내세운 평실정상 대신 '과학'이라는 용어를 덧붙여 고증학의 우수성을 더욱 부각시키고자 했다고 짐작된다. 평실정상과 과학의 차이는 후지츠카와 완원의 차이를 가리킬 것이다. 요컨대 후지츠카의 실사구시는 김정희·옹방강과 달리 한 대 훈고학과 송대 의리학을 배제하며 동시에 완원이 가리키는 '평실정상'과는 다른 고증학의 또 다른 측면을 가리킨다는 것을 확인할 수 있다. 19세기 학자들과 그

---

47) 정혜린(2019), 82~85면.
48) 후지츠카는 1920년경 일본 나고야 本鄉 琳琅閣이라는 서점에서 조선에서 온 『皇清經解』를 구입했으며 이 책을 김정희 소장본으로 추정했다.(藤塚鄰(1940), 4~7면)

의 실사구시에 대한 이해의 차이에서 관건은 '과학'이라고 추정할 수 있다. 이제 후지츠카가 말하는 "과학적" 방법론을 살펴볼 차례이다. 그런데 아쉽게도 후지츠카는 자신의 과학적 방법론을 본격적으로 설명한 적이 없으므로, 그의 주변, 20세기 전반 일본 지나학계가 제시하는 과학성을 통해 그 의미를 짐작해보기도 한다. 이하에서 후지츠카가 공부했던 동경제국대학 지나학 연구자들 사이에서 유통된 과학의 의미를 살펴본다.

2) 20세기 초 일본 지나학계의 고증학과 과학

후지츠카는 1906년 동경제국대학에 입학하여 지나철학을 전공했다. 당시 동경제국대학은 1904년에 문과대학 학과규정을 개정하여 漢學科를 지나철학, 지나역사, 지나문학 세 분야로 나누었다. 동경제대 지나학은 청대 고증학과 관련이 깊다. 중국철학과의 시게노 야스쓰구(重野安繹, 1827-1910)·시마다 코손(島田重禮, 1838-1898)·하야시 다이스케(林泰輔, 1854-1922)·호시노 히사시(星野恒, 1839-1917)는 모두 청대 고증학을 연구했다.[49] 시마다 코손은 일본 경학연구에 청조 고증학을 본격적으로 도입한 최초의 인물로서[50] 동경제대 창설이래 교수 중에서 유일하게 고증학을 계승한 한학자였고, 후술할 핫토리 우노키치는 시마다로부터 교감학·고증학의 실증적 학풍을 계승했다. 하야시는 시마다 코손으로부터 영향을 받았다고 알려져 있다. 하야시는 조선사 연구로부터 시작하여 중국 고대사, 특히 금석학, 문자학에 업

---

49) 이효진(2013), 279면.
50) 水野博太(2015), 56면.

적을 남겼고, 호시노는 2절에서 간략히 서술했듯이 후지츠카에게 청
대 고증학을 지도하면서 『황청경해』를 연구하도록 이끈 인물이다. 이
들은 한 발 더 나아가 서양 학문의 수용에 사명감을 가지고 청대 고
증학풍에 서양의 실증주의 학풍을 결합시켰다. 연구들에 따르면 일본
근대사학은 서구의 실증주의와 긴밀한 관계에 있고 역사의 과학성 여
부 문제는 흔히 말하는 실증사학의 핵심 주장이다. 일본 근대사학은
실증주의를 통해 '과학성'을 내세운 것이다.[51]

　　그리고 과학적 실증적 고증학의 기본 방향을 제시한 인물은 위의
명단 중 맨 먼저 언급된 시게노 야스쓰구이다. 시게노는 일찍부터 '西
洋史類'를 '修史의 참고'로 받아들이고, 헝가리 출신 역사학자 저피(G.G.
Zerffi)에게 부탁하여 유럽의 역사편찬을 소개하는 *THE SCIENCE OF
HISTORY*를 저술케 했다.[52] 이 저서를 살펴보면, 저피는 프롤로그에
서 역사를 과학적으로 다루는 법(scientific treatment)을 소개하려는 목
적으로 저술하게 되었다고 밝혔다. 그는 1장에서 과학적 연구의 의미
를 설명하는데, 과학적이라는 것은 사실(facts) 간의 연결성을 발견하
는 방법을 말하며, 이 방법론은 응용 혹은 기술 과학에서 인과관계를
추적하는 것과 같다고 했다. 그리고 그 연결성의 발견은 법칙(laws)의
발견을 말한다.[53] 그는 자연(기술) 과학과 인문학으로서의 역사학을
구별하지만, 인과관계로 설명되는 사실 간의 관계, '법칙'을 발견한다
는 점에서 두 과학은 서로 다르지 않다고 했다. 그는 인문학의 과학적

---

51) 심희찬(2022).
52) 重野安繹(1938) 3면. (심희찬(2022), 419면 참조.)
53) G.G. Zerffi(1879).; https://onlinebooks.library.upenn.edu/webbin/book/lookupid?key=ha
　　009565336

연구가 자연과학과 동일한 의미에서 객관성을 확보한다고 확신했
다.54) 그리고 시게노는 저피의 과학적 역사학 담론에 고증학을 접목
하여 고증학과 서양 실증주의의 관계를 새롭게 수립했다. 그는 다양
한 것들을 조합해 증거를 분석하는 고증학의 방법론은 서양학의 귀납
과 동일하며, 이 방법론은 세상의 모든 학문의 공통된 연구 방법론이
어야 한다고 주장했다.55) 나아가 그는 청대 고증학이 일본에 '고학'으
로 전해졌다는 '계보'를 설정하고, 이 계보를 통해 확립된 과학=귀납
=고증의 연구 방법론을 자신이 계승하고 있음을 확신했다. 시게노는
훗날 이 계보를 더욱 확장하여 '유교=考據學=실학=자연과학주의적
과학'이라는 도식을 작성했다. 그의 연구 방법론과 이념은 후지츠카
에게 고증학을 가르쳐 준 호시노와도 공유되었다.56) 이후 동경제대
지나학의 과학적 역사학의 기풍은 동경제대 사학과를 창설한 이듬해
(1888)에 랑케(Leopold von Ranke, 1795-1886)의 제자인 루드비히 리스
(Ludwig Riess, 1861-1928)를 초청하면서 강화되었다. 랑케는 과학적 역
사학 방법론, 즉 실증적 사료 비판을 역사학의 기본으로 확립하여 근
대역사학의 아버지로 꼽히며, 그의 학문적 기풍을 계승한 리스는 하
야시 다이스케를 비롯한 동경제대 역사학, 지나학 연구자들에게 과학
적 연구를 통해 역사를 파악할 수 있다는 믿음을 제공했다. 이상 20세
기 초 동경제대 지나학계의 상황으로부터 후지츠카가 말하는 과학은
동경대 지나학계가 형성한 서구실증주의의 과학성에 기반해 자료들
로부터 사실의 인과관계를 귀납하는 방법론과 밀접한 관련이 있다고

---

54) G.G. Zerffi(1879), 1장, 2~3면.
55) 重野安繹(1938), 39면. (심희찬(2022), 419면. 참조.)
56) 桂島宣弘(1999), 273~285면. (심희찬(2022), 418~419면. 참조.)

짐작해 볼 만하다.

그런데 과학적 연구가 표방하는 증거의 '수집', '귀납'이 과연 연구자의 가치, 원칙이 개입하지 않은 객관성을 확보할 수 있을까, 후지츠카는 그러한 객관성을 확보했을까. 앞서 살펴본 대로 후지츠카는 김정희의 학술 행적을 청대 학술의 이동에 한정해서 자료를 선집하고 평가했다. 그가 과학을 조선인이 최고의 문명인 중화의 학술과 문화를 얼마나 성실하게 수용했는가라는 질문에만 적용하고 과학이 조명하는 길 바깥의 것들을 역사로부터 지웠을 때, 김정희의 학문 세계 전체는 왜곡되고 바뀌어졌다. 김정희 등의 가치관과 의도가 20세기 연구자의 것으로 대체된 것이다. 그의 이른바 과학적 연구를 이끈 판단의 기준, 학문적 이념은 무엇이었을까. 그는 그 이념의 실현에 도움을 주는 범위 내에서 혹은 그 이념을 위반하지 않는 한에서 과학적 연구를 진행한 것은 아닐까. 그는 『추사 김정희 또 다른 얼굴』에서 중국의 변방으로서의 조선과 그 지식인에 대한 자신의 관점, 과학적 방법론을 인도한 이념을 언급하지 않았다. 이하에서 그 언급되지 않은 이념과 과학의 관계를 탐색해 본다.

4. 후지츠카 지카시가 언급하지 않은 연구 관점
: 제국주의

후지츠카에서 과학성과 이념의 관계와 관련해 우선적으로 주목할 만한 인물은 핫토리 우노키치(服部宇之吉, 1867–1939)이다. 핫토리와 후지츠카는 후지츠카의 대학원 시절부터 시작해 경성제대 퇴임 이후까지 오랜 기간 학문적으로 긴밀한 관계를 유지했고 이들의 긴밀함은 선행연구에서 밝혀진 것[57] 이상이라고 판단된다. 핫토리는 1902년에 동경제대의 교수로 부임하였지만 1909년까지 북경에서 유학했고, 후지츠카를 만난 것은 1909년 가을 후지츠카가 동경제대 대학원생이던 시절로 추정된다. 이후 핫토리는 후지츠카가 1921년부터 북경에서 경학을 공부할 수 있도록 배려했고, 경성제대 총장에 취임할 때는 후지츠카에게 경성제대 교수직을 권유했다.[58] 핫토리는 경성제대 총장이기에 앞서 대학출신자로서는 처음으로 동경제국대학 문과대학에서 한학·지나철학 분야의 교수를 역임하는 등 메이지 말기부터 쇼와 초기까지 일본 한학, 지나 철학계의 중추적인 인물이자 일본 근대 한학의 경성제대 이식과 관련해 핵심적인 인물로 주목된다.

　미즈노 히로타(水野博太)의 연구들로부터 후지츠카와 관련해 주목해 볼 만한 핫토리의 네 가지 면모를 찾아볼 수 있다. 우선 핫토리는 '공자교'론을 제시하여 당시 일본에서 공권력이 국가의 주체로 강화되는데 적극 협조했다.[59] 그는 1912년 동경제국대학 산상회관에서 공자탄신회를 열고 공자교론을 강연했다. 여기서 두 가지 사항이 눈길을 끈다. 그는 君臣 관계가 周나라 古禮 및 공자에게서도 나타나는 유교의 본지로서, 인륜의 근본인 父子의 관계와 마찬가지로 천륜이라고 주장했다.[60] 그리고 그는 공자의 가르침 중 孝와 忠을 유교의 2대 덕목으로 부각시키고 나아가 그 부흥을 통해 일본의 풍속을 善美하게

---

57) 이효진(2013).: 이효진(2014).: 水野博太(2015).:水野博太(2017).: 정준영(2019).
58) 이효진(2013), 280면.; 坂本太郞 외(1985), 175~180면.
59) 水野博太(2013).
60) 服部宇之吉(1912a), 10면, (水野博太(2017), 44~45면. 재인용.)

하고 이에 일본제국이 부강할 수 있는 기초를 세울 것을 주장했다.[61] 그런데 핫토리의 충효론은 그의 개인적 학문관으로만 해석하기는 어려워 보인다. 일본 문부성이 메이지 12년(1879)에 교육정책을 개화주의에서 유교주의로 전환했고 13년 충효를 중심으로 한 '敎育勅語'를 반포했다. 교육칙어가 일본 국민교육의 주요 이념으로 떠오른 이래 핫토리의 강연과 같은 해 이노우에 데츠지로(井上哲次郞)의 『国民道德槪論』(1912)에서도 충·효는 국체의 본의로 등장한다. 이러한 상황에 근거해 충·효는 근대일본의 특징적인 유교해석론이라고 불리기도 한다.[62] 핫토리는 일본의 주요 한학자로서 유가를 이용해 국가 공권력에 절대적 권한을 부여하는 역할을 충실히 수행했다고 할 만하다. 그리고 공자의 사상에서 군신 관계, 즉 忠을 그 핵심으로 간주하는 태도는 이하에서 보듯이 후지츠카에서도 동일하게 나타난다.

둘째 핫토리는 일본이 한·중·일 중에서 유일하게 유학을 지도해 나갈 자격이 있다고 판단했다. 중국은 辛亥革命 이후 '新思想'이 확대되면서 공자의 가르침을 좌시하고 황제의 국가에서 공화주의 정부로 나아가는 등 윤리적으로 타락하여 위기를 맞이하였다는 것이다. 중화민국 초대 교육총장이었던 蔡元培(1868-1940)는 忠君과 尊孔으로부터 일탈한 신교육이념을 제시했고,[63] 핫토리는 채원배에서 보이는 탈유교적인 움직임을 도덕의 위기라고 규정하고 나아가 이러한 중국의 도덕적 타락이 일본에 미칠 영향력에 대해서도 경고했다.[64] 핫토리는

61) 服部宇之吉(1910), 20쪽, (水野博太(2017), 35~36면. 재인용.)
62) 陳瑋芬(2019), 101; 水野博太(2019), 55면.
63) 蔡元培(1995), 84~85면.
64) 服部宇之吉(1914), 9면. :服部宇之吉(1912b), 16면. (水野博太(2017) 40~45면. 참조.)

사망 직전 1939년 『사문』에 기고한 글에서도 3차 '近衛声明'에[65] 근거해 일본에게 영토나 경제적 야심이 없음을 호소하면서 중국 국민들에게 지나 국민정신인 右文主義를 회복하여 동아 신질서의 수립에 협력할 것을 호소했다.[66]

셋째, 핫토리의 한국 경학에 대한 관점이다. 그는 경성제대 총장 취임 후 첫 개학식에서 경성제대의 신설 목적과 관련해 조선의 문화는 일본을 연구하는데 도움을 주는 바가 크고 또한 중국 연구에 의해 정체성이 분명해진다는 점을 제시했다. 그는 이에 "지나와의 관계, 또 한편으로는 내지와의 관계에 의거해서 넓게 여러 방면에 걸쳐서 조선에 대한 연구를 행하여 동양문화연구의 권위가 되는 것이 본교의 사명이라고 믿는다."[67]고 포부를 밝혔다. 조선이 중국 그리고 일본과 역사적으로 문화적 관계가 긴밀하므로, 조선 연구가 중국과 일본의 연구에 도움을 주는 중요한 역할을 하기를 기대한다는 것이다. 그가 한·중·일 동양 문화연구에 관해 경성제대에 부여한 역할은 이하에서 제시하듯이 후지츠카의 논저에서 그대로 재현된다.

한·중 유학 현황에 대한 핫토리의 비판은 일본만이 한·중·일 유학을 구원할 주체라는 결말에 이른다. 그는 중국에서 유학은 국가적 혼란을 계기로 극심하게 타락했고, 결국 유교를 구원할 주체는 일본뿐이라고 명시했다. 핫토리는 1939년에 『孔子教大義』를 출판하는데, 여기서 공자의 가르침의 보편성을 강조하면서 결국 군신의 대의는 중국

---

65) 중일전쟁 초기에 일본이 중국과의 외교전략을 수정하여 중국과 화평을 추구하겠다는 국교(國交) 조정(調整) 방침을 발표한 성명.
66) 水野博太(2019), 53~54면. 참조.
67) 服部宇之吉(1926), 4~5면. (정준영(2019), 291면.)

이 아니라 일본에 의해 올바로 계승되고 있다고 밝혔다. 그는 "유교의 진수는 공자의 가르침에 있다. 그런데 지나에서 이 진실한 정신은 오래전에 사라졌고 현대에 이르러 혹 삼민주의에서 잘못 발양되었다. (…)이에 (나는) 東西의 구안을 지닌 인사로서 공자의 가르침이 오히려 우리나라에 보존·보급되었음을 보면서, 우리나라 국민의 탁월한 문화적 건설력에 감탄하는 상황에 이르렀다."라고 일본 유학을 한·중·일 유학의 선도자로 치켜세웠다.[68] 핫토리가 의도하는 한학 연구의 현실적 실효성을 뚜렷하게 드러내는 대목이다. 핫토리의 주장들을 염두에 두면서 후지츠카가 공자의 사상과 한·중·일의 유학의 현황을 어떻게 판단하는지 눈여겨 볼 필요가 있다.

후지츠카는 공자학의 대가로 알려져 있는데, 그의 공자에 대한 이해는 김정희의 학문에 대한 그의 관점을 이해하도록 돕는다. 후지츠카에 의하면 유가를 창시한 공자에게 가장 중요한 부분은 君臣의 道義이다.[69] 후지츠카는 군신의 도의가 맹자에게서도 역시 가장 중요한 가치였으며 이후 주희에게서도 동일하게 중시되었다고 확신했다.[70] 그의 공자에 대한 관점은 앞서 살펴보았던 대로 핫토리의 '공자교' 논의와 일맥상통한다. 핫토리는 공권력을 유가의 핵심으로 설정하여 효와 충을 유가의 2대 항목으로 선정하고 양자를 일치시킴으로써 충 역시 인륜의 근본이라고 강조했다.

나아가 후지츠카가 당시 한·중·일 유가의 실재를 평가한 내용 역시 핫토리의 것과 큰 문맥에서 거의 동일하다. 후지츠카는 유가의 역

---

68) 水野博太(2015), 64면.
69) 藤塚鄰(1933), 3면.
70) 藤塚鄰(1931), 18면.

사에서 오륜 중 가장 높은 지위를 점했던 군신의 도의를 현재 중국인
들이 타락시켰다고 비판했다.[71] 그가 보기에 당시 중국에서는 신해혁
명 이후 五倫 중에서 가장 중요한 君臣의 道義가 붕괴되고 자유연애
를 부르짖는 등 도덕적 타락이 만연하니, 공맹의 가르침은 모두 바닥
에 떨어졌다.[72] 그리고 조선은 교만하고 우원한 자세로 주자학만 신
봉했고 당시의 암울한 상황을 타개하려던 김정희를 연구하지 않는 상
황에 이르렀다.[73] 후지츠카에게 유가의 올바른 계승자는 핫토리의 경
우와 마찬가지로 일본밖에 남지 않는다. 그의 일본 유학 선양은 이하
학술교류의 중요성과 경성제대의 동양학에서의 위상에 대한 발언에
서 더욱 분명해진다.

　김정희를 평가할 때는 작동하지 않았지만 외래 사상을 수용하고
자기화하는 것은 후지츠카에게 중요한 학문적 가치였다. 후지츠카는
자신이 가장 존경하는 학자로 야마자키 안사이(山崎闇齋, 1619-1682)
를 꼽으면서, 그 이유로 '포용을 통한 학문의 자기화'를 실천했기 때
문이라고 밝혔다.[74] 야마자키는 협소한 일본주의가 아니라 타자를 포
용하는 일본주의를 실천했으니 진정한 일본정신, 유가의 일본화를 이
룬 인물이라고 했다. 그리고 후지츠카는 야마자키가 다른 나라를 추
숭하지 않고 "四海兄弟"의 정신을 실현했다는 점도 명시했다. 사해형
제의 정신이란 뒤에서 다시 언급하겠지만 이 글을 쓴 해에 해 日皇이
제시한 일본의 국제관계론의 핵심이다. 후지츠카는 당시 일본의 통

---

71)　藤塚鄰(1931), 18면.
72)　藤塚鄰(1933), 1~11면.
73)　藤塚鄰 (1938b), 80면.
74)　藤塚鄰(1938a), 21면.

치, 국제 이념에 입각해 일본의 위인, 야마자키 안사이를 소환했고 또 고전 속 주변 국가의 학자들을 평가했다. 야마자키에 비하자면 아마도 북학사대가와 김정희를 지칭하는 것으로 짐작되는 '조선의 천재들'과 그 주변인들이 일본에 대한 오만한 태도를 가지고 청으로부터 전달받은 학술을 일본에 전하지 않은 것은 매우 아쉬운 일이라고 평가했다.[75]

후지츠카는 이제 19세기 조선의 문인들이 방기했지만 야마자키는 실천했던 바 교류를 통한 확대·성장의 이념을 자신이 경성제대에서 실현하고자 했다. 그는 경성제대 부임 직후 「四庫全書編纂と其の環境」에서 자신이 경성제국대학으로 하여금 동양문화연구의 중심으로서 권위를 갖게 하는 '新使命'을 가지고 있다고 포부를 밝혔다.[76] 그의 포부는 핫토리가 경성제대 총장에 임명된 직후 발표했던 연설문과 그 내용이 일맥상통한다. 후지츠카의 이 논문과 핫토리의 연설문은 모두 1926년 6월에 발간된 『文敎の朝鮮』 10호에 함께 실렸다. 앞서 살펴본 것처럼 핫토리는 조선이 청과 에도막부 사이에서 수행하지 못했던 바 양국 문화를 소통시키는 역할, 그리고 중국과 일본의 문화연구에 도움이 될 거점으로서의 역할을 경성제대에 기대했다. 그는 동양문화연구의 권위 있는 중심지로 부상하는 것이 바로 경성제대의 사명이라고 보았다. 핫토리와 후지츠카는 경성제대의 개교에 즈음해 동일한 건학의 이념을 나누고 협력의 의지를 다진 것이다. 그리고 그 협력의 최종 목표는 아래에서 언급하는 대로 일황의 성지를 받드는 것을 포함한다.

후지츠카는 이후 교육칙어의 실현을 위한 한학자, 유학자로서의

---

75) 藤塚鄰(1938a), 18면.
76) 藤塚鄰(1926), 44면.

소명을 밝혀나갔다. 그의 유학관을 가장 명쾌하게 보여주는 저술이
조선총독부 學務局 社會敎育課에서 1938년에 출판한 『敬義の道念』이
다.[77] 이 저술은 조선인들에게 '덕성도야'를 촉구하는 22면의 짧은 책
자로서, 이미 출판기관명에서부터 드러나지만 총독부의 조선인 교육
이념을 드러낸다. 그 내용을 요약하면 다음과 같다. 덕성도야란 자기
반성을 통해 악을 제거하고 善으로 나아가는 수양, 인격완성의 길이
자 군자의 길이다. 후지츠카는 그 올바른 길로 고전 속 '敬義'라는 개
념을 주목했다. 『周易』, 「文言傳」에서 "군자는 敬을 가지고 마음을 곧
게 하고 義를 통해 밖을 반듯하게 한다."(君子敬以直內 義以方外)는
구절에 근거해 경과 의의 일체를 주장했다.[78] 그의 해석에 의하면 敬
이란 나 자신, 타인, 나의 해야 할 일(事), 神明, 네 가지에 대한 경을
말한다. 즉 경은 나 개인의 도덕적 경건뿐 아니라 이로부터 확장하여
주변-사회와의 협동심을 의미하기도 하니 공자가 말한 바 德은 외롭
지 않다(德不孤, 必有隣)는[79] 구절과 상통한다. 그리고 의는 공자가
말한 대로 천지간에 피할 수 없는 것이며, 의의 특수한 좁은 의미가
군신 간의 의라고 규정한다.

후지츠카는 맹자가 仁과 義를 결합하여 사회국가를 유기체로 인식
하고 공동체 공존공영의 필요성을 설파했던 것처럼, 현재에도 경과
의를 결합하여 개인과 개인, 개인과 국가 간에 작동케 하고 나아가 국
가 간에도 작동케 하여 사해의 모든 사람이 형제가 되는 평화의 기틀
을 이루기를 염원한다. 그는 글을 마치면서 경의에 대한 자신의 글이

---

77) 藤塚鄰(1938a).
78) 藤塚鄰(1938a), 20면.
79) 『論語』, 「里仁」.

"사해가 형제라고 생각한다면 어떤 풍파에도 당황하지 않을 것"이라는 명치 황제의 마음(大御心)-聖旨를 받드는 것임을 분명히 했다. 그리고 후지츠카가 교육칙어를 유가를 통해 정당화하고 동시에 교육칙어의 실천이 유교의 현실화라는 의의를 부여하는 상황은 글의 몇 군데에서 뚜렷이 드러난다. 예컨대 그는 교육칙어 중 '義勇' 개념이 바로 『논어』의 의를 용감히 행하는 군자 개념을 적용한 황제의 聖訓이라고 풀이하기도 했다. 『경의의 도념』은 단지 대중용 고전해설서가 아니라 교육칙어, 제국 황제의 통치이념을 고전을 통해 정당화하여 한국인들에게 소개하고 확산시키는 역할을 수행했다고 해석해 볼 수 있다.

5. 맺음말

후지츠카 지카시는 『추사 김정희 또 다른 얼굴』에서 이념으로부터 자유로운 학자적 성실함을 연상케 하는 실증주의, 과학성을 전면에 내세우지만, 자료를 수집, 선별하여 하나의 주제로 관통시키는 데서 일본의 국제관계관과 식민지 정책, 식민지 제국 대학인 경성제대의 동양문화연구의 이념에 어긋남이 없었다. 이른바 객관적 보편성을 지향하는 과학적 실증주의가 자기 정체성을 잃지 않고 일본의 식민지관과 거리를 두는 것에 대해 적어도 후지츠카는 성공적이지 않았다. 그가 한·중·일의 문화 교류사에 관해 일본제국 혹은 당시 일본 학자들이 공유하던 제국주의·식민주의의 이념에 준하여 김정희에 대한 연구를 진행했다는 것은 분명해 보인다.

그는 당시 신해혁명을 거친 중국에 대해 군주에 대한 도의를 핵심으로 하는 유교의 올바른 정신을 계승하지 못한 책임을 물었고, 국권을 상실한 조선에 대해서는 게으르고 오만한 지식인들에게 그 책임을 물었다. 후지츠카는 근대 일본 특유의 유교관에 입각해 공자와 주희 모두 군주에 대한 충성심을 가장 중시했던 유학자로 재해석하고, 이 이념을 충실하게 실현하는 일본을 새로운 유교 종주국으로 설정했다. 식민지에 건설한 경성제대는 한학을 통해 중국·일본의 문화연구에 도움을 주고 일본이 유교의 새로운 종주국이 되는데 기여해야 할 새로운 임무를 지닌 것으로 보고 있다. 후지츠카는 핫토리와 같은 행정 관료로서의 이력은 가지고 있지 않지만, 유교 내지 학문이 일본제국의 번영을 위해 봉사해야 한다는 신념을 핫토리와 공유하고 여러 글을 통해 한국과 일본의 식자층을 교육시켰다.

그에게서 김정희는 청대 발흥하여 과학적으로 실사구시를 추구한 고증학을 수용하는 데 적극적이지 않은 오만하고 어리석은 조선에서 별다른 존재였다. 김정희의 독보적인 청대 고증학 수용의 자취는 경성제대에서 한·중·일 동양문화연구를 이끄는 그에게 반드시 섭렵해야 할 대상이었다. 그러나 근대 유럽의 실증주의를 이끈 과학 이념을 통해 변형된 일본 고증학의 이념과 제국주의의 이념 아래, 그가 선별한 김정희 경학 관련 자료들은 동이지인의 모화심이 발현된 자취로서 청의 학술과 에도막부의 학술 사이에서 매개자 역할 규명에 집중되었다. 야마자키의 경우와 달리 김정희의 학문적 목표와 시도들, 청대 고증학의 종합과 응용의 자취들은 후지츠카의 과학적 연구 범위에 들지 못하고 사라진 것이다.

후지츠카는 김정희 연구사에 토대를 마련했고, 김정희로 거슬러

올라가는 필수 관문의 역할을 해왔다. 김정희 연구사에서 그의 위상
은 여전히 흔들림이 없다. 『청조문화 동전의 연구』가 도쿄에서 출판
된 1975년에 천관우는 후지츠카의 노고와 엄청난 성과를 칭송하면서
도 김정희의 경학론의 내용에 소홀하고 청대 학인들과의 교류에 초점
이 두어졌다는 점, 그리고 북학자로서의 김정희, 그리고 김정희 주변
실학자인 정약용 등에 대한 언급이 없다는 점을 지적했다. 후지츠카
가 박사학위를 받을 당시면 정약용의 서거 100주년으로 한국인 연구
자들의 실학에 대한 관심이 드높을 때였는데 이들 성과가 반영되지
않았다는 것이다.[80] 천관우의 지적은 이제 다음처럼 재해석해 볼 수
있다. 후지츠카는 서구실증주의의의 기치 아래 청대 고증학을 연구하
는 당시 일본 지나학의 학풍 위에서 일본제국의 한 학자로서 식민지
학자가 도모한 '새로움'에 별다른 관심을 보이지 않았으며, 이는 이른
바 과학을 위반하는 '이념의 제약'이 작동한 결과이기도 하다. 20세기
이래 한국 고전한 연구자들은 이마니시 류(今西龍, 1875-1932)나 이바
나 이와키치(稻葉岩吉, 1876-1940) 만큼 후지츠카에 대해 경계하지 않
았고, 이상과 같은 후지츠카의 학문적 특징을 연구성과에 별달리 반
영한 적은 없는 것 같다. 후지츠카와 조선 후기 조청 교류 문인들 간
의 학문관, 문화관, 국제관 등의 거리를 환기하면서 후지츠카의 방대
한 자료와 과학적이라는 연구 방법론에 묻힌 김정희 경학의 주체적
변형·종합이라는 목표, 그리고 그 시대적 의미를 다시 검토하고 질문
할 것을 제안해 본다.

---

80) 千寬宇(1975), 139면.

참고문헌

阮元, 『揅經室集』(四部叢刊本).

金正喜, 『阮堂全集』 天·地·人, 과천문화원, 2005.

정혜린(2019), 『추사 김정희와 한·중·일 학술교류』, 신구문화사.

하타다 다카시 지음, 주미애 옮김(2020), 『심포지엄 일본과 조선: 제국 일본, 조선을 말하다』, 소명출판.

蔡元培(1995), 『蔡元培文集』, 錦繡出版.

藤塚鄰(1938a), 『敬義の道念』(放送), 朝鮮總督府學務局社會敎育課編, 京城:朝鮮總督府.

_____(1947), 『日鮮淸の文化交流』, 中文館書店.(번역본: 후지츠카 치카시, 김현영 해제·번역(2017), 『동아시아 문화교류』, 추사박물관.)

_____(1975), 『淸朝文化東傳の硏究 :嘉慶·道光學壇と李朝の金阮堂』, 東京:國書刊行會.(藤塚鄰 저(1993), 박희영 역, 『추사 김정희 또다른 얼굴』, 1993.)

_____(1949), 『論語總說』, 東京:弘文堂.(중국어 번역본: 藤塚鄰 著(2005), 陳東 譯, 『論語總說』, 國際文化出版公司)

服部宇之吉(1939), 『孔子教大義』, 冨山房.

G.G. Zerffi(1879), The Science of History, London.

金萬鎰(2012), 「秋史 金正喜의 尙書 今古文論과 僞書考證」, 『태동고전연구』 28.

김영진(2016), 「한중 문학 교류 자료의 총집 『화동창수집』」, 『한문학논집』 44.

모문방(2015), 「禮物:金正喜與燕京文友的畫像交誼及相涉問題」, 『한문학논집』 42.

박철상(2011), 「추사 김정희의 금석학 연구 : 역사고증적 측면을 중심으로」, 계명대학교 대학원 석사 논문.

_____(2018), 「조선시대 금석문 자료의 정리에 대하여」, 『대동문화연구』 102.

송호빈(2016), 「藤塚鄰의 문헌 수집과 『華東唱酬集』」, 『대동한문학』 49.

심희찬(2022), 「식민사학 재고 과학 담론과 식민지주의의 절합에 대해」, 『인문학

연구』 제63집.

李曉辰(2013), 「京城帝国大学の支那哲学講座と藤塚鄰」, 『東アジア文化研究科院生論集』卷1.

_____(2014), 「京城帝国大学における韓国儒教研究活動」, 『東アジア文化交渉研究』卷8.

정준영(2019), 「국사와 동양학 사이의 좁은 틈: 경성제국대학과 식민지의 '동양문화연구'」, 『역사문제연구』 41.

千寬宇(1975), 「서평: 淸朝文化 東傳의 硏究(藤塚鄰著, 菊版 縱組 538, 東京 國書刊行會」, 『역사학보』, vol.68.

藤塚鄰(1926), 「四庫全書編纂と其の環境」, 『文敎の朝鮮』 10號, 朝鮮敎育會.

_____(1931), 「朱子と論語」, 『文敎の朝鮮』 76號, 朝鮮敎育會.

_____(1933), 「五倫敎義發展の史的考察 (續)」, 『文敎の朝鮮』 91號, 京城:朝鮮敎育會.

_____(1938b), 「阮堂集』誤入文の再檢討と淸儒阮元·梁章鉅の展望」, 『朝鮮』 제279호.

_____(1940), 「金阮堂の書齋」, 『文獻報國』 第6卷 第1號, 京城:朝鮮總督府圖書館.

服部宇之吉(1910), 「支那人の見たる孔夫子」, 『日本及日本人』第53号, 政教社.

_____(1912a), 「儒教に於ける君臣の大義」, 『東亜研究』第2卷 第11号, 東亜学術研究会.

_____(1912b), 「支那に於ける道徳の危機(孔子祀典の存廃問題等)」, 『東亜研究』第2卷 第11号, 東亜学術研究会.

_____(1914), 「孔子教に関する支那人の誣妄を弁ず」, 『東亜研究』第3卷第10号, 東亜学術研究会.

_____(1926), 「京城帝國大學始業式に於ける告辭」, 『文敎の朝鮮』.

_____(1939), 「隣邦の人士に告ぐ「国民精神の根本に復れ」」, 『斯文』第21卷第3号, 斯文会.

水野博太(2015),「19世紀末における漢学と支那学」,『思想史研究』21.

_____(2017),「辛亥革命と服部宇之吉における「孔子教」論の成立」,『東洋文化研究』19.

重野安繹(1938),「国史編纂の方法を論ず」,『重野博士史学論文集』上, 雄山閣.

坂本太郎·吉田賢抗·松井武男·水上静雄·藤塚明直·宇野精一(1985),「藤塚鄰博士年譜」(座談会「先学を語る―藤塚鄰博士―」),『東方学』第69号, 東方学会.

「(城大を去る 藤塚鄰博士) 隠れたる不朽の研究『李朝における清朝東漸史』の著 絶讃を浴びて近く完成」,『大阪毎日新聞 朝鮮版』, 學藝, 1940.3.17.

서울대학교 중앙도서관 https://lib.snu.ac.kr/

일본국립국회도서관 디지털컬렉션 https://dl.ndl.go.jp/

https://onlinebooks.library.upenn.edu/webbin/book/lookupid?key=ha009565336

여성의 화목(畫目), 자수(刺繡)
– 자수 제발(題跋)로 본 조선시대 여성 문예

김기완 연세대학교 국어국문학과 강사

1. 들어가며
2. 자수의 특성: 質料性·合作性·종합성
3. 안동 장씨 관련 자수첩 사례
   : 시·서·繡의 결합과 여성문예의 조건
4. 여성문예물의 유전 범위, 자수첩의 안팎
   : 규문에서 중국까지
5. 나가며

* 이 연구는 아모레퍼시픽재단의 학술연구비 지원을 받아 수행되었음.
본 논문의 기 수록·게재 지면: 김기완, 「여성의 화목(畫目), 자수(刺繡): 자수 제발(題跋)로 본 조선시대 여성 문예」, 『우리어문연구』 74, 우리어문학회, 2022년 9월.

1. 들어가며

필자는 최근 연구에서 17-18세기의 여성 그림에 부친 題跋들을 주
자료로 삼아, 여성화가가 호명·서술되는 방식이 정형화되는 담론의
장을 살펴보고 그것이 어떤 논리 구조와 언술 요소로 이루어져 있는
지를 정리한 일이 있다.[1] 이런 논의는 '고전여성문학'과 '여성화가' 담
론을 함께 살펴보면서 여성문학-여성미술사의 결합을 향한 논의 확
장의 계기를 확장해가려는 의도를 포함하고 있었다.[2] 이 같은 작업의
일환으로서 본고에서는 시문서화의 복합성을 때로 갖기도 하며 대개
여성의 전업으로 인식되는 자수라는 분야와 이에 부쳐진 題跋에 주목
하고자 한다. 관련하여 양수정의 최근 연구에서는 서인보다도 남인계
문인들에게서 두드러지는 남인계의 수첩 대상 기록들에 주목했으며,
이러한 학파별 개괄, 정치적 의미 분석과 함께 17-18세기가 수첩의
제작, 성행, 완상의 역사에서 중요함을 밝혀냈다.[3] 양수정의 본 연구
는 필자의 이번 연구에서 다룰 안동 장씨와 그 며느리 무안 박씨, 김

---

1) 졸고, 「여성·화가 간의 균열과 봉합의 기제: 17-18세기 여성화가 담론을 중심
   으로」, 동방한문학 89, 동방한문학회, 2021, 75-114쪽.
2) 물론 한국한문학, 미술사학, 철학 및 전통시대 여성학 분야에서 이와 관련되는
   선행연구들의 성과가 이미 적지 않으며, 여성예술가 내지 신사임당 등의 여성
   화가와 관련된 연구사 정리는 졸고, 위의 논문 : 졸고, 「경관의 학통적 전유:
   강릉 송담서원과 신사임당의 그림」, 『우리어문연구』 64, 우리어문학회, 2019 서
   론에서 이미 진행했기에 불필요한 논의의 중복을 피해 여기에는 다시 옮겨 오
   지 않기로 한다.
3) 양수정, 「조선 17세기 繡帖의 문예적 가치」, 『한국민화』 13, 한국민화학회, 2020.

임벽당의 사례, 성호 이익과 강세황의 제발이 부쳐진 김씨의 자수, 명 제독 모문룡이 이원익에게 선물한 자수 그림 등에 관해서도 이미 분석하였기에 연구대상 자료는 다소 중복되는데, 본고에서는 자수에 시가 결합되는 형식, 그리고 자수첩 제발에 보이는 여성 문예 담론의 내용과 성격에 첨언하는 방향으로 논의를 덧붙이고자 한다.

아울러 권행가의 논문에서는 한국근대미술사에서 극소수에 불과한 여성미술가들이 전통적 여성상에 위배되지 않으면서도 공적 영역에서 활동할 수 있는 타협점으로 자수과를 선택했으나 고급미술과 공예 간에 존재했던 위계질서로 인해 미술가로 자리잡기 어려웠던 사정을 밝히고, 또한 북한에서 자수가 사회주의적 사실주의 공예의 대표적 장르로 자리잡는 과정을 탐색하였다.[4] 이러한 논의는 성별차와 예술 간 위계질서가 엄연한 전통시대–근대기 예술계에서 자수라는 여성의 所産이 위치했던 자리, 그리고 그 한계와 가능성을 동시에 생각하게 한다.

그렇다면 여성문예사 내지 한국한문학과 관련하여 자수가 갖는 특성과 의미는 어떤 것일까? 자수는 전통적 여성 역할과 배치되지 않고, 순수 예술과는 다르게 실용성·기능적 성격도 일부 지니고 있다. 이런 측면은 자수가 본격 예술 영역으로 인정되는 데 상당한 저해 요소가 되지만, 일종의 家事 친화적 속성 때문에 여성의 여타 본격 문예 활동보다 전통시대 남성 문인들의 시선에서 받아들여지기 쉬운 측면도 있었다고 생각된다.

또한 자수가 시문 텍스트와 결합되는 사례는 동아시아의 전통에서

---

4) 권행가, 「북한 수예와 여성 미술」, 『인문과학연구』 29, 덕성여자대학교 인문과학연구소, 2019.

꾸준히 있어 왔던 것이었다. 여성시인들은 자신의 시를 자신이 수놓는 自作自繡의 문예 활동을 이른 시기부터 해왔는데, 예컨대 齊·梁 시대 두도의 아내 소혜가 지은 200여 수 회문시가 비단을 짜서 수놓은 형태로 되어 있었다는 것은 한중 문인들에게 잘 알려진 이야기이다.5) 『삼국유사』에 실려 전하는 진덕여왕의 「太平歌」 역시 한국 내 자수 관련 시 창작의 계보를 보여주기에 좋은 예이다. 이 「太平歌」는 진덕여왕이 스스로 짓고 수로 놓아 당나라에 보낸 사신에게 전해 황제에게 바치게 했다는 것으로, 당나라와 황제를 지극히 높이는 내용이며 당 황제는 이를 좋아해 여왕을 계림국왕으로 고쳐 封했다고 한다.6) 이 경우 비단에 수놓은 칭송의 시는 정치적 의도를 담은 외교문서이면서도 아랫사람의 입장에서 정성과 공력을 가득 담은 사적 선물7)의

---

5) 정민, 『한시미학산책』, 솔, 1996, 280쪽.

6) 일연 저, 이재호 역, 『삼국유사 1』, 솔, 1997, 165-168쪽. 『삼국유사』의 이 부분에서 일연은 진덕여왕이 비단을 짜 춘추공을 통해 보낸 일이 당나라에 가서 군사를 청할 때의 일이라는 어떤 책의 설을 반박했는데, 사실관계상 오류라고는 하나 진덕여왕의 자수 선물이 당 황제를 향한 請兵의 의도를 담았다는 인식이 과거에 있었고, 이는 자수에 담긴 시가 정치적 의도를 내포한 청탁성 선물이 될 수 있다는 생각을 보여주는 듯하다.

7) 설령 주는 이가 직접 수놓은 것이 아니라 할지라도, 대작의 자수가 갖는 선물이나 증정품으로서의 성격은 星湖 李瀷, 「跋家傳繡帳」(이익, 『星湖全集』, 권56 題跋, 「跋家傳繡帳」 / 본 작품에 대한 한국고전번역원 고전번역서 이익, 『星湖全集』, 본 작품에 대한 역주를 함께 참조함)에서도 확인되는 것으로, 명나라 무장 毛文龍이 이익의 증조부 李尙毅(1560-1624)에게 선물한 집안의 화려한 繡帳에 관해 쓴 글이다. 이를 선물한 모문룡은 그 행적으로 볼 때 부정적인 인물이지만 이익은 이 글에서는 그에 대한 견해나 사감을 드러내지 않고 자수 속 도상을 상술한 후 명나라 말기의 역사적 사실 등에 근거해 繡帳이 선물된 시기나 정황 등을 추정하였다. 또한 옛것을 소중히 여긴다는 의미로 이 모문룡의 수장도 가볍게 보아서는 안되며 이를 기록하여 후세에 남긴다는 기술을 추가했는데, 자수 작품이 제발문의 대상으로 인지되는 양상을 일단 볼 수 있다. 또한 선

의미까지 띠게 된다. 또한 자수라는 것이 상류층 및 평민뿐 아니라 여
왕이 몸소 주관, 제작하는 일이 되기도 할 정도로 신분을 뛰어넘는 여
성의 所産이라는 의미가 있음을 확인하게 된다. 왕실 여성이 자수를
직접 하는 일은 조선시대에도 종종 있어왔던 것으로 승정원일기 숙종
조에는 仁獻왕후가 인조의 御畵 위에 직접 놓은 자수와 인목왕후의
친필인 明人詩句 등이 障簇으로 꾸며진 일이 언급되기도 한다.[8] 또한
장지연 『대동시선』 권12에 실린 여성 시 중에는 李氏의 「繡枕梅」[9]라
는 것도 있어 생활용품인 베개의 자수가 시의 내용 및 詩想과 밀접하
게 연계되고 아마도 이 시가 베개에 실제로 수놓였을 정황을 떠올려
볼 수 있는데, 이런 상황은 본고에서 살펴볼 조선 초 김임벽당의 사례
에서도 확인되는 것이다. 베개처럼 규방의 실생활과 밀접한 생활용품
이 시 텍스트와 결합되고 또한 시의 소재 내지 詩想의 발단이 되는
양상이라 볼 수 있다.

　그런가 하면 일제시대 조선 민예품의 애호가로 잘 알려진 야나기
무네요시는 경성에서 조선 초기 자수를 입수해 명나라 작품의 영향을
받았으면서도 옛 조선의 미를 충분히 간직하고 있음을 호평했으며,
반면 조선인 고등 여학교에서 우연히 본 대작 자수는 半서양화된 현

조와 관련해 집안에 전해오는 유품이라는 점 외에도, 이름이 알려진 명나라 무
장에게 선물을 받고 친분을 쌓을 정도로 현달했던 조상과 가문의 이력을 드러
내는 물품이라는 점에 이 繡帳의 한 의미가 있었을 것을 짐작할 수 있다. "天朝
提督" 毛文龍이 선물한 刺繡에 대한 기록은 梧里 李元翼(1547-1634), 「錦障花草
帖 六首并敍」(이원익, 『梧里集』, 권1 詩)에서도 보이는 것으로, 이런 류의 중국
제 자수가 조선중기에 다수 유입, 소장, 감상되었던 사례, 또한 집안 내의 고급
증정품인 자수 작품에 대한 시문이 창작되는 한 정황과 배경을 볼 수 있다.
8) 진홍섭 편저, 『한국미술사자료집성 5』, 일지사, 1996, 566-568쪽.
9) 장지연 편, 『대동시선 하』, 아세아문화사, 2007, 614쪽.

대 일본풍 작품으로 '잘못된 교육의 죄'와도 같았고 고유의 미를 상실
해 가는 조선의 손실을 보여준다며 안타까워했다.[10] 야나기 무네요시
의 경우 조선 초기 자수란 미적 대상으로서 감상되고 있는 것이다. 본
고에서는 이처럼 도상, 시문, 글씨, 직공 등이 혼재하는 복합적 문예
물로서의 성격을 띠는 자수의 기본 특성들을 여러 조선후기 제발문
사례를 통해 추출, 정리해 볼 것인데, 이러한 작업은 추후 시문서화를
아우르는 여성문예사를 재구하고자 할 때 하나의 자료가 될 것이다.

아울러 한국한문학의 주요 논제와 본 연구주제의 상관성을 탐색하
고 그 연구사적 의의와 활용도를 제고한다는 의미에서, 본고의 내용
이 갖는 실학 및 한중교류와의 접맥 지점을 소략하게나마 기술해 본
다. 洪大容(1731-1783)이 중국시선집에도 시가 실린 허난설헌에 관심
을 보이는 청 潘庭筠을 앞에 두고 여성의 詩作과 그에 따른 명성이란
부인에게 합당한 일이 아님을 설파했던 일[11]은 유명하거니와, 이런
일화는 실학자의 여성 인식이 반드시 더 급진적인 것은 아님을 보여
준다. 실학이 진보 내지 혁신과 동의어가 아님은 당연하고, 문학 내지
사상사적 연구에서도 도학과 실학의 상호 연결-계승 양상을 찾음으
로써 기존 전통으로 회귀하여 실학의 또 다른 면모를 밝히려는 시도
가 이루어져 왔는데,[12] 특히 여성 인식의 방면에서라면 '실학자들'에
게서도 변화는 의외로 더욱 더딜 수 있었다. 이덕무는 허난설헌의 표

---

10) 야나기 무네요시 지음, 박재삼 옮김, 『조선과 예술』, 범우사, 1989, 161-162쪽.
11) 『湛軒書』의 기록이며 관련 내용과 분석으로는 張伯偉, 「中朝 외교활동과 조선여
    성시문의 편찬 및 전파」, 『열상고전연구』 35, 열상고전연구회, 2012, 449쪽 참조.
12) 경기문화재단 실학박물관 편, 『퇴계학과 근기실학』, 경인문화사, 2014와 같은
    논저가 그 예이며, 성호 이익의 사상과 문학 방면에서의 퇴계학 계승 양상에
    대한 연구들이 이 책에 다수 실려 있다.

절이 전겸익에게 지적된 일을 들면서 부녀자들은 식견과 공부가 얕아
표절을 범하기 쉽다고 하였고, 심덕잠의 『별재집』에서는 혼인 이후
가난한 살림을 건사하는 세 부녀자의 부덕이 두드러지는 시들을 좋은
시로 꼽았다.13) 명청문단의 동향과 함께 국경을 넘어선 여성시의 유
전이 활발해지는 시기였고 특히 실학자들은 이런 동향과 문헌에 밝은
이들이었지만, 중국측에서 유입된 더 많은 정보와 문헌도 기존의 여
성인식을 반드시 빠르게 변화시키지는 못했다. 조선 문사들의 여성
인식이 열리려면 추사 일파를 거쳐 더욱 활발한 한중교류의 장이 외
적으로 이어지는 19세기를 기다리거나, 혹은 특정 가문 내에 뛰어난
여성 문인이 존재하는 등의 내부적 변수가 필요했던 듯하다. 이처럼
'실학'과 '여성'의 결합이 반드시 용이하지만은 않은 상황에서, 이빙허
각의 『규합총서』를 '여성 실학'으로 명명하며 구체적인 살림살이를
통해 탈관념화되고 구체화된 윤리 도덕론을 보여준 점, '생명'에 대한
인식이 일반적인 실학자들에 비해서도 남다른 점 등을 분석한 이혜순
의 논의가 있었다.14) 이혜순의 이러한 논의는 일종의 하위 주체였던
여성이 주체가 되어 본인의 생활과 의식주 속에서 나름대로 실천해간
실학의 양상을 탐색하려는 시도로 보인다.

　본고의 논의는 통상 近畿 지역에서 활동한 실학자로 분류되는 星
湖 李瀷의 사례를 논의에 일부 포함시키고, 다른 한편 영남학파 · 퇴
계학파로 분류되는 갈암 이현일의 모친 안동장씨의 사례를 통해 자수

13) 서경희 역주, 『18세기 여성생활사 자료집 6』, 보고사, 2010, 468-663쪽 '이덕무'
　　부분 역주 및 원문 내용 참조.
14) 이혜순, '제 6장 19세기 초 이빙허각의 『규합총서』에 나타난 여성 실학 사상',
　　『조선조 후기 여성 지성사』, 이화여자대학교출판부, 2007, 246-248쪽 참조.

첩이라는 형식이 남인계 문인들 사이에서 지속적인 관심의 대상이 되
는 양상을 양수정의 선행연구에 이어 살펴본다. 또한 자수에 실린 시
라는 형식 및 관련 담론이, 한중 문헌교류와 여성 시의 유전이 활발해
지는 17-18세기의 상황과 어떻게 맞물려 있는지를 김임벽당의 사례
를 통해 분석하고자 한다.

2. 자수의 특성: 質料性·合作性·종합성

그렇다면 여성의 자수를 대상으로 한 전통시대 題跋에 담기게 되
는 내용은 무엇이며, 그 안에서 자수라는 예술품의 특성은 옛 문인들
에게 어떻게 인지되었는가? 본 장에서는 조선후기의 몇몇 작품을 기
반으로 먼저 이를 개술한 것인데, 우선 대표적 실학자로 꼽히는 星湖
李瀷(1681-1763)의 다음 題跋을 일례로 살펴보자.

> 내가 『退陶門生錄』 한 編을 얻었는데 문헌의 미비함으로 기재가
> 혹 누락되기도 한 것이 자못 흠결로 느껴졌기에, 성심으로 널리 구
> 하고 문견에 따라 채록, 보충해 둔 것이 있다.
> 裌陽의 姜主簿 某라는 이는 復泉 선생의 손자로, 사람됨이 博覽强
> 記하고 덕을 쌓았기에 내가 기꺼이 그에게 배우고 서로 도움 주는
> 관계를 맺었다. 하루는 그를 방문하자 책 상자 속에 오래 보관해 두
> 었던 것을 보여주고, 또 그 조모 金氏가 붉은 비단에 刺繡로 그린 帖
> 을 꺼내 보였다. 김씨는 故 奉化縣監 忠男의 따님으로, 현감은 退陶
> 門下에 이르렀고 은퇴해서는 淸州의 德坪莊에 閑居했으며 義를 행한
> 군자였다. 김씨가 친정에 있으면서 언문으로 그 언행을 기록했으니

옛날의 소위 **女史**와 같은데, 복천 선생에게 **시집간 후에는 규문에
법도가 있음이 한결같았으니,** 아마 현감에게는 훌륭한 자식이었고
복천 선생을 훌륭히 모셨다고 할 만하다. 그런데다 이 붉은 비단은
그 **돌아가신 시아버지 大憲公께서 조정에 올라 절하고 하사받은 진
귀한 비단**으로, 김씨가 이를 따라 수를 놓으면서 마음 쓰고 홀로 고
심한 바를 자못 이에 의탁하여 전하고자 했으니 단지 女功의 공교함
을 보이기 위함만은 아니었다. 내가 다행히 이 **帖**으로 인해 **退陶 학
맥 가운데 아직도 찾아볼 만한 데가 많고, 그 가지와 잎이 여러 갈
래로 나뉘었으되 그 끝에서는 모두 꽃을 피웠음을 알았기에 마침내
이를 기록해 둔다.**[15]

이 작품과 관련되는 강세황의 다른 글(이후 분석 예정)에서도 확
인되듯 김씨 자수의 내용이 비교적 평이한 것 —소나무·사슴·대나무·
학— 이기도 했거니와, 수놓은 것이 무엇인가와 같은 기본적인 내용
은, 이 제발문의 작자인 이익의 관심에서 얼마간 비켜나 있는 것처럼
보인다. 그래서 이익의 위 사례가 시사해주는 것은, 자수가 수놓은 내
용, 수놓은 여성 인물뿐만 아니라, 그 바탕이 되는 質料인 옷감으로도

---

15) 본 번역문은 한국고전번역원 고전번역서 이익, 『星湖全集』, 본 작품에 대한 최
채기 역(2011)과 역주 내용을 참조하면서 필자 식으로 표현을 고친 것임.
이익, 『星湖全集』, 권56 題跋, 「書姜主簿家藏繡帖」, "余得退陶門生錄一編, 頗欠文
獻之未備, 記載之或闕, 誠心博求, 隨聞採補者有之矣. 衿陽有姜主簿某者, 復泉先
生之孫也, 人也强記蓄德, 余訴焉師資, 一日訪之則得見巾衍舊藏, 因出示其王母金
氏繡畫紅錦帖者, 金氏卽故奉化縣監忠男之女也, 縣監及于退陶之門, 退閒于淸州之
德坪莊, 爲行義君子, 金氏在室, 諺錄其云爲, 如古所謂女史, 及歸侍復泉, 閨壺有範
一如也, 殆可謂縣監有息, 復泉有果矣. 況此紅錦其先舅大憲公升朝拜賜之珍段, 金
氏從而絾綵, 用意獨苦, 類欲託此而傳, 非直爲女紅見巧也. 余幸因此帖知退陶孤脈,
尙多可訪, 而枝分葉別, 梢末皆芳也, 逐爲之識."

무언가를 말하고 읽어내게 하는 독특한 형식이라는 점이다. 즉 김씨가 수놓은 붉은 비단은 그 시아버지가 조정에서 하사받은 희소한 귀중품으로서, 조상과 가문의 영달을 상징하는 한 증좌이기도 하다. 시아버지가 하사받아 온 비단과, 며느리의 자수라는 질료와 수놓는 행위가 만나 가족 간 合作의 형식이 이루어지는데, 여러 가족 구성원들이 함께 힘을 보탠 合作性은 본고에서 이후에 살펴볼 安東 張氏 관련 자수첩 사례에서 더욱 확장된 형식을 이루게 된다.

다음으로 주목할 점은 자수 행위와 그 주체인 여성의 역할이 갖는 의미이다. 媤父가 받아 온 특별 하사품에 수를 놓는 김씨는 효부이자 근심스러운 태도로 가문을 뒷바라지하는 婦德의 표상이며, 친정에 있을 때부터 女史로서의 지식과 교양, 교육을 갖춘 여성상으로 기술되었다. 여기서 자수는 효녀, 良妻, 賢婦로서의 가정 내 역할에 지극히 충실한 여성에게 걸맞는 産物로서, 전통적인 士大夫家 여성의 기본 역할과 충돌하기 쉬운 여느 詩文書畵 활동과는 기본적으로 다른 층위에 놓이게 된다. 자수의 이런 측면은 여성의 문예활동에 수많은 저해 요소와 嫌疑의 시선이 동반되었던 과거의 시대 분위기 속에서, 그 의미가 남성 문인들에게 한층 쉽게 받아들여지도록 하는 완충 작용을 했을 법하다. 즉 자수는 예술 주체의 독자성과 개성을 담은 순수한 예술품으로서의 의미를 얼마간 털어낸 대신, 부덕과 女功의 所産이라는 의미 磁場 내에 안착하는 면이 있다.

이익의 위 題跋에서 또한 주목되는 것은 글의 서두와 말미에서 누차 조응·강조되듯이 이익이 기본적으로 退陶, 즉 退溪 李滉 학맥의 재구라는 목적의식 하에 退陶와 학맥이 닿는 김충남의 딸 金氏의 자수첩에 접근하고 있다는 것이다. 유물에 담긴 학통적 의미는 물론 남성이 제작한 여느 서화작품들을 대상으로 한 제발에서도 기본적으로 중요하게 고려되는 요소이겠는데, 자수라는 예술품의 자체적·내적 요소 못지않게 이를 둘러싼 외적 요소, 즉 수놓은 여성의 남편 쪽, 父系 등을 아우르는 혈연 및 가족 관계가 전통시대 문인들에게 의미 깊은 한 인자임을 확인할 수 있다. 다음에 살펴볼 姜世晃(1712-1791) 역시 이익과 마찬가지로 김충남의 딸 金氏의 자수첩이라는 동일한 대상에 제발을 남긴 바 있어, 여성의 자수가 題跋의 대상으로 인지, 합의된 18세기 문인문화의 한 풍조를 엿볼 수 있다.

(박동욱·서신혜 번역을 이하에 그대로 인용함 / 밑줄 강조 표시만 필자) 안동 김씨는 봉화현감 忠南의 따님으로 우리 再從祖인 復泉 선생 姜鶴年의 소실이다. 일찍이 두 조각의 붉은 비단에다가 소나무·사슴·대나무·학을 수놓았다. **대개 붉은 비단은 종증조부 都憲公께서 萬曆 을사(1665)년에 중국에 사신으로 갔을 때 황제께서 하사하신 것이다. 지금까지 거의 2백 년이 흘렀지만** 선명한 붉은 색과 짙푸른 색이 찬란히 눈길을 끈다. 완연히 상자에서 새로 꺼낸 것 같으니 신의 보호가 아니었다면 어떻게 이와 같을 수 있겠는가? 하물며 **붉은 비단은 황제가 하사한 것이고, 수놓은 무늬는 우리 가문 부인의 솜씨이며, 또 현감공은 퇴계의 문인**으로 어진 대장부이시다. 더구나 세월이 오래되어 보배로 간직할 만하고, 게다가 그림이 절묘하고 바느질조차 뛰어나니 조물주의 솜씨보다도 나을 것 같다. 지금 복천공의 6대손인 恬이 나에게 보여 주었다. 내가 恬에게 일러 말하기를 "이 자수가 얼마나 **오래 전해지고 보존**되느냐에 따라 자네 가문의 흥망을 점칠 수 있을 것이네" 하였다.16)

  강세황 역시 성호 이익의 경우처럼 자수첩을 남긴 안동 김씨의 부친 김충남이 "退陶門人"임을 명시했으며, 제발의 작자인 강세황 본인이 김씨의 남편 姜鶴年의 후손이라는 가문 내의 혈연적 맥락 역시 그 위에 얹어졌다. 그래서 강세황의 사례는 자수첩에 담긴 학통적 맥락과 가문적 의미가 교차되는 지점을 보여주는데, 강세황의 경우에는 후자의 문맥이 한층 강한 것처럼 생각된다. 강세황은 김씨가 수놓은 비단이 媤父가 중국에 사신 갔을 때 황제에게서 받은 진귀한 하사품이라는 구체적인 정보를 성호 이익에 비해 더 부기하였으며, 이러한 정보는 자수의 바탕이 된 質料의 가치와 특수성, 그리고 이러한 하사품을 획득할 수 있는 선조와 가문의 위상에 대한 자부를 동반한다. 황제가 하사한 중국제의 진귀한 비단, 우리 가문 부인의 정교한 자수 솜씨, 퇴계의 문인인 김씨 부친의 학적 배경을 연이어 거론하는 강세황의 기술방식은, 자수라는 규방 내의 일견 소박한 수공예품이 가문적·혈연적 맥락에 힘입어 본격적인 제발의 대상으로 의미화되는 양상을 보여주고 있다.

  또한 강세황은 200여년이 흘렀으나 상자에서 막 꺼낸 것처럼 찬연한 옷감과 자수의 상태에 찬탄하며 이 자수의 영구한 보존이 가문의 흥망에 대한 가늠자가 된다는 말로 글을 맺었다. 각 자수품마다 개별

---

16) 강세황 저, 박동욱·서신혜 역주, 『표암 강세황 산문전집』, 소명출판, 2008, 178-179쪽의 원문과 번역문을 인용함.
  강세황, 「題繡帖」, "安東金氏, 奉化縣監忠南之女, 爲我再從祖復泉先生小室. 嘗於兩片紅緞, 繡松鹿竹鶴. 盖紅緞爲從曾祖都憲公, 萬曆乙巳朝天時, 皇帝所賜也, 于今幾二百歲, 鮮紅沓翠, 煥爛奪目, 宛若新出於香篋中, 非神物呵護, 烏能有是哉? 況乎紅緞是皇朝之賜, 又況乎繡紋出於吾宗閨閣之手, 又況乎縣監公, 乃退陶門人賢大夫, 又況乎歲月之久, 尙能寶畜, 又況乎繪畵之妙, 針線之工, 可奪天造者乎. 今復泉公之六代孫怗, 以示余, 余謂怗曰: '以此繡來許保守之久促, 可占爾門戶之興替也.'"

적 상황에 따라 보존 정도의 차이는 있겠으나, 이런 언술에서는 종이
에 바탕한 書畫에 비해 상대적으로 내구적 保存性이 높을 법한 자수
의 한 특성을 떠올려볼 수 있다.

한편 자수의 대상이 되는 내용은 圖像뿐만 아니라 서예, 시문 등까
지 포함할 수 있는 바, 언어적 텍스트가 자수 작품으로 전환될 때 어
떤 양상이 나타나는지를 아래 趙文命(1680-1732)의 사례에서 살펴볼
수 있다.

> 이것은 우리 高祖母 贈貞敬夫人 崔氏께서 손수 놓으신 자수로, 이
> 같은 것들이 족히 수십 本은 되어 지금은 宗家에 보관되고 있다. 대
> 개 부인께서는 이미 **규문의 덕**을 갖추신데다 또 **女功에도 능하셨다.**
> **고조부 承旨公께서 安平 글씨를 몹시 좋아하셔서 부인께서 많이 수**
> **놓으셨는데,** 우리 증조부 翠屛公이 腹中에 있을 때 承旨公께서 그 태
> 기 있으신 것을 알고 즉각 수놓지 말라고 명하셨다 한다. 이 또한 집
> 안에 유전되어 내려오는 말이기에 여기에 함께 써둔다. 玄孫인 나
> 文命은 障子를 重修하여 길이 대대로 이어지는 보배가 되도록 하려
> 한다. 때는 庚子 仲秋이다.[17]

'安平筆'을 애호한 고조부를 위해 고조모가 이를 자수로 놓았다는
조문명의 위 글은, 원본인 서예를 자수품으로 전환하는 동기가 남편

---

17) 조문명, 『鶴巖集』, 册5 題後, 「書家藏繡障子」, "此我高祖母贈貞敬夫人崔氏所手繡
也, 若此類無慮數十本, 至今藏于宗家. 盖夫人旣有閨德, 且善女紅, 而高王父承旨公
甚愛安平筆, 故夫人多爲之繡, 及我曾大父翠屛公之在姙也, 承旨公知其有娠候, 卽
命之不繡云, 此亦家中留傳之語, 故并識于此. 玄孫文命重修障子, 俾作永世之寶, 時
庚子仲秋也." (위 원문은 한국고전번역원 영인표점 한국문집총간 『鶴巖集』에 따
르면서 표점을 필자가 일부 수정(문총본 "… 有娠. 候卽 …" 부분 수정)하였음.)

을 위한 것이 되는 한 정황을 보여준다. 즉 이는 자수의 내용, 주제나 취향이 남편 쪽에 귀속되는 정황이다. 조문명은 고조부가 임신 중인 고조모를 배려, 염려하여 수놓지 말 것을 당부했던 것을 부기하는데, 이는 여성 선조의 자수에 얽힌 가문의 소소하면서 훈훈한 미담인 한편, 수를 놓고 놓지 않음이 대체로 남편의 의사에 따라 이루어지는 경우를 증언하고 있다. 앞서 본 성호 이익, 강세황의 제발문에서 시부의 비단과 며느리의 자수가 만나 가족 간 合作이 이루어졌다면, 조문명 집안의 사례에서는 남편의 서예 취향과 부인의 자수가 결합하는 식의 부부간 합작을 볼 수 있다. 이런 사례들은 수를 놓는 주체, 자수의 내용·주제, 자수의 직접적 동기, 수를 놓는 바탕인 질료 등이 제각각 병존하면서 자수품을 일종의 가족 내 合作의 場으로 만들고 그 가문적 의미를 한층 강화시키는 양상을 보여준다. 또한 위 산문에서 고조모의 자수는 閨德과 女功을 겸비한 賢妻의 所産으로 기술되며, 전통시대에 여성 자수가 갖는 의미와 특성 또한 대체적으로 이에 기반한다 하겠다.

일반적으로 여성 작가라는 존재 자체가 희소했던 전통시대에, 여성의 문예물에 대한 남성 문인들의 제발문에서 창작 주체인 여성 본인의 입장과 목소리를 보아내기란 쉬운 일이 아니다. 본 장에서 살펴본 이익 등의 글에서 여성은 여전히 음각되어 있지만, 태생적으로 藝團에서 소외되기 쉬웠던 전통시대 여성이 가문 내에서 자수라는 일종의 예술적 산물을 남길 수 있었던 한 가능성을 보여주고 있다. 여성의 산물이면서도 그 창작 동기와 행위의 의미 등이 가문, 一族, 남성 문인들의 학파 계보 내에 안착되어 있다는 점은 일면 자수라는 장르의 한계처럼 보이기도 하지만, 다른 한편으로 이것은 역설적으로 家父長

制的 토양 위에서 여성 문예가 살아남을 수 있는 가능성 내지 생존하
기 용이한 조건을 동시에 열어 보여준다. 자수품에 여성의 시문이 결
합되면 양상은 더욱 다채로워질 수 있는데, 자수와 시문, 글씨(서예)
등이 결합하여 새로운 형식의 종합적 텍스트를 이루면서 다른 한편
학파적·가문적 의미가 더욱 확산되기도 하는 양상은 뒤에서 살펴볼
安東 張氏, 林碧堂 金氏의 사례에서 논할 것이다.

3. 안동 장씨 관련 자수첩 사례
: 시·서·繡의 결합과 여성문예의 조건

앞 장의 사례에서, 우리는 수놓는 사대부가 여성의 남편의 취향 및
인가가 자수의 내용을 결정하거나, 혹은 옷감과 같은 질료가 여성의
솜씨와 일종의 합작을 이루는 경우를 확인하였다. 張興孝의 딸이고
李時明의 부인이며 李玄逸의 어머니인 安東 張氏(1598-1680) 관련 자
수 사례에 부쳐진 발문들은 이같은 자수첩의 기본 성격을 더욱 확장
되고 정교한 형식으로 보여준다. 密菴 李栽의 외손이자 大山 李象靖의
동생인 小山 李光靖(1714-1789)이 자기 집안의 여성 선조였던 안동
장씨 관련 유품인 家寶帖에 부친 발문을 통해 이를 살펴보자.

이 두 小詩는 부인께서 10세 전후인 시기에 지으신 것으로, 고조
부 石溪 선생께서 일찍이 이를 글씨로 쓰시고, 存齋의 부인인 박씨
가 또 그 글씨 위에 수를 놓아 마침내 "李氏三絕"을 이루었다. 부인
의 시에서는 그 성정의 바름을 얻었고, 石溪 선생의 글씨에서는 그

心畫의 참됨을 체현했으며, 박씨 부인의 자수에서는 또한 그 빼어난 기예와 효성·공경의 一端을 족히 볼 수 있다. 모르겠도다, 程氏의 門中에서도 또한 이같은 보배 있어 후세에 유전되는 것이 있는지?[18]

　이 자수첩에 제발을 부친 문사들 및 후손들의 글에서 보통 공통적으로 증언되듯이, 위 글에서도 안동 장씨 집안의 家寶帖이란 장씨의 시, 그 남편이 이를 옮겨쓴 글씨, 장씨의 며느리가 그 글씨 위에 놓은 자수라는 형식을 포함한다. 여기서 우리는 자수라는 문예품이 그 저변에 여러 예술 주체와 요소를 품은 채로 최종 마감되는 형식이라는 점을 재확인하게 된다. 즉 이 사례에서 자수란 것은 원본에다 실과 색깔, 수공예와 직공을 덧입히는 형식이며, 만약 그 원본이 도안이 아니라 언어적 텍스트인 경우, 텍스트의 원작자와 그것을 글씨로 재현한 서예가가 다시 둘로 나뉠 수도 있는 것이다. 동양화에서의 서화 臨摹 내지 移摹의 경우에는 일종의 복제[copy]와도 같이 종이 위의 예술이 다시 종이 위에 재현되는 것이지만, 자수의 경우에는 바탕 되는 원본인 書體 위에 텍스처(texture)가 다른 색실 등이 덧입혀져 서화와는 질료성이 다른 새로운 형태의 예술적 산물로 마감된다는 점도 이색적이다.

　여러 인물, 요소가 조화롭게 두루 안배·합력된 이 자수첩의 종합적 성격은, 자연히 이 帖를 대대로 전할 집안 전체의 보배로 격상시키는 데 더욱 적합한 요건이었을 것이다. 그리고 이런 조화와 균형에는, 이 帖에 '詩'라는 기본 텍스트적 자료만을 제공할 뿐, 자신의 여러 재

---

18) 이광정, 『小山集』, 권9 跋, 「敬書女陵家寶帖後」, "此二小詩, 夫人十歲左右時所作, 而高王父石溪先生嘗書之, 存齋夫人朴氏又爲之絺繡於其上, 遂成李氏三絶, 於詩得其性情之正, 於書體其心畫之眞, 於絺繡也亦足以見其妙藝孝敬之一端矣. 未知程氏門中亦有是寶而流傳於後世否邪?"

주를 세간에 굳이 뽐내지 않으려는 안동 장씨의 겸양하는 태도도 일부 작용한 것으로 보인다. 즉 장씨 역시 글씨를 잘 쓰는 것으로 당대에 명성이 있었으므로[19] 이 자수첩을 제작할 때에도 본인의 시를 직접 쓸 수 있었겠으나 그녀는 그러지 않았다. 그녀가 自作自筆 대신 친필의 자리를 남편에게 일부 양보한 것은, 장씨가 출가 이후 시문뿐 아니라 서예도 함께 놓아서였을 수 있겠으나, 다른 한편으로는 이 다음에 이어질 睦萬中의 글에서 볼 것처럼 자수첩의 제작 전반을 남편이 결정, 기획했던 점도 작용했을 것이다. 장씨는 자수첩의 목소리가 되는 근간 텍스트를 제공했지만, 그것을 시각적·물질적으로 구현하는 書體와 자수의 영역은 다른 가족 구성원에게 남겨둠으로써, 목소리의 주체라기보다는 얼마간 陰畫된 존재로 남기를 자처한 것처럼도 보인다. 여하간 적절한 가족 구성원 간 안배를 통해 탄생된 이 자수첩의 독특한 합작 형식은, 장씨의 남편 石溪 선생과 안동 장씨, 그 며느리 박씨, 또한 장씨가 길러내고 대학자로 성장시킨 집안의 훌륭한 아들들을 동시에 떠올리게 함으로써 그 후손과 같은 학파 문사들의 감격을 배가시키는 요소가 된다.[20]

---

19) 안동 장씨의 鶴髮帖에 보이는 글씨는 그녀의 자작시이자 親筆로 알려져 있으며 (이재호 역, 『(국역) 정부인 안동 장씨 실기』, 국역 정부인 안동 장씨 실기 간행소·삼학출판사, 1999, 卷首 도판 설명 참조 ; 『정부인안동장씨실기』 '遺墨' 부분에 鶴髮詩 글씨가 실려 있는 것은, 허미자 편, 『朝鮮朝 女流 詩文全集 2』, 태학사, 1988, 87-102쪽 影印本 이미지 참조), 李玄逸은 모친 장씨의 行實記 중에 장씨가 쓴 적벽부 글씨를 보고 청풍자 정윤목이 놀라 혹 중국 사람의 글씨는 아닌지 물으며 호방하고 굳센 글씨의 기운을 크게 칭찬했다는 내용을 실었다 (이혜순·정하영 역편, 『한국고전여성문학의 세계: 산문편』, 이화여자대학교 출판부, 2003, 26-27쪽 번역문으로 접함).

20) 이를테면 李獻慶(1719-1791)은 「李氏傳家寶帖序」에서 자수첩을 가지고 서울에 올라와 서문을 부탁한 안동장씨의 후손 宇標의 감격에 찬 증언을 다음과 같이

주목할 것은 이 가문 내 구성원들의 합작인 家寶帖에 대해 바쳐진
"李氏三絶"이란 칭송이다. 이 "李氏三絶"이란 명명은 가문 내의 후손들
뿐만 아니라, 역시 이 집안의 후손인 李周遠(1714-1796)의 증언이기는
하지만 이 자수첩을 본 서울 문인들이 지위 고하를 막론하고 칭탄했
던 말로 기술되어 있다.[21] 전통시대에 한 명의 문인화가가 여러 재능
을 겸비했을 때 '三絶'이나 '四絶'[22] 등의 칭호로 그를 기리고, 한 집안
에서 여러 명의 남자 형제들이 제각각 문예 재능을 겸비했을 때에도
물론 이런 식의 용어를 쓸 수 있다. 다만 장씨 관련 家寶帖의 사례에
서는 두 명의 '李氏' 아닌 여성들(안동장씨와 그 며느리 박씨)이 큰
비중을 이루는 예술 주체로 참여했음에도 표면적으로는 자신의 지분
을 주장하지 못하며, 이 작품의 최종 소유권은 당연하게도 남편 쪽의
혈족인 '李氏'로 귀속된다. 즉 현대인의 시선에서 기인한 과한 해석일
지도 모르나, "李氏三絶"이란 명명은 이 자수첩의 토대를 이루는 시를
정작 쓴 작가가 '장씨'를 언표하지 않음으로써, 그녀, '장씨'를 예술 주
체의 자리에서 얼마간 빗겨나게 하는 명명법처럼 보이기도 한다. 장
씨의 남편과 아들들이 속한 李氏의 집안, 그녀가 출가 이후 귀속된 가

전하고 있다.
이헌경, 『艮翁集』, 권19 序, 「李氏傳家寶帖序」, (이하는 宇標의 말) "… 況夫人
謙德, 蘊而不夸, 又足法乎. 見八龍之帖則以夫人之詩, 得石溪之筆, 又得佳婦之絺
繡, 八龍之環衛, 悅如中堂琴瑟, 春萱兩茂, 蘭玉森列而鸞鵠並峙也, 吾輩感慕敬愛
之深, 將以是千古也, 子盍一言以序之?"
21) 이주원, 『眠雲齋文集』, 권3 跋, 「先祖妣繡帖詩跋後敍」. (한국역대문집총서 No.
2152 『眠雲齋文集』 / 한국역대문집DB 소재 원문 影印本 이미지로 접함, 201쪽.)
22) 이를테면 자하 신위와 같은 문인이 시서화 三絶로 칭해지며, 신사임당의 아들
인 李瑀(1543-1609)는 시서화에 능하고 거문고에도 뛰어나 사람들에게 '四絶'
로 지목되었다(오세창 편저, 동양고전학회 역, 『국역 근역서화징 상』, 시공사,
1998, 398-399쪽 '208. 이우(李瑀)' 부분 참조).

문의 존재가 여성 예술 주체의 비워진 자리에 대신 주입되고, 독자적 여성 문예에 대한 희석 내지는 中和가 이루어지는 것이다.

한편 다음에 살펴볼 睦萬中(1727-1810)의 글은 이 자수첩의 제작 경위와 관련 사항을 더욱 상세하게 밝혀쓰는 가운데, 여성이 스스로를 과시하면 안되는 사회 분위기 속에서 여성의 作詩 능력이 부득이한 '재능의 발견담' 형식을 취하게 되는 과정을 잘 보여준다.

故 賢夫人 張氏는 永嘉 名儒인 敬堂公의 따님이며, 石溪 李公에게 시집갔는데 …(중략)… 아들 일곱을 가르쳐 각기 그 재주에 따라 독실하게 해주니 龍洲 趙文簡公이 이를 荀氏 집안의 八龍에 견주었던 것이다. …(중략: 중략된 부분은 장씨의 어린 시절 시 鶴髮 三章에 대한 전문 인용 및 관련 내용)… 敬堂公께서 이 시를 기특하게 여겨 상자 속에 보관하셨다가 부인의 여러 아들들이 장성하게 되자 꺼내어 그들에게 주셨다. 부인의 문예가 일찍 숙성됨이 이 같았는데도 깊이 몸소 이를 감추었기에 夫君인 石溪公조차도 알지 못하시다가 이 때에 이르러 크게 놀라 부인의 다른 작품들을 탐문하여 五言詩 二篇을 얻었으니 …(중략: 중략된 부분은 장씨의 어린 시절 시 「聖人吟」·「蕭蕭吟」에 대한 전문 인용)… 石溪公께서는 평소 行草를 잘 쓰셨는데, 그 시를 가져다 紗面에 쓰시고 仲子의 며느리인 朴氏로 하여금 거기에다가 수를 놓게 하셨으며, 上篇은 흰 실로 꿰매고 下篇은 붉은 실로 시를 빙 둘렀으며 또 수를 놓아 용 그림을 만든 것이 총 8개인 것은 대개 趙文簡公이 비유했던 "荀氏八龍"에서 형상을 취한 것이었다.23)

---

23) 목만중, 『餘窩集』, 권11 序[一], 「李氏傳家寶帖叙」, "故賢夫人張氏, 永嘉名儒敬堂公之女也, 歸於石溪李公, (전후 맥락을 보이기 위해 인용문 중의 번역문에 비해

　　우선 위 글에서 주목할 점은 자수첩 안의 '八龍' 형상이란, 龍洲 趙
絅(1586-1669)의 편지 가운데 이 집안의 아들들을 "荀氏八龍(後漢 荀
淑의 뛰어난 여덟 아들을 지칭하는 말)"의 고사에 빗댄 데서 연원했
다는 설명이다.[24] 즉 이 자수첩에 수놓아진 '八龍'에 비견되는 존재는
다름 아닌 이씨 집안의 남성들, 즉 안동 장씨의 남편 및 아들들인 것
이며, 이러한 자수첩의 도상 해석에는 극히 소수의 사례[25]를 제외하
고는 당대에 큰 이견이 없었던 편이다. 만약 이 자수첩에 관련된 여성
들(장씨와 며느리 박씨)이 제작 단계에서 스스로 고안한 도안이고 의

이하 내용을 조금 더 보임) 二公俱篤行好學, 夫人閨範甚正, 無忝父訓而不愧爲石
溪公之妻, 敎七男各因其才而篤之, 龍洲趙文簡公比之於荀氏八龍者也. …(중략)…
敬堂公奇之, 藏諸篋笥, 及夫人諸子長, 出而授之, 夫人文藝夙成如此, 而深自韜晦,
雖石溪公不知也, 至是大驚, 詢其他作, 得五言二篇, …(중략)… 石溪公雅善行草,
取其詩寫在紗面, 令仲子婦朴氏就而繡之, 上篇紉以素線, 下篇紅線環詩, 而又繡爲
龍者八, 蓋取象於文簡所比也. …(후략)…"

24) 이 내용은 안동 장씨와 李時明 일가의 문인들에게서 종종 확인되는 기록이다.
예컨대 李玄逸, 『葛庵集』, 부록 권1, 「年譜」 중에는 李玄逸의 일곱 형제가 모두
뛰어나 당대에 명성이 있었고, 趙龍洲가 李時明에게 준 편지에서 '荀氏八龍이
朝夕으로 家庭에서 詩禮를 강론한다'는 구절이 있었다는 내용이 있다.

25) 예컨대 이 집안의 후손인 李周遠은 각종 사실관계를 가지고 장씨 관련 繡帖의
제작 경위에 다소간 의문을 표하기도 했으며, '8룡'의 도상에 관해서는 유명한
龍洲 趙絅의 말을 우선 인용한 후, 부가적으로는 자수 안에 보이는 두 개의 '壽
字가 안동 장씨의 鶴髮詩에 나오는 노파 가족들이 서로 복을 빌고 축원하는 모
습을 형상한 것이 아닌가 하는 인상을 조심스럽게 덧붙이기도 하였다. 李周遠
의 이 글은 안동 장씨 후손가로서의 이점을 살려 이 繡帖에 대한 여러 가지 정
보를 취합하고 본인의 견해를 나름대로 주장하려는 의식이 있는 편이며, 이러
한 연장선상에서 장씨 시 안의 내용을 도상 해석에 활용하려는 독특한 면모가
나타나기도 하나 이런 경우는 본 繡帖의 제발문들 중에서는 극히 드문 사례에
속한다.
(본 자료는 이주원, 『眠雲齋文集』, 권3 跋, 「先祖妣繡帖詩跋後叙」; 한국역대문
집총서 No. 2152 『眠雲齋文集』/ 한국역대문집DB 소재 원문 影印本 이미지 접
함, 207쪽.)

미망이라면 지나친 자화자찬의 혐의를 면키 어려웠을 '八龍' 형상이
그런 혐의를 순순히 피해가는 이유는, 이것이 이 집안을 칭송하는 龍
洲 趙絅 등 남성들의 화제를 이어와서 자수의 형태로 화답한 것이라
는 당대인들의 믿음 때문이다.

　장씨 관련 자수첩에 수놓아진 '8룡'의 의미는 그녀 집안의 후손
들이나, 퇴계학에 연원을 둔 학자들 사이에서 잘 알려진 것이었던
듯하다. 주로 주자와 퇴계의 저서를 공부하고 李大山에게 배운[26]
金熙紹(1758-1837) 역시 이 자수첩을 '張夫人繡龍帖'으로 명명하며,
繡龍 형상의 의미를 장씨의 아들들로 받아들이는 종래의 독법을 재
확인시킨다.

> 盥手讀繡帖　손 씻고 자수첩 보니
> 雷龍筆下起　우레 용이 붓 아래 일어나도다.
> 閨範誠如此　규문 법도 실로 이 같으시니
> 宜生七君子　응당 일곱 군자 낳으셨겠지.[27]

　또한 위 목만중의 글에 주목할 것은 자수첩이 제작되는 과정에서
안동 장씨 주변의 남성들이 행한 역할이다. 장씨의 부친이 꺼낸 시가
장씨의 아들들에게 보내지자, 이를 보고 놀란 장씨의 남편은 부인의
다른 시들을 탐문하고 그 중 발굴된 일부 시에 자신의 글씨를 얹으며
며느리에게 지시하여 자수를 보태는 등 이 자수첩의 제작 전반을 기

---

26) 유교넷 홈페이지(https://www.ugyo.net) - 고도서 문집상세해제 - 문천집(文泉
　　集) 저자소개 내용 참조.
27) 金熙紹, 『文泉集』, 권1 詩, 「張夫人繡龍帖」. (본 원문은 유교넷 홈페이지(https://
　　www.ugyo.net) 소재 『文泉集 乾』 원문 이미지 47-48쪽으로 접함.)

획한 것으로 이 제발에서는 기술되고 있다. 이 경우 남편은 여성 재능의 발견자이자, 그 재능 발현의 허가자라 할 것이다. 안동 장씨의 시는 10세 전후에 지어진 이후 상자 안에만 보관되다가 그 부친의 허락, 장성한 아들들의 놀람, 남편의 용인 및 기획을 거쳐 자수첩의 형태로 제작된 후, 후손들의 裝帖과 상경 등을 거쳐[28] 아마도 남인들이 주를 이룰 중앙 문인들에게 보여지고[29] 궁에 들어가 정조와 채제공에게까지 열람[30]된다. 상자 속에서부터 궁궐에까지 이르는 이 자수첩의 여정이 여성에게 지정된 자리인 규문의 범위를 훌쩍 뛰어넘었음에도 문제되지 않는 것은, 부친, 남편 등을 아우르는 집안 남성들에게 순차적 인가와 확산의 과정을 단계적으로 거쳐 왔기 때문이다.

또한 위에 보인 제발들을 포함해서 안동 장씨 관련 기록에 다수 보이는 공통의 증언은 장씨의 시가 대개 10세 전후라는 어린 나이에 지어진 것이라는 점이다. 여성의 주업이 결혼과 가사노동에 얽매여 있기에 자연 따라붙게 되는 이런 엄격한 시기적 제한은, 시의 寡作과

---

28) 이를테면 목만중의 다음 글은 五世孫인 宇標가 繡詩帖 등을 가지고 상경하여 帖으로 새로 꾸미고 '傳家寶帖', '鶴髮帖' 등의 표제를 붙이는 과정을 증언한다. 목만중, 『餘窩集』, 권11 序[一], 「李氏傳家寶帖叙」, "傳至五世孫宇標, 携至都下, 購善工裝之, 繡詩帖裝以玄緞, 空其右, 寫夫人他詩傳者五絶二七絶一而題曰傳家寶帖, 鶴髮詩別爲一帖, 裝以靑紗, 題曰鶴髮帖."
29) 예컨대 李獻慶과 교유했던 영정조 시대의 대표적인 남인 문인 丁範祖(1723 -1801) 역시 상경한 五世孫 宇標의 방문 및 청탁으로 '傳家寶帖'에 序를 썼다 (정범조, 『海左集』, 권22 序, 「李氏傳家寶帖序」). 이 밖에 이주원, 『眠雲齋文集』, 권3 跋, 「先祖妣繡帖詩跋後叙」 참조. (한국역대문집총서 No. 2152 『眠雲齋文集』 / 한국역대문집DB 소재 원문 影印本 이미지로 접함, 201쪽.)
30) 정조와 채제공이 傳家寶帖을 두고 대화하며 호평한 일은, 『貞夫人安東張氏實紀』 跋文(9대손 壽炳) 참조. (이재호 역, 『(국역) 정부인 안동 장씨 실기』, 국역 정부인 안동 장씨 실기 간행소·삼학출판사, 1999, 44쪽 번역문 참조)

미숙성이라는 또 다른 특질을 낳는다. 전통시대 남성 문인들에게 있어서도 시문은 학문 및 인격 수양보다 부차적인 것이었으나, 최소한 남성 문인들은 일종의 제 2전공으로서 오랜 기간에 걸쳐 문학능력을 연마하기에 한 명의 시인에게서도 생애주기별로 다양한 층차를 이루는 시세계가 존재하게 마련인데,[31] 이런 다양성은 어린 나이에 시를 시작하고 스스로 빨리 접어야 하는 여성에게는 애당초 허락되지 않는 층차였다. 안동 장씨의 경우에도 10세 전후에 이룬 소수의 시는 全篇이자 그녀 문학의 최고치여야 했으며, 시간과 노력을 들인 결과물이 아닌 빼어난 천성 -이후 훌륭한 학자로 성장할 아들을 낳고 키울 수 있는 기본 자질이 되는- 의 발로여야 했다. 그래서인지 그녀가 지어 자수첩에 수놓였다는 「聖人吟」·「蕭蕭吟」을 보면 시어의 경제성을 깨뜨리는 글자와 단어의 지나친 중복이 눈에 띄지만, 이러한 아마추어리즘과 일종의 '拙'함[32]은 10세 전후에 시를 완성한 이후 스스로 놓는

---

31) 이를테면 청 趙翼의 다음과 같은 시는, 어떤 시대의 시가 훌륭한가와 같은 詩論을 논하는 다소 특수한 맥락이기는 하나, 한 명의 시인의 시세계 내에서도 초·중·만기의 다양한 단계와 양태가 갖추어져 있다는 인식을 보여주는 예이다. 趙翼, 『甌北集』, 권53, 〈論詩〉. (원문은 中國基本古籍庫 DB에서 접함.)
　　詞客爭新角短長　문인들이 새로움과 길고 짧음 다투며
　　迭開風氣遞登場　번갈아 風氣를 열고 교대로 등장하네.
　　自身已有初中晩　자신에게 이미 초·중·만기 있거늘
　　安得千秋尙漢唐　어찌 천추토록 한·당만 숭상하리?
　　또한 청 趙翼은 『甌北詩話』에서 육유를 논하면서 육유의 시가 모두 3번 변했다(종파가 본래 두보에게서 나왔고, 중년 이후 더욱 스스로 문장을 짓는 데 궁리하여 재주를 다했으며, 만년에는 平淡함에 나아가 공교함을 구하는 종전의 뜻조차 사라지는 시의 변화를 거침)고 서술함으로써 한 시인의 사상 및 창작의 발전 내지 변모 과정을 고찰하는 성격의 논의를 펼친 바 있다(조익 저·송용준 역해, 『구북시화』, 서울대학교출판부, 2009, 784쪽 곽송림 '후기' 부분을 참조하여 기술함).

절제력을 보이며 가사와 자식 교육에 전념한 위대한 어머니의 일면으
로서 같은 학파의 문인들에게 오히려 더욱 깊은 인상을 남겼을지도
모른다. 이와 관련하여 안동 장씨의 아들 李玄逸(1627-1704)이 쓴 안
동 장씨의 다음 행실기는, 시대가 강요하고 그 안의 여성들이 내재화
하여 전 생애에 걸쳐 묵묵히 체화시킬 수밖에 없었던 '자발적 재능
폐기 서사'의 전형을 보여준다.

> 시와 글씨에서도 따로 공부한 것은 없었는데도 잘했다. … 그러나
> 이것은 모두 10세 전후의 일이었다. 점점 자라서 열다섯 살쯤 되었
> 을 때는 시를 짓거나 글씨를 쓰는 일은 모두 여자가 할 일이 아니라
> 여기고 마침내 끊어버리고 하지 않았다. 그리하여 좋은 글과 아름다
> 운 작품들이 많이 전하지는 않는다.[33]

10세 전후라는 극히 제한된 시기에, 극소수의 시만을 남기고, 그
중 남성들에게 가까스로 '발굴'된 두어 편의 시가 자수첩에 수놓여질
때에도 텍스트의 밑바탕만을 제공하고 글씨와 자수에 관여하지 않은
안동 장씨의 사례는, 오랜 시간 동안 회화의 제반 장르를 섭렵하여 그
그림이 세간에 두루 유전되는 상황을 발생시킨 신사임당보다도 조선

---

32) 관련하여 이동환은 안동장씨의 시세계를 논하면서 심학적 주제의식과 맞물린
'소졸성' 내지 '소졸의 양식', "언술 내용 단위들의 단순·소박한 직접적 연결 양
태" 등을 그 한 표현적 특징으로 지적한 바 있다(이동환, 「안동장씨부인의 詩
精神: 주체와 화해에의 신념」, 『한국고전여성문학연구』 1, 한국고전여성문학
회, 2000, 14·19쪽).

33) 李玄逸, 『葛庵集』, 권27 行狀, 「先妣贈貞夫人張氏行實記」, "於詩於字畫, 亦不待學
習而能, …(중략)… 然此皆十歲左右時事, 稍長及笄, 以爲作詩若書字, 皆非女子所
宜, 遂絶不爲, 故佳章妙蹟不多傳."

후기 남성 문인들이 기대하는 여성문예의 조건에 더욱 들어맞는 경우
였을지도 모른다.

4. 여성문예물의 유전 범위, 자수첩의 안파
   : 규문에서 중국까지

본고에서 다룬 대다수 자수 대상 제발들이 그 작가의 학파 및 자
수 관련 여성들의 출신 가문으로 볼 때 남인, 혹은 일부 소론인 경우
가 많은 것도 하나의 주목되는 점이다. 필자의 현재 역량상 노론 문인
들의 자수 제발 전체를 조사, 개괄하지는 못한 상태이나, 노론의 경우
에는 자수와 같은 가내 수공예품의 생산으로 만족하지 않는 신사임당
과 같은 대화가를 보유하고 있었기에 남인들과는 상황이 달랐을 것임
을 우선 짐작해볼 수 있다. 신사임당이 자수에도 능했다는 옛 문헌기
록34)이라든가, 신사임당의 초충도가 繡本이나 자수의 도상, 도안적
양식과 밀접한 관련이 있음을 밝힌 선행연구들35)이 물론 있다. 이런

---

34) 이를테면 이이가 모친에 대해 직접 쓴 「先妣行狀」에 신사임당이 경전, 문학, 글
   씨, 그림 등에 뛰어났고 아울러 針綫, 자수에까지 능했다는 기록이 있으며(이
   이, 『栗谷全書』, 권18 行狀, 「先妣行狀」, "又工於針綫, 乃至刺繡, 無不得其精妙"),
   黃胤錫, 『頤齋亂藁』에서는 그림과 자수에 아울러 통한 드문 여성으로 신사임당
   을 예시하였다(『頤齋亂藁』 내 본 기록의 원문과 번역문은 강관식, 「조선 후기
   지식인의 회화 경험과 인식」, 강신항 외 저, 『(이재난고로 보는) 조선 지식인의
   생활사』, 한국학중앙연구원, 2007, 515쪽 참조). 이 밖에 신사임당의 자수와 관
   련된 발문으로는, 허백련이 쓴 사임당 자수 병풍의 발문(해당 원문은 이은상,
   『사임당의 생애와 예술』, 성문각, 1994, 348쪽 참조)이 있음.
35) 일례로 고연희의 신사임당 관련 논저에서 18세기 신사임당 초충도의 모사, 제
   작시 회화와 자수가 서로 넘나들며 임모된 점이 도상적으로 분석된 바 있다

사례들은 신사임당과 자수의 관계가 밀접하며 규방 내 많은 자수의
창작자들로서 신사임당도 예외 없음을 보여주지만, 그럼에도 신사임
당은 회화가 主이고 자수는 어디까지나 附에 그친 당당한 여성화가의
사례라고 할 것이다. 이런 예외적 상황에서 신사임당의 자수는 어떤
의미를 지니고 완상되었는지를, 宋時烈의 5대손인 宋煥箕(1728-1807)
의 다음 제발이 잘 보여주고 있다.

> 내 일찍이 **우리 선조 文正公(송시열의 시호)께서 지으신 「師任堂
> 畵蘭跋」**을 보았더니 "그 손 아래 나타난 것이 오히려 혼연히 천연스
> 레 이루어질 수 있었다"라 하셨다. 지금 이 자수 주머니를 보니 손
> 안의 실(바느질감)에서 나온 것이 극히 정묘하고 또한 천연적으로
> 이루어진 것 같으니, 여자의 일거리에 공교한 점으로는 논할 것도
> 없거니와, 그 옷감 짜기와 여공의 법도를 얻은 것은 진실로 능히 바
> 르지 못했다면 어떻게 그 정묘함이 이같을 수 있겠는가? 그런데 또
> 듣자니 **석담선생 형제들이 신혼 때에 차례대로 돌려 가면서 지니고
> 있었다**고 하는데, 그 손 안의 바느질감을 정말로 응당 아끼고 잘 간
> 직하길 극진히 하셨으리라. 지금 수백년 넘어서도 먼 후손들이 보배
> 로이 여기는 것이 마땅히 또한 어떠하겠는가. 하루는 부인의 장남
> 죽곡공의 8대손인 노원 씨가 그 조카인 안신을 시켜 이 주머니를 받
> 들어 지니고 멀리서부터 와서 나에게 보이며 **"畵蘭跋의 사례처럼(예
> 전에 송시열이 신사임당의 난초 그림에 畵蘭跋을 써주었던 일처럼)
> 한 말씀 써주시길 원합니다"**라고 했다. 아! **부인의 친필 그림이야 사**

(고연희, 「신씨의 예술혼, 미궁에 떠돌다」, 고연희·이경구·이숙인·홍양희·김수
진 저, 『신사임당, 그녀를 위한 변명: 시대와 권력이 만들어낸 신사임당의 이미
지 변천사』, 다산기획, 2016, 61-71쪽 참조).

람들이 많이들 보았지만, 이 주머니가 있다는 것을 아는 이는 적었
는데, 내 이제 얻어 보았으니 어찌 큰 행운이 아니랴. 삼가 이 글을
적어 지금과 후세에 고하노라.[36]

송환기는 신사임당의 친필 그림을 실견한 이가 많은 데 반하여 이
繡囊의 존재를 아는 이는 적은데 이를 접하고 제발을 부치게 된 것을
감격해한다. 보통 소수의 문예물만을 남겼던 전통시대 여성들로서는
자수가 그 대표적인, 혹은 유일한 유품이 되는 경우가 많았겠지만, 조
선 예단에서 극히 예외적인 존재였던 본격 화가 신사임당으로서는 그
녀의 많은 작품들 중 자수 쪽이 오히려 희소 가치를 띠게 되는 逆轉
의 상황이 발생한 것이다.

또한 송환기는 신사임당의 자수 주머니가 "石潭(李珥를 말함)先生兄
弟新婚時"에 그들의 손을 탄 모친 사임당의 유품임을 상상하며 의미부
여하고 있는데, 이는 실생활적 용도와 밀접한 만큼 본격적인 예술작품
과는 거리가 있는 자수품이 오히려 학파적 聖物로서의 가치를 갖기에
유리한 면도 있음을 시사한다. 율곡 이이라는 서인-노론계의 鼻祖가
그 가족 간에 공유했던 일상 생활용품으로서의 繡囊은 이이 가문 내의
유물일 뿐만 아니라, 노론 문사들 내에서 그 가치가 음미, 완상되기에
부족함이 없는 대상으로 격상된다. 이에 송환기는 자신의 선조 宋時烈

---

36) 송환기, 『性潭集』, 권15 跋, 「師任堂繡囊跋」, "竊嘗覽我先祖文正公所題師任堂畵
蘭跋, '其見於指下者, 猶能渾然天成.' 今見此繡囊, 出於手中線者極精妙, 亦若天成,
有不可論以巧於女紅也. 其得於纖紝組紃之矩度者, 苟不能正, 何以精妙若是乎, 抑
又聞石潭先生兄弟新婚時, 次第輪珮, 其於手中線, 固宜愛護之極矣, 今踰數百年,
雲仍之珍葆, 當復如何哉. 一日夫人之長胤竹谷公八世孫魯元甫, 使其從子安信奉持
此囊, 而遠來示余曰, 願有一語如畵蘭跋例, 噫! 夫人之手畵, 人多見之, 而其知有此
囊則鮮矣, 余今獲見, 豈非大可幸. 謹玆書庸識之, 以諗夫今與後."

작 「師任堂畫蘭跋」37)에서 구사된 것과 유사한 평어로 이제 「師任堂繡囊跋」에 발문을 부쳐, 송시열 및 그의 후예가 신사임당 작품을 열람한 후 그 가치를 보증하는 제발을 부치는 형식을 재현하고, 이 과정에서 신사임당의 그림에 못지 않은 자수품의 가치를 역설하고 있는 것이다.

다른 한편으로는 송환기의 글을 통해 규방과 가정, 가문 내에서 주로 보존되어 온 자수품이 후손 대대로 전해지는 그 폐쇄적 遺傳 경로로 인해 진품으로서의 확고한 신빙성을 확보하게 되는 일면을 상기해 볼 수 있다. 기실 17세기-20세기 초는 서인-노론계 문사들 사이에서 금강산 및 관동 지방의 명승지 유람중 강릉 松潭書院에 들러 첨배하고 그 안에 비장된 신사임당의 그림을 열람하는 문화적 관행이 확립되어 있던 시기였다.38) 강릉 송담서원에 신사임당의 그림이 초충도, 난초도, 산수도 등 화목별로 고루 모여 보관된 정황은, 율곡 이이를 모신 서원에 걸맞는 비장품이라는 명목이 있기는 했으나, 그 자체로 본격 화가로서의 신사임당을 인증하는 그녀 작품의 존재 증명소와도 같았다. 이런 양상은 애초 남성 위주 사회가 여성 문예물의 파급 범위에 대해 지정, 요구하는 자리인 규문의 판도를 완전히 넘어선 면이 있었기에,39) 신사임당과 이이의 후손들은 종종 송담서원의 그림들이 증언하는 신사임당의 화가로서의 거대한 존재감을 희석시키거나 일부 부정하는 일화 및 담론들을 추가적으로 만들어내야 했다.40) 이런 상황 속에서

---

37) 송시열, 『宋子大全』, 권146 跋, 「師任堂畫蘭跋」.
38) 졸고, 「경관의 학통적 전유: 강릉 송담서원과 신사임당의 그림」, 『우리어문연구』 64, 우리어문학회, 2019.
39) 이상의 두 문장은 졸고, 위의 논문, 194·224쪽의 내용을 토대로 재서술함.
40) 이를테면 1769년에 신사임당의 7대손 이선해(1717-1776)는 세상에 전하는 신사임당의 그림이 대개 가짜라고 주장하며 그녀가 처음 시집왔을 때 일가 어른의

세간에 알려지거나 두루 열람되는 대신 가문 내의 후손들끼리 전해 온 繡囊은 신사임당의 그림을 둘러싼 위작 시비에서 자유로웠을 것이며, 전문 화가가 아니라 女功에 충실한 규방 내의 현모양처로서의 신사임당을 아무런 혐의점 없이 특필할 수 있는 드문 계기였을 것이다.

여성의 문예물을 둘러싼 위작 내지 표절 시비, 또는 신뢰성의 담보 문제는 자수와 여성 시문이 결합될 때에도 중요한 문제가 된다. 이를 잘 보여주는 것이 조선초 중종 시대의 인물이자 기묘사화가 일어나자 은거했다는 俞汝舟의 부인 金林碧堂의 사례이다. 특히 金林碧堂의 시는 『國朝詩刪』과 같은 조선시선집뿐만 아니라 『列朝詩集』, 『名媛詩歸』에 그 시가 실려있다는 점이 조선시대에도 이미 주목되었다. 다만 특히 중국시선집들에 그녀의 이름으로 실린 시들이 실상 다른 사람의 것이라는 점은 현대의 연구자들[41]뿐만 아니라, 조선후기 南九萬(1629

강권으로 놋 쟁반에 포도를 그리고 바로 지워내 자신의 그림이 전파되는 것을 스스로 막았다는 집안 내에서 유전되는 일화를 그 근거로 제시하였다. 강릉 송담서원에 소장된 신사임당 그림을 익히 전해들어 알고 있었던 黃胤錫은 이선해의 주장에 오히려 의아함을 표하는데, 이에 이선해는 신사임당이 소싯적에만 그림을 그리고 장성해서는 스스로 중단했기에 진본이 매우 적으며, 세간에 신사임당 그림으로 전해지는 많은 그림들은 실상 신사임당의 딸인 이매창의 작품이라고 해명한다. 강관식은 이선해의 이러한 신사임당 그림 관련 증언에 대하여, 17세기 조선성리학의 저변화를 거쳐 여성에게 성리학적 內訓의 실천을 강력하게 요구했던 18세기의 분위기와 해석이 반영된 '해석학적 담론'으로 평가한 바 있다. 黃胤錫 『頤齋亂藁』에 수록된 본 기록의 원문과 번역문, 분석에 관해서는, 강관식, 앞의 논문, 505-513쪽을 참조하였음.

41) 김임벽당의 시가 중국시선집에 시록된 것의 오류를 정리하고 변증한 논저들로는, 손찬식, 「임벽당 김씨의 생애와 시문학 연구」, 『인문학연구』 117, 충남대학교 인문과학연구소, 2019, 249-284쪽 ; 張伯偉, 「中朝 외교활동과 조선여성시문의 편찬 및 전파」, 『열상고전연구』 35, 열상고전연구회, 2012, 443-446쪽 ; 양판, 「『名媛詩歸』 소재 조선전기 여성 한시 연구」, 부산대 석사논문, 2021, 19-20쪽 참조.

-1711)부터도 이미 지적했던 사실42)이었다.

　여기서 재론할 것은 이렇듯 남성의 시보다 훨씬 적은 여성의 작품
이 국내외에 유전될 때 잘못된 정보를 동반한 채로 계속 유포되기 십
상인 상황에서, 자수라는 가문 내 유품에 실린 여성의 시가 그나마 신
뢰성을 확보하기 용이하다는 점이다. 『林碧堂七首稿』에 부친 남구만
의 제발에서는 임벽당이 베개 모서리에 수놓은 시인 枕角繡詩에 대해
서 문장과 운치가 가장 고상하고 바르다며 일종의 기준작으로 놓고,
이에 반해 남구만이 燕京의 館舍에 들어가 얻어 본 『名媛詩歸』에 실
린 소위 임벽당의 楊柳詞는 풍격이 크게 다르며 『列朝詩集』 소재 임
벽당 시들 역시 그 내용 및 사실관계로 볼 때 다른 이의 시라고 기술
하였다. 여기서 임벽당 枕角繡詩가 진위 평가의 한 기준이 되는 것은
남구만의 서술대로 물론 그 풍격과 수준 때문이기도 하겠으나, 다른
한편으로는 집안사람의 기록에서 나왔다는 임벽당의 다른 시들43)와
마찬가지로 임벽당 본인의 시라는 출처와 근거가 명확하다는 이유도
작용했을 법하다. 여성의 솜씨와 手澤이 깃든 베개 모서리에 수놓인
시는 일화와 함께 전해오는 선조의 유품이라는 측면에서도 소중하지
만, 다른 한편으로는 一家 내의 폐쇄적 유전 경위를 담보하므로 시 작
품의 진위 여부에서도 상대적으로 자유롭게 되는 장점이 있었다.

　또한 여기서 특기할 만한 자수의 특질은, 때로 자수품이 여성문학
의 연장이자 보완자료이면서, 얼마 남지 않은 시문들로 후대에 가문
내에서 여성문집을 재구하고자 할 때 하나의 자료가 된다는 점이다.

---

42) 남구만, 『藥泉集』, 第27 題跋, 「題林碧堂七首稿後 辛未」. 이 글의 원문 및 번역
　　문은 민족문화추진회 역 고전국역총서 『藥泉集』을 활용함.
43) 이상의 내용들은 남구만, 위의 글 참조.

김임벽당의 후손부터가 그녀의 枕角詩, 집안에서 전해오는 시, 『國朝詩刪』과 『列朝詩集』에 그녀의 이름으로 실린 시 등 얼마 되지 않는 것을 모아 『林碧堂七首稿』라는 것을 꾸리고 남구만 등 당대 명사들의 제발을 받았으며,[44] 안동 장씨의 시를 포함한 자수첩이 그녀의 다른 시들과 함께 장첩되고 서울의 명사들에게 열람됨으로써 수공예품과 시 텍스트가 함께 감상되었던 점을 다시 상기해보자. 이 두 사례는 한 여성의 생애 전부의 시로서는, 남성의 시문집에 비하면 작품 수나 분량 면에서 너무나 零細하기에 시문집이라 부르기도 애매하다는 인상은 있으나, 최소한 전통시대에 자수가 시작품을 실어나르는 하나의 통로이자 확실한 보존 형태로서 문헌 텍스트와 함께 병존하고 있었던 상황을 보여준다. 이런 경우 자수 작품은 시를 전하고 가문 내외에 전달하는 믿을 만한 한 증빙자료가 되며, 여기에 다른 작품들이 모아지고 더해져 명사들의 서발문을 받으면 첩이나 문집 형태의 또 다른 여성 관련 문헌이 꾸려질 수 있었던 것이다.

한편 남구만이 임벽당의 자수에 제발을 쓴 시기는, 이미 한중교류가 활발해져 조선 여성의 작품이 중국시선집에 실리고 그런 서적들의 유입이 다시 조선 내 여성시문의 편찬 내지 시선집 편입, 재록에 자극과 영향을 미치던 시대였다.[45] 이런 시대상은 한편으로는 임벽당과 같은 가문 내 여성시인의 국제적 유명세를 은근히 자랑하고 명사들의 서발을 받아 책으로 꾸미고자 하는 후손들의 열망을 불러일으키기도

---

44) 남구만, 위의 글 참조.

45) 張伯偉, 앞의 논문, 443쪽에 명대의 選本이 조선문단에 자극을 주어 조선 본국의 여성시문집 편찬이 유발되었음이 기술되었고, 『林碧堂遺集』을 꾸민 7대손 俞世基의 편찬 동기 역시 『列朝詩集』의 자극을 받았기 때문이라고 張伯偉는 보았다.

했으며, 이런 후손의 청탁에 기반한 제발문은 그러한 요구 및 의도에
맞추어 여성시인의 재능을 순수하게 칭송46)하거나, 서발문 작가들의
해외체험을 반영하여 시인의 성별을 떠나 그 시의 해외 유전에 찬탄
의 시선을 보내는 서발문47)들로 이어지기도 했다.

그러나 여기서 다시 한번 짚고 넘어갈 것은, 허난설헌 시의 전파에
서도 보이듯 활발한 해외체험의 열기와 이에 따른 여성시문의 화려한
조명을 익히 경험해 온 시대임에도, 규문의 안팎을 넘나들다 못해 이
제 해외까지 유전되는 여성시인의 所産에 대해서는 수량적 제한 조
건, 婦德으로의 포장 등 남성문인에 대해서는 필요치 않을 겹겹의 해
명과 정당화의 논리가 계속 첨가되기도 한다는 점이다. 남구만은 「金
夫人枕角繡詩序」에서 김임벽당이 그 성정을 표출한 글이 생전에는 더
많았을 것이나, 그녀가 쓰던 베개 모서리의 자수에 의탁해 전해오는
것은 절구시 두 수뿐임을 명시한다. 이런 小數性과 소박한 규모는 그
자체로 임벽당 시의 희소 가치를 보증하는 것이기에 의미 있기도 하
지만, 다른 한편으로는 回文體 시를 비단 자수나 소반에 공교롭게 다
작하여 세간의 이목을 끈 역대 중국 재녀들(前秦 시대 竇滔의 아내인
蘇氏의 200여 수 비단 자수 회문시, 蘇伯玉의 아내의 盤中詩)의 자수
관련 시와 미묘한 대립 지점을 이루는 것으로 남구만은 기술하였
다.48) 요컨대 자수라든가 소반처럼 여성의 규방 내 생활용품·가사노

---

46) 『林碧堂七首稿』, 序跋 「跋」 3(尹拯). (본 작품은 張伯偉 主編 俞士玲·左江 參編 『朝
鮮時代女性詩文集全編 上』, 南京: 凤凰出版社, 2011, 18쪽 원문입력내용으로 접함.)
47) 『林碧堂七首稿』, 序跋, 「跋」 6[1](南龍翼). (본 작품은 張伯偉 主編, 위의 책, 23
쪽 원문입력내용으로 접함.)
48) 남구만, 『藥泉集』, 권27 序, 「金夫人枕角繡詩序 辛未」. 이 글의 원문 및 번역문
은 민족문화추진회 역 고전국역총서 『藥泉集』을 활용함.

동과 밀접한 시라 해도, 이에 실린 여성의 시가 지나치게 수다한 다작·거편이거나 심대한 기교를 요한다면, 이는 이미 여성시인의 기교를 한껏 과시한 본격 문예물로서 婦德과 女功의 범위를 뛰어넘기에 문제될 수 있는 것이다. 즉 이 시기 여성시의 해외 전파가 여성 문예의 가능성을 확장하고 그에 대한 조선문인들의 시선을 한층 누그러뜨리는 와중에도, 종래의 여성 인식이 급변하는 시대 조류에 완전히 발맞추지는 못하기에 끝까지 따라붙는 제한 조건들은 여전히 없지 않았다. 남구만의 제발 사례는 여성 작품의 유전에 놀라면서도 한편 꺼리고, 남성 문사의 경우라면 그렇게까지 절실히 필요치 않았을 방어와 해명의 논리로 여성의 문예 활동을 길들이는 여러 겹의 기제를 감지케 한다.

　여성의 부덕이라는 대전제를 가지고 여성문예를 가늠하는 양상은 남구만이 貞明公主의 글씨에 대해 부친 다른 산문에서도 확인되는 것이다. 남구만은 이 글에서 공주 아들의 題跋 청탁하는 말을 받아 정명공주가 西宮에 유폐되었던 광해군 재위기의 어린 시절 모친 仁穆王后의 울적함을 위로하려는 효녀의 심성으로만 글씨를 쓰고, 下嫁 이후에는 스스로 文翰을 포기하며 깊이 재능을 감춘 겸양의 자세를 칭송했으며, 공주의 이런 면모를 재능을 과시하여 집안에 우려를 끼치는 재녀들과 비교하면서 한층 높이는 전략을 구사하고 있다[豈可與後世才婦女憂弟子之逼者同日道哉].[49] 요컨대 남구만의 이런 제발문은 여성의 재능에 대한 抑揚과 양가적 시선이 함께 가는 사례라 할 것이다.

　여성예술가의 성취와 명성을 가문 내외에 은근히 자랑하면서도, 최종적으로는 이런 존재를 婦德의 범주로 갈무리하면서 여성 시문의

---

49) 남구만, 『藥泉集』, 第27 題跋, 「貞明公主筆蹟跋 辛巳」. 이 글의 원문 및 번역문은 민족문화추진회 역 고전국역총서 『藥泉集』을 활용함.

전파에 뒤따라올 수 있는 부덕의 손상을 최소화하려는 의식은 후손들의 발언이나 글에서도 곧잘 산견되는 것이다. 일례로 유여주의 7대손으로 김임벽당의 후손인 俞世基가『林碧堂七首稿』에 부친 跋의 초중반에서는 여성 선조의 시가『列朝詩集』에 3수나 실린 일에 못내 감격해하면서 출발하지만, 그 끝부분에서는 임벽당 김씨가 閨範을 높여서 총명하고 글을 잘했으되 "집안 사람들은 그 시 읊는 모습을 드물게 보았으며 오직 女工만을 일삼았다"는 조부의 전언으로 글을 맺었다.[50] 남성들이 김임벽당에게 바랐던, 女工에 충실한 결과 이렇듯 재능을 감추고 寡作하는 모습은 한편으로는 그녀의 남아 오는 시가 극히 적은 것을 뒷받침하는 담론이 되었을 것이며, 다른 한편으로는 그녀의 枕角繡詩 같은 시를 더욱 호평하는 근거도 되었을 법하다. 시를 읊는 여성의 목소리를 대체하고 女工의 범주 안으로 갈무리되는 것이 직공으로 물질화된다면 枕角繡詩와 같은 형태의 자수와 시가 혼합된 텍스트에 가까웠으며, 이것이 후손들에게 대대로 전해올 때 여성문예와 女工이 어떤 균형점을 이루며 공존하는 담론이 만들어졌다.

5. 나가며

제발이라는 산문 형식 자체는 유전되고 살아남은 작품에 대한 일

---

50)『林碧堂七首稿』, 序跋,「跋」1(유세기), "…(전략)… 王父嘗以長老所傳者語於家子弟曰: 金氏婦道尊閨範, 正爲一門宗族之儀則, 性又聰悟善屬文, 而家人罕見其吟哦, 唯以女工爲事, 今之所留傳者, 乃遇境口號之餘云." (본 원문은 張伯偉 主編, 앞의 책, 16쪽 원문입력내용으로 접함.)

종의 존재 증명이자 그 가치의 증명이라 할 수 있다. 그런데도 자수에 부친 많은 제발들은 詩와 같은 여성의 문예물이 빼어난데도 많지 않아 소중하기는 하지만 또한 많아서는 안 된다는 일종의 규제 논리를 포함하고 있었으며, 이런 측면은 전통시대에 여성 문예가 처한 태생적 不毛의 조건 -여성 문예물의 연령별 창작 시기, 수량, 유전 범위 등 많은 것을 제한짓는- 을 말해준다. 奉祭祀 接賓客 등의 가사 범주를 벗어나는 양반가 여성의 문예활동에 대한 원론적 금기가 상당했던 시대에, 자수와 詩의 결합은 이런 사례가 많지는 않을지라도 하나의 활로가 될 수 있었다. 즉 여성의 시문서화 창작 자체는 문제적일 수 있으나, 그것들이 자수의 형태로 마감된다면 女功과 가사의 범위에 안착되면서 남성 중심 사회문화의 금기를 얼마간 피해갈 수도 있었다. 그러나 다른 한편 본고에서 안동 장씨와 김임벽당의 사례를 통해 다룬 것처럼 바느질감에 얹어져 규문 내부에서만 전해질 것 같던 자수 위의 시가 때로는 서울과 조정에까지 전해지거나, 중국시선집에 실렸다는 시들(비록 해당 시인의 眞作은 아니었지만)과 합쳐져 가문 내에서 또 다른 여성 시문집 편찬의 계기가 되던 것을 보면, 창작주체인 여성들 스스로가 의도하지는 않았을지라도 繡詩라는 형식은 생각보다 강한 생명력과 가능성을 갖고 있었을지도 모른다. 예술 주체의 자리에서 대개 소외되어 있었던 전통시대 여성들의 입지를 떠올린다면, 비록 본격 예술 장르가 아닌 직공의 위치에 머무르는 것처럼 보일지라도, 복합적 성격의 예술품으로서 유의미하게 완상되고 나름의 의미망을 형성했으며 여성생활사적 의의도 적지 않은 자수의 문예사적 가치를 재고해볼 필요가 있을 것이다.

별지 추가 자료 (참고도판)

도 1.『傳家珍玩』 표지
도 2.『傳家珍玩』 <(세화)십장생도>, 1605, 26×42㎝, 개인소장, (『제13회 옥선 단 경매』 도153)

▲ 도판출처: 양수정,「조선 17세기 繡帖의 문예사적 가치」,『한국민화』 13, 한국민화학회, 2020, 13쪽.
  → 양수정, 위의 논문, 13-14쪽에 의하면 성호 이익과 강세황의 제발이 부쳐진 김씨의 자수가 바로
  옆 작품(『전가진완』)이라고 함.

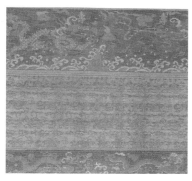

▲ 도판출처: 안동장씨 지음, 한복려·한복선·한복진 엮음,『다시 보고 배우는 음식디미방』, 궁중음식연
  구원, 2010, 14-15쪽.
  → 안동 장씨 관련 자수 (傳家寶帖 내 八龍繡帖)

참고문헌

1. 저서

金熙紹, 『文泉集 乾』 (유교넷 홈페이지(https://www.ugyo.net) 소재 원문 影印
　　本 이미지.)
李周遠, 『眠雲齋文集』 (한국역대문집총서 No. 2152 『眠雲齋文集』 / 한국역대문
　　집DB 소재 원문 影印本 이미지 접함.)

- 한국고전번역원 한국고전종합DB로 원문 확인(각주 중에 별도의 구체적인 출처
　표기가 되어 있지 않는 문헌들은 모두 '한국고전종합DB'를 통하여 접함):
　목만중, 『餘窩集』 / 송시열, 『宋子大全』 / 송환기, 『性潭集』 / 이광정, 『小山集』
　/ 이원익, 『梧里集』 / 이이, 『栗谷全書』 / 이헌경, 『艮翁集』 / 이현일, 『葛庵集』
　/ 정범조, 『海左集』 / 조문명, 『鶴巖集』

- 한국고전번역원 고전번역서(한국고전번역원 한국고전종합DB로 역주 내용 확인)
　남구만, 『藥泉集』 / 이익, 『星湖全集』

趙翼, 『甌北集』. (원문은 中國基本古籍庫 DB에서 접함.)

조익 저·송용준 역해, 『구북시화』, 서울대학교출판부, 2009.

장지연 편, 『대동시선 하』, 아세아문화사, 2007.
허미자 편, 『朝鮮朝 女流 詩文全集 2』, 태학사, 1988.

강세황 저, 박동욱·서신혜 역주, 『표암 강세황 산문전집』, 소명출판, 2008.

서경희 역주, 『18세기 여성생활사 자료집 6』, 보고사, 2010.

오세창 편저, 동양고전학회 역, 『국역 근역서화징 상』, 시공사, 1998.

이재호 역, 『(국역) 정부인 안동 장씨 실기』, 국역 정부인 안동 장씨 실기 간행
　　소·삼학출판사, 1999.

이혜순·정하영 역편, 『한국고전여성문학의 세계: 산문편』, 이화여자대학교 출판
　　부, 2003.

일연 저, 이재호 역, 『삼국유사 1』, 솔, 1997.

진홍섭 편저, 『한국미술사자료집성 5』, 일지사, 1996.

경기문화재단 실학박물관 편, 『퇴계학과 근기실학』, 경인문화사, 2014.

이은상, 『사임당의 생애와 예술』, 성문각, 1994.

야나기 무네요시 지음, 박재삼 옮김, 『조선과 예술』, 범우사, 1989.

정민, 『한시미학산책』, 솔, 1996.

張伯偉 主編, 俞士玲·左江 參編, 『朝鮮時代女性詩文集全編 上』, 南京: 凤凰出版
　　社, 2011.

2. 논문

강관식, 「조선 후기 지식인의 회화 경험과 인식」, 강신항 외 저, 『(이재난고로 보
　　는) 조선 지식인의 생활사』, 한국학중앙연구원, 2007.

고연희, 「신씨의 예술혼, 미궁에 떠돌다」, 고연희·이경구·이숙인·홍양희·김수진
　　저, 『신사임당, 그녀를 위한 변명: 시대와 권력이 만들어낸 신사임당의
　　이미지 변천사』, 다산기획, 2016.

권행가, 「북한 수예와 여성 미술」, 『인문과학연구』 29, 덕성여자대학교 인문과학
　　연구소, 2019.

김기완, 「경관의 학통적 전유: 강릉 송담서원과 신사임당의 그림」, 『우리어문연구』

64, 우리어문학회, 2019.

김기완, 「여성·화가 간의 균열과 봉합의 기제: 17-18세기 여성화가 담론을 중심
　　　으로」, 동방한문학 89, 동방한문학회, 2021.

손찬식, 「임벽당 김씨의 생애와 시문학 연구」, 『인문학연구』 117, 충남대학교 인
　　　문과학연구소, 2019.

양수정, 「조선 17세기 繡帖의 문예사적 가치」, 『한국민화』 13, 한국민화학회, 2020.

양판, 「『名媛詩歸』 소재 조선전기 여성 한시 연구」, 부산대 석사논문, 2021.

이동환, 「안동장씨부인의 詩精神: 주체와 화해에의 신념」, 『한국고전여성문학연
　　　구』 1, 한국고전여성문학회, 2000.

이혜순, '제 6장 19세기 초 이빙허각의 『규합총서』에 나타난 여성 실학 사상',
　　　『조선조 후기 여성 지성사』, 이화여자대학교출판부, 2007.

張伯偉, 「中朝 외교활동과 조선여성시문의 편찬 및 전파」, 『열상고전연구』 35,
　　　열상고전연구회, 2012.

| 2부 |

박제가와 한·중 묵연(墨緣)

2022년 11월 17일,
『호저집(縞紵集)』 번역서 발간 기념 실학박물관
학술회의에서 발표된 네 편의 논문을 수록하였다.

『호저집』의 편집 구성과 자료 가치

정민 한양대학교 국문과 교수

1. 머리말
2. 『호저집』의 유전(流傳) 경위와 소장자
3. 편자 박장암에 대하여
4. 『호저집』의 편집 원칙
5. 『호저집』의 주요 내용
6. 맺음말

1. 머리말

『호저집(縞紵集)』 6권 2책은 초정(楚亭) 박제가(朴齊家, 1750~1805)의 3남 박장암(朴長馣, 1790~1851 이후)이 부친과 중국 문인과의 교유 기록을 시기별, 인명별로 정리한 필사본 책자이다. 편찬 시기는 부친 사후 4년 뒤인 1809년 5월이다. 이 책은 한중 문화교류사에서 대단히 상징적인 위치를 차지한다. 박제가는 전후 네 차례에 걸쳐 연행에 참여했다. 청조 지식인들과 주고받은 시문과 필담이 집안에 어지럽게 쌓여 있었는데, 기록이 흩어져 사라질 것을 염려해 진행한 편집 작업이었다.

호저(縞紵)란 말은 『좌전(左傳)』 양공(襄公) 29년 조에 나온다. 오나라의 계찰(季札)이 정나라에 갔다가 정자산(鄭子産)과 만나 오래 사귄 벗처럼 가까워지자, 자신이 차고 있던 흰 명주 허리띠를 끌러 선물로 주었다. 정자산은 답례로 계찰에게 모시옷을 벗어 건넸다. 이후 이 단어는 벗 사이에 마음을 담아 서로 주고받은 물품을 가리키는 말이 되어, 깊고 두터운 우정을 나타내는 의미로 쓴다.[1]

박제가는 1778년 처음 연행에 참여한 이래 1790년과 1791년에 연이어 두 번, 그리고 1801년에 한 번까지 모두 네 차례에 걸쳐 중국에 다녀왔다. 비슷한 시기 이희경(李喜經)이 다섯 차례 연행을 했지만, 박

---

1) 호(縞)는 백색의 생견(生絹)으로 만든 허리띠를, 저(紵)는 가는 삼베로 만든 의복을 가리킨다. 『좌전(左傳)』 양공(襄公) 29년 조에 "吳季札聘於鄭, 見子産, 如舊相識, 與之縞帶, 子産獻紵衣焉."라 하였다. 이후 호저는 벗 사이의 깊은 우의를 나타내는 표현이 되었다. 벗 사이에 죽고 받는 선물을 가리키기도 한다.

제가의 4차에 걸친 연행은 북학파 실학자 중에서도 단연 많은 횟수에 속한다. 체류 기간도 제법 길었다.

1776년 유금(柳琴)이 『한객건연집(韓客巾衍集)』을 가져가 이조원과 반정균의 서문과 평비(評批)를 받아온 일로, 1778년 첫 연행부터 박제가의 이름은 이미 연경 문원(文苑)에 꽤 알려져 있었다. 이후 그는 수많은 중국 문인과 교유할 수 있었다. 연행의 역사에서 개인으로 중국 문인과 나눈 교유의 폭이 앞뒤를 통틀어 박제가를 능가하는 경우를 찾기란 쉽지 않다.[2] 추사 김정희가 청조 문인과 폭넓게 교유했지만 단 한 차례 연행에 그쳐 박제가와 견주기 어렵다. 김정희의 중국 인맥부터 박제가의 소개를 바탕으로 이루어진 것이었다.

박제가는 놀라운 시문 창작 능력과 풍부한 학식, 천재적 순발력으로 청조 문인들과 시문 창화와 필담을 나누며 단번에 그들을 매료시켰다. 북경 유리창 거리에 이른바 박제가 신드롬이라 할 만한 현상까지 생겨났을 정도였다. 그와 교유를 갖기 위해 경쟁이 붙었고, 심지어는 쟁탈전이 벌어지기까지 했다. 시문을 보내 적극적으로 교유를 청하는 경우도 많았다. 귀국 후에도 청조의 많은 지식인이 인편으로 소식을 전해왔고, 이렇게 오간 수많은 편지와 시문, 제평(題評) 및 필담 자료에 이르기까지 박제가의 집에는 청조 문인들의 묵적(墨跡)이 산더미처럼 쌓여 있었다. 박제가는 생전에 책자로 엮을 생각으로 이 자료들을 1차 정리해두었으나, 만년의 갑작스러운 귀양과 득병으로 작업을 마무리 짓지 못한 채 세상을 뜨고 말았다. 부친 사후 셋째 아들 박장암이 부친의 유지를 받들어 자료들을 편집해 『호저집』으로 종합

---

2) 안대회, 「초정 박제가의 연행과 일상속의 국제교류」, 『동방학지』 제145집(연세대학교 국학연구원, 2009. 3), 37-64면 참조.

하였다.

하지만, 만년의 박제가는 슬프고 참담했다. 1801년 4차 연행에서 귀국한 직후 그는 사돈인 윤가기(尹可基)의 옥사에 연루되어 귀양을 갔고, 4년 뒤 귀양지에서 병을 얻은 채 돌아와 시름시름 앓다가 세상을 떴다. 아들 박장암은 아버지 박제가의 그 빛나는 기록들을 그대로 사장시킬 수 없다는 판단에서 박제가가 손만 대고 마무리 짓지 못했던 자료의 정리를 시작했다. 그 결과 목차와 범례에 따라 172명에 달하는 청조 사인들과의 교유 기록이 정리되었다.

동아시아 연행사에서 한 개인이 접촉한 인원으로는 단연코 박제가를 넘어설 사람이 없다. 그가 만났던 많은 중국의 지식인들은 대부분 당시 중국 문단에서 쟁쟁한 지명도를 자랑하던 이들이었다. 이 중에는 중국 쪽 기록에 전혀 흔적을 남기지 않은 문인들도 적지 않다. 책 속에 수록된 172명과 중간 주석에 소개된 13인 등 총 185인의 인명록은 말 그대로 18세기 중엽에서 19세기 초에 이르는 청조 학계와 문단의 거공명수(鉅公名手)를 망라하고 있다.

관련 기록은 해당 문인의 개별 문집에도 풍부하게 남아있다. 『호저집』의 기록과 맞춰서 살펴보면, 당시 박제가의 교유가 얼마나 국제적이고 엄청난 것이었는지 실감이 난다. 박제가의 교유 인맥은 다음 세대 추사 김정희와 신위 등에게 그대로 인계되었다. 이를 통한 자극이 조선의 북학을 추동했고, 실사구시, 이용후생 학풍 확산의 견인차 역할을 했다.

이 글에서는 『호저집』의 유전 경위와 박제가의 연행, 『호저집』의 편자 박장암과 편찬 경위 및 편집 구성에 대해 살펴보고, 『호저집』의 주요 내용과 자료 가치에 대해 차례로 알아보겠다.

2. 『호저집』의 유전(流傳) 경위와 소장자

먼저 『호저집』의 유전 경위와 소장자에 대해 알아보자. 『호저집』
은 현재 미국 하버드대학교 옌칭도서관에 완질 필사본이 소장되어 있
고, 이밖에 단국대학교 연민문고에 『호저집』 편집 1책이 낙질 상태로
따로 전한다. 하버드 옌칭도서관 소장 필사본 2책은 포갑에 들어있고,
박장암 친필본으로 보인다. 책 표지의 제첨은 『청조문화 동전(東傳)
의 연구(淸朝文化東傳の硏究)』로 추사 김정희 연구에 큰 자취를 남긴
전 경성제국대학 교수 후지쓰카 지카시(藤塚鄰, 1879-1948)의 친필이
고,3) 책 또한 그의 손때가 묻은 수택본(手澤本)이다. 책 곳곳에 붉은
색 잉크로 쓴 후지쓰카의 친필 메모가 들어있다. 중간중간 본문에 참
고가 될 만한 내용을 카드에 적어 꽂아둔 것도 여러 장이다.

한편 연민문고본 『호저집』 1책은 이가원 선생 소장본으로 그간 책
의 존재가 전혀 알려지지 않았다. 이 책은 첫장에 장서인 3과가 찍혀
있다. 위에는 '연민기념관장도서기(淵民紀念館藏圖書記)'이고, 그 아래
에 '일사(弌史)'와 '윤주찬인(尹柱瓚印)'이란 장서인이 나란히 찍혀 있
다. 원소장자인 윤주찬은 강진 사람으로 자가 사규(士圭), 호가 일사
(一史) 또는 일사(一蓑)라 쓰는데, 고종 때 주사(主事) 벼슬을 거쳐 중
추원 의관을 지낸 경력으로 알려진 인물이다.4) 윤주찬이 이 책을 소

---

3) 하버드대학교 옌칭 도서관에는 후지쓰카 지카시가 소장했던 박제가 관련 자료
   가 여럿 소장되어 있다. 『호저집』 2책과 『정유각집(貞蕤閣集)』 5책, 건상본
   『정유고략(貞蕤稿略)』 등이 그것이다. 관련 내용은 정민, 『18세기 한중지식인
   의 문예공화국』(문학동네, 2014), 제29화, 「그럴까. 과연 그럴까? -후지쓰카와
   의 운명적 만남과 박제가의 제2차 연행」에서 상세히 살핀 바 있다.
4) 안대회, 「호저집」, 『단국대 소장 연민문고 동장귀중본 해제집』(문예원, 2012),

장하게 된 경위는 알 수 없다. 다만 이 책은 제 1책 찬집 부분이 빠진 낙질이다.

여기서 후지쓰카가 『호저집』을 비롯해 박제가의 여러 저작을 손에 넣게 된 경위를 잠깐 살펴보겠다. 후지쓰카는 청대 경학을 연구하다가, 북경 주재 해외 연구자 자격으로 일본 정부의 지원을 받아 1921년부터 1923년까지 2년간 북경에 체류했다. 이때 그는 날마다 유리창 서점가를 출입하며 청대 원각본 서적 수집에 골몰했고 귀국할 때는 거의 몇 만 권의 장서를 모을 수 있었다.

1923년 북경 유리창 서점가를 순례하던 후지쓰카는 진전(陳鱣, 1753-1817)의 『간장문초(簡莊文鈔)』라는 책을 보다가, 그 첫 장에서 진전이 박제가의 문집에 서문으로 써준 「정유고략서(貞蕤藁略敍)」란 글을 발견하였다. 진전의 글을 읽은 후지쓰카는 박제가라는 인물이 몹시 궁금해졌지만, 당시 진전이 이름 대신 자(字)를 써서 '박수기(朴修其)'로 표기하는 바람에 박제가의 바른 이름조차 알 수가 없었다. 그는 여러 책을 뒤지다가 『예해주진(藝海珠塵)』이란 책에 수록된 『정유고략』을 찾아내 비로소 그의 본명이 박제가임을 확인했다.[5]

후지쓰카는 1926년 4월 경성제국대학 교수로 부임해 조선으로 건너와, 다시 탐서 작업을 개시하였다. 어느 날 서울 한남서림(翰南書林)에 들렸던 그가 우연히 보게 된 『사가시(四家詩)』에서 박제가의 이름을 발견하고, 그 후 본격적으로 박제가 관련 자료를 수집하기 시작했다. 얼마 지나지 않아 『정유각시집(貞蕤閣詩集)』과 『정유각문집

843-848면 참조.
5) 후지쓰카 지카시 지음, 윤철규 외 옮김, 『추사 김정희 연구–청조문화 동전의 연구 한글완역본』(과천문화원, 2008), 15면 「머리말」 참조.

(貞蕤閣文集)』을 손에 넣었고, 곧이어『북학의(北學議)』와『호저집』도 구할 수 있었다. 마침내 나빙(羅聘)이 그린 박제가의 초상화까지 구하게 되자 그는 마치 박제가의 전모를 눈앞에 펼쳐 놓은 것처럼 한눈에 살필 수 있게 되었다고 감격에 들떠 술회한 바 있다.6) 후지쓰카는 박제가 그린 것으로 잘못 알려진 〈연평초령의모도(延平髫齡依母圖)〉를 손에 넣기도 했는데, 너무 기뻤던 나머지 자세한 전후 사정을 기록으로 남기기까지 했다.7)

　하지만 몇만 권에 달했던 후지쓰카의 서책은 태평양 전쟁 말기 미군의 도쿄 공습으로 대부분 불에 타버렸다. 집의 방공호에 따로 보관한 덕에 그가 특별히 애장했던 박제가와 김정희 관련 귀중본과 필적 등은 요행으로 살아남을 수 있었다.

---

6) 위 같은 글, 16면 참조. 이밖에 후지쓰카 지카시의 아들 후지쓰카 아키나오(藤村明直)은 아버지를 회고하며 쓴「服部宇之吉 선생과 아버지 藤塚鄰」(『후지츠카 기증자료 목록집Ⅱ』(과천문화원, 2009), 327면에서 "경성에서는 규장각도서관, 한남서림 등이 방서(訪書)의 장소였는데 실제로는 좋은 가치 있는 것이 이 눈을 개운하게 하는 고려야(高麗野)의 평원에서 곤히 잠들어 있는 그러한 기분이었다. … 청조 명언(名彥)의 수찰, 척독, 서책, 한묵, 드물게는 건륭제의 어필 등, 이렇듯 귀중한 문화재가 많게는 이전의 신진(紳縉) 명가의 쇠락한 자손들의 집에 잠들어 있고, 자손들도 선대의 가치도 모르고 있다는 양상으로 이 정체한 아시아 사회에서는 눈앞에 창공만이 남아있다는 것이다. 우리 강호(江戶)시대이 고학자들은 경쾌한 머신과 같은 존재로 청조 경학에 대해 쥐를 노리는 고양이의 집요함이 있었다고 하는데, 아버지도 이 집요함을 계승해 눈을 북위 40도 이남의 산야로 하고 정력적인 비서(祕書) 탐방의 행동을 개시했던 것은 말할 것도 없다."고 부친의 탐서 활동에 대해 술회한 바 있다.

7) 관련 내용은 후지쓰카 지카시,「청선(淸鮮) 문화교류연구의 동기 및 그 과정－박제가와 나」,『추사자료의 귀향』(과천문화원, 2008), 52～56면에 걸쳐 자세히 나온다. 한편 이 그림이 실제로는 위작이었다는 사실은 정민,『18세기 한중지식인의 문예공화국』(앞의 책), 606～629면의「말할 수 없는 기쁨을 준 그림－박제가가 그렸다는 〈연평초령의모도〉에 대하여」에서 자세히 논증하였다.

전쟁이 끝나고 1948년 후지쓰카가 세상을 뜬 뒤, 그의 집안에서는 생계를 위해 일부 고서를 매물로 내놓았다. 『호저집』은 여기에 포함되어 1950년대 초, 하버드대학교 옌칭도서관으로 흘러들어왔다. 공산화 이후 중국과의 국교가 단절되자 미국에서는 중국과의 수출입이 일체 중단되었다. 연구를 위한 서적을 수입할 길이 막힌 상태에서 당시 미국의 대학 도서관들은 홍콩과 일본을 통한 중국 서적 구매에 나섰다. 이런 상황에서 전후의 일본 경제 악화와 맞물려 희귀본 고서가 시장에 쏟아져 나왔고, 일본출판무역주식회사(日本出版貿易株式會社)라는 에이전시가 설립되어 이들 고서를 구입하여 카탈로그로 만들어 미국 도서관에 판매했다.

필자는 2012년 하버드 옌칭연구소에 1년간 방문학자로 체류하면서, 옌칭도서관에 소장된 후지쓰카 지카시 소장본 자료 56종 200여 권을 찾아내 정리한 바 있다. 이들 책에는 거의 예외 없이 일본출판무역주식회사의 스티커가 붙어있다.[8]

후지쓰카는 『호저집』 곳곳에 친필 메모지를 끼워 넣거나 행간에 직접 붉은 잉크로 참고사항을 잔뜩 적어두었다. 문집과 대조하여 원본의 오자를 교정한 흔적도 적지 않다. 이밖에 구분을 위해 붉은 종이를 네모지게 자른 표지를 여기저기 붙여 놓았다. 연대 확인과 인물 소개, 참고 내용 추가, 문장 보완 및 오탈자 교감의 내용 또한 메모로 남겼다. 간지로 표기된 것은 구체적 연도로 밝혀 연대 파악이 손쉽게 하였고, 원문에 오자나 빠진 글자가 있을 경우 붉은 잉크로 수정 표시를 해 두었다.

---

8) 관련 내용은 필자의 『18세기 한중 지식인의 문예공화국』 제38화에서 자세히 밝혔다.

책 상단에 인물 정보나 교감 내용 등 참고사항을 적은 내용도 상당하다. 따로 종이를 덧붙여 추가할 내용을 적어두기도 했다. 중간중간 원고지나 이면지에 쓴 메모 11장이 갈피에 끼워져 있다. 다른 자료에서 연구에 참고가 될 만한 내용을 추려 따로 베껴 써둔 것이다. 당시 자신이 다른 사람에게서 제공받은 박제가의 편지를 원고지에 전사해둔 것도 있다. 또 『호저집』의 메모 중 다섯 군데에 '원적장어망한려(原蹟藏於望漢廬)'와 같은 소장 사실을 적은 메모가 남아있다. 망한려는 후지쓰카가 살았던 종로구 충신동 집의 당호이다. 『호저집』에 수록된 작품 중에 적어도 원본 진적 5편을 후지쓰카가 소장하고 있었다는 뜻이다.

이처럼 많은 메모와 교정 및 참고사항의 추가는 후지쓰카가 이 책을 얼마나 아꼈는지 잘 보여준다. 그는 『호저집』에 등장하는 인물들이 그의 연구 주제였던 청조 문화의 동전(東傳) 과정에서 얼마나 중요한 역할을 했는지 잘 알고 있었다.

3. 편자 박장암에 대하여

『호저집』의 편자인 박장암에 대해 알아보자. 『호저집』의 범례 끝에 "1809년 5월 박장암이 삼가 적다(己巳仲夏, 長馣謹識.)"라고 적은 구절이 있다. 이로 볼 때 『호저집』은 부친 서거 4년 뒤인 1809년 5월에 당시 20세 젊은 나이의 박장암이 편집한 것이다.

『한국문집총간』 해제에 수록된 박제가 연보는 어찌된 일인지 세 아들의 나이를 각각 10년씩 앞당겨 놓았다. 이후 여러 연구에서도 이

것을 따르는 바람에 박장암의 생년이 1780년으로 잘못 굳어졌다. 하지만 『호저집』에 수록된 조강(曹江, 1781–1837)과의 필담에서 자식 몇을 두었느냐는 질문을 받고, 박제가는 "늦게 본 큰애가 그대와 동갑이고, 둘째가 14살, 그 다음이 12살입니다"라고 대답하였다.[9] 박제가가 조강과 만나 필담을 나눈 것이 1801년이고 조강은 1781년생이니 당시 맏아들 박장임(朴長稔)은 21세, 둘째 박장름(朴長廩)은 1788년생 14세, 셋째 박장암이 1790년생 12세가 된다. 이는 『밀성박씨족보(密城朴氏族譜)』의 기록과도 일치하므로 재론의 여지가 없다.

박장암은 박제가의 셋째 아들로 1790년 12월 28일에 태어났다. 자가 향숙(香叔), 호는 소유(小蕤)이다. 아버지 박제가의 호가 정유(貞蕤)여서 부친의 유업을 이었다는 뜻으로 붙인 호이다. 3남이었음에도 박장암이 부친의 적전을 이었다는 상징적인 의미로 볼 수 있다. 그는 사묵(師墨)이란 호도 썼다.[10] 박제가는 슬하에 3남 3녀를 두었다. 맏아들 장임(長稔)은 1781년생이고 자가 이곡(爾穀)이었다. 차남 장름(長廩)은 1788년생이고 자는 희중(餼仲)이었다. 세 딸 중 장녀는 윤겸진(尹兼鎭)에게 시집갔고, 차녀(1776–1799)는 윤후진(尹厚鎭)의 아내가 되었으나 결혼 이듬해에 일찍 죽었다. 특히 윤후진은 역모에 연루되어 사형당한 윤가기의 아들이어서 박씨 족보에서도 이름을 파내고

---

9) 『호저집』 상책 327면.

10) 김정희의 『완당전집』 권10에 수록된 「이묵장의 독행소조에 제하다. 이는 바로 소유 박군에게 기증한 것이다[題李墨庄獨行小照 卽寄贈小蕤朴君耆也]」에 "묵장(墨庄)의 호는 사죽재(師竹齋)인데 군은 또 호를 사묵(師墨)이라고 하였다.[墨庄號師竹齋, 君又號師墨.]"는 주석이 보인다. 박장암은 묵장(墨庄) 이정원을 스승으로 삼겠단 의미로 자신의 서재 이름을 사묵재라 이름 짓고, 이정원에게 편액 글씨를 요청한 일이 있다.

없다. 그리고 남근중(南謹中)에게 시집간 3녀가 있다. 박장암은 6남매 중 막내였다.[11]

소유란 호에 걸맞게 박장암만이 부친을 이어 규장각의 검서관을 지냈다. 유득공의 『고운당필기(古芸堂筆記)』에 따르면 정조는 장남 박장임의 이름을 1795년에 대년검서(待年檢書)의 명단에 올리는 은혜를 베풀었다.[12] 당시 16세였던 박장임이 나이가 차면 검서관에 임명하겠다는 뜻을 표현한 것이다. 또 1796년에 검서관 시취인(試取人) 신분으로 입궐한 기록도 『승정원일기』에 남아있다.[13] 하지만 그 이후 남은 기록이 전혀 없어, 실제로 박장임은 검서관으로 재직하지는 않았던 것으로 보인다.

『승정원일기』 1818년 4월 7일자 기사에, 검서관 박장암에게 종9품 부사용(副司勇)의 군직을 주어 관대(冠帶)를 하고 사진(仕進)케 하였다는 기록이 남은 것으로 보아, 박장암의 경우 29세 때에는 이미 규장각에서 검서관으로 활동하고 있었다.[14] 2년 뒤에는 6품직으로 천전(遷轉)하

---

11) 『밀성박씨족보』 권지정(卷之丁) 삼편(三編), 감사공삼파(監司公三派), 장33b 참조. 세 딸 중 윤후진에게 시집간 둘째 딸은 1799년에 사망했고, 그녀를 위해 쓴 「망녀윤씨부묘지명(亡女尹氏婦墓誌銘)」이 『정유각문집』 권3에 수록되어 있다.

12) 유득공 저, 김윤조 외 옮김, 『고운당필기』(한국고전번역원, 2020), 435면, 「대년검서(待年檢書)」에 "을묘년(1795, 정조 19) 10월 30일에 신 유득공의 아들 본학(本學)과 본예(本藝), 그리고 전 검서관 박제가의 아들 귤손(橘孫). … 모두 대년 검서로 이름을 기록하게 하였다"는 언급이 나온다. 대년 검서란 나이가 아직 어려, 나이 차기를 기다려 검서에 임명하겠다는 뜻이다. 귤손은 박장임의 아명인 듯하다. 이때 그는 15세였다.

13) 『승정원일기』 1796년 7월 22일 : "率檢書官試取人鄭枻·元有鎭·朴長稔·任得常·徐有殷·柳井均·柳本藝·柳本學·成憲曾·金履疇, 偕入進伏."

14) 『승정원일기』 1818년 4월 7일 : "李止淵以年章閣言啓曰: '檢書官朴長馣·李煕耉·朴宗琰, 時無職名, 令該曹口傳付軍職, 使之冠帶常仕, 何如?' 傳曰: '允.'" 이하 벼슬 이력은 『승정원일기』 해당 일자의 기록에 따른다.

여 1820년 12월에 장흥고주부(長興庫主簿)에 제수되었고, 1822년 6월 통례원인의(通禮院引儀), 1823년 12월 사옹원주부(司饔院主簿)를 거쳐, 1824년 1월에 흥양목장감목관(興陽牧場監牧官)에 임명되었다. 다만, 대부분 검서관의 겸직으로 실직(實職)은 아니었을 것으로 보인다. 1827년 9월에 규장각 검서관으로 복귀하며 종6품 부사과(副司果)의 군직에 제수된다. 이후 지방의 수령으로 나가 함창현감(咸昌縣監, 1833-1836)에 이어 진위현령(振威縣令, 1836-1839)을 지내던 중 암행어사로부터 장죄(贓罪)의 혐의를 받아 봉고파직을 당한다. 이후 10년 넘게 기록이 보이지 않다가『승정원일기』1851년 7월 10일자 기사에 전 검서관 박장암을 겸검서관(兼檢書官)에 임명하고 군직을 제수하였다는 내용이 나와, 적어도 62세까지는 그가 건재했음을 알 수 있다. 다만, 이후의 행적이 전하지 않아 세상을 뜬 해는 분명치 않다.

박장암은 비교적 젊은 시절에 쓴 시를 모은 시집이 있었으나 현재 전하지 않는다. 유득공(柳得恭, 1748-1807)의 아들 유본학(柳本學, 1770-1842)은 자신의『문암문고(問庵文藁)』에 쓴 「박향숙시집서(朴香叔詩集序)」에서 이렇게 썼다.

> 향숙은 성품이 조용하여 함부로 말하거나 웃지 않았다. 사람과 마주해 단정히 앉아있으면 마치 엄숙 공손하여 언행을 삼가는 사람 같았다. 문예나 회화, 청동기 등을 논함에 이르러서는 다른 사람이 제대로 알지 못해 종일 따지고 논란해 마지않는 문제도 군이 한 마디로 갈라 분석하면 모두 그 요점을 얻었으니, 간데없이 부친 박제가가 명리(名理)를 이해함과 꼭 같았다.15)

---

15) 유본학, 「朴香叔詩集序」, 『문암문고』乾卷 장11a: "香叔性沈靜, 不妄言笑. 對人端

그가 문예와 골동 방면에 식견이 대단했음을 알 수 있다. 그가 검서관에 오르고, 소유의 호까지 쓴 것에서도 가학(家學)의 그늘을 엿볼 수 있다.

그의 시집에는 고체와 근체시가 고루 실려 있었다. 그 작품에 대해 유본학은 "모두 우뚝하여 외울 만하였고, 깃발이 날리듯 한 것은 그 태(態)이고, 정심하고 아름다운 것은 그 말이었으니, 오로지 연마하여 옛 작가의 뜻을 따르고자 하였다. 아! 가학을 잃지 않은 사람이라고 말할 만하다."16)고 평가하였다.

또 유본학은 박장암에게 보낸 편지 「여박향숙서(與朴香叔書)」를 『문암문집』에 따로 남겼다. 편지에서 유본학은 박제가가 시도(詩道)로 한 세상에 이름을 울려 중국에까지 흘러들어가 전해진 일을 말하면서 그에게 시작(詩作)에 더욱 전념하여 부친의 뜻을 이을 것을 권하였다.17) 박장암은 시작(詩作)에 상당한 재능을 지녔음에도 막상 시짓기를 즐기지는 않았던 듯하다.

신위(申緯)는 「중구절에 … 시 7수를 얻고(重九 … 余得詩七首)」에 "초서에 민첩한 솜씨는 규영부의 향숙이라네(敏捷抄書手, 香叔奎瀛府.)"라는 구절을 남겼다.18) 초서(抄書)는 여러 책에서 필요한 정보를

坐, 若修飭者. 至於論文藝及繪畫彝器之屬, 他人之所未眞知, 終日辨難不已者, 君以一言析之, 皆得其要, 宛如貞蕤之解名理."
16) 유본학, 위 같은 글 : "皆楚楚可誦, 旖旎者其態, 要眇者其語, 專欲磨洗, 以追古作者之旨. 嗚呼! 可謂不失家學者也."
17) 유본학, 「與朴香叔書」, 『문암문고』 坤卷 장59a: "足下先公, 與僕之先君子, 俱以詩道, 名動一世, 至流傳中國, 吾輩雖不肖, 豈無繼作之心. … 足下以妙才慧性, 淹貫書籍, 脫略少務, 亦似不屑詩, 而若覽僕之書, 必犂然契悟, 不以爲過語也."
18) 신위, 『警修堂全藁』 8책, 「碧蘆舫藁」 4, 「庚辰七月至九月重九, 與命洽, 命準, 柳正碧最寬, 朴小葵 長馣. … 余得詩七首, 各一韻」(『한국문집총간』 291책-165면)

초출(抄出)에서 베껴 써내는 것을 말한다. 그가 부친을 이어 오랫동안 규장각 검서관으로 봉직하여 각종 문헌 정보에 해박했고, 손이 빨라 그 역량을 인정받았음을 보여준다.

박장암은 신위, 김정희, 유최관, 신명연, 한재락, 정학연, 이만용 등 당대의 문장들과 가깝게 지냈고 부친 사후 중국 사인과의 연락도 박장암을 통해 이어졌다. 성균관대 존경각에 『사죽재집(師竹齋集)』이 있다. 부친 박제가와 각별한 교분을 나눈 청나라 묵장(墨莊) 이정원(李鼎元, 1750-1815)의 시집이다. 이정원이 옹방강의 아들 옹수곤(翁樹崐, 1786-1815)을 통해 인편에 전달한 책자가 1814년 무렵 박장암에게 도착한 것이다. 이 책에는 옹수곤의 인장뿐 아니라 박장암과 유최관의 인장이 찍혀 있고, 표지에 '소유보장(小蕤寶藏)'이라 쓴 김정희의 글씨가 남아 있다.19) 이 시집이 박장암의 소유였다는 것과 그가 중국 인사들과 지속적으로 왕래했음을 알려준다. 함께 왕래한 벗들의 정보도 확인된다. 당시 이정원은 자신의 초상화도 박장암에게 보냈다.

또 1815년 대둔사 승려 초의가 상경하여 수락산 학림암에 머물 때, 다산의 맏아들 정학연의 글씨 도움을 받아 초의의 이름으로 추사에게 보낸 편지가 남아있다. 편지 끝에 공동 수신자로 김정희, 유최관, 박장암, 김훈(金壎) 등의 이름이 나란히 적혀 있다.20) 특별히 유최관, 김

제4수의 1,2구에 "敏捷少書手, 香叔奎瀛府."라 하였다.

19) 『호저집』 편집의 이정원 관련 기록 속에 이정원이 박장암에게 부친 「答小蕤」에 박장암이 자신의 거처를 '師竹齋'라 하고 편액 글씨와 문집 『사죽재집』을 보내 줄 것을 청한 데 대해, 『사죽재집』이 아직 출판을 마치지 못했으니, 다음 인편에 가져가라고 말한 내용이 있다. 존경각본 『사죽재집』은 시집 출판 후에 보내온 것이다.

20) 이 편지는 1815년 겨울 학림암에 머물면서 정학연의 글씨를 받아 추사에게 보낸 편지이다. 현재 친필이 예천 추사박물관에 소장되어 있다. 편지는 "艸衣沙門

정희, 신위, 정학연, 이만용 등과 긴밀한 교유를 이어 나갔음이 여러 기록을 통해 드러난다.

4. 『호저집』의 편집 원칙

박장암은 어떤 편집 원칙을 세워 『호저집』을 엮었을까? 박장암의 작업 기준은 앞쪽에 실린 10조목에 걸친 「범례」에 명확하게 제시되어 있다. 범례의 내용을 분석하여 『호저집』의 편집 구성과 정리 방식에 대해 간략히 살펴보겠다.

먼저 책은 6권 2책으로 구성되어 있다. 제1책은 찬집(纂輯), 제2책은 편집(編輯)이다. 각 책은 박제가의 연행 시기별로 다시 3권으로 구분했다. 1778년의 1차 연행이 제1권, 1790년과 1791년의 연속 연행이 제2권, 1801년의 제4차 연행을 제3권으로 삼았다. 특별히 권1 앞에 권수(卷首)를 두었다. 이는 박제가가 자신보다 선배로 직접 만나보지는 못했던 몇 사람을 따로 떼어 구분한 것이다.

박장암은 『호저집』에 모두 172명에 달하는 인명 정보를 수록하였다.[21] 그 인적 구성은 박제가 한 사람의 교유 네트워크라고 믿기에는 놀라우리만치 방대하다. 박장암은 남은 친필 시문 끝의 서명이나 인

意洵謹再拜奉書于小蓬萊先生足下"로 시작되는데, 끝에 "小蓬萊閣·貞碧·逈葊·小葵 并手展"이라 적혀 있어, 네 사람에게 함께 보낸 것임을 알 수 있다.

21) 『호저집』 범례 제2항목과 제5항목에서는 '摠一百 十 人'이라고 중간에 여백을 두어 표기했다. 이는 110명이 아니라, 확인 후에 정확한 숫자를 채워 넣으려고 임시로 비워둔 것이다. 실제로는 172명이다. 이밖에 책의 간주(間註)에 나오는 인명까지 합치면 모두 185명의 인적 사항이 기록되어 있다.

장을 통해 얻은 정보까지 얻을 수 있는 정보는 직접 찾아 정리했다. 때로는 낡은 종이조각에 적힌 알아보기 힘든 난필 메모에서 취해오기도 했다. 그것마저 없을 때는 훗날을 기약하며 이름만 남겨두었다.22)

각 권별 인명 수록 순서는 1778년과 1801년의 경우, 부친 박제가의 메모에 바탕을 두었던 듯 나름의 근거를 갖추었으나, 1790년과 1791년의 경우는 선후가 모호하여 어림짐작으로 차례를 매겼다고 썼다.23) 각 인물별 사적은 전기(傳記)의 예에 따라 사제와 교우 관계를 밝히고, 출처의 자취를 자세히 풀이하여, 지파와 연원에 이르기까지 가능한 상세한 내용을 담으려 노력하였다. 여기에 박제가가 이들에게 준 증별시와 회인시, 제첩시 등의 자료를 추가했다. 필담의 담초가 남아 있을 경우 앞쪽 찬집에 모두 포함시켜 기초 자료로 제공하였다.24)

박제가는 중국 문인과의 교유를 인물별로 정리한 「회인시」 연작을 무려 128수나 남겼다.25) 이 가운데 77수를 『호저집』에 수록하였고, 「연경잡절(燕京雜絶)」 140수 연작 중에서도 중국 문인에 관한 시구는 모두 실었다. 이조원(李調元), 반정균(潘庭筠) 등 11명과 주고받은 필담

---

22) 『호저집』 범례 제1항목 : "一, 戊戌爲第一篇, 庚戌辛亥爲第二篇, 辛酉爲第三篇. 凡三篇之內, 摠一百十人, 而事蹟間多闕略. 其搜于簡冊, 斑斑可考之外, 或得於篇章款識之末, 或摘於敗紙模糊之餘, 所得才十之一二. 故或只有名姓, 而幷无字號者, 或俱名姓字號, 而爵里事實, 寂不可詳者多矣."
23) 『호저집』 범례 제2항목 : "一. 諸人結交次第, 戊戌辛酉則皆有所據, 庚戌辛亥則先後相連, 首尾模糊, 故姑就酒而序列之."
24) 『호저집』 범례 제2항목 : "一. 諸人列名事蹟, 用傳記列爲之, 而於師徒友朋出處之節, 詳加註解, 明其支派淵源. 下係先君贈別賤趁襃題帖等詩. 幷有筆談者, 各附其下."
25) 박제가의 회인시에 대한 논의는 박종훈, 「조선 후기 연작 회인시의 사적 흐름과 제 양상」, 『온지논총』 제58권(온지학회, 2019.1), 55~85면과 박종훈, 「초정 박제가의 회인시 소고」, 『한국언어문화연구』 제30집(한국언어문화학회, 2006)에 자세하다.

자료도 찬집에 수록, 소개하였다.

　수록된 인명은 대부분 박제가가 연행 당시 직접 만난 사람이다. 이 밖에 건너서 듣기만 했거나, 편지와 시문만 오가고 직접 만나지는 못한 사람 8인도 그 내용을 수록했다. 제2책 '편집'의 경우 시와 문을 구분한 구성을 생각했으나, 체재가 혼란스러워지자 시문과 서찰, 제평의 차례로 수록했다. 구작(舊作)을 주고받은 경우는 본문보다 한 글자 내려썼다. 편지와 답장, 원운시와 차운시는 주고받은 모든 내용을 수록해 전후 맥락을 가늠할 수 있도록 배치하였다.

　찬집과 편집을 구분하는 기준은 무엇이었을까? 범례의 끝에 박장암은 유종원(柳宗元)의 「선우기(先友記)」의 뜻에 견주어 『호저집』을 엮었다고 적었다. 「선우기」는 당나라 유종원이 지은 「선군묘표비음선우기(先君墓表碑陰先友記)」를 줄인 말로, 세상을 뜬 부친의 벗 67명의 명단을 기록한 글을 말한다. 선인의 교유를 자식이 정리해서 기록으로 남긴다는 의미로 썼다.

　제1책 '찬집'은 과거 급제 등수와 이름 및 호, 관직과 출신 등 개별 인물의 생애 정보를 모은 인명록에 해당한다. 그들의 인적 사항에 관한 정보가 들어 있을 경우, 박제가의 「회인시」 연작과 「연경잡절」 연작에서 끌어와 인용했고, 박제가가 그들과 나눈 필담의 담초도 찬집 속에 포함했다. 『호저집』에는 모두 11명과 나눈 필담이 수록되었다. 이렇듯 찬집은 철저히 교유 인물 소개에 초점을 두고, 객관적 생애 정보와 박제가의 시선에 포착된 판단 정보를 엮어 각 인물 관련 사실을 입체적으로 구성하였다.

　특별히 찬집 맨 앞에는 앞서 언급하였듯 권수(卷首)를 따로 두어, 곽집환(郭執桓), 육비(陸飛), 오영방(吳穎芳), 심초(沈初), 원매(袁枚)

등 5인을 소개했다. 이들은 범례에서 밝힌 대로 직접 만나지 못했으나 건너서 듣고 흠모했던 4인과, 편지만 오가고 실제 만나지는 못한 1인을 구분한 것이다. 또 찬집 권2 끝에 왕학호(王學浩)와 유석오(劉錫五), 그리고 찬집 권3 끝 엄익(嚴翼) 등 세 사람을 부록으로 추가했다. 이 세 사람 또한 직접 만나지 못했으나 서로를 그리워하고 시문만 왕래한 사람들이다.26)

　　제2책 '편집'은 박제가와 각 인물이 교유한 자취를 한눈에 알아볼 수 있도록 했다. 그들이 박제가에게 보낸 시문과 편지, 제평(題評)을 차례로 싣고, 박제가의 답장이 있을 경우에는 나란히 수록하였다. 해당 인물의 작품 세계의 이해를 돕기 위해 특정 시기의 작품을 나열해 소개하기도 했다. 그 결과, 편집에는 박제가와 교유한 172명의 중국 문인들이 교류한 시문이 빠짐없이 실렸고, 이 중에는 27명과 주고받은 40편의 편지도 포함된다.

　　또 박장암은 『호저집』을 편집하면서, 『한객건연집』에서 『정유고략』에 나오는 중국 문인과의 교유를 모두 추려 시화의 구실과 제금집(題襟集)의 역할을 겸하게 하였다고 썼다. 제금집이란 몹시 가까운 벗들끼리 창화한 시문을 차례 지워 엮어 만든 문집을 가리킨다. 당나라 때 온정균(溫庭筠)과 단성식(段成式), 여지고(余知古) 등이 서로 간에 주고받은 창화 시를 한데 모아 『한상제금집(漢上題襟集)』이란 책을 펴

---

26) 『호저집』 범례 제5항목 : "一. 凡一百十人之內, 除親見者外, 望風溯想者四, 折簡往復而未見其人者一. 聞聲相思者二, 詩筆相通而未得證交者一. 望風溯想者, 陸篠飮·沈雲椒·吳兪林·袁簡齋是也. 折簡往復而未見其人者, 郭東山是也. 聞聲相思者, 王椒畦·劉澄齋是也. 詩筆相通而未得證交者, 嚴有堂是也. 凡八人者, 則各以次附錄. 其餘李雨邨潘秋庫鐵冶亭三人者, 則先以詩文書札相通, 而後竟面接. 故皆不附錄, 直入原纂."

낸 데서 연유한다. 중국인 엄성이 홍대용과 주고받은 시문과 편지를 모아 엮은 『일하제금집(日下題襟集)』의 선례도 있다.[27] 박장암이 이 같은 예에 따라 제 2책을 엮고자 한 뜻을 알 수 있다.

정리하면 이렇다. 찬집은 박장암이 부친의 메모와 관련 기록을 조사해 인적 사항과 판단 정보를 인명별로 정리한 것이고, 편집은 집에 있던 자료를 찬집의 인명 순서대로 배열하여 당사자와 박제가 사이에 오간 수창 시문과 편지를 옮겨 적은 것이다. 찬집으로 인물을 파악한 뒤, 편집에서 교유의 구체적 내용을 확인하는 방식이다. 이 같은 구성은 복잡하게 얽히고설킨 자료를 일목요연하게 파악할 수 있게 해준다.

5. 『호저집』의 주요 내용

본절에서는 『호저집』의 주요 내용에 대해 일별하겠다. 박장암은 범례에서 자신이 『호저집』을 엮은 이유에 대해 "선군께서 여러 사람을 사모한 것과 여러 사람들이 선군을 사모한 것을 모두 그저 사라지게 할 수는 없었다(先君之慕諸人, 與諸人之慕先君, 并不可得以終泯.)"고 적었다.[28] 박제가 생전에 산더미같이 쌓인 중국 사인들과의 교유의 자취를 정리해둔 것이 있었으나, 박제가는 1801년 4차 사행에서 돌

---

27) 박현규, 「《일하제금집》 편찬과 판본」, 『한국한문학연구』 47집(한국한문학회, 2011.6), 653-677면과, 구교현, 「《일하제금집》의 내용분석」, 『중국학논총』 제69 집(한국중국문화학회, 2021), 145-165면을 참조할 것.

28) 『호저집』 범례 제10항목 : "一, 此書, 始於巾衍集, 終於貞蕤稿署, 橫之爲緯, 竪之爲經, 可以謂詩話, 亦可以謂題襟. 先君之慕諸人, 與諸人之慕先君, 并不可得以終泯, 故擬柳子厚先友記之意, 而爲此書, 命之曰縞紵集."

아온 직후 사돈인 윤가기(尹可基)의 흉서 사건에 연루되었다는 혐의
로 종성에 유배되었고, 4년 뒤인 1805년에 해배가 되었지만 이내 병으
로 세상을 뜨고 만다.[29]

　당시 20세의 막내 아들 박장암이 1809년 『호저집』 편집을 서두른
것은 박제가가 세상을 뜨기 전 이 자료의 정리에 대한 당부가 있었기
때문으로 보인다. 또 서둘러 정리하지 않으면 한중 문화교류의 산 증
거인 이 자료들이 맥락 없이 흩어져 찾아볼 수 없게 될 것을 근심했
던 듯하다.

　내용 소개에 앞서 간략히 4차에 걸친 박제가의 사행 시기와 교유
양상을 정리해보자. 『호저집』의 권별 인물 목록 중, 일부 명단의 착오
를 반영하여 시점별로 실제 교유한 인물의 수를 함께 제시하겠다. 일
부 명단의 1차 연행에서 박제가는 1778년 3월 사은겸진주사행(謝恩兼
陳奏使行)에 정사 채제공의 종사관 자격으로 참여했다. 당시 이덕무
도 서장관 심염조(沈念祖, 1734-1783)의 종사관이 되어 함께했다. 전
년도 동지사 편에 보낸 주문(奏文)에 불손한 구절이 있다는 질책을
받고 해명차 떠난 사절이었다.

　두 사람은 첫 연행에서 이조원(李調元), 이정원(李鼎元), 반정균(潘
庭筠), 축덕린, 당낙우(唐樂宇) 등과 활발히 교유하며 벅찬 시간을 보
냈다. 『호저집』 권1에는 24명의 교유자 명단이 들어있다. 북경에서 이
덕무와 박제가는 그림자처럼 동행하며 많은 경험을 한다. 당시의 일
을 이덕무는 「입연기(入燕記)」로 남겼다. 특히 박제가는 이 경험을 토

29) 윤가기 흉서 사건의 전후 배경에 대해서는 김정자, 「순조 1년(1801) '신유옥사'
　와 윤행임 사사 사건-임시발 윤가기 사건을 중심으로」, 『역사민속학』 제61집
　(한국역사민속학회, 2021), 151-191면에 상세하게 검토하였다.

대로 이듬해 『북학의(北學議)』를 저술하였다. 첫 번째 사행과 청조 문인과의 접촉은 박제가에게 큰 충격을 안겨주었고 새로운 세계에 눈을 뜨게 해주었다.

2차 연행은 41세 때인 1790년에 이루어졌다. 건륭제의 만수절을 맞은 진하사절단의 일원으로 5월에 출발해 10월에 돌아왔다. 당시 정사는 황인점(黃仁點), 부사는 서호수(徐浩修)였고 박제가와 유득공은 종사관으로 수행하였다. 이때 그는 박지원을 이어 열하(熱河)까지 가서 닷새 동안 머물렀고 철보(鐵保), 장문도(張問陶), 옹방수(熊方受), 석온옥(石韞玉), 장상지(蔣祥墀), 나빙(羅聘), 오조(吳照) 등과 교유했다. 이들 외에도 『호저집』 권2에는 곧바로 이어진 3차 연행을 포함하여 무려 93명의 교유자 명단이 나온다. 다들 당시의 쟁쟁한 문인들이었다. 유득공은 별도로 『난양록(灤陽錄)』으로 알려진 『열하기행시주(熱河紀行詩註)』를 남겼다. 3차 연행은 1790년 2차 연행에 잇달아 성사되었다.

2차 연행에서 건륭제가 정조가 6월 18일에 원자를 본 것을 축하해 직접 지은 시를 새긴 옥여의(玉如意)와 벼루 등을 선물하였다. 정조는 이에 대한 사례로 박제가를 임시로 정3품 당상관직인 군기시정(軍器寺正)에 임명해 동지사의 뒤를 따르게 함으로써 박제가의 3차 연행이 성사되었다. 뜻밖에 막 헤어지자마자 북경으로 되돌아오게 된 박제가는 이 기간 동안 앞서 만난 사람 외에 팽원서(彭元瑞), 기윤(紀昀), 옹방강(翁方綱) 등 고위 관료이자 명망 높은 학자들과 새롭게 교유하며, 이들에게 크게 인정받았다. 이때의 교유는 더욱 폭넓고 알찼다. 박제가는 귀국 후 청조 사인들과의 만남을 회억하며 「회인시(懷人詩)」 50수 연작과 「속회인시(續懷人詩)」 18수를 지었다.

4차 연행은 52세 때인 1801년 2월에 이루어졌다. 유득공과 함께 정사 조상진(趙尙鎭), 부사 신헌(申憲), 서장관 신현(申絢)를 수행하였고 북경에 32일간 머물다가 6월에 귀국했다. 주자서(朱子書)를 구입해 오라는 명을 받고 사은사를 따라 나선 연행이었다. 1791년의 3차 연행 이후 10년 만에 북경에 다시 등장한 박제가는 큰 환영을 받았다.

이때 78세의 기윤과 재회하고 그를 기다리던 옛 벗들과 재회한 한편, 전대흔(錢大昕), 전동원(錢東垣), 완원(阮元), 진전(陳鱣), 황성(黃成), 황비열(黃丕烈), 조강(曹江) 등과 새로 만났다. 특히 3살 연하였던 진전과의 만남이 가장 뜻깊었다. 『호저집』 권3에는 45명의 교유자 명단이 보인다. 박제가는 진전에게 자신의 시문집인 『정유고략(貞蕤稿略)』의 서문을 청했다. 1803년 진전은 벗 오성란(吳省蘭)이 펴낸 『예해주진(藝海珠塵)』에 『정유고략』을 수록케 해서 박제가의 문집이 중국에서 출판되게 했으며, 『정유고략』만 따로 출간하기도 하였다.

귀국 직후 박제가는 윤가기 옥사에 연루되어 함경도 종성으로 유배 갔고, 1804년 풀려난 이듬해 세상을 뜨고 말았다. 격랑의 와중에 4차 연행에 관한 기록은 문집에 온전히 남지 못했다. 그나마 『호저집』과 유득공의 『연대재유록(燕臺再遊錄)』이 있어 대강을 짐작해 볼 수 있다.

박제가는 이처럼 네 차례의 연행에서 청조 인사들에게 강렬한 인상을 남겼다. 당시 청 학계의 거물이었던 옹방강과 기윤은 해마다 시와 편지로 박제가의 안부를 물었을 정도였다. 기윤은 정조에게 따로 편지를 보내 박제가를 사신으로 보내줄 것을 요청한 일까지 있다. 양주 팔괴의 하나로 중국 회화사에서 뚜렷한 위치를 남긴 나빙은 박제가의 초상화를 그려주었고, 헤어진 뒤에도 그의 생일이 되면 자리를 만들어 함께 모여 시를 짓기까지 했다.

　박제가의 활약은 추사 김정희로 이어져 중국과 조선 문인들을 잇는 가교역할을 톡톡히 해냈다. 1803년 이해응(李海應)의 『계산기정(薊山紀程)』, 심지어 1828년 박사호(朴思浩)의 『심전고(心田稿)』에서도 박제가의 연행 이야기가 회자되고 있는 것을 볼 수 있다.30)

　다시 책의 내용으로 돌아가자. 제1책 '찬집'에서 인물을 소개하는 방식은 앞서 보았듯, 기본적인 인적 사항을 간략히 적은 뒤 부친과의 인연을 기재하고, 박제가가 이들을 생각하며 쓴 회인시나 증시(贈詩)를 소개하는 순서이다. 특히 박제가가 청대 문원의 영수로 높이 평가한 원매의 경우 그의 행장과 시화 및 문집을 망라하여 그 일생을 자세히 정리하고, 중간에 관련 인물이 나올 때 간주(間註)로 해당 인물의 인적 사항까지 자세하게 기록해 놓았다.

　중간중간 해당 인물과 나눈 짧은 대화나 일화를 소개하거나, 부친이 남긴 메모를 '선군기(先君記)'란 이름으로 곳곳에 남겨두기도 하였다. 이 선군기의 존재는 박제가가 집안에 남아있던 각종 기록들을 인명별로 묶어두었으며, 편집을 염두에 두고 생각나는 일화를 적어 둔 기록이 상당히 많았음을 뜻한다. 뿐만 아니라 박장암은 박지원 등 훗날 연행간 사람들에게 전해 들은 전문(傳聞)도 따로 기록해 두었다가 참고 자료로 함께 수록하였다.31)

---

30) 이해응(李海應), 『계산기정(薊山紀程)』, 권2, 1803년 12월 16일 기사에 우연히 만난 중국 사인이 박제가가 이번에도 오지 않았느냐고 묻는 내용이 보이고, 1804년 1월 24일 일기에는 효렴 진범천(陳範川)이 박제가의 문집을 읽은 이야기를 화제로 대화를 나누는 장면이 나온다. 또 박사호(朴思浩)의『심전고(心田稿)』권3, 「난설시감(蘭雪詩龕)」에도 난설 오숭량(吳嵩梁)과 박제가의 문집 간행 여부를 두고 나눈 대화가 있다.

각 인물의 저술이 있을 경우, 거의 빠짐없이 적었다. 이밖에 집안에 남아있던 필담의 담초를 문답 구성으로 정리 소개하였다. 교유의 현장성을 파악하고 쌍방의 관심사를 확인할 수 있도록 한 점에서 특별한 의미가 있다. 필담은 각 인물의 인적 사항 소개와 수창 시문의 수록이 끝난 뒤에 실었다. 수록된 필담은 모두 11건이다. 이정원(李鼎元)·이기원(李驥元)·반정균(潘庭筠)·기윤(紀昀)·공협(龔協)·최경칭(崔景偁)·정종(程樅)·진전(陳鱣)·황성(黃成)·조강(曹江)·심강(沈剛) 등과 나눈 필담이다.

필담은 서로의 시문에 대한 소감 및 평가, 관심 가는 인물의 근황에 대한 문답, 서적 구입을 위한 서책 정보 및 신간 소식, 시문 창화 및 글과 화첩 요청 등의 내용이 주를 이룬다. 불교나 미인, 남방 비적(匪賊)의 동향, 복식이나 음식, 역사 토론 등의 내용도 보인다. 상당히 길게 이어진 것도 있고, 이기원과의 필담처럼 한차례의 문답만 오간 간결한 것도 있다.

한편 최근 추사 집안에 전해진 『추사필담첩(秋史筆談帖)』이 김규선 교수의 탈초로 역주하여 간행되었는데, 흥미롭게도 이 가운데 30면에 달하는 박제가의 실물 필담 담초가 들어 있음이 확인되었다.[32] 1790년과 1801년, 박제가가 연행 도중 이정원, 기윤, 나빙 등과 직접 나눈 친필 담초의 원본이다. 이것은 본래 당연히 『호저집』에 포함되어야 할 자료인데 빠졌고, 엉뚱하게 추사의 집안으로 흘러 들어가 보

---

31) 『호저집』 찬집 권1, 「임고(林皐)」 항목에서 박지원이 북경에서 그를 만나자 박지원에게 대뜸 이덕무와 박제가의 안부를 물으며, 참으로 맑고 시원스러우며 고상하고 아름다운 선비라고 칭찬한 대목 같은 것이 그 예이다.
32) 김정희·박제가 편, 탈초·역주·해제 김규선, 『탈초 역주 추사필담첩 2』(추사박물관, 2022). 이 책에 박제가 담초의 원본 영인과 탈초 및 해석이 모두 들어 있다.

존되었다. 그 연유는 이제 와서 알기가 어렵다. 『호저집』 편찬 이전에 추사 집안에서 빌려 갔다가 미처 돌려주지 않았거나, 박제가가 제자인 김정희에게 선물로 준 것이라고 밖에는 설명할 길이 없다. 한편 대단히 어지러운 난필로 적혀 있는 박제가의 담초를 보면, 막상 박장암이 『호저집』에 수록한 담초의 모양도 이것과 큰 차이가 없었으리란 생각이 들어, 그 정리가 결코 쉽지 않았을 것을 알 수 있다. 이에 대한 구체적인 논의는 별도의 논고가 필요하다.

『호저집』 제2책 '편집' 부분은 내용이 대단히 풍부하다. 이 부분은 말 그대로 박제가의 연경 인맥과의 교유록에 해당한다. 제1책 찬집에 수록된 순서대로 각 인물들이 박제가에게 준 시문을 배열하고 당시 상황을 함께 설명했다. 박제가가 그 시에 차운한 시나 원운시가 있을 경우 한 줄을 내려 구분한 뒤 병기하여 소개했다. 시에 대한 보충 설명이 필요하면 간주(間註) 형식으로 시의 중간이나 끝부분에 보탰다.

한 사람과 여러 차례 만나 교유한 경우는 맨 처음 만난 권차(卷次)에 넣고, 그와 주고받은 이후의 시문도 해당 권차에 그대로 병렬해서 소개하였다. 박제가와 깊은 우정을 나눈 이정원(李鼎元)의 경우, 그가 박제가의 『춘운출협집(春雲出峽集)』과 『열상주선집(洌上周旋集)』에 제(題)한 시부터 시작해 박제가가 귀국 후 인편에 부탁한 내용을 담은 시, 박제가의 사망 소식을 듣고 쓴 「곡초정(哭楚亭)」을 싣고, 시 뒤편에 시에 얽힌 자세한 전후 사정을 적어두었다. 박제가의 벗 유득공이나 이후 사행에서 박제가의 소식을 전달한 사람에게 보낸 시와 편지도 참고 자료로 함께 수록했다. 박제가에 대한 내용이 거기에 포함되어 있었기 때문이다. 또 박제가에게 보낸 편지 3통을 절록해 수록한 뒤, 아들 박장암에게 보낸 3통의 편지를 함께 실어 전후 경과를 알 수 있게 했다. 그밖에 박제가가 소장했던 축덕린의 소조(小照)와 동기창(董其昌)의 「천마부권(天馬賦券)」에 쓴 발문도 수록하였다. 이정원과 박제가 사이에 오간 시문 수창의 전모를 시기별, 양식별로 일목요연하게 파악할 수 있도록 배치해 놓았다.

이조원, 반정균 등의 경우도 같다. 그들이 박제가에게 보낸 편지를 앞에 놓고, 박제가가 먼저 보낸 편지나 나중에 한 답장을 덧붙여 두 사람 간 왕래의 합을 맞춰볼 수 있게 하였다. 이중에는 현재 전하지 않는 박제가의 『명농초고(明農草稿)』나 『초정시고(楚亭詩稿)』, 『열상주선집』 등에 대한 서문이나 관련 내용도 자세하다. 『열상주선집』의 경우 박제가와 이덕무 등이 『한객건연집』 이후 후속으로 준비했던 회심의 선집이었으나 현재 실물이 남아 있지 않다. 하지만 찬집 속에 여러 사람이 쓴 『열상주선집』에 관한 서문과 발문, 평어 등이 다채롭게 수록되어 있어, 후속 논의가 요청된다. 축덕린 항목의 경우, 1790년 3월 교서관의 임무를 띠고 심양에 머물렀던 축덕린이 당시 왕복하는 길에 지은 시를 한 권의 책으로 묶어 박제가에게 선물한 적이 있다. 박장암은 특별히 이 시집에서 13편을 추려 전문을 수록했다.

찬집 권2에 보이는 기윤(紀昀), 옹방강(翁方綱)과의 교유도 흥미롭다. 기윤은 박제가와 유득공을 만나본 며칠 뒤 조선 사신단이 머물렀던 옥하관(玉河館)으로 직접 찾아올 만큼 강한 호감을 보였다. 특히 박제가에 대한 애착은 각별하여, 그가 귀국한 후 조선 조정을 통해 시를 보내오기도 했다. 옹방강의 경우 1789년 12월 19일 자신의 집에서 소동파 생일잔치 모임인 수소회(壽蘇會) 또는 동파제(東坡祭)를 개최하면서 박제가를 초대한 일화가 수록되었다. 박제가의 증언에 따르면 그는 매년 이 집회를 열어 죽순 포를 올려 제를 지내고, 명사들을 초

청하여 시를 지었다. 이는 뒤에 김정희, 신위, 박영보, 조면호 등으로
이어지는 모소(慕蘇) 열풍의 첫 출발이기도 한 점에서 한중 문화교류
사에서 특별한 의미를 지닌다.[33]

이밖에도 40통에 달하는 수록 편지에는 당시 조선의 사행과 청조
문인 간 교류의 실상을 보여주는 자료가 풍부하다. 서로 간에 오간 선
물과 만남의 형태, 서적 교류와 시문의 왕래에 이르기까지, 그 현장이
생생히 되살아나는 느낌이다. 그들의 문예 취향과 문화 인식이 드러
날 뿐 아니라, 주요 관심사는 토론의 주제로 이어졌다. 만남이 새로운
만남을 불러오고, 종횡으로 얽혀 동심원을 그리며 퍼져나가던 이 모
든 만남이 박제가 한 사람을 통해 이루어졌다는 사실이 믿기지 않을
정도이다.

청조 문인들이 시문을 통해 박제가에게 바친 헌사는 결코 의례적
인 것이 아닌 마음에서 우러나는 존중과 경의를 깔고 있다. 당시 한중
문사들은 평등하고 우호적인 분위기 속에서 서로를 존중하며 교유를
이어갔다. 더욱이 이들 자료의 몇몇 부분은 중국 쪽 기록에서도 이미
사라진 것들이어서, 『호저집』의 기록은 18세기 한중 지식인들이 세운
문예공화국의 눈부신 성과를 이해하기 위한 필수적인 근거가 된다.
이런 면에서도 『호저집』은 18세기 한중 문화교류의 실상을 온전히 담
아낸 귀중한 자료가 아닐 수 없다.

---

33) 수소회(壽蘇會) 또는 동파제(東坡祭)에 대한 관련 논의는 정민, 「19세기 동아시
   아의 모소(慕蘇) 열풍」, 『한국한문학연구』 제49집(한국한문학회, 2012), 397~430
   면에서 살필 수 있고, 최근 왕연이 「18~19세기 조선 지식인 수소회(壽蘇會)에
   대한 수용과 전파」에서 이에 대해 본격 논의한 바 있다.

6. 맺음말

　『호저집』의 자료 가치와 간행 의의에 대해 정리하는 것으로 이 글을 마무리 하겠다.

　첫째, 『호저집』은 유례를 찾을 수 없을 만큼 풍부한 한중 문화 교류의 생생한 증언집이다. 무려 172명에 달하는 중국 사인의 인적 사항과 관련 시문을 수록해, 내용이 호한하고 방대하면서 교유의 실상을 세밀하게 보여주는 자료의 보고이다. 이조원, 반정균, 기윤, 옹방강 등 쟁쟁한 문인 외에도 중국 쪽 사료에도 전혀 남아있지 않은 많은 인물들의 인적 사항이 적혀 있어 건륭·가경 연간 청대 지식계의 전반적 동향을 파악하는데 있어서도 대단히 요긴하다. 이를 통해 한중 문화교류사의 지평을 확대할 수 있다.

　둘째, 『호저집』에는 박제가의 문집에도 누락된 자료가 많아, 북학파 연구의 빠진 퍼즐을 채울 수 있게 해준다. 책에 여러 번 등장하는 『열상주선집』은 실물이 남아 있지 않은데 『호저집』에 이조원, 반정균, 축덕린 등의 서문과 평이 실려 있다. 특히 편지와 필담 자료에는 생생한 분위기와 함께 당시 지식인들의 학적 관심사가 고스란히 담겨있어 그 현장에 함께 있는 듯한 느낌을 준다. 『호저집』이 18세기 후반에서 19세기 초반 조청(朝淸) 지식인의 교유 현장을 생생하게 기록·재현하고 있는 점은 무엇보다 이 자료집의 가치를 높여준다.

　셋째, 당대 한중 지식인의 교유 계보와 맥락을 추적할 수 있게 해주는 자료집이라는 사실이다. 『호저집』은 홍대용에서 비롯된 전대의 만남을 잇고 김정희, 신위로 이어지는 성대한 접속의 출발점이 된다는 점에서 한중 문화교류상 그 가치가 대단하다. 기록 속의 만남은 당

시 이들의 교류가 의례적인 것에 그치지 않고 조선 지식인이 중국의
문인들에게 높은 인정을 받아 진실한 교유를 나눈 만남이었음을 진
실되게 증언하고 있다. 당시 박제가가 중국 문인들에게 보여준 문화
적 자신감과 그들을 압도하는 높은 식견은 대단히 인상적이다. 우리
는『호저집』을 통해 이들의 인적 네트워크가 어떻게 작동하고 또 연
결되었는지를 살펴볼 수 있다.

넷째, 특별히 옹방강과 완원, 조강이나 황비열 같은 학자들을 매개
로 다음 세대 김정희로 이어지는 가교역할을 한 경과를 알 수 있게
해준다. 19세기 초, 김정희와 신위 등에 의해 주도된 옹방강 계열 지
식인들과의 교유와 인맥은 실제로는 박제가의 인맥에서 출발한 것이
많다. 하지만 이들 중 많은 인물들의 문집이 중국에도 남아 있지 않아,
오로지『호저집』에 남은 정보가 전부인 경우가 적지 않다. 즉 중국 건
륭 가경 연간 지식계의 정황을 보정하는 자료로서의 구실이 있다.

다섯째, 이들 사이에 오간 시문과 예물, 서간 등을 통해 당시 한중
지식인의 문화 취향과 공통 관심사를 확인할 수 있다는 점이다. 서적
이나 시문, 또는 자신이 거처하는 공간의 제액(題額)을 요청하는 일
이 빈번하였고, 시문집에 서문 또는 발문을 써줄 것을 요청한 내용도
많다. 도서 요청이나 금석문 탁본 등도 주요 관심 대상이었고, 그밖에
문방사우나 지역 특산품도 활발히 오갔다. 박제가는 그들에게 조선의
갓과 일본도를 선물하기도 했다. 서로 간에 초상화를 주고받으며, 서
로의 생일을 기억해서 행사를 갖기도 했다.

이렇듯『호저집』에는 18세기 조청 문인의 교류 양상과 그 세부를
입체적으로 조망 가능한 다양한 유형의 자료가 있다. 금번『호저집』
의 최초 완역을 계기로 박제가를 중심으로 한 한중 문화교류의 전반

적 흐름과 윤곽을 파악할 수 있게 되었다. 이밖에 최근 과천 추사박물관에서 펴낸 박제가 필담 담초의 발굴 소개로, 『호저집』의 연구는 더욱 학계의 본격적인 관심을 요구하고 있다. 향후 박제가 관련 연구가 더욱 활발하게 이루어지기를 기대해 본다.

참고문헌

『추사자료의 귀향』, 과천문화원, 2008.

『후지츠카 기증자료 목록집Ⅱ』, 과천문화원, 2009.

구교현, 「『일하제금집』의 내용분석」, 『중국학논총』 제69집, 한국중국문화학회, 2021, 145-165면.

김정자, 「순조 1년(1801) '신유옥사'와 윤행임 사사 사건-임시발 윤가기 사건을 중심으로」, 『역사민속학』 제 61집, 한국역사민속학회, 2021, 151-191면.

김정희·박제가 편, 탈초·역주·해제 김규선, 『탈초 역주 추사필담첩 2』, 추사박물관, 2022.

박종훈, 「조선 후기 연작 회인시의 사적 흐름과 제 양상」, 『온지논총』 제58권, 온지학회, 2019.1, 55-85면.

_____, 「초정 박제가의 회인시 소고」, 『한국언어문화연구』 제30집, 한국언어문화학회, 2006.

박현규, 「『일하제금집』 편찬과 판본」, 『한국한문학연구』 47집, 한국한문학회, 2011.6, 653-677면.

안대회, 「초정 박제가의 연행과 일상 속의 국제교류」, 『동방학지』 제145집, 연세대학교 국학연구원, 2009.3, 37-64면.

_____, 「호저집」, 『단국대 소장 연민문고 동장귀중본 해제집』, 문예원, 2012, 843-848면.

왕 연, 「18-19세기 조선 지식인 수소회(壽蘇會)에 대한 수용과 전파」

유득공 저, 김윤조 외 옮김, 『고운당필기』, 한국고전번역원, 2020.

유본학, 『문암문고』 건곤2책, 수경실 소장.

정 민, 「19세기 동아시아의 모소(慕蘇) 열풍」, 『한국한문학연구』 제49집, 한국한문학회, 2012, 397-430면.

_____, 『18세기 한중지식인의 문예공화국』, 문학동네, 2014.

후지쓰카 지카시 지음, 윤철규 외 옮김,『추사 김정희 연구-청조문화 동전의 연구
　　한글완역본』, 과천문화원, 2008.

『縞紵集』에 보이는 박제가의 교유와 교류 양상

박종훈 조선대학교 국어국문학부 조교수

1. 들어가는 말
2. 청대 문인과의 교유 및 교류 양상 개괄
3. 청대 문인과의 교유 양상
4. 나가는 말

* 본고는 2022년 11월 17일, 한·중 수교 30주년 기념 2022년 실학박물관 학술대회 발표문인 「초정 박제가의 청대 문인과의 교유 양상 일면」과 『온지논총』 74집에 수록된 「《호저집(縞紵集)》에 보이는 박제가의 교유와 교류 양상」(온지학회, 2023)을 『실학연구총서』의 취지에 맞게 수정 보완한 것임을 미리 밝힌다.

1. 들어가는 말

楚亭 朴齊家(1750-1805)는 18세기 대표적인 詩人이며 詩論家이고 청대 문인과의 교유와 교류에 있어 독보적인 자리를 점하고 있다. 柳琴(1741-1788)은 1776년 박제가를 비롯한 柳得恭(1748-1807)과 李書九(1754-1825), 李德懋(1741-1793) 등 4인의 초기 시작품을 선집한 『韓客巾衍集』을 중국 문사에게 소개한 바 있다. 이로부터 초정은 조선뿐만 아니라 淸나라에서도 명망이 자자해졌는데, 『한객건연집』에는 李調元과 潘庭筠의 序文 및 개별 작품에 대한 세세한 평이 실려 있다.[1]

이를 계기로 초정은 중국 문인과 활발하게 교유와 교류를 시작하게

---

1) 그간 『한객건연집』에 대한 연구 성과도 일정 정도 축적되었다. 대표적인 연구 성과는 다음과 같다. 남재철, 「薑山 李書九의 初期詩 硏究 :《韓客巾衍集》을 중심으로」, 연세대학교 석사학위논문, 1997; 박현규, 「조선 四家詩《韓客巾衍集》과 청 李調元《雨村詩話》와의 원문 수록 관계」, 『서지학보』 권21, 한국서지학회, 1998; 이윤숙, 「漢詩四家의 初期詩 硏究 :《韓客巾衍集》을 中心으로」, 동국대학교 석사학위논문, 1999; 박종훈, 「楚亭 朴齊家 初期 詩 考察-《韓客巾衍集》의 評語를 中心으로-」, 『한국언어문화』 35권, 한국언어문화학회, 2008; 박종훈, 「冷齋 柳得恭의 초기 詩 考察-《韓客巾衍集》을 중심으로-」, 『한국시가문화연구』 23권, 한국시가문화학회, 2009; 박종훈, 「薑山 李書九의 初期 詩 考察-《韓客巾衍集》을 중심으로-」, 『동방학』 16권, 한서대학교 동양고전연구소, 2009; 박종훈, 「炯庵 李德懋의 初期 詩 考察-《韓客巾衍集》을 중심으로-」, 『한문학논집』 30권, 근역한문학회, 2010; 박종훈, 「漢詩 "四家"의 전원시 비교 고찰-《韓客巾衍集》을 중심으로-」, 『동방학』 18권, 한서대학교 동양고전연구소, 2010; 김원준, 「《韓客巾衍集》을 통해 본 炯庵 李德懋 시의 특징-영남대학교 도남문고 소장 "蓬壺山房"본을 대상으로-」, 『민족문화논총』 54권, 영남대학교 민족문화연구소, 2013; 박종훈 역, 『韓客巾衍集』, 문진, 2011.

되었다. 이후 초정은 총 4차례 연행 체험을 통해, 청의 문인과 깊이
있는 교분을 맺었는데, 직간접으로 교유했던 인물이 100명이 넘는다.
초정의 대표작이라고 할 수 있는 懷人詩[2]와 「燕京雜絕」[3] 등의 작품에
그러한 정황이 고스란히 담겨 있다. 초정의 활발한 교유는 깊이나 너비에
서 선배인 洪大容(1731-1783)의 수준을 넘어선 것이며, 이후 조선 문인인
金正喜(1786-1856), 李尙迪(1804-1865), 金奭準(1831-1915) 등에게도 그
대로 전승되었다.[4] 이처럼 초정은 18세기 후반 조선과 淸의 학술 및
민간 교류의 주역으로, 유구한 한중 관계에 있어서 독보적인 위치를
차지하고 있다.

초정의 이러한 교유와 교류에 대해선 적지 않은 선행 연구가 보고
되었는데, 『貞蕤閣集』에 실린 회인시나 「연경잡절」이란 작품이 그 중
심에 있다.[5] 그러나 『정유각집』에 실린 청대 문인 관련 작품은 漢詩

---

2) 초정의 회인시는 조선에서의 연작 회인시의 출발점에 있다. 「戲倣王漁洋歲暮懷
   人」 60수와 「懷人詩(仿蔣心餘」 50수, 「續懷人詩」 18수 등 총 128수의 회인시를
   창작한 바 있다. 이 회인시는 당대 교유했던 조선의 문인뿐만 아니라, 滿洲인
   7인과 回回王子를 포함하여 총 56인의 청대 문인을 대상으로 했다.
3) 「燕京雜絕」은 『정유각시집』 권4에 실려 있는 「燕京雜絕. 贈別任恩受姊兄. 追憶
   信筆, 凡得一百四十首」라는 작품이다. 「연경잡절」에서도 청대 문인 21인을 간
   략하게 소개한 바 있다.
4) 김정희, 이상적, 김석준의 청대 문인과의 교유 양상에 대한 대표적인 선행 연
   구는 다음과 같다. 후지츠카 치카시 지음/ 후지츠카 아키나오 엮음/ 윤철규·이
   충구·김규선 옮김, 『秋史 金正喜 硏究』, 과천문화원, 2009; 李春姬, 「藕船 李尙
   迪과 晩淸 文人의 文學交流 硏究」, 서울대학교 박사학위논문, 2005; 박종훈, 「19
   세기 朝淸 문인들의 교유 양상-藕船 李尙迪의 懷人詩를 중심으로-」, 『동양한
   문학연구』 32집, 동양한문학회, 2011; 박종훈, 「李尙迪의 〈西笑編〉一考」, 『한국
   시가연구』 50집, 한국시가학회, 2020; 박종훈, 「19세기 조선 중인들의 국내외적
   활동 양상-小棠 金奭準의 懷人詩를 중심으로-」, 『동방학』 25집, 한서대학교 동
   양고전연구소, 2012. 이상적과 김석준은 초정처럼 청대 문인을 대상으로 연작
   회인시를 지은 바 있는데, 그 시발점에 바로 초정이 있었다.

라는 압축적인 형식으로 되어 있어, 각 인물이나 그 인물과의 개인적인 교유 및 작품을 지은 당대 상황에 대한 입체적인 접근이 용이하지 않다. 물론 각 작품 아래 짧은 부기를 통해, 어느 정도 각 인물이나 작품의 내용에 대한 간략한 부연 설명이 이루어지기는 했지만, 여전히 전체적인 상황과 맥락을 파악하는 데에는 적지 않은 난점이 존재한다.

이에 본고에서는 선행 연구 성과를 십분 활용하고 초정의 아들인 朴長稔(1790-?)이 초정이 청대 문인과 교유했던 기록을 편차한 『縞紵集』을 통해, 『정유각집』에 수록된 작품에 대한 이해도를 고취시킴과 동시에 초정과 청대 문인의 교유와 교류 양상을 어느 정도 입체적으로 고구해보고자 한다. 『정유각집』에 수록된 작품을 통해 다소 피상적으로 접근했던 청대 문인과의 교유와 교류 양상의 일면을 좀 더 구체적으로 들여다보는 계기가 되리라 생각한다. 전면적인 검토가 마땅히 이루어져야 하나, 일면 만을 살핀 것은 본고의 한계이다. 한 점의 고기로 온 솥의 풍미를 즐길 수 있길 기대한다.

---

5) 초정의 회인시와 「연경잡절」을 대상으로 한 선행연구는 다음과 같다. 정일남, 「박제가 회인시 연구」, 『한국한문학연구』 36집, 한국한문학회, 2005; 박종훈, 「초정 박제가의 懷人詩 小考」, 『한국언어문화』 30집, 한국언어문화학회, 2006; 박종훈, 「조선 후기 聯作 懷人詩의 사적 흐름과 제 양상」, 『온지논총』 58집, 온지학회, 2019; 김병민, 「연경잡절'에 반영된 초정 박제가의 문화의식」, 『다산학보』 13집, 다산학연구원, 1992; 황인건, 「〈燕京雜絶〉에 나타난 박제가의 중국 체험 고찰」, 『한국시가연구』 20집, 한국시가학회, 2006; 박종훈, 「초정 박제가의 연경잡절 일고」, 『한문학논집』 27집, 근역한문학회, 2008. 이외에도 단편 논문을 통해 교유 양상에 대한 접근이 활발하게 이루어졌다.

2. 청대 문인과의 교유 및 교류 양상 개괄

초정은 『한객건연집』이 청나라에 소개된 이후, 총 4차례 연경에 다녀온 바 있다. 연행의 시기는 다음 표와 같다.

次數	시 기	자격·목적
1차	1778년(29세) 3월-7월	正使 蔡濟恭을 수행
2차	1790년(41세) 5월-10월	乾隆帝 萬壽節 進賀使節團의 從事官
3차	1790년(41세) 10월-1791년(42세) 3월	軍器寺正
4차	1801년(52세) 2월-6월	朱子書 구입

이를 기반으로 다채로운 청대 문인과의 교유와 교류가 이루어졌다. 『정유각집』에 수록된 청대 문인과 관련된 작품을 정리하면 다음 표와 같다.

권 수	작품명	대상인물	비고
시집 권1	題幾何室所藏雲龍山人小照	李調元	1차 연행 이전
	題洪湛軒所藏潘舍人墨蹟	潘庭筠	
	病中有懷雨村先生	潘庭筠	
	聞澹園郭氏入道山七首	郭執桓	
	和仲牧, 次蘭坨先生元夕.	潘庭筠	
	戲倣王漁洋歲暮懷人六十首	李調元·陸飛·潘庭筠·鐵保·博明·吳穎芳·沈初·袁枚	
	東潞河, 贈鮑紫卿.	鮑紫卿	1차 연행 과정
	次金科㻛	金科㻛	
	分談字贈金科㻛	金科㻛	
시집 권2	次韻唐貝外鴑港贈別	唐樂宇	1차 연행 이후
시집 권3	嘉山詩姬六娥索詩, 走筆.	蔡炎林	2차 연행 과정
	熱河, 次鐵侍郞寄示韻.	鐵保	
	次韻潘輝益等, 代副使作.	潘輝益	

권 수	작품명	대상인물	비고
	翰林館, 同張船山熊吉士介玆石修撰琢菴蔣丹林食蟹共賦.	張問陶・熊方受・石韞玉・蔣祥墀	
	題羅兩峯聘畫梅扇面, 贈錢秀才東壁歸嘉定.	羅聘・錢東壁	
	題白菴吳石湖課耕圖卷	吳照	
	題兩峯畫竹蘭草	羅聘	
	爲兩峯內子方氏婉儀書其半格詩卷	羅聘	
	別船山吉士	張問陶	
	爲丹林庶常, 次其大人雪洞詩韻. 雪洞在湖北, 有林園之勝. 天下和之者, 千有餘人矣.	蔣祥墀	
	題船山書扇見贈	張問陶	
	題王椒畦畫扇見贈	王學浩	
	次韻禮部尙書曉嵐紀公詩扇見贈	紀昀	
	次韻辛筠谷翰林見贈之一	辛從益	
	題羅兩峯先生鬼趣圖卷	羅聘	
	贈別熊翰林孝廉兄弟二首	熊方受・熊方訓	
	贈張船山歸泗川	張問陶	
	別後寄羅兩峯	羅聘	
	寄王萃溪秀才. 萃溪爲余未面, 而刻寄姓名・表德二小印, 求余書扇. 後定交於兩峰畫所.	王肇嘉	
	寄李雨村	李調元	2차 연행 이후
	寄翁侍郎	翁方綱	
	寄贈江秋史	江德量	
	寄贈宋芝山	宋葆淳	
	[附和貞槩先生	蔡炎林	
	次韻翁覃溪落葉詩帖	翁方綱	
	題曾賓谷西溪漁隱卷	曾燠	
	題船山雪中狂飮圖	張問陶	3차 연행 과정
	題崔景侚竹樓圖卷	崔景侚	
	羅兩峯人日生日	羅聘	
	呈彭雲楣	彭元瑞	
	和荇莊詩扇	龔協	
	懷人詩, 仿蔣心餘.	彭元瑞・紀昀・翁方綱・鐵保・玉保・吳省欽・吳省蘭・陳崇本・李調元・祝德麟・潘庭筠・	3차 연행 이후

권 수	작품명	대상인물	비고
		李鼎元·羅聘·孫星衍·洪亮吉·伊秉綬·龔協·汪端光·萬應馨·馮應榴·江德量·陸費墀·宋鳴珂·吳廷爕·吳照·張道渥·蔣和·葛鳴陽·孫衡·張問陶·熊方受·石韞玉·蔣祥墀·王學浩·曾煥·曹振鏞·嵇承蓮·宋葆淳·王寧焯·章照·沈心醇·莊復旦·豊殷德·完顔魁倫·成筞·興瑞·回回王子·王肇嘉·錢東壁·張伯魁	
시집 권4	續懷人詩十八首	彭元瑞·紀昀·翁方綱·羅聘·張道渥·鐵保·陳崇本·孫衡·龔協·伊秉綬·洪亮吉·孫星衍·潘庭筠·江德量·張問陶·蔣和·吳照·王寧焯	
	燕京雜絶. 贈別任恩受姊兄. 追憶信筆, 凡得一百四十首.	紀昀·翁方綱·羅聘·孫星衍·洪亮吉·鐵保·玉保·伊秉綬·陳崇本·龔協·汪端光·蔣和·孫衡·張問陶·張道渥·李鼎元·吳照·熊方受·潘庭筠·李調元·潘有爲·江德量·戴震·孔憲培	
	題李墨莊中翰琉球奉使圖	李鼎元	
	題言象升秀才秋江月夜垂釣小照	言朝標	
	黃蕘圃祭書圖歌	黃丕烈	
	題桐江殿丞魚麥圖	章煦	
시집 권5	追次曉嵐見寄詩韻. 二月六日.	紀昀	4차 연행 이후
문집 권1	序文	李調元	
	序文	陳鱣	
문집 권2	洪亮吉傳	洪亮吉	
문집 권3	陳簡莊尙友圖贊	陳鱣	

권 수	작품명	대상인물	비고
문집 권4	與郭澹園執桓	郭執桓	1773년
	與李羹堂調元	李調元	
	與潘秋庫	潘庭筠	

시집 권1에 실린 작품 중, 「東潞河, 贈鮑紫卿」, 「次金科豫」, 「分談字贈金科豫」라는 3작품을 제외하고는 모두 1차 연행인 1778년 이전에 지은 것으로, 아직 面交가 이루어지지 않은 상태였다. 시집 권1의 「戲倣王漁洋歲暮懷人六十首」에서 8인의 청대 문인을 소개한 바 있는데, 이 역시 면교 이전에 지은 작품이다.[6] 1776년 柳琴이 『한객건연집』을 가지고 연경에 가서 李調元과 潘庭筠의 서문과 평을 받은 바 있는데, 이를 계기로 면교 이전에도 서로 간 편지와 시문을 교류한 것이다.

이후 4차례 연행을 통해 청대 문인을 작품 속에 적극적으로 담아 내었다. 시집 권3에는 淸 蔣士銓의 懷人詩를 본떠 지은 「懷人詩仿蔣心餘」 50수가 실려 있는데, 청대 문인 50인만을 대상으로 했다. 시집 권4에는 청대 문인 18인을 대상으로 한 「續懷人詩」 18수 있으며, 「燕京雜絕」에서는 당시 연경의 풍물뿐만 아니라, 청대 문인 21인에 대해서도 소개한 바 있다. 『정유각집』에서 언급한 청대 인물은 총 70명으로 다음과 같다.[7]

葛鳴陽·江德量(3)·孔憲培·龔協(4)·郭執桓(2)·紀昀(5)·金科豫(2)·羅聘(9)·唐樂宇·戴震·李鼎元·萬應馨·博明·潘有爲·潘庭筠(8)·石韞玉(2)·成策·孫星衍(3)·孫衡(3)·宋鳴珂·宋葆淳(2)·辛從益·沈心醇·沈初·言朝標·吳省蘭·吳省欽·吳穎芳·吳廷燮·吳照(4)·玉保(2)·翁方綱(5)·完

---

6) 「戲倣王漁洋歲暮懷人六十首」는 46인의 조선 문인이 중심에 있었다.
7) 괄호 안의 숫자는 거론된 횟수이다.

顏魁倫·王寧焊·汪端光(2)·王寧焊·王肇嘉(2)·王學浩(2)·熊方受(4)·熊
方訓·袁枚·陸飛·陸費墀·伊秉綬(3)·李鼎元(9)·張道渥(3)·張問陶(8)·
張伯魁·莊復旦·蔣祥墀(3)·蔣和(3)·章煦(2)·錢東壁(2)·曹振鏞·曾燠
(2)·陳崇本(3)·陳鱣(2)·蔡炎林·鐵保(5)·崔景俌·祝德麟·彭元瑞(3)·鮑
紫卿·豊殷德·馮應榴·嵇承韋·洪亮吉(4)·黃丕烈·回回王子·興瑞

초정의 1801년 4차 연행과 연행 이후의 기록은 『정유각집』에 담겨
있지 않다. 4차 연행에서 귀국한 후 바로 凶書사건에 연루되어 유배
길에 올랐기 때문으로 보인다. 그런데 『호저집』에는 4차 연행 때의
기록이 적지 않게 실려 있다.

『호저집』은 초정의 삼남 朴長馣이 부친인 초정이 4차례 연행하면
서 청대 문인과 주고받은 기록을 집대성한 것이다. 순조 9년(1809)에
초고를 완성했고 이후로도 관련 기록을 끊임없이 보완한 것으로 보인
다. 초정의 4차례 연행 일정에 맞추어, 각 시기 연행 과정에서 교유한
이들에 대한 정보를 간략하게 때론 상세하게 소개했다. 이어 각 인물
의 대표적인 작품이나 초정과 연관 있는 작품 및 이들 인물과 관련된
초정의 작품을 순차적으로 기록했다. 또한 교유 정황을 상세하게 소
개하기 위해 연행 당시 나누었던 필담도 기록해 두어, 교유의 현장감
을 생생하게 담아냈다.

『호저집』은 총 2책으로, 『호저집』 1책은 卷首, 권1(戊戌), 권2(庚戌,
辛亥), 권3(辛酉)으로 구성되어 있다. 2책은 권1, 권1(戊戌), 권2(庚戌,
辛亥), 권3(辛酉)으로 되어 있는데, 1책에서 각 시기마다 언급한 청대
인물과 관련된 기록을 모아두었다. 청대 문인이 초정과 관련해서 지
은 작품, 초정이 청대 문인을 대상으로 지은 작품 및 초정과 관련성이
없어 보이지만, 각 청대 문인이 지은 대표작이라고 할 수 있는 작품들

이 수록되어 있다.

　『호저집』에 실린 작품이나 필담에 대한 상세한 접근은 차치하고 각 연행 시기에 교유했다고 언급한 인물을 정리하면 다음과 같다.

시 기	대 상 인 물
戊戌(1778) 1차 연행	金科豫·金科正·金淳·李點·魏鋘·郭維翰·博明·郭文煥·王如·王爾烈·宣聰·何寧·徐紹芬·林皐·胡迥恒·李鼎元·李驥元·李調元·潘庭筠·祝德麟·唐樂宇·蔡曾源·沈心醇·鮑紫卿·鐵保
庚戌(1790) 2차 연행 / 辛亥(1791) 3차 연행	彭元瑞·紀昀·翁方綱·吳省欽·吳省蘭·陳崇本·羅聘·伊秉綬·龔協·汪端光·孫星衍·洪亮吉·萬應馨·馮應榴·江德量·陸費墀·宋鳴珂·吳廷燮·吳照·張道渥·蔣和·張問陶·熊方受·石韞玉·蔣祥墀·曾燠·曹振鏞·嵇承韣·宋葆醇·王寧焯·章煦·莊復旦·王肇嘉·錢東壁·潘有爲·孫衡·張伯魁·崔景俑·成策·興瑞·玉保·完顏魁倫·豊紳殷德·葛鳴陽·辛從益·鄒登標·王濤·蔡炎林·寧泰·湯兆祥·湯潘·鄂時·齊佩蓮·周鄂·陳希濂·曹日瑛·鄒晉涵·陳澍·劉墉·楊心鎔·楊紹恭·余國觀·余維翰·周升桓·吳用煌·吳明彥·吳鳴篪·吳焯·徐元·林瑤光·湯錫智·周有聲·王枚·李秉睿·李樞煥·章學濂·符泰交·朱文翰·張問行·程檉·顧宗泰·嚴蔚·陳淮·姚雨巖·朱爾賡額·回回王子·陶金鍾·潘輝益·武輝瑨·曹銳·莊曾琦·王學浩·劉錫五
辛酉(1801) 4차 연행	錢大昕·錢東垣·阮元·陳鱣·黃成·言朝標·言可樵·夏文燾·殳雙龍·陳森·虞衡·崔琦·盛學度·黃丕烈·潘煜·裘鑛·朱鎬·毛祖勝·孫琪·曹江·彭惠支·張燮·劉鐶之·王霽·張玉麒·劉大觀·唐晟·楊嗣沅·葉廷策·李聯輝·傅應壁·康愷·陸慶勳·周松年·王蘭·陳蒿·汪之琛·孫銓·汪彥博·沈剛·董桂敷·華榑·褚通經·沈酉·吳詒穀·嚴翼·陳文述·吳衡照

　『호저집』의 '凡例'에서 언급한 것처럼 총 172인이다. 『호저집』에서 언급한 청대 문인의 수는 『정유각집』에서 언급한 수보다 월등하고 그 내용 또한 상세하여, 초정의 구체적인 교유 양상을 살피는데 『호저집』은 소중한 자료이다.

　『호저집』에 수록된 작품 중, 청대 문인의 작품은 『정유각집』에 거의 실려 있지 않다. 반면 『호저집』에 수록된 초정의 작품은 회인시나 「연경잡절」의 틀에서 크게 벗어나지 않았다. 『정유각집』에 수록되지 않은 초정의 작품으로는 「寄雨屯詩」(1책 권1), 「寄秋庫詩」(1책 권1), 「書于蘭垞」(1책 권1) 등 몇 작품에 불과하다.

3. 청대 문인과의 교유 양상

청대 문인과 관련된 작품에 대해 『정유각집』에서도 짧은 부기를 통해 이해도를 고취시키고 있지만, 그것만으로는 전체적인 교유 양상을 살피는데 한계가 있다. 이에 반해 『호저집』에는 필담이나 차운한 작품들이 산재하여 교유의 정황을 어느 정도 재구할 수 있다.[8] 본 장에서는 『정유각집』과 『호저집』에 수록된 초정과 청대 문인의 기록 및 청대 문인의 개인문집에 수록된 기록까지 더하여, 구체적인 교유 정황을 재구해 보겠다.

1) 교유 현장과 정황에 대한 상세한 기록

鮑紫卿이 우리에게 의자를 내주더니 차를 내오라 하고 향을 피우며 필담을 나누었다. 포자경이 나에게 시를 청하므로, 나는 우리나라 부채에다가 律詩 한 수를 써서 주었다. 그중 한 聯은 이러하였다.

만 리의 생애를 春水宅에 맡겨두고　　萬里生涯春水宅
하룻밤 꿈속 넋은 白鷗鄕에 맴도네.　　一天魂夢白鷗鄕

---

8) 『호저집』에는 교유했던 청대 문인과 관련된 초정의 작품이 부기되어 있는데, 이는 박장암이 초정의 회인시나 「연경잡절」에 수록된 것을 부기한 것이다.

포자경이 이 구절을 극찬하면서 말했다. "春水宅은 張志和의 배이름이니 실로 안 알려진 것이 아니지만, 白鷗鄉은 바로 근래 강남 땅의 배 이름인데, 公께서 대체 어디에서 이를 아셨습니까." 내가 우연히 맞아떨어진 것이라고 대답해 주었다. 포자경이 말했다. "돌아가면 마땅히 새겨서 기둥에 걸어야겠습니다." 이때는 4월하고도 초열흘이 지난 때여서 바람이 맑고 햇볕이 아름다웠다. 주렴을 드리운 들창 너머로 멀리 갈매기와 구름 안개, 누대와 사람들, 그리고 백사장과 방죽, 바람맞은 돛단배가 출몰하는 것을 바라보자니 아득히 물 위에 있는 것을 잊을 지경이었다. 마치 이내 몸이 산림의 사이에 깃들어 단청 안에서 눈길을 놀리는 것만 같았다.9)

『호저집』 1책 권1에 실린 鮑紫卿 관련 기록의 일부분이다. 포자경의 요청에 초정이 부채에 써준 율시는 『정유각시집』 권1에 실린 「東潞河, 贈鮑紫卿」이란 작품으로,10) 그 중 5,6구에 대한 포자경의 평이 기록되어 있다. 『정유각집』에는 작품만 수록되어 있을 뿐, 작품을 짓게 된 정황이나 작품에 대한 설명이 부재하다. 특히 '春水宅'이나 '白鷗鄉'에 대해서는 그 의미 파악이 쉽지 않았다. 반면, 『호저집』에는 1차 연행 당시 4월에 지은 작품이라고 언급되어 있고, 작품을 짓게 된

---

9) 『호저집』 1책 권1 "設椅命茶, 燒香筆語. 紫卿請詩. 余以東扇書贈一律, 其一聯有 萬里生涯春水宅, 一天魂夢白鷗鄉'之句. 紫卿極贊之曰, 春水宅是張志和船名, 諒非 隱僻, 白鷗絶卽近代江南船名, 公何從知之. 余謝以偶然. 紫卿云, 歸當刻揭楹帖也. 時四月旬後, 風日清美, 簾牖之外, 遙見鷗鳥雲煙樓臺人物, 與夫沙隄風帆之出沒, 悠然忘其爲水, 若寓身山林之間, 而遊目丹靑之內."

10) 『정유각시집』 권1 「東潞河, 贈鮑紫卿」 "有客乘舟到夕陽, 自言嫁娶住蘇杭. 南朝 寺外鐘聲遠, 西子湖頭樹影長. 萬里生涯春水宅, 一天魂夢白鷗鄉. 三韓使者腸堪斷, 回首烟波入渺茫." 필담의 과정에서는 5,6구만을 언급했지만, 박장암은 전체 작품을 필담 아래 다시 기록해 두었다.

연유와 구절에 대해서도 상세한 언급이 이루어져, 초정의 작품에 대한 깊이 있는 접근뿐만 아니라, 교유 정황에 대한 이해도 깊이를 갖추게 되었다.

『정유각시집』권3에는 崔景俌과 관련된 「題崔景俌竹樓圖卷」이라는 작품이 실려 있다.11) 이 작품은 초정이 최경칭의『죽루도권』에 쓴 것인데, 작품을 쓰게 된 정황은 실려 있지 않다. 이와 관련해『호저집』1책 권2에 다음과 같은 초정의 기록이 보인다.

　　선군의 기록은 다음과 같다. "芝山 宋葆醇의 처남이다. 지산이 최경칭을 위하여 『竹樓圖』를 그렸고 張問陶가 시를 지었다. 羅兩峯도 또한 그림 한 폭을 그리니 송보순의 그림과는 배치가 서로 같지 않았다. 최경칭은 나이가 젊은데도 시에 능하였으므로 翰林 洪亮吉이 그가 훗날 시로 이름나겠다고 칭찬했다."12)

　　최경칭: 저에게『죽루도』가 있는데 양봉 나빙 선생께서 손수 그린 것입니다. 삼가 그대의 시를 구합니다.
　　선군: 시를 그다지 잘 짓지 못하니, 시간을 두고 엮어보겠습니다.

---

11)『정유각시집』권3「題崔景俌竹樓圖卷」 "我有竹裏想, 一日千百幻. 午願密萬个, 妻子隔呼喚. 午願開一面, 層樓出雲半. 夏念雪離皮, 晝思月凌亂. 復欲噉楎笋, 臟腑出修榦. 崔君擬竹樓, 畵圖供把玩. 芝山及兩峯, 意匠悉爛熳. 起樓各不同, 愛竹兩無間. 可人王子猷, 餘子如旣灌. 將身出畵外, 所留惟几案. 復欲入其中, 屢欽卷石畔. 如登墨君堂, 笑唔秋聲觀. 淸風旣流利, 遠烟復橫斷. 捎空氣忽奮, 將雨色先換. 髣髴聞解籜, 睡雀驚虛彈. 不學黃岡人, 綠節恣剖判. 系君竹樓詩, 風懷一蕭散" 이 작품은『호저집』1책 2권에도 수록되어 있다.

12)『호저집』1책 권2 "先君記曰, 宋芝山葆醇內弟也. 芝山爲景俌作竹樓圖, 張問陶題詩. 羅兩峯又作一圖, 與芝山圖, 位置并不同. 景俌年少能詩, 翰林洪亮吉稱其它日以詩鳴."

최경칭: 이 그림은 반드시 대작을 얻어야만 무게를 더할 것입니다.
선군: 이 두 분은 모두 당대의 명사이니 감히 그 가운데에 참여하지 못하겠군요.
최경칭: 이처럼 큰 재주를 지니신 분이 보잘것없는 그림에 시를 쓰는 것이 걸맞지 않아 보일 뿐입니다. 하지만 그대의 아낌을 받았기에 감히 외람되지만 저를 위해 이 그림에 시를 써주십시오.
선군: 王元之가 귀양 살던 곳에 대나무 누각이 있었지요. 선생은 나이가 젊고 솜씨가 뛰어난데도 어째서 여기에 가탁하시는지요.
최경칭: '竹樓子'로 불렸기 때문에 제 뜻을 보인 것이지, 감히 높여 왕원지에게 견준 것은 아닙니다.[13]

앞 인용문은 초정이 최경칭에 대해 언급한 부분이고 뒤 인용문은 최경칭과 주고받은 필담이다. 이를 통해 최경칭은 죽루와 관련된 시를 썼고 이어 송순보와 나빙이 그림을 그렸으며, 장문도도 시를 썼다는 것을 알 수 있다. 이후 최경칭이 초정에게 시를 요청한 정황이 필담에 고스란히 담겨 있어, 초정의 작품을 이해하는 데도 적지 않은 도움이 될 뿐만 아니라, 교유 정황의 상세함도 파악할 수 있다.

사신 수레는 대륙 뚫고 가는데	軒車穿大陸
성곽은 온 요동을 내리누르네.	城郭壓全遼
만 리 길에 만나 나눈 정다운 대화	萬里逢佳話

13) 『호저집』 1책 권2 "崔: 景俯有竹樓圖, 係兩峯先生手筆, 敬祈尊詩. 先君: 詩甚不工, 俟間當搆. 崔: 此圖必得大作, 乃增重爾. 先君: 此兩公皆當世名士, 不敢則身其中. 崔: 如此大才以之題小圖, 似不稱耳. 然承雅愛, 故敢奉瀆爲我題此圖. 先君: 王元之謫居, 方有竹樓. 先生少年高步, 何以托此. 崔: 因賤號竹樓子, 以見鄙志, 非敢高擬元之也."

하룻밤이 천금과 맞먹는구나.　　　　　千金抵一宵

　1차 연행 당시 金科豫를 만나 지은 작품으로, 『정유각시집』권1에
「次金科豫」라는 제목으로 실려 있다. 3구의 '佳話'에 대한 언급이 없
어, 상세한 교유 정황을 파악할 수가 없었다.14) 그러나 『호저집』에 초
정과 김과예 둘 사이에 나눈 대화가 다음과 같이 수록되어 있다.

　　선군께서 심양을 지나가실 때 벽 위에 걸린 그림을 보고 손가락
　으로 가리키며 말했다. "훌륭한 작품입니다." 김과예가 말했다. "좋은
　그림은 그림으로 갚으셔야지요." 선군께서 대답하셨다. "한유와 유종
　원을 읽는 사람이 모두 다 한유, 유종원과 같은 것은 아니지요." 모
　두 다 크게 웃으니, "묘한 말입니다."라고 글씨를 썼다.15)

　김과예의 집에 걸린 그림을 보고 초정이 감탄하자, 김과예가 초정
에게 그림을 부탁했고 이에 초정은 작가와 독자는 다른 차원이라고
말한 대목이다. 이러한 정황이 초정의 작품 3,4구에 고스란히 담긴 것
으로, '佳話'는 이를 두고 한 표현이다. 초정 작품에 대한 올바른 이해
를 위해 필요한 기록이라 하겠다.

　　海內는 모두가 형제인지라　　　　　海內皆兄弟
　　天涯에서 자리 합쳐 얘기 나누네.　　天涯合席談
　　높은 뜻에 내 자신 실로 부끄럽나니　桑蓬眞愧我

---

14) 이 작품 역시 『호저집』 1책 권1에 수록되어 있다.
15) 『호저집』 1책 권1 "先君過瀋時, 見壁上畵指云, 高品. 科豫云, 好畵當畵. 先君答
　　云, 讀韓柳者, 未必盡如韓柳. 皆大笑, 書云, 妙語."

여태껏 강남조차 못 가봤다오.　　　　　不得到江南

　『정유각시집』권1에 실려 있는 「分談字贈金科豫」라는 작품으로, 김
과예에게 준 것이다. 김과예에게 주었다는 말만 있을 뿐, 이 작품을
짓게 된 구체적인 정황은 파악할 수가 없다. 이와 관련해『호저집』에
는 김과예의 「俚句奉贈楚亭吟長, 兼誌別意」라는 작품이 수록되어 있
다.16) 초정의 작품으로는 당시의 정황을 살필 수가 없었는데, 김과예
의 작품을 통해 이별의 현장에서 지은 것임을 확인할 수 있다. 또한
金科正와 金淳, 李點, 魏錕, 郭維翰이 초정의 이 작품에 차운한 작품이
『호저집』에 수록되어 있다.17) 이로 보건대, 김과예를 대상으로 한 초
정의 작품은 이별의 현장에서 쓴 것이며, 그 현장에는 김과예뿐만 아
니라, 김과정을 비롯한 많은 문인이 자리하고 있었다는 것을 확인할
수 있다.
　『호저집』에서 李鼎元을 소개하면서 초정이 이정원을 대상으로 한
작품을 소개했고 이어 둘 사이의 필담을 기록해 두었다. 그 중 이정원
이 "그대의 對策文을 읽어 보니, 대답한 것이 이미 상세하고 판단 또
한 노련합니다. 중간의 轉注에 대한 주장 같은 것은 수천 수백 년이
東原의 한마디 말로 깨졌으니, 그대로 이 '考老'의 '老'자에서 그대의

---

16)『호저집』2책 권1 「俚句奉贈楚亭吟長, 兼誌別意」 "佳客來東國, 清宵共接談. 流
　　泉思乍湧, 潑墨興初酣. 縞紵君情洽, 文章我輩慚. 朝天旋有日, 竚目望歸驂."
17)『호저집』2책 권1 金科正, 「奉次楚亭元韻」 "清尊聊卜夜, 抵掌發雄談. 未樹騷壇
　　幟, 推敲望斗南.";金淳, 「次楚亭元韻」 "旅邸初逢面, 張燈坐夜談. 十年遊賞地, 久
　　已厭江南【楚亭贈句, 有弗得到江南, 故云.】.";李點, 「次楚亭元韻」 "味契金蘭譜, 襟
　　開玉屑談. 五陵佳氣滿, 形勝邁江南.";魏錕, 「奉次楚亭元韻」 "萬國車書共, 相逢任
　　接談. 香山佳句在, 曾不到東南.";郭維翰, 「奉次楚亭元韻」 "邂逅情初洽, 中宵接席
　　談. 遠遊應有志, 同譜望江南."

독서를 살펴볼 수 있겠습니다. 그리고 마음 씀이 세밀하면서도 고심한 것을 알겠더군요."라고 했다.[18] 이정원이 언급한 초정의 '대책문'은 『정유각문집』 권1에 실린 「六書策」으로, "轉注는 다른 글자가 같은 뜻을 주고받는 경우이니, 모두 '늙는다'는 뜻을 지닌 考와 老자가 그 보기이다[轉注之同意相受, 考老是也]."라고 한 구절에 대한 평이다. 또한 이 필담에는 초정이 청대 문인을 대상으로 한 회인시를 보여주면서, 그들의 안부를 물었다는 기록도 보인다.[19] 이처럼 초정은 만남의 현장에서 자신의 글을 이정원에게 직접 보여주며 적극적인 교유 활동을 펼쳤다.

이정원은 초정과 관련 적지 않은 작품을 지었는데, 『호저집』 2책 권1에는 이와 관련해 시 8題 12首, 편지글 8편(초정 대상 4편, 박장암 대상 4편), 발문 2편이 실려 있다. 이중 「題春雲出峽集」이라는 작품이 가장 먼저 보이는데,[20] 이 작품 역시 초정과 관련된 것으로 보인다. 그러나 『春雲出峽集』이 어떤 책인지에 대한 언급이 전혀 이루어지지 않아, 작품을 짓게 된 정황이나 내용에 대해서는 쉽게 접근할 수가 없다. 이와 관련해 柳得恭은 「次次修幽襄八首韻」이란 작품을 지은 바 있다. 이 작품은 『정유각시집』 권1에 수록된 「夜宿薑山十首」라는 초정의 작품에 차운한 것이다. 유득공은 이 작품의 첫 번째 수에서 "德園이

---

18) 『호저집』 1책 권1 '李鼎元' "讀尊策, 修對帖詳, 斷制亦老. 中如轉注之說, 數千百年, 被東原一語道破, 依然是考老老字, 可見足下讀書矣, 而用心細且苦矣."

19) 『호저집』 1책 권1 '李鼎元' "今冬有安便, 便敎豚兒入都, 亦猶遣勇入觀中國之意耳. 金石正三翁, 丹靑羅兩峯. 淸修比部衎, 鉅麗北江洪. 此余懷人作耳. 半歸黃土, 能無黃壚之感歟."

20) 『호저집』 2책 권1 「題春雲出峽集」 "高聳吟肩撚豆鬚, 夕陽驢背一狂夫. 前身應是王摩詰, 畵出春雲出峽圖."

次修의 시를 논하면서 '봄 구름이 골짜기에서 피어오르는 것처럼 그
자태가 성대하다[德園論次修詩曰如春雲出硤, 態度藹然].'라 했다."라고
부기한 바 있다.21) 이로 보면, 『춘운출협집』이 초정의 초기 작품을 엮
은 책이 아닐까 한다. 이어지는 「題洌上周旋集」이란 작품22) 역시 1778
년 초정과 이덕무가 연행길에 지참하여 청 문인들의 비평을 받은 시
집으로, 이덕무·유득공·박제가·이서구 네 사람의 시가 수록된 『洌上
周旋集』과 관련된 것이다.23)

　　이조원과 반정균은 『한객건연집』에 평한 「巾衍集評」이라는 작품을
남겼고 『정유각시집』 권1에 실린 「述懷四首」라는 작품에 대해서도
「述懷四首評」을 각각 남긴 바 있다.24) 龔協은 『정유각시집』 권3의
「姜女廟次鶴山先生韻」이라는 작품에 차운하여 「讀貞蕤詞丈姜女祠詩,
感作次韻」이라는 작품을 지었고25) 『정유각시집』 권3의 「留龍灣次六

---

21) 柳得恭, 『泠齋集』 권3 「次次修幽裒八首韻」 첫 번째 수 "聞君此春初, 翩翩珊玒蓬室.
　　吾亦屢余君, 歧路動相失. 今朝見君詩, 緗素紛成帙. 思君若風雨, 願爲箕與畢. 欲和
　　春雲作, 深媿游絲筆. 豈以逢時寡, 遂謂交不密. 恨恨難俱陳, 坐對靑峯一.【德園論
　　次修詩曰如春雲出硤, 態度藹然. 余筆荒怯多鉤連, 親知笑以爲游絲書.】"
22) 『호저집』 2책 권1 「題洌上周旋集」 "洌水如煙凝一碧, 竹林風味無今昔. 慇懃寄語
　　集中人, 爲我西隅添一席."
23) 『洌上周旋集』은 현전하지 않으며, 관련 기록으로 1778년 6월 8일에 쓴 祝德麟의
　　「洌上周旋集序」와 「洌上周旋集評」 및 이정원의 「題洌上周旋集」이란 글만 확인
　　된다. 축덕린과 이정원의 글은 모두 『호저집』 2책 권1에 수록되어 있다.
24) 『호저집』 2책 권1, 이조원, 「巾衍集評」 "明農初稿, 工於七律. 夢得香山, 其鼻祖也.
　　而欽崎歷落之氣, 則似過之, 無不及焉. 劍南李調元二橋評.";「述懷四首評」 "楚亭
　　於詩, 多學陶謝, 而於謝尤近. 此四首, 體高格古, 所謂摛藻如春華者, 俗眼幾曾見
　　之. 五嶽山人調識"
　　반정균, 「巾衍集評」 "楚亭詩, 脫手如彈丸, 不爲傴僂之音. 所謂文人妙來, 無過熟
　　耳. 襟期磊落, 如見其人. 顧頠四家, 未易定王盧前後也. 西湖潘庭筠蘭垞氏跋.";
　　「述懷四首評」 "此浣花翁所謂磊磊落落抑塞之奇才也. 諷永數四, 如見襟期. 吾欲彈賀
　　若之琴, 爲作者一解之."

娥見寄」라는 작품에 차운해 「次六娥韻卽呈貞蕤居士一笑」를 지은 바 있다.[26] 또한 「貞蕤先生東歸, 詩以送之, 卽次其山居三首元韻并正. 辛亥 月正二十二日」이라는 작품을 지었는데, 이는 『정유각시집』 권2의 「過 麝泉鹿隱聽琴次虞山」·「再次示麝泉諸子」·「燕岩室次前韻」에 차운한 것 이다. 이외에도 옹방강, 기윤, 철보, 나빙, 오정섭, 옹방수 등은 초정의 작품에 차운하거나 자신의 작품을 보내어 바로잡아 주기를 요청한 바 있다. 그러한 작품이 『호저집』에 다수 실려 있다.

이처럼 교유의 현장에서 즉석으로 차운한 작품을 짓기도 했지만, 현장에서 지은 작품이 아닌 초정의 다른 작품에 대해 청대 문인이 차 운한 작품 역시 쉽게 찾아볼 수 있다. 필담의 현장에서도 연행 이전에 지은 초정의 시구는 자주 소환되었는데, 초정의 『정유고략』이 교유했 던 청대 문인을 중심으로 애독되었음이 확인되는 대목이다. 이로 보 면, 초정의 초기 작품을 중심으로, 초정과 청대 문인 간의 교유가 시 작되었음도 확인할 수 있다.

초정은 청대 문인과 교유하며 정표로 많은 선물을 주고받았다. 沈 心醇은 초정에게 『石鼓文』과 古鏡의 탑본을, 陳崇本은 黃器를 선물한 바 있고 장문도는 초정이 준 日本刀와 관련해 「朝鮮使贈日本刀, 爲作 歌」와 「日本刀歌, 贈陳瀚【刀爲朴楚亭贈物.】」이라는 작품을 지은 바 있 다. 초정 역시 孫衡에게 비단을 주는 등 자신의 시나 글씨를 수많은

---

25) 『호저집』 2책 권1 「讀貞蕤詞丈姜女祠詩, 感作次韻」 "荒祠哀艸望悠悠, 哀怨秦風 賦倖收. 廟貌至今同化石, 邊庭終古重防秋. 大刀破鏡千年恨, 纖趾蒙霜萬里愁. 一自 騷人留苦調, 征夫到此幾旋轉." 陳鱣도 이와 관련해 「古詩爲義州姜貞女作」(『호저 집』 2책 권3)이란 작품을 지은 바 있다.

26) 『호저집』 2책 권1 "前身應是散花人, 一落塵間幾度春. 長慶橋西偕住好, 維摩禪悅 摠淸新."

청대 문인에게 준 바 있다. 그러한 교유의 정황이 『호저집』에 여실히 담겨 있다.

2) 대면 이후의 지속적인 교류에 대한 기록

4차례 연행과 연행 이후의 교유 정황은 『호저집』에서 쉽게 확인할 수 있다. 청대 문인과 관련된 초정의 작품으로 『호저집』에 부기된 작품은 초정의 회인시나 「연경잡절」이 그 중심에 있다. 초정에게 있어 현장 교유의 여파가 바로 이들 작품인 셈이다.

龔荇莊의 시문은 연원 있으니	荇莊詩有自
외가가 王漁洋의 집안이라네.	母家爲漁洋
天壇 옆서 나에게 술잔 권할 제	觴我天壇側
등촉은 붉은 불을 토해냈었지.	蠟燭吐紅芒
집안 내력 서로 주며 通交를 하고	各贈通家譜
절대로 잊지 말자 맹세했다네.	信誓無相忘

『정유각시집』 권3에 실린 「懷人詩, 仿蔣心餘」 중 '龔協'을 대상으로 한 작품으로, 『호저집』 1책 권2에도 수록되어 있다. 『정유각시집』에는 5언 6구의 작품만이 수록되어 있고 작품과 관련된 부기는 부재하다. 그러나 『호저집』 1책 2권에 수록된 공협과의 필담 등의 기록을 통해 보면, 1구는 공협이 부친인 龔廉의 시문을 이었다는 것이고 2구는 공협의 모친이 王士禎의 증손녀였기에 한 말이다.[27] 3,4구는 공협

---

27) 『호저집』 1책 권2 "父廉, 乾隆壬戌進士, 官禮部員外郞·刑部郞中·河南河南府知府.

과 필담을 나누던 정황을 소개한 것이며, 5,6구는 그 자리에서 서로 간 집안의 내력을 주고받자고 하여, 종이 한 장에 써서 주고받았던 일을 詩化한 것이다.28) 『호저집』에 실린 초정의 기록을 통해 작품의 구절구절에 대한 깊이 있는 이해가 가능해졌고 교유 양상 또한 선명해졌다. 이밖에도 공협을 대상으로 한 「和荐莊詩扇」(『정유각시집』 권3), 「續懷人詩·龔荐莊」(『정유각시집』 권4), 「燕京雜絶·龔協」(『정유각시집』 권4)의 작품 역시 『호저집』의 필담 등의 기록을 통해 그 세세한 이해가 가능해졌다.

> 人日에 동쪽 보며 친구를 곡하노니　　　人日東望哭故人
> 이로조차 하늘가엔 소식마저 끊어지리.　天涯從此斷鴻鱗
> 童烏가 요절한 뒤 『太玄』을 뉘 논할까　童烏夭後玄誰與
> 아, 子桑戶여 이미 참됨 꿈꾸었네.　　　桑戶嗟來夢已眞
> 귀신조차 울고 갈 기이한 글만 남아　　空有奇文神鬼泣
> 청렴한 관리 자손 가난함이 불쌍쿠나.　最憐廉吏子孫貧
> 程門의 高弟가 家法을 이었으니　　　　程門高弟傳家法
> 또 三生의 끝없는 인연을 맺었구려.　　又結三生未了因

위 작품 역시 『호저집』 2책 권1에 수록된 이정원의 「哭楚亭」이란 작품이다. 이 작품을 짓게 된 연유에 대해서는 부기를 통해 확인할 수 있는데, 1811년 人日에 지어, 당시 연경에 왔던 조선 사신 柳最寬에게

母王氏, 大司寇諡文簡阮亭曾孫女."
28) 『호저집』 1책 권2 "荐莊嘗書其年甲世派子女名字, 以示先君, 周詳纖悉, 無有間隔, 其風流尙友之感如此", "可將履歷三代籍貫閭閻各書一紙, 交藏之. 妻何氏, 子何名, 兄弟幾人, 住何地, 生日."

주어 초정의 아들 박장암에게 전해주기를 부탁한 바 있다.29) 李驥元
도 초정이 죽은 이후, 「題貞㽅書屋三絕, 應楚亭故人之囑」이라는 작품
을 보내온 바 있다.30)

　　초정 생전에 교유의 현장에서 주고받은 시문이나 연행에서 돌아온
후에 서신을 통해 주고받은 글을 『호저집』에서 살피는 것은 어렵지
않다. 뿐만 아니라, 초정 사후에도 아들인 박장암과의 지속적인 교류
가 있었음을 확인하는 것 또한 어려운 일이 아니다.31) 활발하게 교유
하고 교류했던 정황이 고스란히 『호저집』에 담긴 셈이다.

손사인은 자태가 순아하여서	舍人醇雅姿
도무지 재상 집안 같지 않았지.	都無相門氣
아내 잃은 나의 슬픔 어이 알아서	知我叩盆情
만 리 길에 시를 보내 위로하누나.	緘詩萬里慰

　　舍人 孫衡은 자가 雲麓이니, 總督 孫士毅 아들이다. 내가 喪妻했
다는 소식을 듣고 만시를 부쳐 이렇게 말했다. "예전엔 안인 潘岳
이 「悼亡詩」에 능했고, 지금은 봉천 荀粲이 몰래 마음 아파한다오.
[自昔安仁工製誄, 如今奉倩暗傷神.]"

---

29) 『호저집』 2책 권1 「哭楚亭」 附記 "於覃溪前輩宅, 晤東人顆山, 知楚亭已作古人,
　　歸直人日, 爲位而哭之. 仍將書付顆山, 寄去焚於楚亭之墓. 尙恨詩拙, 不能道意中
　　之痛楚耳. 時辛未人日, 鼎元草并識. 此客歲人日初稿也, 是否寫付顆山. 已不能寄,
　　痛承書來, 卽仍將底稿寄去. 文字都不佳, 重其意焉, 可也. 希貞碧轉致小㽅查收."
30) 『호저집』 2책 권1 「題貞㽅書屋三絕, 應楚亭故人之囑」 "樹歷千年古, 蒼鱗欲化龍
　　相依君子宅, 不羨大夫封." "古井何時鑿, 人間第一泉. 不風知浪淨, 沈月訝朱圓."
　　"認作淵明宅, 松風日夜吹. 不須還學圃, 霖雨澤邊陲."
31) 이정원이 박장암에 보낸 편지인 「答小㽅」 등에서도 확인이 가능하다.

　「연경잡절」에서 '孫衡'을 대상으로 한 작품으로, 『호저집』 1책 권2
에도 실려 있다. 3,4구에서 초정이 상처하자, 위로의 시를 보내주었다
고 하면서 손형의 작품 일부만을 기록했다. 이에 반해 『호저집』 2책
권2에는 손형이 보낸 만사의 전문이 다음과 같이 실려 있다.

　　삼가 차수 선생의 부인 李 淑人이 임자년(1792) 9월에 세상을 떠
　났다는 소식을 듣고, 거칠게 위로의 말을 부치며 바로잡아주시기를
　청함
　/ 恭聞次修先生元配李淑人, 於壬子九月辭世, 蕪言寄慰, 卽請改正.

　　명문의 덕스런 배필 손님처럼 공경터니　名門德配敬如賓
　　신선 수레 뜬금없이 하늘로 돌아갔네.　仙馭無端返上旻
　　【『宋史』「樂志」에서 "신선 수레 정돈하여 하늘 위로 돌아갔네."라
　하였다.】
　　【宋史樂志, 將整仙馭, 言還上旻.】
　　옛날에 潘岳은 誄文을 잘 지었지만　　自昔安仁工製誄
　　오늘의 荀粲은 남몰래 맘 상했지.　　如今奉倩黯傷神
　　빈 경대에 반짇고리 차마 열지 못하고　　奩空未忍開針篋
　　찬 이불에 언제나 대자리의 먼지 터네.　衾冷長爲拂簟塵
　　한마디 말 부쳐 보내 전달되길 기약하니　一語寄君期作達
　　섬돌 앞엔 蘭玉 같은 자식들 끌끌하리.　階前蘭玉已振振

　「연경잡절」에서는 위로하는 시를 보내주었다는 언급에 그쳤지만,
『호저집』의 기록을 통해 실제 손형이 부쳐온 만사를 확인할 수 있었
다. 초정의 작품에 대한 깊이 있는 접근뿐만 아니라, 연경에서 돌아온

후에도 조선 사신 편에 서로 간의 소식과 시문을 주고받은 정황이 확
인된다.

폐백 들고 지금껏 구주를 편답하니   執贄由來遍九州
계림 땅의 제자가 또한 그의 학생일세.   鷄林弟子亦蒙求
세모의 회인시에 도리어 놀라노니   翻驚歲暮懷人作
옥정과 주천에 만곡의 물 흐르누나.   玉井珠泉萬斛流

『정유각시집』권4에 실린「續懷人詩十八首」중 紀昀을 대상으로
한 작품이다. 이 작품 역시 『호저집』1책 권2에 수록되어 있다. 2구의
'鷄林弟子'는 초정 자신을 가리키는 말이며, 4구의 '玉井珠泉'은 기윤
이 보내 준 벼루와 관련된 언급이다.32) 3구의 '歲暮懷人作'은 기윤이
초정을 대상으로 쓴 작품을 말한다. 『호저집』1책 권3에는 기윤과 관
련해 다음과 같은 기록이 있다.

우연히 서로 만나 곧바로 친해지니   偶然相見卽相親
헤어진 뒤 안타깝게 몇 해 봄을 보냈던가.   別後恩恩又幾春
거꾸로 신 신고서 천하 선비 맞았더니   倒屣常迎天下士
시 읊을 젠 해동 사람 가장 많이 생각나네. 吟詩最憶海東人
관하 너머 두 곳에서 서찰 왕래 아예 없어   關河兩地無書札

---

32) 徐浩修의 『燕行紀』3권 경술년(1790) 8월 14일 기사에 기윤에게 편지와 예물을
보내자, 기윤이 端溪硯 1개와 墨竹 1軸을 답례로 보내왔다. 단계연에는 '玉井'
2자가 새겨져 있었고, 뒷면의 自撰銘에 "蘇東坡의 글은 珠泉이 萬斛이지만, 나
는 나의 우물을 파니 논이랑에 물을 대기에 또한 넉넉하네.[坡老之文珠泉萬斛,
我浚我井灌畦亦足]."라는 글귀가 있었다고 한다.

여러 해를 사신에게 그대 이름 물었다오.　　名姓頻年問使臣
나를 그려 지은 새 시 있는가 없는가　　可有新篇懷我未
이 늙은이 두 살쩍은 은빛으로 변해가네.　　老夫雙鬢漸如銀

이것은 宗伯 曉嵐 기윤이 부쳐 보낸 작품이다. 종이는 색을 입힌 비단 폭을 썼는데, 글자가 손바닥만 하게 컸다. 내가 대궐에서 숙직하고 있는데 갑자기 대내로부터 내려왔다. 나는 외교의 의리가 없는지라 감히 화답하여 보내지는 못하였다. 나중에 신유년(1801)에 사신의 명을 받들어갔을 때 만나보고서 이에 대해 사죄하였다. 기공은 그때까지도 건강하였고, 나이는 이미 80여 세였다.[33]

기윤의 위 작품은『정유각시집』권5에 실린 초정의「追次曉嵐見寄詩韻. 二月六日.」이란 작품[34] 아래 기윤의 작품이라고 부기되어 있다. 초정의 이 작품은 鍾城 유배 시절인 1803년 2월 6일에 지은 것으로, 기윤의 작품에 대해서는 그 제명을 밝히지 않았다. 그런데 기윤의 문집인『紀文達公遺集』권11에는「懷朴齊家」라는 제목으로 동일한 작품이 수록되어 있고『호저집』2책 권2에는「寄懷而后先生」이란 제명으로 실려 있다. 이러한 기록을 통해, 위 기윤의 시작품이 초정이 자신의 시작품 3구에서 언급한 '歲暮懷人作'임이 확인된다. 초정의 기록과 기윤의 개인문집에 실린 작품을 통람하면, 그 교유 정황이 더욱 선명

---

33)『호저집』1책 권3 "先君記曰, 偶然相見卽相親. 別後恩恩又幾春. 倒屣常迎天下士, 吟詩最憶海東人. 關河兩地無書札, 名姓頻年問使臣. 可有新篇懷我未, 老夫雙鬢漸如銀. 此曉嵐紀宗伯見寄之作. 紙用加色絹幅, 字大如手. 余在禁直, 忽自大內下傳. 余以無外交之義, 不敢和送. 後於辛酉奉使時, 面謝之. 紀公尙康旺, 年已八旬有餘矣."

34)『정유각시집』권5「追次曉嵐見寄詩韻. 二月六日」"白鷗何意絶邊親, 慣遣秋筇集裏春. 佳句自無霜後傑, 好音偏向日邊人. 雲山萬斛新螺子, 滄海千秋古鴈臣. 忽夢頎然觀奕叟, 牀前月色爛如銀."

해진다.35)

　일련의 회인시나 「연경잡절」은 연행의 여파 속에 지은 작품으로, 이들 작품에 대한 세세한 접근이 『호저집』의 기록을 통해 가능해졌다. 또한 연행 이후, 초정 아내의 죽음이나 초정에 대한 그리움을 담은 작품이 『호저집』에 수록되어 있어, 일회적인 교유에 머물지 않고 대면 이후에도 지속되었음을 확인할 수 있다.

3) 청대 문인의 또 다른 기록들

　『호저집』 2책 권2의 '張問陶' 관련 자료를 기록한 곳에서, 초정과 孫星衍의 교유 정황을 살필 수 있는 시작품이 있는데 다음과 같다.

　　『問字堂圖』에 淵如 孫星衍 선배를 위해 쓰다
　　【조선의 초정 박제가가 題額을 쓰고 양봉산인 나빙이 그림을 그렸다.】
　　/ 問字堂圖, 爲孫淵如前輩題【朝鮮朴楚亭書額, 兩峯山人作圖.】

　　好奇라고 웃겠지만 미친 것은 아니니　　好奇應笑不狂狂
　　해객이 문자당에 친히 제액 써 주었네. 海客親題問字堂

---

35) 또한 『호저집』 2책 권2에 실린 기운의 「送而后檢理歸國」 작품이 『紀文達公遺集』 권10에는 「送朝鮮使臣朴齊家歸國」이라는 제명으로 실려 있다. 또한 권10 바로 뒤에 「送朝鮮使臣柳得恭歸國」 "古有鷄林相, 能知白傅詩. 俗原嫻賦詠, 汝更富文辭. 序謝一都賦, 才慚一字師. 唯應期再至, 時說小姑祠."라는 유득공과 관련된 작품도 수록되어 있다. 이 작품은 『泠齋集』 권4의 「和贈紀曉嵐尙書」라는 작품 아래 원운으로 부기되어 있다. 이를 통해 유득공이 작품을 지은 정황을 파악할 수 있다.

배움 청함 다시금 소영사를 만남이요   請學重逢蕭穎士
정신 전함 마치도 맹양양을 그린 듯해.   傳神如畵孟襄陽
문장의 호탕함은 안과 밖의 구분 없고   文章浩蕩無中外
碑版은 드물어서 漢唐을 꼽는다네.   碑版零星數漢唐
鷄林 땅 종잇값이 높아지게 놓아두고   一任鷄林高紙價
문 닫고 다시금 저서에 바쁘겠네.   閉門還爲著書忙

'問字堂'은 孫星衍의 서재로, 당대 청 문단 名士들의 雅集 장소였다. 그런데 이곳의 제액을 초정이 썼고 나빙이 그림으로 그렸다고 언급하면서, 그러한 정황을 시작품 1-4구에 담아내었다. 손성연이 초정에게 『唐刻古經』을 주자, 초정이 "오천 권의 책을 읽지 않은 자는 이 서실에 들어올 수 없다.[不讀五千卷書者, 毌得入此室.]"라는 글을 써 주었는데, 『정유각시집』 권3에 실린 「懷人詩, 仿蔣心餘」 '孫星衍' 5구에서도 언급한 바 있다.36) 장문도의 이 작품은 장문도의 문집인 『船山詩草』에도 「問字堂圖, 爲淵如前輩題【朝鮮朴齊家書額, 羅兩峯作圖.】」라는 제목으로 실려 있는데, 본래 2수의 작품 중 첫 번째 수만을 소개한 것이다.37)

손성연의 '문자당'과 관련된 초정과의 일화에 대해서는 『정유각집』이나 『호저집』에 다른 기록은 없다. 반면 손성연의 『孫淵如詩文集』에는 당시의 일을 다음과 같이 기록하고 있다.

---

36) 『정유각시집』 권3 「懷人詩, 仿蔣心餘」 '孫星衍' "孫郎工篆隸, 心絶芬華慮. 走馬客函秦, 校書秋帆署. 慇懃寄石經, 好向東溟去."

37) 장문도의 『船山詩草』 권7에 실린 다른 한 수의 작품은 다음과 같다. "穆穆虛堂造字圖, 聖倉心法異祛盧. 說文遠接秦丞相, 載酒羞談莽大夫. 有眼終能通篆籀, 不才安用識之無. 人生憂患元非一, 此意何從問俗儒." 이들 작품은 1795년에 지은 것으로 보인다.

나는 問字堂에 우거하고 있었다. '문자당'은 조선의 사신 박제가가 내가 古文의 기이한 글자를 많이 알고 있다고 생각하여 제액을 써 준 것이다. 都下의 이름난 公卿과 海內의 옛 것을 좋아하는 선비들이 늘 문자당에 와서 서적을 빌리고 술자리를 마련하여 즐기곤 했다. 호사가 중 어떤 이는 이를 그림으로 그리기도 했다.[38]

내가 처음에는 琉璃廠에 우거하고 있었는데, 다리 서쪽 집 앞에 큰 나무가 있어 海內의 선비들 중 기이함을 즐기고 의심난 것을 변석하는 자들이 모두 내 거처를 알았다. 이후에 거처를 옮겨 孫公園에서 지내면서 조금 집을 넓혀, 여러 명사들의 雅集 장소로 삼았다. 해마다 조선에서 사신이 오면 반드시 방문하여 명함을 내밀었다. 그러던 중 박제가가 나를 위해 '문자당'이라는 제액을 써 주었고 또한 큰 글씨로 隋나라 崔儦의 '오천 권의 책을 읽지 않은 자는 이 서실에 들어올 수 없다.'라는 글귀를 써 주었다.[39]

손성연의 거처에 '문자당'이라고 제액을 써 주었고 더불어 '不讀五

---

38) 孫星衍, 『孫淵如詩文集』 권2 「王大令復詩集序」 "子寓邸問字堂中. 問字堂者, 朝鮮使人朴齊家謂予多識古文奇字, 因爲題署. 都下名公卿及海內好古之士, 常造門借書籍冶酒具以爲歡. 好事者或寫爲圖."

39) 孫星衍, 『孫淵如詩文集』 권7 「書堂問字」 "子始偬居琉璃廠, 橋之西宅前有大樹, 海內之士賞奇析疑者, 咸識其居也. 後移寓孫公園, 小拓室宇, 爲諸名士燕集之地. 每歲朝鮮使臣至, 必款門投刺. 朴卿齊家爲子書問字堂額, 又大書崔儦語云, 不讀五千卷書, 毋得入此室." 이 부분은 서문에 해당하는 글이고 이 아래 "琉璃廠西靑廠口, 塵囂圖書衒尊卣. 十丈紅飛過客塵, 一株綠認先生柳. 高冠褒服來叩門, 登堂書字口不言. 愛才異域且同志, 豈有文譽鷄林傳. 異書海舶有時世, 不似大航留僞帙. 開成石刻贈殷勤, 要使薄海尊經術. 興來落筆蛟螭翔, 五千卷室崔儦藏. 似聞此歲朝天客, 猶訪當年問字堂."이라는 손성연의 시 작품이 있는데, 『호저집』에는 실려 있지 않다.

千卷書者, 毋得入此室.'라는 글귀를 써 준 정황이 상세하게 소개되어 있다. 초정과 청대 문인 간의 교유와 교류를 입체적으로 재구하기 위해서는 교유했던 청대 문인의 개인문집도 꼼꼼히 검토해야 할 필요성이 대두된다.

陳鱣은 『정유각집』에 序文을 쓴 인물이다. 서문에서, 초정이 조선종이, 접부채, 삿갓, 청심환을 선물로 주었고 자신은 4수의 작품을 지어 감사의 뜻을 표했으며, 자신의 『論語古訓』을 답례로 주자 초정이 다시 『貞蕤藁略』을 보여주었다고 했다.[40]

이와 관련해 진전의 『陳鱣簡莊文鈔』 「擬傳」에 다음과 같은 기록이 보인다.

　　嘉慶 辛酉年(1801)에 會試에 응시하려고 北京의 琉璃廠 책방에 이르러, 朝鮮 使臣 檢書 朴修其를 만나 서로 붓을 잡아 필담을 나누었다. 박수기가 찬술한 『貞蕤稿略』을 仲魚 陳鱣에게 주었고 仲魚는 『論語古訓』으로 보답했다. 각기 한 때에 서로에게 마음을 기울인 것이 멋진 일화로 남았다.[41]

또한 이 자리에서 초정이 4개의 선물을 주었는데, 이에 진전이 4수의 작품을 지었다고 한 바 있다. 그 4수의 작품은 『호저집』 2책 권3에

---

40) 『정유각문집』 서문 "越數日, 又相見, 辱贈以東紙摺扇野笠藥丸. 余卽賦詩四章志謝, 副以楹聯硏帖及拙著論語古訓, 幾幾乎投縞獻紵之風焉. 有頃, 檢書手一編出示, 曰貞蕤藁略. 皆其舊作. 首列對策, 發明古學, 貫通六藝群書. 讀之, 洋洋灑灑, 如登高山臨滄海, 驟然莫測其崇深."

41) 陳鱣, 『陳鱣簡莊文鈔』 「擬傳」 "嘉慶辛酉, 會試, 至京於琉璃廠書肆, 識朝鮮使臣朴修其檢書, 各操筆以通語言, 朴修其以所撰貞蕤稿略, 貽仲魚. 仲魚報以論語古訓, 各相傾許一時, 以爲佳話."

수록되어 있으며,[42] 吳衡照는 초정이 진전에 선물한 접부채를 대상으로 작품을 지은 바 있다.[43] 진전은 초정에게 받은 선물을 교유했던 문사들과 공유했던 것으로 보이며, 이러한 일을 계기로 진전이 서문을 쓰고 『정유고략』을 간행한 것으로 보인다.[44]

고려의 사신 박제가는 시와 그림에 공교롭다. 사신으로 오고서는 중국의 사대부들을 사모하여 늘 한 번이라도 대면한 적이 있으면 곧바로 회인시 한 편을 지었는데, 많게는 50여 수에 이르니 好事라 할 만하다.[45]

洪亮吉이 초정을 회억하며 쓴 글이다. 초정은 홍양길을 회인시와 「연경잡절」에서 거듭 언급한 바 있고 『정유각문집』 권2의 「洪亮吉傳」에서는 홍양길의 작품을 칭송한 바 있다. 『호저집』에도 적지 않은 분

---

42) 『호저집』 2책 권3 '東紙' "十幅雲箋勝百朋, 遠携東國浪千層. 騷人供給成佳話, 和墨揮毫得未曾."; '摺扇' "便便腹笥朴貞蕤, 摺扇還書佳句貽. 豈但奉揚君子德, 定教傳誦使臣詞."; '野笠' "臺笠伊糾美彼都, 何緣脫贈到吾徒. 他時戴此歸田去, 好比東坡冒雨圖."; '藥丸' "煙霞痼疾每沈吟, 燕市逢君意倍深. 愛我無如投藥石, 賞來難得是淸心."

43) 『호저집』 1책 권3 '吳衡照' 「高麗臺笠吟【幷引】」 "笠質圓體輕, 以夫須爲之. 色深黝, 極細緻, 可愛. 高麗貢使朴貞蕤齊家, 贈陳簡莊鱣, 簡莊貽胎季父兎牀先生駿, 席上命作." "使臣朴檢書, 來自朝鮮國. 臺笠相饋遺, 尋常索不得. 髯翁轉見餉, 副以紙與墨. 滄海曾經驛路通, 覆同天樣出良工. 掉頭側景輕於篛, 摩頂圓光轉似蓬. 筍皮葵葉徒誇劇, 那用靑繪飾檐額. 擁棹兼携夢裏蓑, 看花定配圖中屐. 屋外靑山數畝田, 東薔來往幾經年. 夫須舊製今猶在, 開倚鋤頭登鄭箋."

44) 『호저집』 1책 권2에서 陳文述을 대상으로 한 대목에 진전이 초정의 시문을 간행해 『정유고략』이라 했다는 기록도 보인다. "乾嘉之際, 屢以奉使來京師, 與中朝士大夫, 多酬唱之作. 家仲魚徵君, 刻其詩文, 爲貞蕤稿畧."

45) 洪亮吉, 『北江詩話』 권5 "高麗使臣朴齊家, 工詩及畫. 其入貢也, 慕中國士大夫, 每有一面, 輒作見懷詩一章, 多至五十餘首, 可謂好事矣.

량을 할애하여 홍양길을 소개했는데, 홍양길에 대한 초정의 시선과 관심이 그대로 묻어나는 기록이다. 다소 짧은 언급이지만, 청대 문인에 대한 초정의 관심이 그대로 홍양길에게도 전해진 듯하다.

사신이 격자 종이에 쓴 것을 채집했는데	輶軒採得烏絲寫
신선 풍모 넘쳐나 五銖라 걸맞구나.	僊骨珊珊稱五銖
묻노니, 정유 노거사	爲問貞蕤老居士
【조선의 사신 박제가를 말한다.】	【謂朝鮮使臣朴齊家】
연래에 다시 이 사람이 있는가.	年來更有此人無
蕃侯의 보좌하는 정성 잘 전달하며	能達蕃侯翊戴誠
기러기 오가는 길에 조각구름 가벼웠네.	雁程來往片雲輕
中朝의 인물들과 모두 알고 지내며	中朝人物都相識
동국에선 시로 예전부터 명성 자자했지.	東國聲詩舊擅名
압록강 물 차갑고 가을 물은 드넓으며	鴨綠江寒秋水闊
용만관 근처엔 달빛도 환하게 빛나리.	龍灣館近月華明
책 속의 宵雅를 참으로 잘도 익혀	卷中宵雅眞堪肄
「四牡」와 「皇皇者華」로 한평생을 보내누나.	四牡皇華過一生

【『정유고략』은 우리 집안 仲魚 徵士가 간행했다.】【稿略爲家仲魚 徵士所刊】

첫 번째 인용문은 陳文述의 「題朝鮮女士許蘭雪【景樊】詩集」이라는 작품의 4번째 수이다. 다른 首에서는 허난설헌의 생애에 대해 간략히 언급하고 시작품에 대한 칭송을 마다하지 않았다.[46] 이 작품 역시 1,2

---

46) 陳文述, 『頤道堂詩外集』 「題朝鮮女士許蘭雪【景樊】詩集」 "中華傳唱艶豓傾城, 東國

구는 허난설헌의 시풍에 대한 칭송이다. 이어 3,4구는 해마다 오는 사신의 일행에 초정이 있는가 자문한 내용이다. 전체 작품의 초점이 허난설헌에 맞춰져 있는데, 마지막 구절에서 초정을 언급한 것은 초정에 대한 깊이 있는 애정에서 비롯된 것으로 보인다. 두 번째 인용문은 진문술의 「題朝鮮使臣樸齊家貞蕤稿略」이라는 작품으로, 진문술이 집안사람인 仲魚 陳鱣이 간행한 초정의 『정유고략』에 쓴 시이다. 초정이 사신으로 중국을 오가면서 수많은 중국 문인들과 두루 교유했던 것을 그대로 詩化했다. 이들 작품은 『호저집』이나 『정유각집』에 실려 있지 않다.

　초정과 청대 문인의 교유 양상을 세밀하게 파악하기 위해서는 초정의 기록뿐만 아니라 청대 문인의 기록에도 접근해야 한다. 청대 문인의 작품 속에도 교유했던 현장에 대한 언급과 교유 양상이 기록되어 있기에, 초정의 기록과 함께 살펴본다면 그 교유의 정황이 더 선명해질 수 있기 때문이다. 또한 시문이나 선물을 주고받은 현장의 정황뿐만 아니라, 초정이 준 시문이나 선물이 청대 문인 사이에서 어떤 파급 효과를 낳고 있는지를 살피기 위해서도 청대 문인의 개인문집에 대한 접근은 필요하다. 또한 청대 문인의 사승 관계 등의 교유 양상에 대한 이해도 선행되어야 한다.

聲詩最擅名. 王母侍兒都絶世, 步虛祇有許飛瓊"; "麗才不數月君婷, 開倚靑鸞聽紫雲. 應與純狐爲眷屬, 廣寒曾草上梁文【女士八歲曾作廣寒宮上梁文】"; "鉎峽龍歸霸業荒, 攀髯人去海雲涼. 穆陵秋老斜陽暮, 獨上高臺弔國殤.【適進士金成立, 成立殉國女士以節著.】"; "金釵首節長相憶, 更學崔家五字詩. 菊秀蘭哀秋八月, 寒泉應薦女郎祠."

4. 나가는 말

초정은 총 4차례의 연행을 통해 수많은 청대 문인과 교유했다. 그러한 정황이 『정유각집』에 단편적으로 실려 있다. 『정유각집』의 기록만으로는 교유 현장이나 이후 교유 정황을 상세하게 재구하는데 한계가 있다. 초정의 삼남인 박장암이 1809년 아버지 초정의 각 시기 연행과 관련된 인물 및 그들과 주고받은 작품, 그리고 교유 정황을 파악할 수 있는 자료를 모아 『호저집』을 편찬했다. 이 『호저집』에는 4차례의 연행 과정에서 교유했던 인물 관련 정보들이 상세하게 기록되어 있어, 초정과 청대 문인의 교유 정황을 어느 정도 입체적으로 재구할 수 있다.

『호저집』에 수록된 초정의 언급이나 청대 문인의 기록 및 그들과 나눈 필담의 기록을 통해, 교유 현장을 재구할 수 있었고 이를 기반으로 초정의 개별 작품에 대한 이해도를 고취시킬 수 있었다. 연경에서의 교유 현장뿐만 아니라, 이후 주고받은 시문도 『호저집』에는 적지 않게 수록되어 있다. 박장암이 『호저집』에 부기한 아버지 초정의 기록은 초정의 회인시와 「연경잡절」이 대부분이다. 초정에게 연행이 어떤 의미로 남았는지를 가늠하게 해 주는 일련의 작품으로, 그 여파를 확인하게 해준다. 뿐만 아니라, 초정 사후에도 삼남인 박장암과 지속적인 교류가 있었음도 확인된다. 활발하게 진행된 교유는 이후 조선의 사신인 김정희나 이상적, 김석준 등에 의해 지속되었다. 그러하기에 청대 문인과의 활발한 교유의 출발점에 초정이 있다는 사실만은 부정할 수 없을 것이다.

청대 문인의 기록을 통해서도 활발하게 전개된 교유 정황을 파악

할 수 있었다. 교유 현장에서 차운한 작품이나 이후 초정의 개별 작품
에 차운한 작품도 산견되었고 청대 문인이 자신의 작품을 초정에게
보내 평을 바라기도 했다. 초정의 초기 시집인『정유고략』이 진전에
의해 간행되었고 동일 집단에 의해 애독되었음도 확인된다. 이밖에도
청대 문인의 개인 문집에 수록된 작품을 통해서도 교유 정황의 한 모
퉁이를 재구할 수 있었다. 또한 초정이 교유했던 청대 문인의 사승관
계나 학문적 연원에 대한 입체적인 접근이 이루어져야, 초정에 교유
와 교류에 대해 통찰할 수 있으리라 생각된다.

  본고에서는 초정의 청대 문인과의 교유 일면을 좀 더 상세히 들여
다보기 위해『정유각집』과『호저집』의 자료를 한 자리에서 입체적으
로 논의해 보고자 했다. 그러나 방대한 분량을 소화하기에는 논자의
역량이 부족하여, 그 일면에만 접근한 한계가 있음을 거듭 밝힌다.

참고문헌

朴齊家, 『貞蕤閣集』, 한국문집총간 261.
朴長馣, 『縞紵集』, 하버드대학교 옌칭도서관 소장

박종훈 역, 『韓客巾衍集』, 문진, 2011.
정 　민 외 역, 『정유각집』 상·중·하, 돌베개, 2010.
후지츠카 치카시 지음/ 후지츠카 아키나오 엮음/ 윤철규·이충구·김규선 옮김,
　　　『秋史 金正喜 硏究』, 과천문화원, 2009.

김병민, 「'연경잡절'에 반영된 초정 박제가의 문화의식」, 『다산학보』 13집, 다산
　　　학연구원, 1992.
김원준, 「《韓客巾衍集》을 통해 본 炯菴 李德懋 시의 특징-영남대학교 도남문고
　　　소장 "蓬壺山房"본을 대상으로-」, 『민족문화논총』 54권, 영남대학교 민족
　　　문화연구소, 2013.
남재철, 「薑山 李書九의 初期詩 硏究 :《韓客巾衍集》을 중심으로」, 연세대학교
　　　석사학위논문, 1997.
박종훈, 「초정 박제가의 懷人詩 小考」, 『한국언어문화』 30집, 한국언어문화학회,
　　　2006.
_____, 「초정 박제가의 연경잡절 일고」, 『한문학논집』 27집, 근역한문학회, 2008.
_____, 「楚亭 朴齊家 初期 詩 考察《韓客巾衍集》의 評語를 中心으로-」, 『한국언
　　　어문화』 35권, 한국언어문화학회, 2008.
_____, 「薑山 李書九의 初期 詩 考察《韓客巾衍集》을 중심으로-」, 『동방학』 16
　　　권, 한서대학교 동양고전연구소, 2009.
_____, 「冷齋 柳得恭의 초기 詩 考察《韓客巾衍集》을 중심으로-」, 『한국시가문
　　　화연구』 23권, 한국시가문화학회, 2009.

_____, 「炯庵 李德懋의 初期 詩 考察-《韓客巾衍集》을 중심으로-」, 『한문학논집』 30권, 근역한문학회, 2010.

_____, 「漢詩 "四家"의 전원시 비교 고찰-《韓客巾衍集》을 중심으로-」, 『동방학』 18권, 한서대학교 동양고전연구소, 2010.

_____, 「19세기 朝淸 문인들의 교유 양상-藕船 李尙迪의 懷人詩를 중심으로-」, 『동양한문학연구』 32집, 동양한문학회, 2011.

_____, 「19세기 조선 중인들의 국내외적 활동 양상-小棠 金奭準의 懷人詩를 중심으로-」, 『동방학』 25집, 한서대학교 동양고전연구소, 2012.

_____, 「조선 후기 聯作 懷人詩의 사적 흐름과 제 양상」, 『온지논총』 58집, 온지학회, 2019.

_____, 「李尙迪의 〈西笑編〉 一考」, 『한국시가연구』 50집, 한국시가학회, 2020.

_____, 「《縞紵集》에 보이는 박제가의 교유와 교류 양상」, 『온지논총』 74집, 온지학회, 2023.

박현규, 「조선 四家詩《韓客巾衍集》과 청 李調元《雨村詩話》와의 원문 수록 관계」, 『서지학보』 권21, 한국서지학회, 1998.

이윤숙, 「漢詩四家의 初期詩 硏究 :《韓客巾衍集》을 中心으로」, 동국대학교 석사학위논문, 1999.

李春姬, 「藕船 李尙迪과 晩淸 文人의 文學交流 硏究」, 서울대학교 박사학위논문, 2005.

정일남, 「박제가 회인시 연구」, 『한국한문학연구』 36집, 한국한문학회, 2005.

황인건, 「「燕京雜絶」에 나타난 박제가의 중국 체험 고찰」, 『한국시가연구』 20집, 한국시가학회, 2006.

Chinese Text Project(https://ctext.org/library.pl?if=en&res=97114)

『縞紵集』의 編纂者 朴長馣의 생애와 그 편찬 의식

강진선 한양대학교 국어국문학과 박사수료

1. 서론
2. 朴長馣의 생애와 관력
3. 『호저집』 편찬의 지향과 반영
4. 결론

1. 서론

小蘅 朴長馣(1790-1852?)은 朴齊家(1750-1805)의 삼남으로 박제가의 4차례에 걸친 燕行에서의 한중 교유 내용을 집성한 『縞紵集』[1]의 편찬자이다. 그 〈凡例〉에 따르면 "爲卷二, 爲篇三" 곧 앞뒤로 纂輯과 編輯의 두 책으로 되어 있으며, 각 책은 다시 박제가의 연행 연도순으로 戊戌(1778)·庚戌辛亥(1790·1791)·辛酉(1801)의 세 권으로 나누었다. 여기에 연행 이전에 神交를 나누었거나 직접 교유하지는 않았으나 실을 필요가 있다고 판단되는 인물을 따로 卷首로 삼아 각 찬집과 편집 첫머리에 두었다.

이 책에는 172명[2]에 달하는 淸朝 문인의 인명이 실려 있어, 그야말

---

1) 이 논문에서는 하버드 옌칭도서관 소장 필사본 『호저집』을 대상으로 살펴본다. 본 『호저집』은 纂輯과 編輯의 총2책 6권을 온전히 갖춘 完帙이다. 해당 본은 1992년 碧史 李佑成 선생의 栖碧外史海外蒐佚本叢書로서 아세아문화사에서 영인본을 간행한 바 있다. 이외 단국대 연민문고 소장의 落帙이 있다. 이하 원문의 해석은 朴長馣 지음, 정민·강진선·이패선 외 역, 『(실학번역총서 5)호저집』 1·2, 돌베개, 2022의 번역을 참조.

2) 항목 내에서 언급한 경우까지 세면 더 늘어난다. 이 172명 중 직접 대면하였거나, 대면하지는 못했으나 적어도 서로 글을 주고받으며 우정을 나눈 경우가 아닌 사람이 陸飛·沈初·吳穎芳·袁枚·王學浩·劉錫五·陳文述·吳衡照의 8인이다. 朴長馣, 〈凡例〉, 『縞紵集』, "一. 凡一百十人之內, 除親見者外, 望風溯想者四, 折簡往復而未見其人者一, 聞聲相思者二, 詩筆相通而未得證交者一. 望風溯想者, 陸篠飮·沈雲椒·吳西林·袁簡齋是也. 折簡往復而未見其人者, 郭東山是也. 聞聲相思者, 王椒畦·劉澄齋是也. 詩筆相通而未得證交者, 嚴有堂是也. 凡八人者, 則各以次附錄. 其餘李雨邨潘秋庫鐵冶亭三人者, 則先以詩文書札相通, 而後竟面接. 故皆不附錄, 直入原纂."

로 박제가의 폭넓은 교유의 폭을 여실히 증명하는 자료가 된다. 제1
책인 纂輯은 충실한 인명록으로 겸하여 필담 자료와 박제가의 懷人詩
를 실었다. 제2책인 編輯은 박제가와 청 문인이 주고받은 한시 및 청
문인의 舊作, 오고간 편지 등을 실었다.

　　그 수록된 자료의 풍부함에 비해 선행 연구에서는 『호저집』만을
단독으로 다루기보다는 주로 한중 교류 관련 문헌이나 연행록을 연구
하는 과정에서 함께 언급되었다.3) 그 편찬자 박장암에 대해서도 몇몇
연구 성과를 통해 짧게나마 그 생애와 교유 등이 정리된 바 있었으
나4) 전체적인 연구의 수는 또한 소략하다. 이는 무엇보다 박장암의

---

3)　오수경, 〈解題(縮約集)〉, 『楚亭全書(栖碧外史海外蒐佚本)』(이우성 편) 下, 아세
　　아문화사, 1992, 3~12면; 장백위, 「韓國歷代詩學文獻綜述」, 『東方漢文學』 16, 동
　　방한문학회, 1999, 283~306면; 황인건, 「〈燕京雜絕〉에 나타난 박제가의 중국 체
　　험 고찰」, 『한국시가연구』 20, 한국시가학회, 2006, 143~164면; 안대회, 「楚亭
　　朴齊家의 燕行과 일상속의 국제교류」, 『동방학지』 145, 연세대학교 국학연구원,
　　2009, 37~64면; 박향귀, 「燕行錄 所載 筆談의 硏究: 洪大容, 朴趾源 등을 중심으
　　로」, 인하대학교 박사학위논문, 2010; 이승수, 「박제가 삶의 마음속 出路,燕京의
　　友情」, 『동아시아문화연구』 50, 한양대학교 동아시아문화연구소, 2011, 187~214
　　면; 김윤조, 「18세기 후반 韓中 文人 交遊와 李調元」, 『한국학논집』 51, 계명대
　　학교 한국학연구원, 2013, 443~468면; 이홍식, 「18세기 조선 문인지식인의 시로
　　꿈꾼 동아시아: 한·중·일, 분열과 갈등의 시대를 넘어」, 『한국문학과 예술』 27,
　　숭실대학교 한국문학과예술연구소, 2018, 147~171면. 최근 『호저집』을 단독으
　　로 하여 나타난 박제가의 한중 문인 교류를 다룬 논문으로 축가문, 「朴齊家의
　　中國文人 交流 樣相과 特徵」, 한국학중앙연구원 한국학대학원 석사학위논문,
　　2022가 제출되었다.
4)　김영진, 「유득공의 생애와 교유, 年譜」, 『大東漢文學』 27, 대동한문학회, 2007,
　　5~44; 김영진, 「朝·淸 文士의 書籍 受贈과 出版文化에 끼친 영향: 19세기를 중
　　심으로」, 『제1회 한·중인문학포럼 발표논문집: 한·중 인문교류와 文化整體性』,
　　한중인문학포럼, 2015, 110~128면; 박철상, 「정벽 유최관의 연행과 교유」, 『다
　　산과 추사, 정벽 유최관(추사박물관 학술총서 V)』, 2015; 김영진, 「西山 丁學淵
　　의 회인시 연구 -『秋日懷人絕句十一首』를 중심으로-」, 『韓國詩歌硏究』 40, 한

문집이 남아 있지 않으며 관련 기록이 다른 문인들의 기록에 산재되어 있어 연구자들의 접근이 어렵기 때문으로 생각된다. 이에『호저집』의 편찬자로서 박장암을 단독으로 다룬 지면이 또한 필요하다고 생각되는 바다.

그러므로 이 논문에서는 일차적으로 박장암의 생애와 관력 등 기본 정보를 정리, 차후의 연구에 참고가 되도록 하려 한다. 여기에 더불어 박장암의 교유 관련 자료를 통해 박장암의 아버지에 대한 인식 및 그것이『호저집』편찬과 관련되는 지점을 살펴보고, 이를 통해 최종적으로『호저집』의 편찬 의도와 지향을 살펴보는 것을 목표로 한다.

2. 朴長馣의 생애와 관력

박장암의 字는 香叔, 호는 小蕤이다. 다른 호로 師墨[5]이 있다. 庚戌生(1790)으로 密陽朴氏로 승지를 지낸 朴玶의 庶子 박제가와 절도사를 지낸 李觀祥의 庶女 德水李氏[6] 사이에서 6남매 중 막내로 태어났다.[7] 박장암의 생년은 몇몇 지면에서 1780년으로 잘못 기재되어 현재까지도 종종 이를 답습하고 있는데, 족보에 실린 1790년이 맞는 생년

국시가학회, 2016, 205~235면 등.

5) '墨'은 淸 문인 墨莊 李鼎元을 지칭한 것이다.

6) 朴齊家, 〈朝鮮嘉善大夫行龍驤衛軍兼五衛都摠府副摠管李公墓碣魂遊石銘 并序〉,『貞蕤閣文集』卷3, “配東萊鄭氏, 生女及子, 子漢柱爲兄普祥後, 更系族弟吉祥子漢棟, 女適經歷尹文淵, 側室子一漢石, 女三, 一適金致訥, 一適朴齊家, 一幼.”

7) 규장각 소장『密城朴氏族譜』甲寅譜(1804) 및 국립중앙도서관 소장『密城朴氏族譜』辛亥譜(1851),『密城朴氏族譜』丙寅譜(1866). 이외 안대회 교감·역주,『(완역 정본)북학의』, 돌베개, 2013의 박제가 연보 참조.

이다. 이는 『호저집』을 통해서도 명확하게 알 수 있다. 『호저집』纂輯 권3, 박제가의 제4차 연행인 辛酉(1801)조에 편재된 曹江(1781-1837)과의 필담에서 박제가가 세 아들의 나이를 직접 밝히고 있다.

> 先君: 내 아이가 이번 겨울에 혹 들어오게 되면 반드시 그대를 찾아볼 텐데, 아직 알 수가 없군요.
> 曹: 그대는 자식을 몇이나 두었습니까?
> 先君: 또한 늦게 본 큰애가 그대와 동갑이고, 둘째는 열네 살, 그 다음이 열두 살입니다. 딸은 셋인데 한 명은 시집가서 죽었습니다.
> 曹: 세 아들의 이름을 물어도 될는지요.
> 先君: 長稔은 자가 爾穀인데 문필에 조금 능하고, 長廩, 長䆊입니다.
> 曹: 그대는 아들이 셋이나 있으니 장차의 일을 걱정할 것이 없겠습니다. 제가 만약 조선에 가게 되면 꼭 그대의 집을 찾아가서 제가 가져간 술을 마시겠습니다.[8]

이 필담은 1801년 박제가가 유득공과 더불어 朱子書 善本을 구해오라는 명을 받고 연경에 갔을 때 나눈 것이다. 박제가의 장남인 朴長稔은 조강과 같은 1781년생이라고 하였다. 박장임은 박제가가 서른두 살 되던 해 얻은 첫아들이었다. 해당 필담이 작성된 1801년 신유년을 기준으로 하면 당시 21세다. 그 뒤로 차남 朴長廩이 1788년생으로 이

---

8) 先君: "我兒今冬或入來, 必見君, 未可知."
　曹: "君有幾子?"
　先君: "亦晚生長者, 與君同歲, 次十四, 次十二. 女三人, 一嫁而死."
　曹: "請問三子名."
　先君: "長稔字爾穀. 稍能文筆. 長廩·長䆊."
　曹: "君有三子, 繼起之事, 可無憂矣. 我若到東國, 必覓君舍飮我酒."

때 14세가 되었고, 삼남인 박장암은 1790년생으로 12세다. 또한 장남 박장임의 경우, 乙卯年(1795)에 10월 30일 유득공의 아들 柳本學·柳本藝 형제 및 成海應의 아들 成憲曾과 함께 正祖가 召見하고 待年檢書에 錄名한 일이 있었다. 이때 박장임은 당년 15세로 아직 성년이 안 된 나이였다.[9]

또한 박제가가 조강과의 대화에서 밝혔듯이 세 딸이 있었으니, 곧 박장암에게는 누나들이다. 첫째 누이는 6남매 중 첫째로 尹兼鎭의 妻다. 시집가서 죽었다는 박제가의 딸은 6남매 중 둘째로 곧 1801년 사형당한 윤가기의 아들인 尹厚鎭의 妻다.[10] 셋째 누이는 南謹中(南建中)[11]에게 시집갔다.

박장암은 바로 윗 형인 朴長廩과 함께 집안의 막내로 귀여움을 받았다. 또한 이들 형제는 집안에서 염려의 대상이기도 했는데, 미처 장성하기도 전에 친모인 덕수이씨를 잃었기 때문이다. 게다가 아버지 박제가는 1801년 연행에서 돌아오자마자 사돈 尹可基의 옥사에 휘말려 鍾城으로 유배를 가게 되었다. 이때 박장암은 12세였다.

象与兩非穉   象과 与은 어린아이 아니건마는

---

9) 柳得恭, 〈待年檢書〉, 『古芸堂筆記』 卷5, "乙卯十月三十日, 臣得恭子本學, 本藝及前檢書官朴齊家子橘孫, 兼檢書官成海應子曾福承命詣監印所, 書進《太上感應編》, 上召見悉以待年檢書錄名." 橘孫이 박장임을 지칭하는 것으로 보인다.

10) 1776~1799. 朴齊家, 〈亡女尹氏婦墓誌銘〉, 『貞蕤閣文集』 卷3 참조. 『密城朴氏族譜』 (1804, 甲寅譜) 등 시기가 이른 족보에는 세 女婿의 이름이 나타나 있지만, 이후의 족보에는 대부분 둘째 사위가 빠지고 없다.

11) 『宜寧南氏族譜』(장서각 소장)에는 셋째 사위의 이름이 '南建中'으로 되어 있어 박씨 족보와 차이가 있다. '建'자가 항렬자다. 南建中은 소론의 영수 南九萬의 서증손으로, 남구만의 측실 소생 南鶴貞의 손자다.

身敎慚無方	가르칠 방도 없음 부끄럽구나.
孩提失所慈	어려서 어미를 잃었는지라
頭角遂凄凉	자랐어도 끝내는 가여운 처지.
厥考且行遣	아비도 먼 곳으로 유배 갔으니
爾蒙焉肯堂	어린 너희 가업을 어찌 이을꼬.
嗔怒爭盤飱	성내며 밥상 위의 반찬 다투고
跳躍戱康莊	큰길에서 장난치며 뛰어놀겠지.
詎念天一涯	어이 알았으랴, 종성의 하늘가에서
飯粟無蔥湯	蔥湯 없이 조밥만 먹고 있을 줄.
我自樂有餘	나는 절로 즐기는 여유가 있어
展卷理逾詳	책 펴면 이치 더욱 자세하구나.
但恨耆易及	다만 늙음 쉬이 이름 한탄하면서
成立爲汝忙	너희 위해 계책 세움 황망하여라.
感彼鳲鳩拙	저기 저 뻐꾸기는 미물이건만
哺子偕翶翔	새끼들 먹이면서 함께 나누나.[12]

　　위 시는 종성에 유배된 이듬해인 1802년, 박제가가 부모의 보살핌을 받지 못하는 두 아들을 걱정하며 남긴 것이다. 象과 勺은 각각 15세와 13세가 된 차남 장름과 막내 장암을 말한다. 이는 『禮記』〈內則〉에 "十有三年, 學樂誦詩, 舞勺, 成童舞象."이라고 한 데서 온 말로, 이들 형제의 나이 터울을 알게 하는 구절이기도 하다.

　　여기서 박제가는 한창 가르쳐야 할 시기에 아비가 곁에 없어 무엇을 해 주기가 어려운 처지임을 한탄했다. 이어서 벽지에서의 고된 생활과 우울한 심사가 드러난다. 朱熹의 시 〈過德興縣葉元愷家偶題〉에서

---

12) 朴齊家, 〈次朱子感興詩中童蒙貴養正一篇, 寄二穉〉, 『貞蕤閣詩集』 第五集.

"葱湯麥飯兩相宜, 葱暖丹田飯瘳飢 莫道儒家風味薄, 隔鄰猶有未炊時."라고 하여 파국[葱湯]에 보리밥[麥飯]이 보잘것없어도 선비가 즐기기에 족하다고 하였으되, 박제가의 상 위에는 오로지 거친 조밥 뿐이다. 그러나 자신의 마음이야 애써 공부로 다스리지만, 어미도 없이 아직 어린 두 아이가 걱정되는 마음은 어찌할 수 없다. 어린 자식들의 앞날을 염려하며 심려가 깊은 아버지의 마음이 역력하다. 실제 박제가는 1804년 유배에서 풀려난 이듬해인 1805년 곧 숨을 거두었으니, 嚴父侍下에서 제대로 가르침을 받고 성장하지 못한 것은 박장암에게 있어 일종의 콤플렉스라 할 수 있겠다.

이후 시간이 더 흘러, 박장암은 29세가 되던 1818년 奎章閣 檢書官에 임명되어 관직 생활을 시작했다.[13] 후일 박장암이 함창현감에 재직 중일 때 받은 李學逵의 시[14]에, 그가 아버지의 박제가의 문명을 이었으며 少年으로 벼슬길에 올라 지금의 수령 직책에 이르렀다는 언급[繼世文名傾滿漢, 英季宦迹到辰韓]이 있는 것으로 보아, 당시 家學을 잘 물려받은 아들로서 평판이 있었던 듯하다.

다만 본래는 큰형인 朴長稔이 아버지 박제가의 뒤를 이어 檢書官이 될 것으로 기대를 받았다. 앞서 밝혔듯이 박장임은 初代 검서관의 장남으로서 1795년에 이미 대년검서로 이름을 올린 바 있으며, 이 듬해인 1796년에는 실제 檢書官試取人으로서 鄭梳·元有鎭·任得常·徐有殷·柳井均·柳本藝·柳本學·成憲曾·金履疇 등과 함께 검서관 시험을

---

13) 『승정원일기』 1818년 4월 7일 기사, "李止淵以奎章閣言啓曰, 檢書官朴長馣·李熙耈·朴宗琰, 時無職名, 令該曹口傳付軍職, 使之冠帶常仕, 何如? 傳曰, 允."

14) 李學逵, 〈早發咸昌縣, 留贈朴香叔長馣縣監〉, 『洛下生集』 冊十八, "相逢不語只相看, 舊事貞蕤罷夢殘. 繼世文名傾滿漢, 英季宦迹到辰韓. 茅柴酒入行厨供, 稊稗租將判筆刊. 隨喜古陵萍水地, 一罇重對雨聲寒."

치르기 위해 입궐하기도 하였다. 이때 정조가 직접 親試하였다.

다만 이때 박장임은 시취에 입격하지 못했다. 『內閣日曆』15)을 보면 이날 元有鎭이 七分을 받아 성적이 가장 앞섰다. 여기에 규장각에서 여러 해 힘써 일한 柳得恭의 노고를 보아, 정조의 특명으로 그 장남 유본학이 특별히 입격 처리가 되었다. 앞서 언급하였듯이 유본학 또한 1795년에 이미 대년검서로 녹명된 상태였다. 최종적으로는 시취 때 六分을 받았던 參奉 鄭梐까지 세 사람이 검서관으로 임명되었다.16) 이때 정조는 "學成大中體, 每朔書入."이라고 하여, 박장임의 해서가 성대중의 것을 본받았다고 평하며 글씨를 써서 매달 검사를 받을 것을 명하였다.17) 이는 정조가 각 시취인의 글씨를 보고 평가를 내린 것 중 하나인데, 더욱 정진하여 다음 시취에 임하라는 담백한 격려로 읽힌다.

그러나 정조 사후 박제가의 집안이 옥사에 휘말리며 분위기는 급변하였다. 박제가가 1805년 사망한 뒤, 설상가상으로 1806년 큰형 박장임이 유명을 달리했다. 본래 박장암이 『호저집』의 범례를 작성한 것은 己巳年(1809)으로 그의 나이 갓 약관이 되었을 때다. 상식적으로 장남인 박장임이 그 편찬을 주도하며 서문 격의 범례 또한 그가 쓰는 것이 맞다고 생각되는데, 그렇게 하지 않았다. 『密城朴氏族譜』辛亥

---

15) 『內閣日曆』, 1796년 7월 22일 乙丑, "日計劃榜十分, 幼學元有鎭七分, 參奉鄭梐 (…) 六分, (…) 幼學柳本學五分, (…) 幼學朴長稔三分, 幼學柳井均二分, 幼學柳本藝一分半, 幼學柳烑一分. (…) 傳于政院曰, 檢書官更試取才, 旣親試, 七分以上, 次次隨闕差下, 其中柳本學, 渠父積年效勞於內閣, 何論入格等第之高低乎? 特爲加差."
16) 『承政院日記』, 1796년 7월 26일 기사, "有政, 吏批 (…) 檢書官三單, 鄭梐·元有鎭·柳本學." 이후 『內閣日曆』을 보면 세 사람이 근무하기 시작한 것을 알 수 있다.
17) 『內閣日曆』, 1796년 7월 22일 기사.

譜·丙寅譜(국립중앙도서관 소장) 등에는 박장임이 丙寅年(1806) 정월 25일 사망한 것으로 되어 있다. 실제 그 이후에 박장임에 대한 기록을 찾기 어려운 것으로 보아, 정황상 족보대로 부친의 사망에 연이어 큰 형인 박장임이 사망하였다고 보는 것이 타당할 듯하다. 부친의 종성 유배와 逆黨에 연루되어 집안의 몰락을 겪으며 고군분투하다가, 부친 사후 박장임 역시 따라가듯 세상을 떠난 것이다.

박제가 사후 대략 10여 년이 지난 1818년, 박장암은 비로소 아버지의 뒤를 이어 규장각 검서관에 임명되며 관직 생활을 시작했다.[18] 이 뒤로 검서관의 겸직으로서 長興庫主簿(1820)·通禮院引儀(1822)·司饔院主簿(1823)·興陽牧場監牧官(1824) 등 관직을 거쳤다. 나중에는 지방 수령으로 나가 咸昌縣監(1833-1836)·振威縣令(1836-1839)을 지냈다.

벼슬살이를 하던 시절의 행적은 자세히 알려지지 않았으나, 자료를 통해 수령 시절 박장암의 모습을 살펴볼 수 있다. 함창 선비 洪洛建의 일기 『鑑戒錄』에 함창현감 시절 박장암의 모습이 일부 보인다. 박장암은 함창에서 특히 明斷한 정치로 지방민들에게 두루 인심을 얻었으며,[19] 大祭秋享 때 몸소 나서서 校長을 맡는 등 향촌의 일에 적극적인 모습을 보였다.[20] 그의 성품이나 목민관으로서의 자질을 짐작할

---

18) 『承政院日記』, 1818년 4월 7일 기사. 이하 관련 부분에 대해서는 모두 『승정원일기』를 참조.

19) 洪洛建, 『鑑戒錄』, 갑오년(1834) 6월 11일 기사, "時咸昌倅朴長馣氏, 卽新儒之人, 而政治明決, 一境大賴."

20) 洪洛建, 『鑑戒錄』, 계사년(1833) 9월 15일 기사, "時咸昌倅朴長馣氏, 卽新鄕人也. 下車之初, 先恨新儀枳塞之路, 大祭秋享時, 身自任校長."
『감계록』 내 박장암의 이름이 언급된 기사는 癸巳(1833) 9월 15일 기사, 甲午(1834) 6월 11일 기사, 丙申(1836) 12월 14일 기사 등이다. 일기 원문과 해석은 홍낙건 저, 오용원 역, 『문경선비 홍낙건의 유자적 삶 - 홍낙건의 감계록』(문

수 있다. 이후 진위현령을 지내던 중 贓罪로 封庫罷職을 당한 뒤로는 별다른 기록이 보이지 않다가, 辛亥年(1851) 7월 10일에 다시 兼檢書에 差下된 것이 마지막이다.[21]

이후 박장암이 언제 사망하였는지는 명확하지 않다. 다만 『內閣日曆』을 보면 다시 차하된 직후 7월 18일부터 19일까지 入直, 7월 20일에 進한 것이 마지막 출근이다. 이 뒤로 『내각일력』에는 박장암의 근무상태가 계속 呈告로 되어 있다. 노년의 나이 탓에 후배 검서관들의 경우처럼 숙직 등 근무에 투입되지는 않은 것 같다. 1852년 11월 15일 呈告한 기록을 끝으로 『내각일력』에 박장암의 이름이 보이지 않아, 적어도 이해 혹은 그 이후에 사망한 것으로 생각된다.

이상 박장암의 생애와 관력에 대하여 간략하게나마 살펴보았다. 추가로 지금까지 알려진, 박장암이 생전에 교유한 인물의 목록을 정리하며 박장암에 대한 기본 정보의 정리를 대략 마무리하려 한다.

金正喜,[22] 柳最寬, 申緯,[23] 柳最寬, 柳本學,[24] 金壎, 艸衣禪師,[25] 韓

경문화연구총서 제13집), 문경시 문화예술과, 2016을 참조.

21) 『承政院日記』, 1851년 7월 10일 기사 및 『內閣日曆』 같은 날 기사.

22) 김정희와 신위, 유최관의 경우는 1812년 서장관 신위와 그를 수행한 유최관의 연행을 통해 청 문인 李鼎元의 시집 『師竹齋集』(성균관대 존경각 소장, 14권 3책)이 박장암에게 전달되고, 이들과 더불어 책을 새로 장정하고 또 함께 열람하는 과정에서의 교유가 확인된다. 이하 3장에서 후술한다.

23) 신위의 경우는 『警修堂全藁』의 1817년과 1820년의 시문 중에 박장암이 선물받은 이정원의 초상화에 신위가 제시를 쓰거나(申緯, 「朴小癸長馣屬題李墨莊鼎元獨吟小照, 次墨莊自題原韻」, 『警修堂全藁』 册四, 『蘓齋續筆』), 유본학에게 지어 준 題詩에서 유본예와 더불어 박장암의 이름을 언급하고(申緯, 「題柳檢書本學問菴集後」, 『警修堂全藁』 册七, 『碧蘆坊藁』 三), 신위의 벽로당 아집에 박장암이 참여하는 등(申緯, 「重九, 與命洽, 命準, 柳正碧最寬, 朴小癸長馣, 韓藕泉在

在洛, 崔赫, 吳尙琬,[26] 李學逵,[27] 丁學淵[28]

3. 『호저집』 편찬의 지향과 반영

　　앞서 박장암에 대한 기본 정보를 살펴보았다면, 해당 장에서는 본격적으로 『호저집』 편찬의 의도와 지향에 대해 논하겠다. 이때 박장

　　洛, 崔笠園赫, 吳玉泉尙琬, 碧蘆坊小集, 以滿城風雨近重陽分韻, 余得詩七首, 各一韻」, 『警修堂全藁』 册七, 『碧蘆坊藁』 四) 교유의 모습이 보인다.

24) 유본학과 박장암의 교유 자료에 대해서는 3장에서 후술한다.

25) 초의선사는 앞서 한양을 방문하여 김정희와 유최관, 김훈, 박장암 등과 만난 뒤 1815년 10월 27일에 김정희에게 편지를 보내는데, 이때 편지의 수신자를 "小蓬萊閣·貞碧·迥荃·小葊幷手展"이라고 하여 박장암(小葊)의 이름이 함께 올라 있다. 이상은 화봉박물관, 『명선 초의전』, 2011, 18~19면(박철상 해제) 및 박철상, 「정벽 유최관의 연행과 교유」, 『(추사박물관 학술총서 Ⅴ)다산과 추사, 정벽 유최관』, 2015, 210~211면, 참조.

26) 이상 한재락, 최혁, 오상완의 3인은 벽로방에 모여 신위 부자와 小集을 가진 일이 있는데, 이때 유최관과 박장암도 함께하였다. 申緯, 「重九, 與命洽, 命準, 柳正碧最寬, 朴小葊長馣, 韓藕泉在洛, 崔笠園赫, 吳玉泉尙琬, 碧蘆坊小集, 以滿城風雨近重陽分韻, 余得詩七首, 各一韻」 중 第4首, 『警修堂全藁』 册七, 『碧蘆坊藁』 四, "敏趏少書手, 香叔【小葊字】奎瀛府. 悟徹瑩古眼, 鼎園【藕泉字】桑麻戶. 亦一小窳達, 撚吾亡琴補. 山甫【笠園字】曁玉父【玉泉字】, 妙少能接武. 力學豈無資, 得餘冬夜雨." 오상완의 경우 丁若鏞, 『汕行日記』, 『茶山詩文集』 卷22에 이름이 보인다. 『산행일기』는 정약용이 1823년 춘천 유람을 갔을 때의 기록으로, 이때 오상완을 비롯하여 韓晩植·禹正龍의 청년들이 다산을 따라 함께 노닐었다고 하였다.

27) 박장암의 함창현감 재직 시에 이학규가 그 임소를 찾아 증시를 남긴 바 있다. 앞 각주 14번 참조.

28) 정학연의 회인시에 박장암의 이름이 보인다. 丁學淵, 「秋日懷人絶句十一首」, 『酉山集』(개인 소장, 필사본). "興陽鄣雨濕征袍, 民社都無似馬曹. 何似奎章新脫直, 書樓欹枕聽松濤." 김영진, 「西山 丁學淵의 회인시 연구 ―『秋日懷人絶句十一首』를 중심으로―」, 『韓國詩歌研究』 40, 한국시가학회, 2016, 221~222면에서 재인용.

암의 교유 관련 자료를 함께 읽어 보고, 이를 통해 드러나는 박장암의
부친에 대한 인식 및 그것이『호저집』편찬에 어떻게 반영되었는지를
살펴봄으로써『호저집』의 편찬자로서의 박장암에 대해 논의를 진행
하고자 한다.

1) 부친에 대한 숭모와 가문의 명예 회복

먼저 柳本學과의 교유 자료를 통해 아버지 박제가에 대한 박장암
의 평소 인식이 어떠하였는지 짐작하여 보겠다. 유득공의 아들인 유
본학·柳本藝 형제는 이미 부친 대부터 교분을 나누었으며 이는 박장
암의 대에서도 이어졌다. 그 형인 유본학은 본래 아우 유본예와 함께
박장암의 큰형인 박장임과 교류가 있었는데, 박장암과도 世交를 이어
갔다. 또한 이들은 모두 검서관을 지냈다는 공통점이 있었다.

유본학은〈朴香叔詩集序〉를 지어 주며 선대의 업을 잘 이어받아
詩作에 힘쓸 것을 권하기도 하였다. 아래 전문을 보인다. 단락은 필자
가 임의로 나누었다.

> 박향숙은 정유선생의 삼남이다. 정유선생은 우리 아버님의 벗이
> 어서 나는 향숙과 더불어 세교가 있었다. 정유선생이 돌아간 뒤로
> 지금에 이르기까지가 십여 년인데, 서로 南北巷으로 떨어져 살면서
> 도 자주 왕래하였다. 향숙은 성품이 차분하여 망령되이 談笑하는 일
> 이 없었으며, 남을 대하면 단정하게 앉아 있기를 마치 修飭하는 사
> 람처럼 하였다. 文藝나 繪畵, 彝器 등속에 대해 논할 적이면 다른 이
> 들이 제대로 알지 못해 종일토록 논난하여 그치지 않는 것을 君은
> 한마디로 분석하여 모두 그 요체를 얻으니, 정유선생이 名理를 해석

하던 모습과 꼭 같았다. 그러나 그가 시에 능한지는 알지 못하였다. 하루는 지었던 古·今體詩 약간 편을 내게 보여주었는데, 하나같이 뛰어나 욀 만하였다. 旖旎한 것은 그 詩態요, 要妙한 것은 그 詩語이니, 오롯이 갈고 닦아 옛 詩作을 쫓고자 하는 뜻이, 아! 家學을 잃지 않은 자라 일컬을 만하였다.

　나는 참으로 노둔하고 아는 것이 없어서 능히 詩道에 있어 이렇다 할 것이 없다. 그러나 일찍이 듣건대 정유선생께서 시를 배울 적에 젊어서부터 공력을 들이기를 부지런히 하였고, 시어를 짓는 新古에 있어서는 唐·宋·元·明 역대의 작품을 모두 두루 살펴보고 그 英華한 것을 취하되, 어느 한 작가를 흉내 내어 구애되는 일은 절대로 피하였다고 한다. 그러므로 정유선생의 시를 읽으면 완전하게 천연인 듯 이루어져 어근버근 생경한 가락이 없어 중국 사람이 누차 칭찬한 바이니, 이는 실로 참된 詩道이다. 전에는 정유선생께 나아가 질정하였던 것을 이제는 또한 그대에게 고하노니, 그대가 시를 배우려거든 어찌하여 다른 데서 찾으려는가? 그대는 힘쓸지어다!

　동곽의 전원은 옛날에 그대가 살던 곳이다. 집 앞에 古松이 서려 있는 것이 매우 기이하고, 이름난 샘물이 달고도 시원하여 마실 만하니 도성의 勝景이었다. 그대의 아버님께서는 일찍이 이곳에서 名理를 이야기하고 이곳에서 詞章을 지으셨으니 내가 소요하며 참여하여 들은 바이다. 집의 주인이 바뀐 뒤로 전원이 황폐하여 못 쓰게 된 것은 아닐는지 모르겠다. 시간이 날 때 그대와 더불어 솔바람 소리와 흐르는 샘물 사이에서 재차 논의하여 보는 것이 좋으리라. 그러니 그대의 詩所를 또한 어찌 다른 데서 구하려는가?29)

---

29) 柳本學, 〈朴香叔詩集序〉, 『問菴文藁』 乾(수경실 소장), "朴香叔, 貞蕤先生之第三子也. 貞蕤, 先君子之友, 故余與香叔有世好. 自貞蕤沒後, 至于今十餘年, 相去南北巷, 而猶數過從也. 香叔性沈靜, 不妄言笑, 對人端坐, 若修飭者. 至於論文藝及繪畫

이 글에서 유본학은 박장암의 시를 '旖旎', '要妙'라 평하였다. 지금 박장암의 시집을 찾지 못해 그 시의 풍격이 어떠한지를 제대로 판단하기는 어려우나, 이를 통해 보면 젊은 시절 박장암의 시는 날카롭거나 톡톡 튀기보다는 대체로 부드럽고 은근한 인상을 주며, 또한 언어에 있어서는 고심하여 말을 다듬고 글자를 놓은 흔적이 보이면서도 조화를 잘 이루었던 것 같다.

박제가와 유득공이 돌아간 뒤에도 두 집안은 모두 서울에 기거하며 선대의 곡진했던 교분을 이었다. 또 유본학은 박장암의 성격이 매우 조심스러우며 언행을 지극히 삼간다고 평하였다. 이는 아버지 박제가가 어쩌면 자못 방만하게 보일 정도로 자신만만하며 마음에 있는 말을 숨기지 않는 성격이었다고 평가되는 것과는 판이하다. 물론 유본학이 박장암의 큰형 박장임보다도 연배가 더 위로 박장암이 그 앞에서는 삼가는 태도를 보일 수 있었겠지만, 한편으로는 선대의 명성에 누가 될까 매사에 지극히 조심하였을 것이라 짐작할 수 있다. 혹여라도 才勝薄德하다는 평을 듣지 않도록 근신하였던 것이다.

이 글에서 유본학은 박장암이 박학하여 박제가의 肖子로서 손색이

彝器之屬, 他人之所未眞知, 終日辨難不已者, 君以一言析之, 皆得其要, 宛如貞蕤之解名理, 而未知其能詩也. 一日以所作古今體若干篇示余, 皆楚楚可誦. 旖旎者其態, 要眇者其語, 專欲磨洗以追古作者之旨, 嗚呼! 可謂不失家學者也. 余實魯莽, 毋能有爲於詩道, 而然嘗聞貞蕤學詩, 自早歲用工勤, 而造語新古, 唐宋元明歷代之作, 皆博閱, 取其英華, 切忌其模擬一家, 以至拘滯. 故讀貞蕤之詩, 混然天成, 無冷僻之調, 所以中國人之亟稱者, 而此實詩家眞詮也. 嘗就質於貞蕤, 而今又告於子, 子欲學詩, 豈在他求? 其勉乎哉! 東郭田園, 昔子之居也. 宅前古松, 盤拏甚奇, 名泉甘冽可飮, 京都之勝, 而子之先君子, 嘗談名理於斯, 賦詞章於斯, 余所徜徉而與聞者也. 未知僦屋之後, 田園不荒穢否. 暇日與子更論於松聲泉流之間, 可矣. 而子之詩所, 亦豈他求也?" 이하『問菴文藁』 소재 자료는 정민 교수님의 도움으로 사본을 얻어 볼 수 있었다. 이 지면을 빌어 厚恩에 감사드린다.

없음을 먼저 칭찬하고는, 박제가가 學詩하던 모습을 설명하여주며 시 공부는 남에게서 구할 것 없이 다만 선친의 유업을 잘 이어 성취할 것을 당부하였다. 이어서 유본학이 말하는 것은 박장암의 옛집이 되는 장경교 서편의 집, 곧 貞蕤閣이다. 이곳은 박제가의 거처일 뿐 아니라 박제가를 비롯하여 아버지인 柳得恭을 따르며 배우던 옛 시절을 회상케 하는 그리운 공간이다.

글의 말미에서 유본학은 박장암과 함께 박제가의 옛집을 찾아 반송과 샘물을 다시금 접하며 시에 대해 논해 보자 권하니, 곧 박장암이 學詩에 있어 귀감으로 삼아야 할 것은 다른 시인의 훈수가 아니라 그 선대의 일이라는 말이다. 박장암이 살던 집의 古松과 甘泉은 실제 존재하는 사물이자, 동시에 아버지 세대가 성취한 문예의 기이하고 우뚝함을 나타내는 대유이기도 하다. 더불어 그 풍취는 그들의 후예이자 序의 작자인 유본학과 수신인인 박장암만이 함께 공유하며 누릴 수 있는 것이다. 이 부분에서는 유본학의 부친 세대에 대한 은근한 자부가 드러나며, 더불어 이 자부심은 박장암에게 있어서도 또한 동일함을 알게 한다.

유본학은 이후에도 박장암과 지속적으로 시문을 교류하였다. 아래는 유본학이 박장암에게 보낸 편지 〈박향숙에게 주다[與朴香叔書]〉이다.

제가 일찍이 그대가 소싯적 지은 많은 佳句를 보니, 하나같이 뛰어난 것이 외울 만하였습니다. 게다가 內院에서 숙직하던 중에 지은 작품은 기발한 표현이 있어 제가 더욱 기쁘게 여겼습니다. 다작하여 정교하게 연마하길 권합니다. 그런데 그대가 시는 上乘의 재주가 아니라면 굳이 지을 필요가 없다고 하여 해를 마치도록 한 편의 賦詠도 없다고 하니 이에 대해서는 속으로 심히 당혹스러웠습니다. 옛사

람이 하필 전부 상승의 재주가 있은 뒤에야 시를 지었겠습니까? 실
로 능히 性情을 풀어내고 學識을 펼쳐 보여 진부한 말을 제거하고
新意를 세운다면, 그 성취한 바가 한 시대의 시인으로 이름날 것이
고, 또 힘을 기울이기를 그치지 않는다면 비록 상승의 재주는 아닐
지라도 점차 상승의 경지로 다다름이 또한 어렵지 아니할 터입니다.
더구나 그대의 아버님께서는 우리 아버님과 함께 詩道로써 이름이
한 시대를 뒤흔들었으며 중국에까지 흘러가 전해지기에 이르렀던
분이시니, 우리들이 비록 불초 자식이나 어찌 繼述하려는 마음이 없
겠습니까? 그렇기에 저는 노쇠한 나이에도 오히려 〈下俚〉와 같은
속된 소리 내는 것을 그만두지 않고 있습니다. 매양 보건대 詩稿 가
운데 근체시가 많고 고체시가 적으면 곧 별도로 고체시를 지어서 채
우고, 근체시가 적을 경우에도 또한 그렇게 하니, 고심하고 있음을
알겠습니다. 실로 선대의 공업을 실추시킬까 두려워서일 것입니다.
족하의 오묘한 재주와 지혜로운 성품으로 서적에 통달하고 작은 일
에는 얽매이지 않아 또한 시 짓기를 즐기지 않는 듯하지만, 제 편지
를 보신다면 반드시 밝게 깨닫는 것이 있고 지나친 말이라 여기진
않을 것입니다. 이제부터는 모름지기 風騷를 드날려 지은 작품이 날
로 풍부해져야 될 것입니다. 전에 부쳐주신 古松歌 및 장편에 화운
하여 드림은 비단 창수하는 아름다운 일일 뿐만 아니라 또한 그대가
聲律을 다듬는 시작이니, 부디 이를 유념하십시오.[30]

---

30) 柳本學, 〈與朴香叔書〉,『問菴文藁』坤, "僕曾見足下少時作多佳句, 楚楚可誦. 又內
院直中所題, 有警語, 僕益喜之, 勸以多作工練. 則足下以爲詩非上乘之才, 不必爲,
終年無一篇賦詠. 竊甚惑焉. 古人豈必盡有上乘之才, 然後下筆哉? 誠能陶寫性情,
展布學識, 去陳言而立新意, 其成也, 以一代詩人名爾, 又若致力不已, 雖非上乘之
才, 漸至上乘, 亦不難也. 況足下先公, 與僕之先君子, 俱以詩道, 名動一世, 至流傳
中國, 吾輩雖不肖, 豈無繼作之心? 故僕以衰耄之年, 猶不廢下俚之音. 每閱詩稿中,
近體多而古體少, 則另賦古體以足之, 近體少亦如之, 苦心可知, 而誠恐墜舊業也.

이 글은 내용상 〈박향숙시집서〉를 지어 준 뒤에 썼다. 편지를 읽어 보면 유본학이 지속적으로 박장암과 시문을 주고받으며 박장암의 시 짓기를 독려하였던 것을 알 수 있다. 그가 보기에 박장암은 박식하고 재주가 많은 사람이면서도 스스로 재주가 없음을 꺼려 시를 많이 짓지 않았는데, 이에 대해 아마도 漢詩四家로 꼽히는 아버지 박제가의 이름을 더럽힐까 걱정하여 부담을 느껴서 그런 것이라고 하였다. 앞서 〈박향숙시집서〉에서도 박장암의 근신하듯 자중하는 성격에 대해 언급하였는데, 여기서 보면 그의 조심성은 소극적인 詩作 태도로도 이어진 듯하다.

이에 유본학은 시를 잘 짓는 사람만이 시를 짓는 것이 아니라며 지금보다 더 적극적으로 詩作에 임할 것을 권면하고 있다. 여기에 박장암이 보낸 시에 和贈을 하면서 이를 으레 주고받는 唱酬로 여기지 말고, 시 공부의 계제로 삼으란 말을 덧붙이며 글을 맺었다. 선배 시인의 입장에서 박장암의 재주를 아까워하며 조언을 아끼지 않는 모습이 보인다. 여기서 보면, 이 둘은 유본학이 박장암에 대해서 도움을 주며 그의 성취를 격려하는 관계를 이루었던 것 같다. 특히 그 또한 초대 검서관의 아들로 같은 처지에서 박장암의 부담감을 이해할 수 있는 몇 안 되는 인물이었을 것이다.

이상 자료가 많지는 않지만, 유본학과의 교유 내용은 『호저집』 편찬자로서의 박장암이 견지한 '아버지 박제가'에 대한 시선이 어떤 것이었는지 이해하는 한 단초를 제공한다고 판단된다. 특히 유본학이

足下妙才慧性, 淹貫書籍, 脫略少務, 亦似不屑詩, 而若覽僕之書, 必犁然契悟, 不以爲過語也. 從今須易扢風騷, 所著日富, 而前寄古松歌及長篇和贈, 非但唱酬之美事, 是亦足下治聲律之權輿, 其留意焉."

짚어낸 박장암의 부담감은 오히려 박장암이 박제가의 嫡傳을 물려받
은 자식으로서 자임하였음을 알게 한다. 이러한 박장암의 뜻은『호저
집』을 통해서도 살펴볼 수 있다. 예컨대 박장암은『호저집』〈범례〉에
서『호저집』의 편찬이 당나라 柳宗元의〈先君石表陰先友記〉(약칭〈先
友記〉)를 본받은 것임을 언급하고 있다.[31]〈선우기〉는 유종원이 작고
한 부친의 벗 67명의 성명과 약력을 기록한 글이다. 이는 곧 부친을
그리는 뜻과 함께 선대가 축적한 인적 자산을 선양하고 과시하며, 더
불어 간접적으로는 자손으로서 그 위상을 물려받았음을 표방하기 위
해 쓴 저술이라 할 수 있다.[32] 곧 박장암은 아버지 박제가의 업적 중
에서도 18~19세기 조청 교류사의 장에서 이룬 성과에 대해 강한 자
부를 가졌으며,『호저집』의 편찬 작업 역시 이와 같은 맥락에서 이루
어졌던 것으로 보인다.

더불어 박장암은『호저집』을 통해 과거 그 집안이 누렸던 영광이
퇴색하는 것을 안타까워하며 아버지 박제가에 대한 세간의 오해에 대
해 항변하려는 태도를 보이기도 하였다. 예컨대 과거 박제가가 청나
라를 방문해 尚書 紀昀과 교유하고 돌아온 뒤, 기윤은〈박제가 이후
선생을 그리며 부침[寄懷而后先生]〉한 수를 짓고 正祖 임금에게 편지
를 보내 박제가의 중국 방문을 직접 요청하였다. 세간에서는 이 일을
정조가 탐탁지 않게 여겼으며, 결과적으로는 외국에 나간 박제가의
행동이 경망스러웠던 것으로 받아들여졌다.

---

31) 朴長馣,〈凡例〉,『縞紵集』. "先君之慕諸人, 與諸人之慕先君, 并不可得以終泯, 故
擬柳子厚先友記之意, 而爲此書, 命之曰縞紵集. 己巳仲夏, 長馣謹識."
32) 柳宗元,〈先君石表陰先友記〉. "先君之所與友, 凡天下善士擧集焉, 信讜而大顯, 道
博而無雜. 今之世言交者以爲端. 敢悉書所尤厚者, 附茲石以銘於背如右."

이에 대해 박장암은『호저집』의 안설을 통해 그 내막을 제대로 밝히고자 했다.

> 馣案: 기윤 상서가 이 시를 짓고 아버님을 사신으로 보내달라는 뜻의 편지로 우리 선대 정조대왕께 청하였다. 임금께서 즉시 아버님에게 입시하라 명하시고는 면대하여 이 시를 내리셨는데 天顔이 온화하셨다. 시종신들을 돌아보며 말씀하시기를, "이것으로 본다면, 박제가는 나라를 빛낸 인재가 아니겠는가!"라고 하셨으니, 대개 특별한 예우였다. 하지만 논하는 자들은 혹 도리어 허물하신 것으로 여겼다 하니, 어찌 개연히 울음을 삼키지 않을 수 있겠는가![33]

『호저집』編輯 권2〈기윤〉조〈寄懷而后先生〉뒤에 붙은 안설이다. 박장암은 이를 통해 세간의 설을 부정하고 있다. 곧 정조의 안색이 "和霽"하여 전혀 문책을 듣는 분위기가 아니었으며, 오히려 부친이 정조로부터 칭찬을 들은 영예로운 일이었음을 밝히고 있다. 이럼에도 사정을 모르는 사람들이 이러쿵저러쿵 평하는 데 대해 매우 유감스럽다는 언급이다.

지금이야 한중 문예 교류사에 있어 박제가가 갖는 위상에 대해서는 이미 학문적인 공감대가 형성되어 있지만, 박장암이『호저집』을 집필할 당시에는 박제가에 대한 혹평이 그 공로를 가리는 일이 있었던 듯싶다. 심지어 가문이 한번 역모에 휘말려 몰락 직전까지 갔던 상황이 었으므로, 박장암은『호저집』을 통해 세간의 의혹을 불식시키고, 돌아

---

33)『縞紵集』編輯 卷2(庚戌辛亥)〈紀昀〉조. "長馣案, 尚書作此詩, 以逑致先公之意書, 請于我先大王. 上卽命先公入侍, 面賜此詩, 天顔和霽. 顧諭侍臣曰, 以此觀之, 朴齊家, 非華國之才歟! 蓋異數也. 而論者或反以爲咎云, 寧不慨然飮泣者乎!"

간 아버지의 명예를 회복하는 일을 또한 중요하게 여겼던 것이다.

2) 李鼎元과의 神交와 교유의 계승 의지

박장암은 부친 박제가를 따라 청 문인 이조원과 신교를 맺어, 그 아버지가 맺었던 중국 문인들과의 교유를 잇고자 하는 의지 또한 보였다. 이러한 면모 역시『호저집』을 통해 드러난다. 박장암은 비록 이정원과 직접 얼굴을 마주하지는 못하였지만, 연경으로 떠나는 조선 연행사들과의 접촉을 통해 적극적으로 이정원과 편지를 주고받았으며, 서적을 교환하고 그의 초상화와 필적을 얻었다. 이상의 교유와 그 자료를 모두『호저집』을 통해 확인할 수 있다.

『縞紵集』編輯 卷1 이정원조의 내용을 바탕으로, 이정원과의 교유 과정과 당시 박장암이 접촉할 수 있었던 연행사절을 〈표〉로 정리하면 아래와 같다.

〈표 1〉 이정원과 박장암 및 조선 문인들과의 교유 상세

연 도	사 행	내 용	『縞紵集』소재 글
1809 (己巳)	-	• 박장암, 5월에『縞紵集』범례 작성	〈凡例〉
	冬至兼謝恩使[34]	• 이정원, 부사 金魯敬의 자제군관 金正喜와 교유.	編輯 卷1(戊戌) 이정원조〈面巖將東歸, 詩以贈之, 幷求指政〉
1811 (辛未)	冬至兼謝恩使[35]	• 이정원, 정월 전후 옹방강의 집에서 顥山 洪萬燮과 만남. 이때 홍만섭을 통해 비로소 박제가의 죽음을 인지함. • 인하여 人日(정월 7일)에 '곡초정' 시를 써서 홍만섭 편에 부침.	編輯 卷1(戊戌) 이정원조〈哭楚亭〉,〈附 面巖將東歸, 詩以贈之, 幷求指政〉,〈別顥山秀才〉
1812 (壬申)	陳奏兼奏請使[36]	• 이정원, 10월 3일에 유최관과 만남 • 유최관으로부터 박장암이 쓴 편지와 박제가의 시집 1권(경신당집)을 받음.	編輯 卷1(戊戌) 이정원조〈哭楚亭〉,〈答小蕤〉1
		• 이정원, 10월 7일에 박장암 편지에 대	編輯 卷1(戊戌) 이정원조

연 도	사 행	내　　　　용	『縞紵集』 소재 글
		한 답장인 〈答小葵〉 1 씀. ● 여기서 '추사가 겨울에 부친 편지'가 아직 도착하지 않았으며, 추사가 옹방강의 제자 이임송에게 부친 편지 또한 이임송이 작년 7월에 奔哭하여 고향으로 갔으므로 받아보지 못했을 것이라고 대신 답변함. ● 그림 〈行樂小像〉과, 박장암이 요구한 『淸脾錄』 대신 『雨邨詩話』 1부를 함께 부침. ● 지난해(辛未) 지어 홍만섭 편에 맡긴 〈곡초정〉 시를 다시 유최관 편에 부치며 박장암에게 제대로 전달해 줄 것을 부탁.	〈哭楚亭〉, 〈答小葵〉 1
	冬至兼謝恩使[37]	● 이정원, 정월 전후 정사 沈象奎와 교유.	編輯 卷1(戊戌) 〈附 答小葵〉 2
1813 (癸酉)	謝恩使[38]	● 이정원, 5월 1일 박장암이 보낸 편지를 받아봄.	編輯 卷1(戊戌) 〈附 答小葵〉 2
		● 이정원, 5월 10일 박장암 편지에 대한 답장인 〈答小葵〉 2 씀. ● 이때 심상규·김정희·朴次山(茨山?)[39]·홍만섭에게 함께 안부를 전함. ● 더불어 직접 쓴 '師墨齋'의 편액을 함께 부쳐주며 '師竹'의 뜻을 밝힘.	編輯 卷1(戊戌) 〈附 答小葵〉 2
1813 (癸酉)	-	● 심상규, 9월 9일에 그림 〈行樂小像〉에 題詩를 씀.	(『斗室存稿』 卷2, 〈題李墨莊 行樂小像, 丙寅後七年重陽〉)
1814 (甲戌)	冬至使[40]	● 이정원, 1월 10일에 박장암 편지에 대한 답장인 〈答小葵〉 3 작성. ● 이때 『道德經註』 1부를 함께 부침. ● 『師竹齋集』은 아직 판각이 덜 되어, 판각을 마치면 옹성원의 거처에 맡겨 놓겠다고 함. ● (추신)박장암이 이전에 부탁하였던 옹방강의 '師墨齋' 편액 글씨를 옹방강이 아들 옹수곤을 통해 방금 승낙했음을 전하고, 다음 인편이 오면 부치겠다고 함.	編輯 卷1(戊戌) 〈附 答小葵〉 3 및 추신

연 도	사 행	내 용	『縞紵集』소재 글
		• (추신)박제가의 經說을 보내주면 판각하겠다고 함. • (추신)연전에 심상규에게 부탁했던 조선의 金石文을 보내달라고 부탁함. 공동수신자 유최관.	
1815 (乙亥)	-	• 김정희, 8월에 박장암을 통해 『師竹齋集』을 보고 표지에 열람기를 남김.	(『師竹齋集』(존경각소장), "乙亥秋八月, 小蓬萊閣閣過. 塔影鐘聲, 如手烟過雲, 不禁 愴悃.")
1817 (丁丑)		• 신위, 그림 〈行樂小像〉에 題詩를 씀.	(『警修堂全藁』册四, 『蕪齋 續筆』, 〈朴小葵 長擔屬題李 墨莊鼎元獨吟小照, 次墨莊自 題 原韻〉)

　　위 〈표 1〉을 보면, 박장암은 이정원과의 교유 과정에서 김정희·홍
만섭·신위·유최관·심상규 등 문인들과 직접 접촉하거나 혹은 이정원
이 전달을 맡긴 편지와 선물을 통해 간접적으로 소통할 기회를 얻을
수 있었을 것으로 보인다. 특히 신위 및 유최관의 경우, 박장암은
1812년 연행을 전후로 하여 이들과 본격적으로 교유하기 시작한 것으
로 보인다. 특히 당시 신위를 수행한 유최관을 통해 박장암은 아버지
의 뒤를 이어 청 문인 李鼎元과의 신교를 이어나가는 데 도움을 받을

---

34) 정사 朴宗來, 부사 金魯敬, 서장관 李永純
35) 정사 李集斗, 부사 朴宗京, 서장관 洪冕燮.
36) 정사 李時秀, 부사 金銑, 서장관 申緯.
37) 정사 沈象奎, 부사 朴宗正, 서장관 李光文.
38) 시기상 정사 李相璜, 부사 任希存, 서장관 洪起燮으로 추정됨.
39) 茨山은 오기로 추정된다. 이 시기 茨山이란 호를 쓴 사람으로 순조 때 활동한
　　朴善性이 있다. 李尙迪의 스승으로 알려져 있다. 김명호, 「李彦瑱과「虞裳傳」」,
　　『한국문화』 70, 서울대학교 규장각한국학연구원, 2015를 참조.
40) 시기상 상사 韓用鐸, 부사 曺允遂, 서장관 柳鼎養으로 보임.

수 있었다.

이때 박장암은 이정원으로부터 그림 〈行樂小像〉과 문집 『師竹齋集』
을 받고, 이에 대한 열람 및 題跋을 매개로 추사 및 자하 등과 교유하
였다(〈표 1〉 1812(壬申), 1813(癸酉) 참조). 〈행락소상〉은 이정원의 초
상으로 그가 35세 되던 해에 그린 것인데, 이정원이 유최관을 통해
1812년 10월에 박장암에게 부쳤다. 이 그림은 추후 박장암이 김정희,
심상규, 신위 등에게 두루 題詩를 받았다.[41] 이 그림은 〈獨吟(獨行)小
照〉라고도 부르는데, 이정원의 自題原韻 첫 두 구절에 "홀로 읊고 다
시 홀로 읊으니, 온 세상에 날 알아줄 이 누구이리오[獨吟復獨吟, 擧世
誰知音]라고 한 데서 이름을 가져왔다.

『사죽재집』(성균관대 존경각 소장)은 14권 3책으로 이정원의 시집
이다. 이정원은 이를 옹방강의 아들 翁樹崐을 통해 박장암에게 부쳤
고, 이는 1814~1815년 사이 조선에 도달하였다. 표지에 '小蒼寶藏', '貞
碧題簽'이라 쓴 김정희의 글씨가 있으며, 또 김정희가 표지에 '乙亥秋
八月, 小蓬萊閣閱過. 塔影鐘聲, 如手烟過雲, 不禁愴惘'이라는 열람기를
썼다. 여기에 옹수곤, 박장암, 유최관의 인장이 찍혀 있어 19세기 초
반 조청 간 문인 교류의 한 實例를 증명하는 자료가 된다.

한편 박장암은 이보다 앞선 1812년 박제가의 말년 원고를 묶은 『竟
信堂集』(『竟信堂夾袋』)을 이정원에게 전달하여, 박제가와 이정원의
시집을 서로 교환하게 되었다(〈표 1〉 1812(壬申) 참조).[42] 『경신당집』

---

41) 金正喜, 〈題李墨莊獨行小照, 卽寄贈小蒼朴君者也〉, 『阮堂全集』 卷10; 沈象奎,
   〈題李墨莊行樂小像. 丙寅後七年(1813)重陽〉, 『斗室存稿』 卷2; 申緯, 〈朴小蒼長
   馣屬題李墨莊鼎元獨吟小照, 次墨莊自題原韻〉, 『警修堂全藁』 冊四 『蕅齋續筆』
   (1817). 김정희와 심상규 제화시의 경우 신위의 제화시에 이정원의 원운과 함
   께 수록되어 있다.

은 박제가의 말년 시문을 모은 것으로, 유배 생활의 고통스러움과 그
럼에도 학문에 매진하여 자신을 가다듬으려 노력하였던 박제가의 정
신을 느낄 수 있는 글이 많다.[43] 박제가와 긴 시간 교유를 이어 왔던
이정원에게 있어, 이 문집은 죽은 벗의 말년을 짐작하여 볼 수 있는
귀중한 흔적이었을 것이다. 박장암이 부친 사후에 연행사를 통하여
이정원에게 부친의 소식을 전하려 하고, 특히 부친의 『경신당집』을
부친 것은 집안사람으로서 박제가가 이정원을 아버지의 心友라고 여
긴 데서 말미암았을 것으로 보인다.

게다가 『사죽재집』과 〈행락소상〉을 가지고 발생한 추사, 자하 등
문인들의 활발한 문예적 호응은 무엇보다도 이정원이라는 인물이 갖
는 상징성에서 기인하는 것이다.[44] 이정원은 본래 유금의 연행과 『한
객건연집』의 중국 전래를 시작으로 그의 族兄 李調元을 비롯하여 그
와의 인연이 촉발되어, 박제가 사후에도 그 인연이 아들 박장암을 통
해 이어지고, 동시에 그것이 김정희에게까지 이어지게 된 18~19세기
초반 한중 교류 인맥의 한 상징과도 같은 존재다. 더욱이 그 교류 중

42) 박장암과 이정원의 경우를 포함하여 조선 후기 한중 문인의 서적 교환을 통한
교류 양상에 대해서는 김영진, 앞의 논문, 2015, 111~128면에서 자세히 정리하
였다.

43) 안대회, 「朴齊家의 竟信堂夾袋와 北關風情」, 『韓國漢詩研究』 12, 한국한시학회,
2004, 71~102면; 박종훈, 「楚亭 朴齊家의 〈竟信堂夾袋〉 小考」, 『韓國漢文學研究』
40, 한국한문학회, 2007, 243~280면.

44) 이와 관련하여 임영길은 1809년 김정희의 입연 이전 조선 연행사와 가장 많은
교류 자료를 남긴 문인으로 이정원과 曹江을 꼽으며, 18세기 후반부터 19세기
초까지 북학파와 김정희로 대표되는 조선 문인들과 청조 문단을 연결하는 교
유의 매개로서 이정원의 역할을 강조한 바 있다. 임영길, 「19세기 전반 연행록
의 특성과 조·청 문화 교류의 양상」, 성균관대 박사학위논문, 2017, 41~42면,
참조.

에서도 대부분이 박제가와 유득공 등을 통해 이루어진 것이었다. 그렇기에 박장암은 이정원과 더욱 적극적으로 神交를 맺으려 하였던 것이고, 서로 주고받은 편지는 1814년까지 지속되었다. 이상의 교유 내역은 모두 정돈되어 『호저집』에 실려, 18~19세기 한중 문예 교류사에서 박제가의 존재감을 증명하는 근거가 되었다.

3) 조청 문인 교류사의 계보 再考

앞선 절에서 유본학의 글을 통해 간접적으로나마 박장암이 평소 가졌을 아버지 박제가에 대한 숭모와 자부의 의식을 읽어낼 수 있었던 한편, 이정원과의 교유 자료를 통해서는 박장암 박제가가 이뤄낸 조청 문인 교류의 盛事를 계승하고, 이것이 19세기 당대에도 지속되고 있음을 몸소 증명하고자 한 노력을 짐작할 수 있었다. 곧 그에게는 존경하는 아버지 박제가가 남긴 18~19세기 한중 문화 교류의 족적을 가장 성대한 일로 추앙하고 싶은 욕구가 있었으며, 이것이 곧 박장암에게 있어 『호저집』 편찬의 동력이 되었던 것이다.

이 절에서는 이러한 의식의 실제를 『호저집』의 내용을 통해 자세히 살펴보겠다. 먼저 『호저집』의 편제를 이러한 경향과 관련하여 설명할 수 있다. 박장암이 쓴 『호저집』〈범례〉를 보겠다. 〈범례〉는 10가지 편집 원칙으로 구성되어 있는데, 그 중 제10이다.

하나. 이 책은 『巾衍集』에서 시작하여 『貞蕤稿畧』에서 마쳤다. 가로로 씨줄을 삼고, 세로로 날줄을 삼아 시화라 할 수도 있고, 또한 題襟集이라 할 수도 있다. 선군께서 여러 분들을 사모한 것과 여러 분이 선군을 사모한 것이 나란히 끝내 사라지게 할 수는 없는지라,

柳子厚가 〈先友記〉를 지은 뜻에 견주어 이 책을 만들고 『호저집』이
라 이름 지었다. 기사년(1809) 5월에 박장암은 삼가 쓴다.[45]

　박장암은 『호저집』에서 1776년 柳琴의 연행과 『한객건연집』의 청
전래를 교유의 시작점으로 삼고, 이후 1801년 진전의 『貞蕤稿畧』 간
행에 이르기까지를 『호저집』에서 다루는 교유 내용의 범위로 삼았다.
『호저집』은 한편으로 부친의 行錄 격의 저술이므로, 애초에 박제가의
조청 문예 교류에 있어 첫 성과라 할 수 있는 『한객건연집』을 최초로
내세운 것은 매우 당연한 시작점의 설정이다.
　그런데 『호저집』이 포괄하는 기록의 시작은 엄밀하게는 1773년으
로 거슬러 올라간다. 各輯의 처음에 卷首를 두고, 그 제일 첫머리에
박제가와 郭執桓과의 교유 내용을 싣고 있기 때문이다. 곧 纂輯 卷首
의 〈곽집환〉조와 編輯 卷首의 〈上楚亭先生書〉가 그것이다. 아래는
〈곽집환〉조에 실린 박제가의 시 〈聞澹園郭氏入道山〉7수 중 제7수이
다. 『貞蕤閣初集』에도 실려 있다.

神交枉被俗人驚　　神交로 그릇되이 俗人 놀람 입었으나
落地人生摠弟兄　　세상에 난 사람이면 모두가 형제라오.
欲向斜陽西峴望　　석양 향해 서녘 고개 바라보려 하는 것은
養虛前日哭嚴誠　　지난날 金養虛가 嚴誠 곡한 마음일세.

　〈聞澹園郭氏入道山〉은 곽집환이 을미년(1775) 8월에 사망하였다는

<hr>

45) 朴長馣, 〈凡例〉, 『縞紵集』. "一. 此書始於巾衍集, 終於貞蕤稿畧, 橫之爲緯, 豎之爲
經, 可以謂詩話, 亦可以謂題襟. 先君之慕諸人, 與諸人之慕先君, 并不可得以終泯,
故擬柳子厚先友記之意, 而爲此書, 命之曰縞紵集. 己巳仲夏, 長馣謹識."

소식을 뒤늦은 1777년에 전해 듣고 지은 시이다. 박제가는 곽집환과 직접 만난 적은 없으나[46] 오로지 神交로서 곡진한 교분을 맺었다. 위 시에서는 먼저 사해형제의 논리를 말하며 오랑캐 나라인 청의 문인인 곽집환과의 교유 사실을 변호하였다. 특히 3, 4구에서는 곽집환의 죽음을 애도하는 마음을 金在行이 항주 선비 嚴誠의 부고를 전해 듣고 그 고향을 향해 곡을 했던 일에 견주었다. 곧 항주 세 선비와 홍대용, 김재행이 나누었던 천애지기의 교분을 끌어다가 자신의 마음을 표현한 것인데, 이는 곽집환과 자신의 교유 또한 홍대용의 교유에 못지 않다고 여기는 박제가의 심리가 반영된 것이라 하겠다. 얼굴 한번 보지 못한 곽집환과의 神交가 세인을 놀래켰다는 첫 구의 언급은 직접적으로는 당시 홍대용과 중국 선비들의 교유가 조선 지식인들 사이에 화제가 되었음을 가리키겠지만, 박제가 또한 그 교유의 일말을 함께하였다는 점에서는 일맥상통한다.

박장암은 이 지점에 주목하여 부친과 청 문인 간의 진정한 교유의 시작점을 곽집환과의 일에 둔 것으로 보인다. 이것은 말하자면 앞서 洪大容이 물꼬를 튼 조청 교유의 내용 중 박제가가 참여한 부분만을 확대, 별도로 편집하여 『호저집』의 지면에 끌어온 것이다. 곧 박장암은 『호저집』을 통해 조청 문인 교류의 연표를 박제가를 시작으로 새로 작성하려 했던 셈이다.

이와 관련하여 함께 살펴볼 수 있는 것이 『호저집』에 실린 연행 사절 尹仁泰·金履度·李喜經·南奴老·洪箕燮·洪萬燮 등 인물과 중국 문

---

46) 朴長馣,〈凡例〉,『縞紵集』. "一. 凡一百十人之內, 除親見者外, 望風溯想者四, 折簡往復而未見其人者一, 聞聲相思者二, 詩筆相通而未得證交者一. 望風溯想者, 陸篠飮·沈雲椒·吳西林·袁簡齋是也. 折簡往復而未見其人者, 郭東山是也."

인의 교유 내용이다. 해당 인명과 교유한 중국 문인의 이름 및 『호저 집』에 실린 관련 작품을 정리해 보면 다음 표와 같다.[47)]

〈표 2〉『호저집』내 박제가 외 조선 문인과 청 문인의 교유 내용 일람

인 명	교유인물	『호저집』수록 작품	관련 대목
尹仁泰	曾燠	● 〈與朴次修先生書〉 (編輯 卷2 庚戌辛亥)	"燠再拜. 昨歲此時, 恩恩判袂, 雲海相望, 倏又一年. 尹君來, 接奉手書, 兼讀大作, 宛然覿面, 深啓下懷 (…) 愚弟曾燠拜啓. 壬子燕九日."
	羅聘	● 〈朴次修先生座前〉 (編輯 卷2 庚戌辛亥)	"尹貴友見面兩三次, 金松園先生, 以一書通之, 未得識面. (…) 揚州弟羅聘頓首. 壬子春正月卄四日, 漏下二皷, 仍住琉璃廠觀音閣."
尹仁泰	龔協	● 〈附 拙句奉贈遠照軒詞丈幷正〉 (編輯 卷2 庚戌辛亥)	"長慶橋西尋舊雨, 煩君爲道二毛新."
		● 〈次修先生手披〉 (編輯 卷2 庚戌辛亥)	"獻歲五日, 得唔遠照軒, 接到足下手書. (…) 壬子正月二十有五日"
	孫衡	● 무제 편지 (編輯 卷2 庚戌辛亥)	"辛亥十二月三十日, 令友尹公來, 接奉手書, 忻悉元長先生言旋服官如昔. (…) 大淸乾隆五十七年歲次壬子正月二十八日, 浙江雲麓弟孫衡拜手."
	劉錫五	● 〈附 遠照軒尹君〉(2수) (編輯 卷2 庚戌辛亥)	"奉使前回朴次修, 旗亭隨處好詩留. 憑君爲寄相思字, 當日何緣未識劉."(제2수)
金履度	羅聘	● 〈朴次修先生座前〉* (編輯 卷2 庚戌辛亥)	"尹貴友見面兩三次, 金松園先生, 以一書通之, 未得識面. (…) 揚州弟羅聘頓首. 壬子春正月卄四日, 漏下二皷, 仍住琉璃廠觀音閣."
	劉錫五	● 〈附 遠照軒尹君〉* (編輯 卷2 庚戌辛亥)	"若從酒國論門戶, 鼎足難爲魯兩生【尹君善飮, 金李皆不及也】."
	伊秉綬	〈附 題張水屋刺史道渥畫册, 送高麗金華山履度歸國〉(伊秉綬 作) (編輯 卷2 庚戌辛亥)	"君歸勝日集詞人, 貞蕤居士知情親【朴齊家檢書】. 言瞻刺史不可見, 披圖題遍江南春."
	張道渥		
李喜經	李鼎元	● 〈次修先生〉 (編輯 卷1 戊戌)	"昨十三闆然入室, 詢知近況佳勝, 十歲不遷, 僕方代爲扼腕, 而十三云足下所履之境, 大非"

---

47) 중복되는 작품에는 *표 표시 하였다.

인 명	교유인물	『호저집』 수록 작품	관련 대목
南陂老	曹江		寒士所敢忘."
		• 〈附 贈愚齋南陂老〉 (編輯 卷3 辛酉)	"十年舊雨關心事, 憑達平安二字書【舊雨謂朴柳二君】."
		• 〈貞蕤先生〉 (編輯 卷3 辛酉)	"南伯罘相晤五柳居, 古貌儒丰, 盎于顏背, 令人還憶閣下當年光景. 急詢近況, 知各平善, 並聞解組杜門, 課孫爲事, 殊使我欣羨不已."
洪萬燮	曹江	• 〈附 題坡公像贈顥山〉(編輯 卷3)	"十年舊雨幾人存, 朴【貞蕤】柳【泠齋】當時共一尊. 君是兩家高弟子, 話來往事可銷魂."
	李鼎元	• 〈別顥山秀才〉 (編輯 卷1 戊戌)	"記自辛酉別楚亭, 天涯無由問死生. 豈圖邂逅顥山子, 程門高弟有典型."
洪箕燮	李鼎元	• 〈附 面嶽將東歸, 詩以贈之, 并求指政〉 (編輯 卷1 戊戌)	"歸來洽逢朴與柳, 爲余說盡中山醜. (…) 去年二金留雪鴻, 今年邂逅識三洪. 談天口衍雕龍爽, 恍若坐我平壤東."

　　『호저집』에는 박제가 외 조선 문인들이 청나라 문인으로부터 받은 시와 편지 또한 수록하고 있는데, 대개 해당 문인들이 박제가의 소개를 통해 청나라 문인과 인연을 맺었다는 뉘앙스의 글이 많다. 그중 『호저집』에서 가장 언급이 많이 된 인물은 遠照軒 尹仁泰이다(〈표 2〉 참조). 박지원의 문하생으로 자는 五一, 호는 由齋, 遠照軒이다. 그는 총 세 차례(1791-1792, 1794-1795, 1799-1800) 연행을 다녀왔다고 알려져 있는데,[48] 『호저집』에는 그중 첫 번째인 1791년 동지정사 金履素를 따라 연행하였을 때의 교류 자료가 실려 있다. 이때 그는 曾燠, 羅聘, 龔協, 孫衡, 劉錫五을 찾아가 교류하였으며, 이 과정에서 박제가의 편지와 청심환 등 선물을 전달하고 답신 및 답례를 받아 오는 메신저의 역할을 한 모습이 보인다.[49]

---

48) 김영진, 「'연암학파'의 일원 원조헌(遠照軒) 윤인태(尹仁泰)의 일생과 연행(燕行)」, 『문헌과 해석』 85, 태학사, 2019, 258~276면에 윤인태의 생애와 교유, 세 번의 연행에 대하여 자세히 소개하였다.

특히 1차 연행에서 박제가의 소개를 통해 쌓은 나빙과의 교분을 바탕으로, 윤인태는 1794년의 2차 연행에서 進賀正使 朴宗岳을 수행하여 연경에 온 菱洋 朴宗善과 동행하여 다시 나빙의 처소를 방문해 교유하였으며, 장문도에게 시문을 보내면서 간접적으로 교유할 수 있었다.50)

한편, 正祖의 활자 제작 사업과 관련하여 직전에 박제가가 연경에서 수행했던 임무를 윤인태가 이어서 수행하였던 것으로 보인다. 곧 1792년에 제작한 生生字 관련 임무이다.

부탁하신 聚珍字에 관한 일은 작년 봄에 바로 姚雨巖을 찾아가서 글자를 만들게 했는데 그가 마침 병이 나서 뒷날을 약속하였습니다. 제가 盤山으로부터 어가를 호종하여 북경으로 돌아와서 다시 우암을 찾아갔을 때는 그가 이미 고인이 되었더군요. 그래서 따로 글자체가 법식에 합당한 자를 구해보았지만 자못 마땅한 사람을 얻기가 어려웠습니다. (중략) 한 사람을 찾아 글씨를 쓰게 해서 시험 삼아 새겨 보았더니 刻手의 솜씨가 너무나 졸렬하였습니다. 처음에 1백 자를 바쳤는데 마침내 쓰기에 마땅치가 않으므로 이 때문에 몹시 답답하였지요. 섣달 전에 친구로부터 취진자를 잘 아는 이를 추천받아 시험해보니 과연 어긋나지 않았습니다. 다만 요구하는 금액이 너무 높아서 지난번에 그대가 남겨두고 간 330금으로는 비용에 충당하기가 조금 부족합니다. 제가 이미 그와 더불어 의논을 정하여 이제 크고 작은 글자 수백 개를 새겼습니다. 그로 하여금 먼저 한 장을 찍어내어, 윤인태 군 편에 가져가게 해서 보여드리겠습니다. 모든 작업

---

49) 예컨대 孫衡, 무제 편지, 『縞紵集』 編輯 卷2 庚戌辛亥, "見惠淸心丸已祗領, 謝謝. 附去花牋一束, 香珠一匣, 希莞收. 又拜."

50) 김영진, 앞의 논문, 2019, 266~267면.

을 마치는 것은 초여름까지로 약속했으니, 귀국에서 북경으로 사람
이 오기를 기다려서 드릴 수 있을 것입니다. 요컨대 제가 이미 그대
의 무거운 부탁을 받았으니 절대로 저버리지는 않을 것입니다. 이렇
게 늦어진 것은 실로 진선진미함을 구하려는 것이고, 대충 일을 처
리하고 싶지는 않아서입니다. 그대가 이를 헤아려주셨으면 합니다.
(하략)[51]

위 편지는 증욱이 1791년 정월 19일(燕九日)에 윤인태 편에 맡겨
박제가에게 보낸 편지다. 박제가가 작년의 연행에서 증욱에게 330금
을 맡기며 취진자의 제작을 주문하고 떠났는데, 그간 일이 진행된 정
황을 간추려 설명하고 있다. 곧 제작을 위탁했던 姚雨巖의 사망 소식,
刻手를 변경하게 된 경위, 기존에 지불한 금액이 모자라게 된 일, 현
재 제작한 활자로 찍어낸 견본 인쇄물을 윤인태 편에 전달하겠다는
것 등이다. 내용으로 보아 1791년 4월 이후에는 완성된 목활자를 그때
의 조선 사신 편에 전달할 수 있었을 듯하다.

정조는 일찍이 활자에 관심을 가져 영조 48년(1772)에 壬辰字를 주

---

51) 曾燠, 〈與朴次修先生書〉, 『縞紵集』 編輯 卷2, "承諭托聚珍字母事, 昨春卽覓姚雨
巖作字, 渠方抱病, 約以後期. 迨僕從盤山屆躧回京, 再訪雨巖, 則已作古人矣. 因
另求字體合式者, 頗難其人. 秋間僕再屆躧, 木蘭歸時, 已及秋獮甫經. 覓得一人, 寫
就試梓, 奈刻手甚劣, 初呈百字, 竟不合用, 爲之悵然. 臘前從友人處, 薦來熟於聚珍
者, 試之果不謬. 惟索價甚昂, 曩者足下所留三百三十金, 籌來微有不足. 僕已與之
議定矣, 今刻得大小數百字. 令其先行印出一張, 藉尹君帶去呈覽. 全副工竣, 訂在
夏初, 尙俟貴邦有人來都, 便可交付. 總之, 僕旣受足下重託, 斷不負心. 所以遲遲
者, 實欲求其盡善盡美, 不肯冒昧從事, 想蒙足下諒之. 至芸楣先生處, 前已代致尊
意. 頃又代呈佳什, 伊極稱贊, 以爲金叔度復見於今. 欲書聯句奉酬, 奈公務甚劇. 俟
交來時, 僕當收存, 一倂遇便齎呈. 足下又別囑云云, 寔有不能行之勢. 倘得後會, 當
悉其由. 艸此復問近佳, 不莊不備, 愚弟曾燠拜啓. 壬子燕九日." 이 편지는 축가문,
앞의 논문, 2022, 81~83면에서도 자료를 소개한 바 있다.

조한 바 있으며, 즉위한 뒤에는 丁酉字와 韓構字를 차례로 주조한 바 있다. 이어 1792년과 1796년에 각각 목활자인 生生字와 생생자를 본떠 만든 금속활자인 整理字를 제작하였는데, 생생자의 경우는 취진자, 곧 武英殿聚珍板을 본떠 만든 목활자이다.[52] 이 편지는 1792년의 생생자 제작과 관련하여 박제가와 윤인태를 비롯한 연행사절의 역할과 실제 수행하였던 활자 주문 제작 임무의 상세를 잘 보여 준다.

또 1791년 윤인태와 함께 연행했던, 동지정사 金履素를 수행한 金履度도 여러 청조 문인들과 활발하게 교류하였다. 김이도의 연경에서 의 행적과 교유는 같은 때 연행한 金正中의『燕行錄』에 자세한데,『호 저집』에는 劉錫五, 伊秉綬, 張道渥과의 교유가 보인다(〈표 2〉 참조). 金正中의『燕行錄』에 따르면 壬子年(1792) 정월 25일에 張道渥의 집에 서 청나라 문인들이 곧 돌아가는 김이도를 초청하여 전별연을 열어 주었는데,[53] 이때 이병수가 장도악의 畵冊에 제하여 김이도에게 餞別 詩[54]를 지어 준 것이『호저집』에 실려 있다. 이하는 전문이다.

吳中山水天下無　　오 땅의 산수는 천하에 둘도 없어
十年不見心縈紆　　10년간 보지 못해 마음만 답답했지.
縈誰導我江干路　　그 누가 강가 길로 나를 인도하여 갈까.
眼前漠漠飛煙鳧　　눈앞에서 아득히 안개 속에 오리 날리.

---

52) 이상 정조의 활자 제작과 관련하여서는 이재정, 「정조의 生生字·整理字 제작과
中國活字 구입」,『한국사연구』 151, 한국사연구회, 2010, 137~174면, 참조.
53) 金正中,『燕行錄』, 壬子 正月 25일 기사, "是日, 松園遊水屋家, 與諸友話別, 薄暮
還致."
54)『縞紵集』編輯 卷2 庚戌辛亥.〈附 題張水屋刺史道渥畵冊, 送高麗金華山履度歸
國〉. 더불어 이병수의『留春草堂詩鈔』卷2에도 실려 있다.

推蓬曾看山數尺	蓬窓 열어 보았을 적 뵈는 산은 몇 자인데
怊底群峯羅一册	한 권의 畫冊속엔 奇峯들이 늘어섰네.
絕頂纔鋪莎薦靑	꼭대기엔 莎草가 푸르게 막 깔렸고
半天却掛天紳碧	반공엔 폭포수가 푸르게 걸렸구나.
前山雄峙偉丈夫	앞의 산 우뚝 솟음 대장부 형상이요
後山窈窕如吳姝	뒤의 산 아리따움 오나라 미녀 같아.
精靈彷彿照江水	정신은 마치도 강물에 비추는 듯
筆墨化作雲模糊	필묵은 변화하여 흐린 구름 되었다네.
誰能寫此石谷子	누가 능히 石谷子 王翬 그 그림 그리리오
百餘年來張刺史	백여 년 이래로는 장 자사뿐이라네.
倪迂范緩元章顚	화가 倪瓚·范寬과 元章 米芾은
由來絕藝非偶然	빼어난 기예이지 우연 아니로다.
春風跌蕩天門闢	봄바람 질탕하매 대궐 문 활짝 열려
句驪貢使來重譯	高麗 貢使 사신 와선 통역 거듭 거치누나.
偶因邂逅聚浮漚	우연히 해후하자 거품인 양 몰려드니
折角巾烏練裙白	절각건은 까맣고 비단 치마 희도다.
送憐晁監太怱怱	너무도 바쁜 사신 슬프게 송별하고
贈惜張顚點筆工	張旭의 좋은 글씨 애석하게 선물하네.
不信醫巫閭下過	못 믿겠네, 의무려산 아래를 지나다가
臥遊還看吳江楓	누워 외려 吳江 단풍 보면서 노닐다니.
淸陰逸韻留茶屋	청음 선생 빼어난 시 다옥에 남았지만
朱蒙風景畫不足	주몽 나라 풍경은 그림으론 다 못 담아.
桃花箕子廟前紅	복사꽃 기자 사당 앞쪽에 붉겠으며
芳草檀君祠下綠	방초가 단군사의 아래에 푸르겠지.
君歸勝日集詞人	그대 가는 좋은 날에 시인들 모였으니
貞蕤居士知情親【朴齊家檢書】	정유거사 더불어 정 나누던 벗들

일세. 【박제가 검서이다】

言瞻刺史不可見　　자사를 우러러도 만나볼 수 없으니
披圖題遍江南春　　그림을 펼쳐서는 강남춘을 題하노라.

그림에 능했던 장도악이 김이도에게 작별 선물로 증정한 화책에 이병수가 제시를 썼다. 화폭에 펼쳐진 吳中山水의 모습을 묘사하고, 倪瓚·范寬·米芾 등 산수화에 능했던 역대의 화가들을 호명하며 장도악의 그림 재주를 추켜세우고 있다. 이하로는 김이도를 비롯한 조선 사신의 모습과 연경에서 맺은 짧지만 곡진한 교분에 대해 말하였다. 이어서 청음 김상헌이 중국에 사신 왔던 일을 끌어온 것은 김이도가 청음의 6대손인 것을 말한 것이다. 왕사정이 〈論詩絕句〉에서 청음의 시를 극찬하였던 일을 언급해 후손인 김이도를 높이면서, 동시에 필적을 통해서만 간접적으로 체험할 수 있는 먼 이국인 조선과의 거리감을 느끼게끔 한다.

이병수를 비롯한 중국 문인들이 박제가를 그리워하는 마음은 시의 말미에 드러난다. 김이도를 전별하는 자리에 모인 벗은 공교롭게도 모두 전날 박제가를 전송하던 얼굴들이다. 이에 이병수는 한편으로 김이도를 비롯한 조선 사신들이 본국에 돌아가 그리운 벗에게 인사를 전하길 바라는 마음을 담아 題詩를 썼다. 만나볼 수 없는 刺史라 한 것은 곧 박제가를 가리킨 것으로 보인다. 이에 곧 김이도에게 주면서 동시에 박제가를 염두에 두고 쓴 시다.

이와 관련하여, 옌칭도서관 소장 『호저집』에는 해당 시의 원문 상단에 붉은 글씨로 "아울러 차수선생께 소식을 묻고 바로잡아주시기를 청함. 임자년 정월[初春]에 이병수 묵경은 초하다[竝訊次修先生, 卽祈

斤正. 壬子初春弟伊秉綬墨卿州"라는 藤塚鄰의 追記가 있다. 이는 『호
저집』에는 누락된, 원 자료에 있던 注를 보고 보충하여 적은 것으로
보인다. 이를 통해 청 문인들이 김이도를 통해 박제가에게 소식(서
신)을 전하려 하였으며, 또한 김이도가 이병수, 장도악 등과 안면을
트는 과정에서 때는 先來한 박제가의 일을 통하였음을 짐작할 수 있
다. 위 시는 귀국한 김이도, 혹은 윤인태가 중국 문인들의 필적과 선
물을 전달하는 과정에서 박제가 집안에 전해졌을 것이다.

이외에도 『호저집』에는 1804년~1805년 동지겸사은부사 宋銓의 군
관으로 연행했던 南陟老, 그리고 1811년~1812년 동지사 서장관 洪羲
燮을 따라 연행하였던 洪箕燮·洪萬燮이 청 문인에게 받은 시가 실려
있다. 지면상 이 중에서 남척로와 홍만섭의 曹江과의 교유시만 살펴
보겠다.

먼저 남척로에게 준 시이다.

握手相逢倍藹如　　손잡고 만나보니 마음 배나 애틋한데
春風筆底劇談餘　　봄바람 붓 아래서 실컷 얘기 나누었지.
十年舊雨關心事　　10년 전 옛 벗과 마음 쓰던 일들을
憑達平安二字書　　평안이란 두 글자 안부로 전해보네.
【舊雨謂朴柳二君】　【옛 벗은 박제가와 유득공 두 사람을 말한다】55)

같은 때 正使 金思穆의 幕客으로 연행하였던 金善民은 『觀燕錄』에
서 1805년 정월 초5일에 남척로 및 李義聲과 함께 오류거 서점을 방문
했다가 조강과 처음 만나 필담을 나누며 처음 교류하였다고 적었

---

55) 曹江, 〈附 贈愚齋南陟老〉, 『縞紵集』 編輯 卷3.

다.56) 남척로는 이후 1807년 연행한 南公轍을 수행했던 南石老의 형으로 곧 남공철의 宗人이다.57) 또한 조강과 남척로가 처음 만났을 때 같은 자리에 이의성이 함께하였는데, 그 집안은 유득공의 집안과 사돈이 된다.58) 시 말미의 내용으로 보아, 정황상 조강은 오류거에서의 필담을 통해 남척로를 비롯한 조선 문인들이 박제가 혹은 유득공과 관계가 있음을 인지할 수 있었다. 이때 남척로의 경우는 박제가를 인연하여 조강과 인사하였던 것으로 보이며, 이에 조강은 남척로를 통해 박제가의 근황을 묻고 소식을 전달하고자 하였다.59) 실제 『호저집』에 남척로에게 준 시와 박제가에게 보낸 편지가 실린 것으로 보아 남척로 본인, 혹은 남공철 등을 통해 조강의 소식과 해당 작품이 박제가 집안에 전달될 수 있었던 것으로 보인다.

---

56) 金善民, 『觀燕錄』 卷下, 乙丑(1805) 정월 초5일 기사 참조. 함께 연행한 서장관 元在明은 『芝汀燕記』에서 조선 사신 일행이 오류거에서 조강과 처음 만난 일자를 1804년 12월 26일로 기록하고 있어 『관연록』과는 차이가 있다. 『지정연기』의 기록에 따르면 이날 서장관 반당 元喆孫(子明)·李義聲(季鳴)과 정사 반당 金善民(希天)이 오류거를 방문해 조강과 만났다고 하여, 남척로가 있고 원철손의 이름이 없는 『관연록』의 기록과 또 차이가 있다. 元在明, 『芝汀燕記』 卷下, 乙丑(1805) 정월 초5일 기사 참조. 여기서는 『관연록』의 기록을 참조하였다.

57) 남공철의 연행 및 남척로–남석로 형제에 대해서는 안순태, 「남공철 연행록 연구」, 『국문학연구』 39, 국문학회, 2019, 207~248면에 자세하다.

58) 이의성의 가계와 생애에 대해서는 김영진, 「청류관 이의성의 생애와 시문집」, 『한문학보』 19, 우리한문학회, 2008 및 신로사, 「《지정연기(芝汀燕記)》 해제 – 원재명(元在明)의 《지정연기(芝汀燕記)》에 관하여–」, 『(국역)지정연기』, 세종대왕기념사업회, 2017을 참조.

59) 曹江, 〈貞葵先生〉, 『縞紵集』 編輯 卷3, "南伯罕相晤五柳居, 古貌儒丰, 盎于顔背, 令人邈意閣下當年光景. 急詢近況, 知各平善, 竝聞解組杜門, 課孫爲事, 殊使我欣羨不已."

十年舊雨幾人存   10년 전 옛 벗 중에 몇 사람이 남았던가

朴【貞蕤】柳【泠齋】當時共一尊   당시에 정유 영재 함께 술을 나누
었지.

君是兩家高弟子   그대는 두 사람의 高弟子가 되시니

話來往事可銷魂   지난 일 얘기하매 넋이 다 녹는 듯해.[60]

위 시는 조강이 1811년 연행한 홍만섭에게 준 시다. 서장관 홍면섭
을 따라 연행하였던 洪箕燮은 홍면섭의 아우이고,[61] 홍만섭은 이들과
같은 항렬의 남양홍씨 종인으로 보인다.[62] 이 경우에는 더 나아가 홍
만섭을 박제가와 유득공의 고족제자라 표현하고 있어, 홍만섭이 조강
을 만났을 때 두 사람과의 인연을 설명하며 직접적으로 그 관계를 언
급하였음을 짐작할 수 있다.[63] 또한 시 내용을 보면, 홍만섭은 실제로
박제가 및 유득공과의 인연을 말미암아 두 사람의 일을 소재로 조강

---

60) 曹江, 〈附 題坡公像, 贈顈山〉, 『縞紵集』 編輯 卷3.

61) 이들 형제는 洪鼎燮, 홍면섭, 홍기섭, 洪濟燮의 4남이다. 아버지는 洪秉迪, 할아
버지는 洪宗海이다. 『韓國系行譜』 地, 南陽共氏 편, 보고사, 1992, 1729~1730면,
참조. 이외에도 『사마방목』에 큰형 홍정섭의 사마시 급제 내역이 있는데, 부친
홍병적의 이름 및 안항으로 이들 4형제의 이름이 올라 있다. 또 任聖周, 〈姨兒
閑靜堂宋公墓誌銘 竝序〉, 『鹿門集』 卷24에 宋時淵과 宋致淵의 女壻로 각각 홍
면섭과 홍기섭의 이름이 올라 있다.

62) 『남양홍씨세보』(洪啓禧 編, 장서각 소장)에 洪萬燮이라는 이름은 여럿 보인다.
앞서 박철상은 이 홍만섭을 홍면섭의 6촌 아우가 되는 홍만섭으로 추정한 바
있다. 박철상, 〈燕京에 남긴 秋史 金正喜 燕行資料 三種〉, 『대동한문학회 2017
년 추계학술대회 발표집』, 2017, 94면, 참조.

63) 홍만섭이 박제가와의 사제관계를 언급한 정황은 이정원이 홍만섭에게 준 시에
서도 보인다. 李鼎元, 〈別顈山秀才〉, 『縞紵集』 編輯 卷1, "記自辛酉別楚亭, 天涯
無由問死生. 豈圖邂逅顈山子, 程門高弟有典型." 특히 이정원은 홍만섭에게 박장
암에게 〈哭楚亭〉 시를 전달해 달라고 부탁한 바 있는데, 이는 이정원이 홍만섭
을 두고 박제가 집안과 친교가 있다 인지하였던 방증이다.

과 활발한 필담 대화를 나눌 수 있었던 것으로 보인다.

이렇듯 『호저집』에 수록된 박제가 외 조선 연행사절을 수신인으로 한 작품들은, 후발 연행사들을 통해 박제가 집안과 연경의 청 문인 간에 지속적인 소식 교환이 이루어졌던 사실을 나타낸다. 이때 박장암은 해당 자료들을 박제가 직접 받은 교유시와 함께 함께 갈무리한 까닭을 "오래되어도 잊지 않는 뜻을 보이려고[見其久而不忘之義]" 정도로만 언급하였지만,[64] 기실 이러한 자료들을 『호저집』에 함께 실음으로써 연경의 청 문사들과 교류하기 위해 반드시 그 이름을 대야 했던 박제가의 영향력을 증명한 것이나 다름없다.

이러한 박장암의 뜻은, 그가 『호저집』 탈고 이후로도 부친으로부터 촉발된 조선인과 청 문사의 교유 내용을 『호저집』에 보충하는 데 관심을 가진 흔적이 보인다는 점에서 더욱 두드러진다. 『호저집』에 인용된 陳文述의 『畵林新詠』 박제가 조와 〈조선이현을 노래한 시. 시어사 추음 장시가 홍해거와 신자하 두 선생의 시문을 외는 것을 듣고 짓다[朝鮮二賢詩. 聞秋吟侍御, 誦洪海居申紫霞兩先生詩文作]〉 시 1수 (이하 〈朝鮮二賢詩〉), 그리고 吳衡照의 〈高麗臺笠吟〉 1수가 곧 그렇다.

이 자료들은 모두 『縞紵集』 纂輯 권3 후반에 追記되었다. 곧 초고 때는 기록에 포함되지 못했다가 시간이 흐른 뒤에 입수해 보충한 부분으로, 『호저집』의 본래 형식과는 기술 방법이 동떨어져 있음이 한눈에 보인다.[65] 아래는 『호저집』에 수록된 진문술의 『화림신영』 및

---

64) 朴長馣, 〈凡例〉, 『縞紵集』, "一. 諸人詩文, 雖爲後來他人所贈者, 間有先君語, 則一切補入而附錄之, 以見其久而不忘之義."

65) 『호저집』 찬집의 경우 각 권마다 박제가가 교유한 중국 인물의 이름을 먼저 적고, 이하에 대개 '자호 → 출신 → 관력 → 재주와 위상 → 박제가의 관련 시문' 순서로 소개하였다. 반면 해당 부분은 저술 이름을 인물명보다 먼저 내세웠으

〈조선이현시〉 전문이다.[66]

　　『화림신영』: 진문술 저. 자 雲伯, 전당 사람.

　　박정유. 이하는 외역(外域)이다. 이름이 제가이고 자는 수기인데, 貞葵居士라고 자호하였다. 글씨를 잘 쓰고 그림에도 뛰어났다. 건륭·가경 연간에 여러 번 사신의 명을 받들어 연경에 와서 중국의 사대부들과 수창한 작품이 많았다. 우리 집안의 仲魚 진전 徵君이 그의 시문을 간행하여 『정유고략』이라 하였다."【진운백이 지은『화림신영』가운데 보인다】[67]

며 서술이 메모 수준에 가깝다. 더불어 박장암은 중국 문인들의 시문을 수록할 때, 수신인이 박제가가 아니거나 박제가와 직접적인 관련이 없는 작품의 경우에는 반드시 附의 형식을 취해 한 칸 내려 쓰기를 고수하고 있는 반면, 홍현주와 신위가 수신인인 〈조선이현시〉 부분에서는 이런 형식을 지키지 않았다. 곧 정돈을 거치지 않은 追記임을 알 수 있다.

66) 『화림신영』의 19세기 조선 전래와 당시 조선 畵壇에서 이 책의 중요성에 대해서는 이미 선행 연구에서 세밀하게 탐구한 바 있으므로 자세한 설명을 생략한다. 박무영, 「18~19세기 중국여성예술가의 소식과 조선의 반응」, 『한국고전여성문학연구』 17, 2008, 117~155면; 이현일, 「조선후기 경화세족의 이상적 여성상 -申緯의 경우를 중심으로-」, 『한국고전여성문학연구』 18, 한국고전여성문학회, 2009, 351~388; 을 참조. 신위의 진문술과의 교유와 『화림신영』에 신위와 홍현주가 실리게 된 내력, 「조선이현시」의 전래 등에 대해서는 이현일, 위의 글, 2009; 박무영, 「조선후기 韓·中 교유와 젠더담론의 변화 -徐令壽閤의 중국 반출을 중심으로-」, 『고전문학연구』 45, 한국고전문학회, 2014, 207~240면; 임영길, 「자하(紫霞) 신위(申緯)와 청 문단의 교유 양상 - 1812년 연행 이후를 중심으로」, 『대동문화연구』 116, 성균관대학교 대동문화연구원, 2021, 121~148면, 참조.

67) "畵林新詠, 陳文述著. 字雲伯, 錢塘人. 朴貞葵【以下外域】. 朴(원문에는 名을 지우고 朴이라고 고쳐 썼음: 필자주)齊家, 字修其, 自號貞葵居士. 工書善畫. 乾嘉之際, 屢以奉使來京師, 與中朝士大夫, 多酬唱之作. 家仲魚徵君, 刻其詩文, 爲貞葵稿略. 見雲伯所著畵林新詠中."

東國聲詩此逸才	동국의 詩聲 높은 빼어난 이 인재는
屢承天語侍瀛臺	자주 임금 명 받들어 瀛臺를 모시었지.
分明鴨綠江頭月	또렷한 압록강 강 머리의 달빛은
照見龍灣晚翠來	용만관을 비추며 늦도록 푸르다네.
東方自古多君子	동방엔 예로부터 군자가 많았는데
今日朝鮮有二賢	오늘날 조선에는 두 어진 이 있다네.
共識申公邃經術	申公이 경술에 깊은 줄은 알았지만
更聞洪邁富詩篇	다시금 洪邁의 시편 많음 들었다네.
姓名久爲中朝重	성명이 中朝에서 오래도록 무거워서
文字還應我輩傳	지은 글이 도리어 우리에게 전하누나.
恰憶貞蕤老居士	마치 예전 정유거사 지었던 시에서
綠江雲樹澹遙天	압록강 구름 나무 먼 하늘에 맑단 말 생각 나네.

주지하다시피 진문술은 박제가의 『貞蕤稿略』을 간행한 陳鱣와 한 집안 사람이다. 『화림신영』은 1827년에 탈고된 이후 1832년 조선으로 전해져 신위의 손에 들어갔다.[68]

박장암이 『호저집』에 『화림신영』의 내용 및 신위와 홍현주를 노래 한 〈조선이현시〉를 추가할 수 있었던 것은 두말할 것 없이 신위를 통 해서 가능했을 것이다. 박장암은 신위를 통해 『화림신영』을 열람하였

---

68) 申緯,〈錢塘陳雲伯文述, 有朝鮮二賢詩, 自注曰聞秋吟侍御誦申紫霞洪海居詩文而 作. 今年, 並其所刻畵林新永二冊, 自馬敎習 光奎 所寄來, 馬敎習言庚寅夏, 蔣秋 吟子 鉽 還浙絶時, 留書曰㪍同里人陳雲伯先生, 寄紫霞, 海居兩先生信件, 乞轉致 之, 此書留於丁舍人 泰, 舍人又歿, 今春, 始自馬敎習寄來, 遠信浮沉, 屢經存歿, 三 年然後竟能入手, 亦四海奇緣也, 卽次原韻〉,『警修堂全藁』册十八,『養硯山房藁』 二(壬辰(1832)六月至七月).

고, 『화림신영』의 글뿐 아니라 〈조선이현시〉까지 『호저집』에 추기하
였다. 특히 〈조선이현시〉는 그 말미에 앞서 박제가가 청나라에서 문
명을 떨친 일을 언급하며 시상을 마무리하고 있는데, 이는 중국인의
입을 통해 신위 등이 활약한 19세기 조청교류의 시작점을 박제가로
비정한 언급과도 같아서 박장암에게 있어 매우 귀중한 자료로 생각되
었을 것이다.

　이어서 『호저집』 내 진문술 조 바로 뒤에는 청 문인 吳衡照의 약력
과 〈고려대립음〉 1수(幷引)가 실려 있다. 오형조 역시 진문술과 마찬
가지로 진전과 관계가 있는 인물이다. 자가 子律인 오형조는 그 本籍
이 절강 해녕으로 진전과 동향이며 안면이 있었다. 게다가 그의 숙부
이자 拜經樓의 장서가 吳騫은 진전과 절친한 사이였다.[69]

　　　臺笠伊糾美彼都　　　　날렵하게 삿갓 쓴 저 멋쟁이 어여쁜데
　　　何緣脫贈到吾徒　　　　어이해 쓴 것 벗어 우리에게 주시는가.
　　　他時戴此歸田去　　　　훗날에 이것 쓰고 전원으로 돌아가면
　　　好比東坡冒雨圖　　　　동파 노인 비를 맞는 그림에 견주겠네.

　위 시는 진전이 박제가에게 준 〈삼가 정유 사장께서 주신 물건에
사례하며 4수를 적어 바로잡아주시기를 구하다[奉謝貞蕤詞丈惠物四首
錄, 求是正]〉 4수 중 제3수 〈野笠〉이다. 『호저집』 編輯 卷3에 실려 있
다. 진전은 1801년 박제가와 유득공을 연경 오류거 서점에서 처음 만
나 교분을 맺었다. 작별하기 전 박제가는 진전에게 여러 가지 물건들

---

69) 陳鱣, 〈吳衡照海昌詩叔〉, 『簡莊文鈔』 卷1, "陳鱣字仲漁, 號簡莊, 嘉慶丙辰擧孝廉
　　方正, 旋中戊午擧人案. 簡莊先生, 余同年友, 素與余叔 兔牀先生, 敦道義交.(下略)"

을 선물했는데, 그 중의 하나가 조선의 갓이었다. 위 시의 첫 구에는
이국의 희한한 모자를 본 소감을 『시경』의 구절을 끌어와 멋들어진
모습이라며 묘사했다. 이어서 예고 없이 박제가에게 선물을 받았던
놀라움과 기쁨을 나타내고, 조선의 갓이 가진 멋을 〈東坡笠屐圖〉 속
소동파의 소박하고도 운치 있는 삿갓과 나막신 차림에 견주며 감사의
뜻을 표하고 있다.

진전이 받아온 갓은 이후 오건에게 증정되었다. 이때 오형조가 함
께 있었고 그는 숙부의 지시로 즉석에서 〈고려대립음〉 1수를 지었
다.[70] 아래 전문을 보인다.

使臣朴檢書	사신으로 건너온 박제가 검서
來自朝鮮國	조선국으로부터 찾아왔다네.
臺笠相饋遺	臺笠을 선물로 보내왔는데
尋常索不得	보통은 찾아도 구할 수 없지.
髯翁轉見餉	髯翁이 가져와 보여주면서
副以紙與墨	종이와 먹을 주며 시 짓게 했네.
滄海曾經驛路通	푸른 바다 일찍이 驛路 거쳐 통하니
覆同天樣出良工	엎어두면 하늘 같아 좋은 장인 솜씨일세.
掉頭側影輕於蒻	고개 젓는 옆 그림자 대껍질보다 가볍고
摩頂圓光轉似蓬	정수리의 둥근 빛은 도리어 쑥대 같네.
筍皮葵葉徒誇劇	筍皮와 葵葉으로 잔뜩 멋을 부렸으니
那用靑繒飾襜額	어찌 푸른 비단 써서 머리를 꾸미겠나.

---

70) 吳衡照, 〈高麗臺笠吟 幷引〉, 『繡鞚集』 纂輯 卷3 辛酉. "笠質圓體輕, 以夫須爲之.
色深黝, 極細緻, 可愛. 高麗貢使朴貞蕤齊家, 贈陳簡莊鱣, 簡莊歸貽季父兎牀先生
騫, 席上命作."

擁棹兼携夢裏蓑	노를 안고 꿈속의 도롱이를 가져가니
看花定配圖中屐	꽃 볼 때 그림 속의 나막신과 딱 맞구나.
屋外靑山數畝田	집 밖의 푸른 산엔 몇 이랑의 밭 있어도
東菑來往幾經年	동쪽 밭 오간 지가 몇 년이나 되었던고
夫須舊製今猶在	예전 만든 夫須 모자 지금껏 남았으니
閒倚鋤頭證鄭箋	한가로이 호미 기대 鄭箋을 고증하리.

먼저 갓의 둥근 모양을 두고 하늘의 둥근 형상[天樣]과 부처의 광배[圓光]에 빗대어 아름답게 말하였다. 이어서 筍皮와 葵葉으로 멋을 부렸다고 하였는데, 이는 모두 어부와 같은 隱逸의 모자를 꾸미는 소재로, 그 만듦새가 소박하면서도 고상한 멋이 있음을 말한 것이다. 또한 그 멋스럽기가 앞서 〈동파입극도〉 그림 속 소동파의 차림과도 어울린다고 하였다. 끝으로는 한나라 鄭玄이 『詩經』〈都人士〉의 '臺笠'을 두고 夫須 풀로 만든 모자라 풀이한 것을 끌어다가, 갓과 같은 고풍스러운 물건을 지니고 전원에서 경전을 연구하며 소일하는 한가로운 은자의 모습을 그리며 시상을 맺고 있다.

처음 범례를 쓴 1809년으로부터 20년이 훌쩍 넘은 1832년 이후에 이르기까지 『호저집』을 수정한 흔적이 보이는 것은, 박장암이 『호저집』 편찬 작업에 대해 지속적인 관심과 애정을 가졌음을 드러낸다. 곧 박장암은 부친 박제가로 인해 촉발된 조청 문인 교류의 확장과 그 계보가 현재에도 이어짐을 『호저집』을 통해 증명하고자 하였던 것이다. 이와 더불어 박장암과 신위의 교유가 박장암 청년기의 일시적인 교유가 아니었고, 『호저집』의 내용을 추가한 시점에서 보이듯이 박장암이 40대 중년의 나이가 되었을 때까지 이어졌음도 알 수 있다. 청 문단의 최신 자료에 접근하여 『호저집』의 내용을 보강할 기회를 얻을 수 있었다는 점에서, 신위와의 교유를 지속하는 일은 박장암에게 의미가 컸을 것으로 보인다.

4. 결론

지금까지 『호저집』및 관계 자료를 통해 박장암의 생애와 『호저집』 편찬 의도와 지향에 대해 살펴보았다. 결론적으로, 박장암은 『호저집』 의 지면을 통해 과거 조청 문인교류의 盛事를 아버지 박제가를 위시한 순서와 의미로 재구성하여 박제가의 위상을 제고하고자 하였다. 『호저집』은 박제가의 그야말로 방대한 규모의 한중 교유 성과를 그 아들 박장암의 꼼꼼한 자료 수집과 정돈된 편집을 통해 집성해 놓은 인명록이다. 나아가 그 편찬자 박장암의 의도를 위주로 읽어볼 때는 〈선우기〉의 문법을 표방하여 스스로 박제가의 嫡統임을 내세우고, 선대의 공업을 계승하고자 한 그의 노력을 유추 가능하다. 곧 『호저집』은 19세기 한중 문단에 그 가문과 나아가 스스로의 존재감 또한 적극 표명하고자 하였던 박장암의 지향이 드러난 자료로서 의미를 가진다.

참고문헌

朴長馣, 『縞紵集』, 하버드 옌칭도서관 소장.

朴齊家 著, 『貞蕤閣全集』 上·下, 여강출판사, 1986.

陳鱣, 『簡莊文鈔』

金善民, 『觀燕錄』 (한국고전종합DB)

申緯, 『警修堂全藁』 (한국고전종합DB)

元在明, 『芝汀燕記』 (한국고전종합DB)

李裕元, 『林下筆記』 (한국고전종합DB)

『密城朴氏族譜』 甲寅譜, 규장각 소장.

『密城朴氏族譜』 辛亥譜, 국립중앙도서관 소장.

『密城朴氏族譜』 丙寅譜, 국립중앙도서관 소장.

『宜寧南氏族譜』, 장서각 소장.

『南陽洪氏世譜』, 장서각 소장.

『承政院日記』

『內閣日曆』

『韓國系行譜』 地, 南陽洪氏 편, 보고사, 1992.

김정희·박제가 편, 『(탈초·역주)추사필담첩 2』, 과천시 추사박물관, 2022.

안대회 교감·역주, 『(완역 정본)북학의』, 돌베개, 2013.

이우성 편, 『(栖碧外史海外蒐佚本)楚亭全書』 上·中·下, 아세아문화사, 1992.

정　민 외 역, 『정유각집』 상·중·하, 돌베개, 2010.

정　민·강진선·이패선 외 역, 『호저집』 1·2, 돌베개, 2022.

홍낙건 저, 오용원 역, 『문경선비 홍낙건의 유자적 삶 - 홍낙건의 감계록』(문경문
　　　화연구총서 제13집), 문경시 문화예술과, 2016.

김영진, 「유득공의 생애와 교유, 年譜」, 『大東漢文學』 27, 대동한문학회, 2007.

_____, 「朝·淸 文士의 書籍 受贈과 出版文化에 끼친 영향: 19세기를 중심으로」, 『제1회 한·중인문학포럼 발표논문집: 한·중 인문교류와 文化整體性』, 한중인문학포럼, 2015.

_____, 「西山 丁學淵의 회인시 연구 -『秋日懷人絶句十一首』를 중심으로-」, 『韓國詩歌硏究』 40, 한국시가학회, 2016.

_____, 「'연암학파'의 일원 원조헌(遠照軒) 윤인태(尹仁泰)의 일생과 연행(燕行)」, 『문헌과 해석』 통권 제85호, 태학사, 2019.

김윤조, 「18세기 후반 韓中 文人 交遊와 李調元」, 『한국학논집』 51, 2013.

박무영, 「18~19세기 중국여성예술가들의 소식과 조선의 반응」, 『한국고전여성문학연구』 17, 2008.

_____, 「조선후기 韓·中 교유와 젠더담론의 변화 -'徐令壽閣'의 중국 반출을 중심으로-」, 『고전문학연구』 45, 한국고전문학회, 2014.

박종훈, 「楚亭 朴齊家의 〈竟信堂夾袋〉 小考」, 『韓國漢文學硏究』 40, 한국한문학회, 2007.

박철상, 「정벽 유최관의 연행과 교유」, 『다산과 추사, 정벽 유최관(추사박물관 학술총서 V)』, 2015.

_____, 「燕京에 남긴 秋史 金正喜 燕行資料 三種」, 『대동한문학회 2017년 추계학술대회 발표집』, 2017.

박향란, 「燕行錄 所載 筆談의 硏究: 洪大容, 朴趾源 등을 중심으로」, 인하대학교 박사학위논문, 2010.

안대회, 「朴齊家의 竟信堂夾袋와 北關風情」, 『韓國漢詩硏究』 12, 한국한시학회, 2004.

_____, 「楚亭 朴齊家의 燕行과 일상속의 국제교류」, 『동방학지』 145, 연세대학교 국학연구원, 2009.

안순태, 「남공철 연행록 연구」, 『국문학연구』 39, 국문학회, 2019.

이승수, 「박제가 삶의 마음속 出路,燕京의 友情」, 『동아시아문화연구』 50, 한양대학교 동아시아문화연구소, 2011.

이재정, 「정조의 生生字·整理字 제작과 中國活字 구입」, 『한국사연구』 151, 한국
　　　사연구회, 2010.

이현일, 「조선후기 경화세족의 이상적 여성상-申緯의 경우를 중심으로-」, 『한국
　　　고전여성문학연구』 18, 한국고전여성문학회, 2009.

이홍식, 「18세기 조선 문인지식인의 시로 꿈꾼 동아시아: 한·중·일, 분열과 갈등
　　　의 시대를 넘어」, 『한국문학과 예술』 27, 숭실대학교 한국문학과예술연
　　　구소, 2018.

임영길, 「紫霞 申緯와 청 문단의 교유 양상 - 1812년 연행 이후를 중심으로」, 『대
　　　동문화연구』 116, 성균관대학교 대동문화연구원, 2021.

정　민, 『18세기 한중 지식인의 문예공화국: 하버드 옌칭도서관에서 만난 후지쓰
　　　카 컬렉션』, 문학동네, 2014.

축가문, 「朴齊家의 中國文人 交流 樣相과 特徵」, 한국학중앙연구원 한국학대학
　　　원 석사학위논문, 2022.

황인건, 「〈燕京雜絶〉에 나타난 박제가의 중국 체험 고찰」, 『한국시가연구』 20,
　　　한국시가학회, 2006.

清朝文人과 나눈 朴齊家의 편지 자료 검토
-『縞紵集』을 중심으로

이패선(李珮瑄/리페이쉬안) 한양대학교 국어국문학과 고전문학전공 박사과정

1. 머리말
2. 『縞紵集』 수록 편지 자료 개관
3. 편지 분석을 통해 본 朴齊家와 淸朝文人 간의 교유
4. 맺음말 『縞紵集』 수록 편지의 자료 가치

* 漢文學論集 제64집에 게재된 논문

1. 머리말

본 논문은『縞紵集』에 실린 朴齊家와 淸朝文人들의 편지 자료를 다룬다. 朴齊家는 1778년 처음 燕行한 이래 1790년에 연이어 2회, 그리고 1801년에 1회까지 총 네 차례 중국에 다녀왔고 淸朝文人들과 폭넓게 교유했다.

『縞紵集』6권은 부친 朴齊家가 중국 문인과 교유한 기록을 아들 朴長馣이 정리한 자료이다. 현재 하버드대학교 옌칭도서관에 朴長馣의 친필본이 소장되어 있고[1] 하버드대학교 온라인 도서관인 HOLLIS에서 영인된 사진으로 전체 내용을 확인 가능하다. 이 자료는 1992년 아세아문화사에서 펴낸『楚亭全書』제3책에 전문이 영인되어 있다. 이밖에 연민문고에 하권이 낙질된 필사본 1권이 소장되어 있다.

『縞紵集』은 분량이 방대한 데다 다루고 있는 인물들이 호한하여 정리에 상당한 어려움이 있다. 이 자료를 다룬 본격적인 논문은 박종훈의「縞紵集에 보이는 朴齊家의 교유와 교류 양상」이 유일하다. 안대회 교수[2]가『縞紵集』의 자료를 일부 인용하여 朴齊家의 한·중 교류 양상에 대해 논하였고, 박향란은[3]『縞紵集』소재 필담 자료를 검토하였다.『단국대 소장 연민문고〈동장귀중본〉해제집』[4]에서도『縞紵集』

---

1) 해당 장서는『縞紵集(縞紵集: 6卷 Hojǒ chip: 6-kwǒn)』(HOLLIS number: 990050
   810050203941)로 등록되어 있음.
2) 안대회(2009).
3) 박향란(2010).
4) 단국대 소장 연민문고 동장귀중본 해제사업단(2012), 843-848면.

의 편집자, 수록 내용 등에 대한 설명이 있다. 해외의 경우 중국 徐
毅5)가 18세기 한·중 교류 지식인으로서의 朴齊家를 연구하면서 『縞紵
集』을 주요 자료로 채택해 관련 인물과 필담 등에 대해 자세하게 설
명했다.

최근 2022년 『縞紵集』 완역본이6) 발간되었고 2022년 11월 17일 실
학박물관의 "朴齊家와 한중묵연" 학술대회를 통해서 그 시문과 편집
구성, 편찬 의식 등을 다룬 일부 성과들이 발표되면서7), 『縞紵集』에
대한 접근이 적지 않게 용이해졌다.『縞紵集』의 자료를 본격적으로 논
한 박종훈의 「縞紵集에 보이는 朴齊家의 교유와 교류 양상」은 이러한
과정에서 발표된 것이다. 본 연구자 또한 이상의 선행 연구에 힘을 입
어 『縞紵集』의 자료, 그중에서도 편지 자료를 고찰하고자 하는 것이다.

『縞紵集』은 그 교유의 기록으로, 172명에 달하는 淸朝文人들의 인
적사항과 함께, 朴齊家가 이들과 주고받은 편지 및 시문이 오롯이 남
아있다. 이중 편지는 그 시기가 燕行 이전부터 귀국 후까지 아우른다
는 점에서 18세기 한중 문화교류 연구에 중요한 의의가 있다. 이들 사
이에 오갔던 예물이나 진지한 논의는 편지를 통해 살펴볼 수 있는 당
시 문화의 구체적인 일면으로, 해당 연구에 중요한 참고 자료가 될 것
으로 보인다.

---

5) 徐毅(2019).

6) 朴長馣 지음, 정민, 강진선, 이패선 외 역(2022). 뒤에 편지 번역문 및 원문은
모두 이 책의 번역을 참조했다.

7) 학회에서 정민 교수는 "『縞紵集』의 편집 구성과 자료 가치", 박종훈 조교수는
"초정 朴齊家가 청대 문인과의 교유 양상 일면-『貞蕤閣集』과 『縞紵集』을 중
심으로", 강진선은 "『縞紵集』의 편찬자 朴長馣의 생애와 그 편찬 의식", 이패선
은 "淸朝文人과 나눈 朴齊家의 편지자료 검토 -『縞紵集』을 중심으로"를 주제
로 발표했다.

『縞紵集』의 모든 기록은 교유 인물에 따라 구분되어 있고, 인물의 수록 순서는 처음 만난 시기를 따랐다. 이렇다 보니 여러 차례 만나서 교유한 인물의 글은 『縞紵集』의 수록 순서만으로 그 시기를 가늠하기가 어렵다. 편지는 대면 시점에 크게 구애받지 않을 수 있다는 점에서 더욱 그러하다. 게다가 朴齊家와 淸朝文人 사이에서 편지는 1차 燕行 이전부터 오가기 시작하여 朴齊家 사후에 도착한 것까지 있다.

이에 본고는 『縞紵集』에 수록된 편지를 작성 시기에 따라 나누어 살피고 朴齊家와 淸朝文人의 교유 흐름을 파악하고자 하였다. 각 시기의 교유 특징을 살핌으로써 이들의 교유가 어떠한 식으로 자리 잡아 갔는지, 朴齊家가 성취한 18세기 조·청 문인의 私적 교류가 어떠했는지에 대해 살펴보고자 한다.

2. 『縞紵集』 수록 편지 자료 개관

『縞紵集』에서 편지 교류가 확인되는 淸朝文人은 27명이다. 편집에 淸朝文人의 편지 37통과 朴齊家의 편지 5통, 총 42통의 편지가 수록되어 있다.[8] 朴齊家가 보낸 편지는 따로 찬집 인물 기사에서도 확인된다. 李調元과 潘庭筠에게 보낸 편지 2통이다. 1차 燕行전까지 오간 편지는 총 7통이다. 작성 시기는 1773년에서 1778년으로 郭執桓, 李調元, 潘庭筠과 편지를 주고받았다. 7통 중 4통은 朴齊家가 쓴 것이고 3통은

---

8) 같은 인물의 편지가 여러 통 들어간 경우, 시기를 확실하게 알 수 있는 편지는 따로 나누어 세었다. 앞뒤가 불분명하거나 따로 썼어도 朴齊家에게 한 번에 보낸 듯한 편지는 나누지 않고 한 통으로 됐다.

세 사람의 회신이다. 작성 시기로 보아 세 사람과의 편지 교유는 모두 朴齊家가 먼저 시작한 것이다. 1773년 8월 2일에 朴齊家가 郭執桓에게 쓴 편지가 첫 시도이고 1778년 9월, 朴齊家가 李調元에게 쓴 편지가 1차 燕行 이전의 쓴 마지막 편지 교유에 해당한다.

3차燕行 후까지 朴齊家가 받은 편지는 모두 26통이고 교유한 문인의 숫자는 19명[9]이다. 작성 시기는 대략 1791년에서 1799년 사이로 추정된다. 4차 燕行 후까지 朴齊家가 받은 편지는 총 9통이다. 작성 시기는 1801년에서 朴齊家가 죽은 후의 1815년으로 曹江, 蔡炎林, 錢東垣, 黃成, 言可樵, 李鼎元과 편지를 주고받았다. 특히 李鼎元은 朴齊家가 죽은 후에 朴長馣에게 편지를 3통이나 보냈다.

<표 1> 燕行 전후 오간 편지

시기	이름	제목	작성년도
1차 燕行전	朴齊家→郭執桓	附 先公元書	1773.8.2
	郭執桓	上楚亭先生書	1774
	朴齊家→潘庭筠	附 先公原書	1777 전후
	潘庭筠	朴楚亭先生書	1777.7
	朴齊家→李調元	先君答雨邨書	1777
	李調元	朴楚亭先生啓	1777.9
	朴齊家→李調元	附 先公原書	1778
2차-3차 燕行후	紀昀	而后先生啓	-燕行중
	鐵保	朴老先生台啓	-燕行중
	鐵保	朴老爺	-燕行중
	龔協	附 六娥仙史玉展	1791
	王肇嘉	日昨造擾	1791
	孫衡	朴老爺台啓	-
	羅聘	朴次修先生座前	1792

---

9) 紀昀, 鐵保, 龔協, 王肇嘉, 孫衡, 羅聘, 伊秉綬, 李鼎元, 李驥元, 潘庭筠, 吳省欽, 羅允纘, 吳廷燮, 張問陶, 曾燠, 宋葆醇, 莊復旦, 吳明煌, 陳希濂.

시기	이름	제목	작성년도
	伊秉綬	朴次修先生手啓	1792
	龔協	次修先生手披	1792
	李鼎元	石鼓文編求肆中不得	1799
	李鼎元	次修先生	1799
	李鼎元	楚亭道人足下	-
	朴齊家→潘庭筠	又先君留玉河時	
	李驥元	楚亭先生手展	-
	潘庭筠	朴楚亭先生書 (2통)	-
	吳省欽	幾何之術	- 燕行중
	羅允纘	昨家君偶抱微恙	- 燕行중
	伊秉綬	朴公陞啓	
	吳廷燆	朴老爺陞	- 燕行중
	張問陶	與朴老爺書	-
	曾燠	與朴次修先生書	- 燕行중
	宋葆醇	先君尙書考	- 燕行중
	莊復旦	朴老爺陞啓	
	吳明煌	朴大老爺啓	
	陳希濂	適繾得領敎	
4차 燕行후 까지	曹江	貞蕤先生	1801
	蔡炎林	朴老爺啓	1801
	曹江	吳下曹玉水致書貞蕤仁兄	1805
	錢東垣	家刻數種	-
	黃成	上次修先生書	- 燕行중
	言可樵	閣下假寐嘗	- 燕行중
	李鼎元	答小葵 1	1812
	李鼎元	答小葵 2	-
	李鼎元	答小葵 3	1815

『縞紵集』의 편지는 朴齊家의 燕行 시기에 따라 세 가지로 나누어 볼 수 있다. 첫째는 燕行 전에 오간 편지다. 郭執桓(1746-1775), 李調元(1734-1803), 潘庭筠(1742-?) 세 사람과 교유했다. 연행 전까지 朴齊家의 대청 교유는 洪大容(1731-1783)과 柳琴(1741-1788)의 영향을 강하게 받았다.[10] 『縞紵集』에 가장 먼저 수록된 淸朝文人 郭執桓은 洪大容을 통해 알게 되었고[11] 李調元과 潘庭筠은 『韓客巾衍集』(이하 『巾

衍集』)을 들고 간 柳琴의 주선으로 연이 닿았다.[12]

두 번째는 1차에서 3차 燕行까지의 편지로,『縞紵集』수록 편지의 대다수가 여기에 속한다. 주로 대면이 가능한 상황에서 부차적으로 주고받은 것으로 내용 자체는 소략하다. 후술하겠지만, 이는 이 시기 淸朝의 文字獄과도 관련이 있다. 그리고 이 시기 편지부터는 연경에서 朴齊家의 명성이 높아지고 淸朝文人과 朴齊家의 사적인 친교가 깊어지는 흐름이 나타난다.

마지막은 4차 燕行과 그 이후의 편지다. 朴齊家의 명성이 더욱 높아진 정황을 확인할 수 있다. 귀국한 朴齊家에게 보내온 편지는 재회가 불가능함을 인지한 상황에서 오간 만큼, 담긴 정이 깊고 서글프다. 朴齊家 사후에 朴長馣에게 보내온 편지도 있다.

편지 작성 시기를 보면, 淸朝文人의 편지는 당연하지만 대부분 燕行이 시작된 이후에 쓰였다. 그런데 朴齊家의 편지는 潘庭筠에게 보낸 한 통을 제외하고는 모두 燕行 이전에 쓴 것이다. 燕行 도중에 용무가 있어 쓴 짧은 편지야 상대방에게 보내기만 하고 朴齊家가 따로 베껴 써두지 않아 朴長馣 편에 남지 않았을 수 있다. 그러나 귀국 후 淸朝文人들에게 보낸 편지조차 남아있지 않은 것은 뜻밖이다. 일부러 함께 수록하지 않았거나 자료를 갈무리해두지 않았을 가능성이 있다.

그 결과 두 번째와 세 번째 시기의 편지는 朴齊家의 원서나 답서를 확인할 수 없는 일방향적인 자료라는 아쉬움이 남는다. 다만 淸朝文人의 편지를 살핌으로써 그들 눈에 비친 朴齊家의 위상을 확인해 볼 수가 있다.

---

10) 안대회(2009), 43면.
11) 유재형(2017), 181-182면.
12) 정민(2014), 317-319면.

3. 편지 분석을 통해 본 朴齊家와 淸朝文人 간의 교유

1) 神交의 신청

여기서는 朴齊家와 淸朝文人이 燕行 이전에 주고받은 편지를 살펴 보겠다. 이때 서로에 대한 친교 의사는 무엇보다도 상대가 외국의 문 인이라는 점에서 출발한다. 다만 이들의 친교 열의가 동등한 정도로 드러난 것은 아니었다. 조선의 문인 朴齊家가 청나라 문인들에게 먼 저 친교를 요청하면서 더 적극적인 태도를 드러내었다.

먼저 郭執桓과 주고받은 편지를 보자.『繪約集』편집에 실린 郭執 桓 관련 편지는 두 통이다. 하나는 1773년 8월에 朴齊家가 郭執桓에게 쓴 것이고, 다른 하나는 1774년 8월에 郭執桓이 적은 답신이다.

洪大容은 郭執桓이 보내온 문집『繪聲園集』을 朴齊家, 李德懋 등 연 암 그룹의 문인에게 보여주고 글을 요청했다. 朴齊家는 이를 통해 처 음 郭執桓을 알게 되어 그의 시「澹園八詠」에 차운시를 썼다. 그 직후 朴齊家가 郭執桓에게 편지를 보내면서 두 사람의 사적 교유가 시작됐 다.[13] 이 편지의 일부는 이렇다.

족하의 시를 얻고부터 족하께서 마음속에 답 쌓여 닳지 않는 기 상을 지녀 한세상을 돌아보며 악착스런 자들과 더불어 노닐기를 즐 기지 않으심을 알았습니다. 그래서 그 말한 바를 살피고 그 벗 삼은 바를 생각하느라, 하루 사이에도 정신을 백 번씩 쏟곤 했습니다. 가

---

[13] 朴齊家 등이 洪大容을 통해 郭執桓과 교유하게 된 일에 대해 유재형(2017)에서 상세히 살폈다.

만히 제 평생을 생각해 보니 중국을 옛사람만큼이나 사모했습니다.
하지만 그 사이에 산하가 만 리나 떨어져 있고 세월은 천년을 사이
에 두고 있습니다. 매번 炯菴 李德懋 등 여러 사람과 이 일을 논할
때마다 크게 탄식하며 눈물이 옷깃을 적시지 않은 적이 없습니다.
그 아쉬움은 날이 갈수록 풀리지 않습니다.[14]

朴齊家는 郭執桓에게 몹시 적극적인 태도를 취하였는데, 자신의 이
런 태도를 '중국을 옛사람만큼이나 사모'했기 때문이라고 설명하였다.
옛사람만큼 사모했다는 것은, 자신의 중국벽을 드러내면서 상대를 대
면하고 얘기하지 못할 먼 사람으로만 알았다는 뜻이기도 하다.[15] 그
런데 郭執桓이 먼저 洪大容에게 글을 보내오며 신교를 요청했고 자신
에게까지 그 기회가 찾아왔으니,[16] 친교 이상의 적극적인 태도를 표
하는 것이 당연했다.

멀리 神交를 의탁해 놓고 앞질러 友道의 일단을 자처하고 있으니,
이는 마치 매일 무덤 사이를 다니며 제사 음식을 얻어먹으면서도 자

---

14) 朴長馣, 『縞紵集』 2권, 郭執桓 조, 「附 先公原書」: "自得足下詩, 知足下胸中有磊
   落不磨之氣, 環顧一世, 不肯與齷齪者遊. 故觀其所語, 思其所友, 一日之內, 神精百
   往. 竊念生平, 慕中國如慕古人. 而山河萬里, 日月千古. 則每與炯菴諸人, 論此事,
   未嘗不浩歎盈襟. 彌日而不釋也."
15) 朴齊家가 郭執桓에게 '尙友中原, 臥遊古人'라고 새긴 인장을 보내달라고 부탁한
   데서도 이러한 뜻을 볼 수 있다. 옛사람의 글을 읽고 작가와 神交를 나눈다는
   뜻의 '尙友'와 '臥遊'를 비틀어 '올라가 중원 사람과 벗하고 누워서 옛사람과 노
   닌다'고 표현한 것이다. 모두 神交의 의미다.
16) 『燕杭詩牘』, 「答湛軒書」 其二: "吾兄詩章書札, 渠常玩閱, 極爲賞心嚮慕, 因將所
   著詩稿捎去, 祈開中細加批評, 作一長序. 更求令叔, 亦作一序. 來年附貢使, 捎回一
   部, 以便續刻, 庶部列海外名流姓字, 將來作一番佳話也."

기 아내에게는 늘 부귀한 이들과 어울린다고 말하지만, 정작 부귀한
이들은 뭔 일인지 전혀 모르는 경우와 같습니다. 족하 또한 저에 대
해 전혀 알지 못하니 … 만약 족하께서 뒷날 저를 알게 되신다면 벗
이라고 하셔야 합니다. … 예로부터 같은 시대에도 현인들이 헤아릴
수없이 많지만, 사람들은 아득히 먼 천 년 전 사람들을 돌아보기를
좋아하여 ‘벗’이라고 합니다. 벗이라 하면 벗이 되는 것이니, 만나고
안 만나고는 따지지 않아도 됨이 분명합니다. 아아! 저의 몸과 마음
을 점검해 보면 내세울 만한 게 하나도 없지만, 벗 사귐에 있어서만
큼은 유독 애정이 깊습니다. 간혹 친구 생각에 문득 천 리 길을 달려
가고, 한마디 말로 의기투합하는 등 옛사람들이 知己를 가장 중시한
일들을 볼 때마다 감격하여 마음을 가누지 못합니다.[17]

뜻밖에 찾아온 기회에, 朴齊家는 마음이 가는 대로 쓰다 보니 말에
조리가 없다고 하면서도[18] 이미 그를 벗으로 여기고 있다며 神交를
강조했다. 그러면서도 郭執桓이 자신을 알지 못한다는 점을 거듭 말하
였다. 상대를 이미 친구로 여겼다는 말의 이면에는 그쪽도 나를 벗으
로 여겨 달라는, 즉 자신을 알아봐달라는 요청을 담고 있었던 셈이다.
朴齊家는 원래 郭執桓의 문집에 서문을 쓸 작정이었으나 집안에

---

17) 朴長馣, 『縞紵集』 2권, 郭執桓 조, 「附 先公原書」: “遙托神交, 業已自處于友道之
萬一者, 眞如墦間之夫, 每每稱道其顯者, 而顯者反茫然不知爲何狀. 而足下之於我
也, 方且冥冥漠漠, 因想無從. 則魂夢之不接. …使足下他日而終知有吾, 則固不可不
謂之友… 夫終古賢人, 同時者何限, 而顧好其遙遙千載之上之人焉, 曰友也. 友也則
友之, 不可論於面與不面也審矣. 嗟乎! 僕點檢身心, 無一善之可指, 而至於友朋一
節, 鍾情獨深. 見古人之最重知己, 或千里命駕, 片言相合者, 輒感激不能自定.”
18) 朴長馣, 『縞紵集』 2권, 郭執桓 조, 「附 先公原書」: “마음이 가는 대로 쓰다 보니
말에 조리가 없습니다. 너그러이 헤아려 주시기 바랍니다.[心之所觸, 筆遂而落,
語無倫次, 惟在恕諒.]”

일이 많아 서문을 쓸 겨를이 없었고, 차운시만 겨우 남겼다. 洪大容과 중국 선비와의 교유를 통해 영감을 받은 이후, 朴齊家의 편지에서 드러나는 감정의 과잉과 조급함은 郭執桓과 관련된 것은 아니고, 朴齊家의 호기심과 설렘에 바탕을 두고 있다.

한편, 편지에서 보이는 적극적인 호응과 신교의 의지는 朴齊家가 淸朝文人과 직접 접촉할 가능성을 떠올리기 이전임을 보여준다. 당시 朴齊家 자신에게 燕行의 기회가 실제로 올 줄 몰랐고, 나중에 자신의 글을 淸朝文人에게 보낸다는 생각도 하지 못했기에 郭執桓에게 직접 차운시를 보낼 수 있게 된 것 자체를 소중하게 여겼다. 즉, 이 편지는 그를 포함한 四家詩人이 『巾衍集』이나 『望蜀聯集』[19) 등의 시도를 떠올리기 이전에 작성된 것이다. 四家詩人이 직접 자신들의 시문을 淸朝文人에게 보일 구상을 한 데에는 郭執桓과의 교유 경험이 큰 영향을 끼쳤을 가능성이 높다.

郭執桓이 1774년에 보낸 회신은 이렇다.

건륭 38년(1773) 11월 초순에 저의 벗 鄧汶軒 선생을 통해 큰 가르침을 받자옵고, 아울러 제 거친 동산을 노래한 훌륭한 八景詩를 받음에 대해 몹시 감사드립니다. 다만 제가 아득히 먼 곳의 深山窮谷 가운데에서 그대와 더불어 시문을 지어 교유함을 얻으니 실로 前生

---

19) 1776년 柳琴이 『巾衍集』을 가지고 李調元, 潘庭筠에게 보여주고 서문과 비평을 받았고 1777년 四家詩人은 연합 시집인 『望蜀聯集』을 만들어 李調元에게 보냈지만 중간에 사정이 생겨 李調元에게 전해주지 못해 1778년 초에 다시 조선으로 돌아왔다. 이 두 책은 모두 연암 그룹은 청나라 문인들과의 사적 교유 시도의 증거이다. 뒤에 자세하게 설명하였다. 『望蜀聯集』 구성 동기와 내용 분석에 대해 이패선(2020)에서 상세히 살폈다.

의 인연이라 얼마나 다행스러운지요. 비록 있는 곳이 아득히 멀어 만남을 기약하기는 어렵겠지만, 거룩하신 天子께서 정사를 펴고 교화를 베푸시어 中外가 한집이 됨을 당하매, 이 마음의 진실한 사사로움은 다만 함께 이 중천의 해를 우러르며 寸心을 맺어 증명하니 떠나는 바가 또한 멀고 또 떨어져 있다고 하지는 않겠습니다.[20]

朴齊家에 대해 잘 알지 못했던 郭執桓은 당연하게도 朴齊家에 대한 구체적인 언급을 남길 수는 없었다. 대신 朴齊家의 교유 의지와 요청에 적극적으로 호응했다.

다만 한갓 정신의 교유만 나누고 손을 맞잡을 길이 없다 보니, 조선의 풍토와 인물 또한 듣고 볼 길이 없군요. 안타깝고 안타깝습니다! 한 가지 방법을 생각해 보았는데 바라건대 보내 볼까 합니다. 답장에 조선의 版圖를 그린 圖誌 전체와 함께 그대의 작은 초상화를 부치면서 몇 마디 말을 써서 돌려보내 주시기 바랍니다. 이렇게 한다면 비록 아침저녁으로 만나 보는 것처럼 절절하지는 못하더라도 또한 마음으로 그 모습을 떠올려 볼 수 있을 테니 어떠합니까? 동산 郭執桓은 다시 절합니다. 東山居士의 小像은 장차 또한 마땅히 부쳐 드리겠습니다.[21]

20) 朴長馣, 『縞紵集』 2권, 郭執桓 조, "於乾隆三十八年十一月上浣, 以敝友鄧文軒先生得接大敎, 并承製荒園八景佳什, 殊深感荷. 惟是弟遠處邐荒深山窮谷之中, 得與足下作詩文交, 寔前生夙緣, 幸何如之. 雖地處窵遠, 把握難期, 當聖天子敷政宣化, 中外一家, 而此心耿耿之私, 惟共瞻此中天化日, 印結寸心, 所去亦不云遠且隔也."
21) 朴長馣, 『縞紵集』 2권, 郭執桓 조, "但徒契神交, 莫由握手, 卽朝鮮風土人物, 亦無由聆觀. 憾憾! 思得一法, 庶可遣之祈便中寄賜朝鮮版圖圖誌全部, 并足下小照, 以便題贈數言, 却寄送還. 如此雖不若把握朝夕爲切切然, 亦可以想像於意中也, 何如何如? 東山桓再頓拜. 東山居士小像, 將來亦當寄奉."

위 내용에는 이제부터 朴齊家와 그의 나라 조선에 대해 더 깊이 알아가고 싶다는 마음을 담았다. 단지 외국 문인에게 서문을 받고자 했을 뿐인 요청이, 조선 문인의 더 큰 신교 신청으로 되돌아오자 郭執桓 또한 신이 나서 조선이 그려진 지도와 함께 朴齊家의 초상화까지 요청하였다. 이렇게 朴齊家의 첫 사적 교유 시도는 잠깐의 성공을 거두었다. 적절한 기회에 적절한 신교 의지를 가진 문인과 연이 닿았고, 朴齊家는 이를 놓치지 않았다. 이같은 3자를 통한 사적 접촉의 확산은 그 이전까지 조선 지식인들이 한번도 경험해보지 못한 것이어서 이들을 더욱 고무시켰던 듯하다.

하지만 郭執桓이 朴齊家의 첫 燕行을 앞둔 1775년에 29세의 젊은 나이로 세상을 떠나면서 이들의 만남은 성사되지 못했다.[22] 결국 朴齊家는 郭執桓과 대면하지 못한 채 편지만 주고받게 되었다.[23] 郭執桓이 요절하지 않았다면, 둘 다 친교의 의지가 강했으므로 더 적극적인 교유가 지속적으로 이루어졌을 것이다. 그의 요절로 인해 『縞紵集』纂輯 郭執桓 조에는 그의 인적 사항과 함께 부고를 알고 쓴 朴齊家의 시만 실리게 되었다.

이렇듯 朴齊家가 郭執桓과 주고받은 편지에서는 상대를 향한 실질적인 이해나 교제보다는 외국 문인과 사귀고 싶다는 신교 의사가 훨씬 도드라진다. 한편 李調元, 潘庭筠과의 편지에서는 신교 의사와 함

---

22) 朴齊家는 1773년 8월에 겨우 郭執桓과 시작한 교유는 2년 만에 바로 끊겼다. 『중주십일가시선』은 '올해 정유년(1777) 4월에 등사민이 담헌에게 편지를 부쳐 말하기를, 봉규는 을미년(1775) 8월에 죽었다.'라고 서술했고 郭執桓의 죽은 소식은 1777년에 조선으로 전해온 것을 알 수 있다.
23) 朴長馣, 『縞紵集』, 「凡例」: "편지가 오갔지만 만나 보지는 못한 사람은 東山 郭執桓이다.[折簡往復而未見其人者, 郭東山是也.]"

께, 한 단계 발전한 교유의 양상이 보인다. 두 사람이 『巾衍集』을 통해 朴齊家를 인지한 상태에서 오간 편지이기 때문이다.

『巾衍集』은 조선 문인이 개인적인 동기로, 개인 비용을 들어 淸朝文人과의 교유를 추구한 출발점이라고 할 수 있다. 1776년 柳琴은 『巾衍集』을 가지고 중국에 가서 李調元과 潘庭筠에게 靑批朱批를 받아왔다. 『巾衍集』은 李調元, 潘庭筠을 비롯한 淸朝文人에게 朴齊家라는 조선 문인을 인상 깊게 각인시킨 일대 사건이었다.

이들의 비평을 계기로 朴齊家가 먼저 편지를 보냈다. 앞서 郭執桓과의 성공적인 신교를 통해 얻은 자신감을 바탕으로, 두 사람이 먼저 자신의 시를 읽고 좋은 평을 남겨준 것에서 더 큰 용기와 기대를 얻었을 것이다. 潘庭筠에 대해서는 洪大容의 기록을 통해 어느 정도 정보를 얻은 상태였다. 그러나 李調元에 대해서는 郭執桓과 마찬가지로 잘 알지 못한 상태에서 신교를 시도하였다. 두 사람에게도 朴齊家는 크게 고양된 태도로 신교 의사를 드러내었다. 이 역시 李調元·潘庭筠 같은 淸朝文人이 자신을 높이 평가해준 데 대한 朴齊家 자신의 흥분과 기대에 바탕을 두고 있다.

1777년 朴齊家가 潘庭筠에게 쓴 편지는 이렇다.

　　저는 담헌 洪大容과는 애초에 서로 알지 못했는데, 그가 그대 및 鐵橋 嚴誠, 篠飮 陸飛와 더불어 天涯知己를 맺고서 돌아왔다는 말을 듣고, 마침내 먼저 가서 사귐을 맺었습니다. 그 필담과 창수한 시문을 모두 얻어 와 읽어 보고는 손으로 어루만지며 놓지 못했고, 그 아래에서 잠잔 것이 여러 날이었습니다. 아! 저는 정이 많은 사람입니다. 눈을 감으면 그대의 모습이 보였고, 꿈에서는 그대의 마을에서 노닐곤 하였습니다. … 저는 평소에 시 짓기를 즐기지 않는 데다, 그 재주와 품격이 『巾衍集』 가운데 여러 군자 중에 가장 아래입니다. 하지만 중국을 사모하는 고심만큼은 여러 군자가 또한 각각 미치지 못할 것으로 생각합니다. …. 소음 육비 진사는 … 언제 북경에 계실는지요? 오늘 이후 다만 추루의 모습을 한차례 보아 내 지닌 것을 다 털어놓아, 마땅히 10년의 독서보다 낫기를 원합니다.[24]

朴齊家가 潘庭筠에게 신교의 갈망을 설명하고 적극적인 태도로 다가가는 것을 이 편지에서도 볼 수 있다. 潘庭筠이 『巾衍集』 평과 서문에서 우호적인 평과 호의적인 태도를 보였으므로 이같은 요청이 가능했다. 홍대용의 기록을 통해 얻은 潘庭筠에 대한 정보와 이미지 또한 적극적으로 활용하였다.

朴齊家의 편지를 받고 潘庭筠 또한 답장에서 적극적인 태도를 표시했다.

선생의 인품과 덕망을 그려 볼 때 틀림없이 우뚝하고 시원스러워 보통의 부류와는 크게 다르니, 시를 읽어 보면 그 사람을 알 수가 있습니다. 또 시의 주석 가운데 외람되이 제 이름을 언급한 것을 보고, 선생이 저를 알아주심에 감격하고, 제가 선생을 능히 알지 못함을 부끄러워하였습니다. 詩卷은 아침저녁으로 가져가는 것이 급박한 나

---

24) 朴長馣, 『縞紵集』 2권, 潘庭筠 조, "僕與洪湛軒, 初不相識, 聞與足下及鐵橋嚴公篠飮陸公, 結天涯知己而歸, 遂先往納交. 盡得其筆談唱酬詩文讀之, 摩挲不去, 寢息其下者累日. 嗟乎! 僕情人也. 闔眼則見足下之眉宇, 夢寐則遊足下之里閈. … 僕素不喜爲詩, 且其才品寂下於集中之諸君子, 而若其慕中國之苦心, 則諸君子亦各自以爲不及也. 非詩之足稱, 庶幾因此而附尾, 而得不朽於千秋. 雖死之日, 猶生之年也. 篠飮之進士見作何官, 何時在京? 從今以後, 惟願一見秋庫之顏範, 傾困倒廩, 當勝讀十年書也."

머지 서둘러 한 번 읽기만 하고, 또 울타리 안을 전부 살피지 못한 채로 겨우 20, 30수만을 베껴 써서 묶었으니 더욱 심히 부끄럽습니다. 지난번 손수 쓰신 편지를 접하니 우아한 뜻이 은근하고도 정성 스러웠지만, 칭찬하고 허락하심은 너무 지나쳤습니다. 또 8년 전에 제게 부치려고 쓴 편지의 원고와 필담의 跋語를 읽어 보고는 감격스 러워 울음이 나올 것 같았습니다. 선생께서 저를 알아주심이 오래되 고 또 깊기가 이와 같은데, 저는 어리석게도 알지 못하였습니다. 하 루아침에 이를 알았더라면 바로 천 리 길에 수레를 몰아 죽을 때까 지 따르더라도 오히려 그 늦음을 한탄하였을 텐데, 하물며 모두 얻 을 수가 없군요. 비록 나무와 바위, 사슴과 멧돼지와 어울려 살더라 도 또한 마음을 가누기 어려울 터여서, 다만 사람으로 하여금 벗 사 귀는 도리의 무거움을 느끼게 할 뿐만이 아닙니다.[25]

『巾衍集』과 이후 편지의 내용을 기반으로 朴齊家를 평하고 신교의 의사를 밝힌 내용이다. 그러나 동시에 "지난번 손수 쓰신 편지를 접하 니 우아한 뜻이 은근하고도 정성스러웠지만, 칭찬하고 허락하심은 너 무 지나쳤습니다."라고 하여 은연중에 부담을 내비치기도 하였다. 이후 朴齊家는 1차에서 3차까지 세 번의 燕行에서 직접 潘庭筠을 만나 교유 하게 된다. 이때 나눈 필담과 시는 『縞紵集』에 모두 수록되어 있다.

다음은 1777년 朴齊家가 李調元에게 보낸 편지의 일부다.

---

25) 朴長馣, 『縞紵集』 2권, 潘庭筠 조, "懸擬先生品望, 必欽崙磊落, 迥異恒流, 讀詩可 以知人. 又見詩註中猥及賤名, 感先生之知筠, 而愧筠之不能知先生也. 詩卷迫於朝 夕持去, 匆匆一讀, 又未獲盡窺藩籬, 鈔撮僅二三十首, 益滋愧矣. 頃接手書, 雅意 懃拳, 獎許逾分. 又讀八年前擬寄筠書稿及筆談跋語, 感且欲泣. 先生之知筠, 久且 深如此, 而筠懵然未知. 一朝知之, 卽千里命駕, 終身追隨, 猶恨其晩, 況都不可得. 雖木石鹿豕, 亦難爲懷, 不特令人感交道之重也."

우연히 幾何室에 갔더니, 한마디 말도 채 나누기 전에 단지 '왔네!'라고만 하더군요. 온 사람은 桂소이었습니다. 죽었다가 다시 살아난 듯 어찌할 바를 몰랐지요. 더구나 훌륭한 말씀을 많이 받들고 좋은 벗의 友誼를 거듭 보여주시니, 방 가득히 옥 소리요, 손 닿는 곳마다 향기가 나는 듯했습니다. 적막함을 향하던 것이 바뀌어 크게 쾌활하게 되었습니다. 인정이 쉬 변하기가 이와 같더군요. … 스스로 생각하기를, 시는 억지로 짓지 않고 문장에는 경제의 뜻을 붙여서, 개연히 鄭漁仲과 顧寧人의 학문을 사모하였습니다. 민생이 날로 곤핍해짐을 슬퍼하고 동지들이 너무도 곤궁한 것을 안타깝게 여겨, 중국의 제도를 배워 흙집을 짓고 水車를 만들어 비용을 줄이고 혜택을 두터이 해서 온 마을에 풍속을 바꾸어, 벗들에게 어긋남이 없고자 하는 것이 바로 밤낮으로 고심한 것입니다. 비록 그러나 보잘것없는 몸으로 크게 품은 뜻만 있었지, 밤새워 하는 근심은 없이 백 년의 은혜만을 바란 격이라 하겠습니다.[26]

여기에서 朴齊家는 단순히 신교의 의사만 밝히는 것이 아니라, 자신의 생각이나 지향점을 설명하며 자신이 어떤 사람인지를 더 드러내고 있다. 앞서 郭執桓에게 보낸 편지에서는 단순히 중국 문인들과 교유하고 싶었던 조선 문인이 여기서는 중국의 학문과 제도 가운데 자신이 구체적으로 사모하는 것을 표현하며 자기 뜻을 펼쳐보이는 朴齊

---

26) 朴長馣, 『縞紵集』 1권, 李調元 조, "偶到幾何室中, 未交一言, 只道來字, 來者桂소也. 如死獲生, 弗知收惜. 又況多承德音, 申之以惠好之誼, 滿室琳琅, 觸手生香. 向之至落莫者, 轉而爲大快活矣. 人情之易變如此. … 自以爲詩不强作, 文附經濟, 慨然慕鄭漁仲顧寧人之爲學. 哀民生之日乏, 憫同志之多窘, 欲學中國之制, 築土室, 造水車, 省費而厚斂, 移風俗於一鄕, 庶朋友之無違, 此夙夕之苦心也. 雖然以眇然之身, 而有大庇之志, 無終夕之憂, 而望百年之惠."

家로 묘사되었다. 이번에는 직접 신교를 신청하는 대신, 편지에 자신
을 담아냄으로써 자신을 더 잘 알아줄 것을 요청한 것이다.

　李調元의 답신은 이렇다.

　　그대의 시문을 비록 전부 얻어서 살펴보지는 못했지만, 부쳐 온
　시의 각종 風格은 다만 曹植, (192-232)과 劉楨(186-217)을 능가하
　고, 가까이로는 또한 盛唐의 위에 있으니, 참으로 무리 중의 학이요,
　藝苑의 봉황이라 하겠습니다. 세상에서 몽둥이질로 남을 해치면서
　교만하게 나대는 자를 살핀다면, 어찌 구름과 진흙의 차이에 그치겠
　습니까? 저는 文詞에 있어 바탕이 그다지 깊지 못하고, 다만 성품의
　가까운 바를 가지고 마치 철벌레나 계절마다 찾아오는 새들이 이따
　금씩 한차례 우는 것과 같을 뿐입니다. … 炯菴 이덕무가 말하기를,
　그대의 사람됨이 "키는 작아도 개성이 있고 굳세며, 뜻은 중원을 사
　모하고, 기특한 기운이 넘쳐 흐른다."고 하였습니다. 대저 표범은 죽
　어서 가죽을 남기지만 사람은 이름이 전해지지 않음을 근심할 뿐입
　니다. 그대는 나이가 이제 겨우 27세인데 얻은 바가 이미 이와 같으
　니, 반드시 전해질 것이 의심이 없습니다. 어찌하여 중국과 외국이
　라고 말한단 말입니까?27)

---

27) 朴長馣, 『縞紵集』 2권, 李調元 조, "足下之詩文, 雖未獲窺全豹, 而卽所寄各種風格,
　　直駕曹劉, 近亦在盛唐以上, 洵人群之鶴而藝囿之鳳也. 以視世之椎剽而驕揚者, 何
　　止雲泥之別耶. 僕於文詞, 本不甚深, 特以性之所近, 如侯虫時鳥之時或一鳴耳. 不
　　謂足下謬見推許, 豈心愛者見其好而不見其醜耶. 所恨天各一方, 未得共酒食之會,
　　文字之歡. 相與上下議論, 參酌乎金石鼎彝之間耳. 聞足下善草隷, 及見手書, 果名
　　不虛附. 僕所著有金石闕文考, 惜未得與足下見之, 一訂其失也. 炯菴言足下爲人:
　　"短小棱勁, 志慕中原, 奇氣橫絕." 夫豹死留皮, 人患不傳耳. 足下年甫二十七, 而所
　　得已如此, 必傳無疑, 何中外之云."

李調元의 이 답장에서도 단순히 신교에 대한 수락이 아닌, 그가 살펴본 朴齊家에 대한 평이 구체적으로 드러난다. 그는 『巾衍集』을 통해 朴齊家라는 시인을 알았고, 이후 편지를 통해 다시 한 번 朴齊家를 접했다. 李調元이 후에 자신의 문집 『函海』에서 朴齊家를 언급하게 되는 것도 이같은 이유에서이다.[28]

한편, 朴齊家의 원래 계획대로였다면, 李調元은 『望蜀聯集』을 통해 한 번 더 朴齊家를 비롯한 四家詩人의 시집을 접할 수 있었을 것이다. 그러나 이 시집은 중국으로 보내지던 도중 변동이 생겨 전달되지 못하고 다시 조선으로 돌아왔다.[29] 결국 朴齊家는 李調元과 끝까지 만나지 못하였다. 『縞紵集』 범례에서 李調元에 대해 "먼저 시문과 서찰이 오간 뒤에 마침내 대면하였다."[30]고 하였지만 사실 네 차례 燕行 때마다 李調元이 지방에 있었으므로 만나지 못했다.[31] 이 부분은 朴長馣의 착각으로 본다.

이렇듯 燕行 전에 오간 편지를 보면, 朴齊家는 대개 상대가 부담스럽게 여길만큼 과장된 표현을 사용하는 등 들뜬 감정을 드러냈다. 淸朝文人 세 사람에 대해서는 신교를 받아들여 줄 '淸朝文人' 정도로 피상적으로 인식하는 데서 그쳤다. 또한, 상대에게 조선 문인 "朴齊家"

---

28) 『탈초·역주 秋史筆談帖 2』(2022), "雨村 李調元이 저술한 『函海』에 자신의 詩話 4권이 있는데, 우리의 이름을 모두 언급했습니다.[李雨村調元著函海中有自家詩話四卷, 并及我輩名.]"

29) 이패선(2020), 9면.

30) 朴長馣, 『縞紵集』, 「凡例」: "李先以詩文書札相通, 而後竟面接."

31) 「李調元年譜稿略」에 따라 朴齊家 1차 燕行(1778) 때 李調元은 광동에서 학정의 벼슬을 지내고 있었고 4차燕行(1801) 때 李調元은 사천에서 면주로 돌아갔다. 柳得恭의 『幷世集』 "罷官日即歸, 多在成都."에 따라 2,3차 燕行(1790-1791) 때 李調元은 사천에 있었다.

라는 자아를 토로하며 자신을 인정해줄 것을 요청하는 듯한 자세를
보였다.

이런 朴齊家에 대해 淸朝文人 세 사람도 일차적으로는 그를 신교
를 요청해온 외국문인으로 인식하였다. 특히 潘庭筠은 洪大容의 형상
에 기대어 朴齊家를 바라보려는 태도를 보였다. 다만, 『巾衍集』을 통
해 朴齊家의 시를 가장 적극적으로 평했던 李調元은 朴齊家에 대해
비교적 구체적인 이해를 드러내었고, 이에 따라 朴齊家와 주고받은
편지도 그 양상이 두 사람과 다소 달라졌다.

2) 개인적 교유의 발전

여기서는 실제 燕行을 시작하고 나서 주고받은 편지, 그중에서도
3차 燕行 이후까지 받은 편지를 살펴 보겠다. 이 시기 朴齊家와 상대
淸朝文人은 서로를 구체적인 한 개인으로 인식하며, 국적에서 오는
위계를 떠나 동등한 입장에서 깊은 교유를 맺었다.

이때의 편지는 대면이 가능한 상황에서 부차적으로 오간 것이 많
아, 내용은 대체로 소략한 편이다. 귀국 후 주고받은 편지의 경우 이
후의 재회를 다짐하며 작성한 것이 대부분이다. 이밖에 朴齊家가 潘
庭筠에게 보낸 편지 1통이 찬집 潘庭筠조에 실려 있다.

해당 편지들의 특징을 몇 가지 키워드로 살펴보겠다. 먼저, 인물됨,
문풍, 서예 등 朴齊家에 대한 구체적인 평가가 눈에 많이 띈다. 대표
적으로 紀昀(1724-1805)과 孫衡(?-?)의 편지가 있다.

　　　[1790] 어제 맑은 말씀을 나누며 전에 없던 신의를 얻었습니다. 해

외에 큰 포부를 지닌 분이 있었군요.32)

　[1792] 부쳐 주신 字册과 시편을 받자옵고 하나하나 펼쳐서 읽노라니, 황홀하기가 마치 작년 봄에 내가 그대와 함께 깊은 밤에 등불 심지를 자르며 수염을 치켜들고 손뼉을 치면서 붉은 등불 아래 푸른 술을 마시다가 책상에 기대어 졸던 것과 같았습니다.33)

　燕行 이전 편지에 나오는 朴齊家에 대한 평가와 다른 점은 바로 직관성이다. 앞에 李調元이나 潘庭筠은 모두 시문으로 파악한 형상을 바탕으로 칭찬했으므로 "틀림없다", "형암한테 들은 바" 등 불확실한 추정의 표현이 들어갔다. 반면 紀昀과 孫衡은 모두 朴齊家와 직접 대면하고 나서 쓴 평가라 분명한 확신이 담겨 있고 내용 또한 구체적이다.

　두 번째, 淸朝文人과 朴齊家 사이에 文房四友나 小照 등 상호 예물을 주고받는 교류가 확인된다. 燕行 중 朴齊家는 총 27명과 편지를 주고받았는데, 蔡炎林의 편지를 제외하고 모두 선물을 주고받는 내용이 들어 있다. 朴齊家가 淸朝文人들에게 보낸 선물은 불상, 日本墨, 淸心丸, 한약, 보자기 등이다.34) 또한, 淸朝文人들에게 서예 작품, 도장, 종이35) 등을 보내달라는 부탁을 많이 했다.

　소조는 스케치 풍으로 가볍게 그린 초상화를 뜻한다. 땅이 넓은 중

---

32) 朴長馣, 『縞紵集』, 2권, 紀昀 조, "昨挹淸言, 得未曾有信. 海外大有人在也."
33) 朴長馣, 『縞紵集』, 2권, 孫衡 조, "承寄字册詩篇, 一一展讀, 恍如昨春與我元長, 剪燭深宵, 掀髥鼓掌, 紅燈綠酒, 倚案頹唐也."
34) 李鼎元: 畫佛, 圖書. 紀昀: 輿圖, 표범 가죽. 羅聘: 청심환, 일본 먹, 갓. 伊秉綬: 한약. 龔協: 좋은 먹, 청심환. 莊復旦: 청심환, 글씨, 보자기 등.
35) 吳廷燮: 법서, 名紙. 孫衡: 인장. 言可樵: 『十三經』. 郭執桓: '尙友中原'과 '臥遊古人'이라고 새긴 인장.

국의 환경이나 당시 교통 여건상 淸朝文人들은 서로 소조를 주고받아 그리움을 달래야 하는 경우가 잦았다. 특히 朴齊家와 같이 외국에서 온 사신의 경우 첫 만남이 생의 마지막 만남이 될 수도 있었다. 이들 편지에서 소조 관련 내용이 많은 것은 이 때문이다.[36]

朴齊家는 燕行을 거듭하면서 소조를 주고받는 중국의 문화를 차츰 알게 되었던 것으로 보인다. 조선 문인들은 17세기부터 소조로 구분되는 형식의 초상화에 대해 알고 있었으나 18세기 후반에 이르러서야 소조 개념에 대한 이해가 정확해지고 그 비슷한 초상화가 본격적으로 제작되었다.[37] 朴齊家는 처음에 소조에 대한 의식이 없어 郭執桓 등에게 신교를 적극적으로 신청하는 와중에도 소조를 요구할 생각은 하지 못하였다. 1774년 郭執桓의 편지에서 소조를 달라는 요청이 朴齊家가 받은 첫 소조 요청이었다. 이후 燕行을 하면서 李調元, 潘庭筠 등 여러 명과 소조를 주고받았다.

한편, 龔協(1751-?)은 이 소조와 관련하여 편지에서 짓궂은 언급을 많이 하였다.

　　[1791] 六娥 선사의 硯北에 글을 올립니다. 차수 詞丈의 처소에서 대작을 얻어 보니, 모두 세속을 벗어난 뜻이 있는지라 나도 모르게 정신이 향하여 내달렸습니다. 편지를 드리면서 짧은 시구 두수를 그림 부채에 써서, 애오라지 경모하는 뜻을 전합니다. 모르겠지만, 작은 초상화를 그려서 보여 주시고 아울러 좋은 소식을 제게 보내 주

---

36) 안대회(2009), 54면 참조. 朴齊家가 燕行에서 주고받은 소조에 대해서는 안대회의 이 논문과 김현권(2011)에 자세하다.
37) 김현권(2011), 174면.

셔서 먼 곳의 회포를 위로해 줄 수 있으실는지요? 생각건대 고아한
회포와 운치로 혹 저를 속된 사람으로 여기지는 않으시겠지요? 서
둘러 이렇게 씁니다. 잘 지내시기를 빌며 천 번 만 번 保重하고 보중
하시기를 바랍니다.38)

    [1792]: 黃室이 병으로 마른 것은 가련하지만 한 차례 종이 위에서
라도 꽃다운 모습을 볼 수가 없으니 크게 유감스러운 일입니다. 그
대가 나를 위해 이를 마련하지 않는다면 아마도 속됨에 가까울 것입
니다.39)

    六娥는 朴齊家가 2차 燕行 길에 올랐을 당시 인연을 맺은 평안도
가산의 기생으로 시를 잘 썼다. 龔協은 1791년 六娥에게 직접 편지를
써서 소조를 부탁했고 그 이듬해에는 朴齊家에게도 六娥의 소조를 부
탁하였다. 六娥에게 보내는 편지는 아마 朴齊家 편에 전달하려고 했
던 것일 텐데 실제로 六娥에게 전달이 되었을지는 알 수 없다.40) 六娥
로부터 아무런 반응이 없자 재차 朴齊家에게 왜 소조를 안 보내느냐
고 편지에 적었다.

    龔協이 朴齊家에게 六娥의 소조를 요청하고 한 번 거절을 당했으
면서도 재차 편지를 보내는 것은 둘 사이의 교유가 개인사적인 것까

---

38) 朴長馣, 『縞紵集』, 2권, 龔協 조, "書奉六娥仙史硯北. 從次修詞丈處, 得見大作, 竝
悉有出塵之志, 不覺神爲之馳. 奉柬小句二首, 書之畫箑, 聊致傾慕之意. 未識肯寫
小照見示, 幷惠我好音, 以慰遠懷否? 想雅懷高致, 或不以俗子況我也? 匆匆佈此.
用候興居, 千萬珍重, 千萬珍重."
39) 朴長馣, 『縞紵集』, 2권, 龔協 조, "黃室瘦病可憐, 然不得一覩紙上芳容, 大是憾事.
足下不爲我辦此, 無乃近俗."
40) 안대회(2009), 53면 참조. 당시 조선의 풍조상 朴齊家는 이런 요구에 대해 끝까
지 반응하지 않았을 것이다.

지 공유할 정도로 깊고 스스럼없다는 것을 보여준다. 이밖에 龔協의
편지에는 가족 얘기나 다른 벗의 얘기 등 이들 사이의 친분을 보여주
는 내용이 적지 않다. 회인시에 자신을 쓰지 않은 것에 대해 서운함을
토로하기도 했다. 2차, 3차 燕行이 연달아 길게 이어지면서 특별히 친
한 淸朝文人도 생겨난 것이다.

　세 번째, 민감한 내용에 대한 검열의 맥락이 보이는 편지들이 있
다. 이 시기 편지 내용 중에 가장 빈번한 경우는 앞서 살핀 예물을 주
고받는 내용이다. 이는 가벼운 교류가 많았기 때문이기도 하지만, 주
로 깊은 속내를 담거나 긴 용건을 담은 대화는 만나서 필담으로 주고
받은 것이 많았기 때문이다. 특히 당시 淸朝는 文字獄의 위협이 있었
던바, 수신자가 내용을 확인한 뒤에 바로 처분하기 힘든 편지에는 특
히나 내용을 조심해서 적는 경향이 있었다.[41]

　이 때문에 표현만 봐서는 모든 편지가 범범한 내용을 담고 있는
것으로도 보인다. 그러나 朴齊家와 속내를 털어놓는 깊은 교유를 나
누었던 몇몇 문인들의 편지는 그 행간을 주목해서 볼 필요가 있다. 일
례로 李鼎元이 1799년 무렵에 보낸 편지를 들어본다.

　　어제 十三 李喜經이 불쑥 방에 들어와서 근래 잘 계시는 줄을 물어
　서 알았습니다. 십 년이 되도록 승진하지 못했다니, 제가 대신해서
　분통을 터뜨렸지요. 그러자 이희경이 그대가 겪은 일을 말해 주었는

---

41) 李鼎元이 특별히 朴齊家에게 이런 점을 경고하기도 했다. 『탈초·역주 秋史筆談
　　帖 2』(2022): (李鼎元) "저는 본디 서찰은 의당 신중해야 한다고 이야기합니다.
　　다만 오랫동안 헤어져 있는데 서신이 없으면 가슴이 답답하므로 결코 서신이
　　적을 수는 없습니다만, 반드시 신중해야 합니다.[我固言書札宜愼然. 久別無書,
　　中心惘惘, 故書札, 斷不可少, 只須愼耳.]"

데, 절대로 빈한한 선비가 감히 잊을 바가 아니었습니다. … 형님 우촌 李調元 선생은 고향으로 돌아가 다시는 산을 나오지 않고 계십니다. 저작은 날로 풍부해지고 정신은 나날이 굳세지시니, 제가 볼 때 마침내 用修 楊愼의 후신인가 싶습니다. 이 또한 우촌에게는 큰 다행이겠지요. 높은 관직을 하는 것쯤이야 어디에다 쓰겠니까?[42]

최소 두 가지 민감한 문제가 언급되었다. 朴齊家의 관직 문제와 '겪은 일', 그리고 李調元의 일이다. 조선 사행단 李喜經(1745-?)을 통해 알게 된 朴齊家의 불운하고 부당한 근황과 자신의 형 李調元이 겪은 정치적 부침을, 아주 완곡하게 실루엣만 전하였다. 朴齊家의 관직 문제는 그가 10년이 넘도록 말단인 검사관으로 재직하며 거듭되는 숙직 속에 지쳐간 이야기, 이후 외직을 역임하며 느낀 소회 등을 아울러 말하는 것일 테다. 이후 朴齊家가 답장을 보내왔고, 李鼎元이 다시 아래와 같이 답신을 했다.

바다 모서리와 하늘가라, 다만 정신으로 느껴 통해 자나 깨나 혹다시 만나 이야기할 수 있기를 생각할 뿐입니다. 문자로 왕래하는 것은 자못 자취에 구애되는군요. 봉함을 뜯어 보니 눈물이 흐를 것만 같아 한갓 서글픈 마음만 더할 뿐입니다. 알리지 않으려 해도 그럴 수가 없고, 말을 많이 하려 하나 감히 그러질 못하니 어찌한단 말입니까. 그대의 시에 본래 화답하여 올리려 하였지만, 막상 붓을 잡고 보니 마음이 상하여 능히 구절을 이룰 수가 없군요.[43]

---

42) 朴長馣, 『縞紵集』, 2권, 李鼎元 조, "昨十三闖然入室, 詢知近況佳勝, 十歲不遷, 僕方代爲扼腕, 而十三云足下所履之境, 大非寒士所敢忘. … 雨邨歸田, 不復出山, 著作日益富, 精神日以强. 看來竟是用修後身, 此亦雨邨之大幸也. 何用高官爲?"

알리지 않으려 해도 그럴 수 없는 내용이 있건만, 편지로 전하자니 그 자취에 구애되어 말을 할 수가 없다는 절절한 심정을 토해내고 있다. 朴齊家의 답장은 확인되지 않으나, 아마 그 또한 절절한 심정을 감추지 않고 드러내었을 듯하다.

朴齊家가 2차 燕行 당시 潘庭筠에게 보낸 편지에서도 이와 비슷한 정치적 검열의 정황이 드러난다.

> 하루는 길기가 1년 같고, 집은 가까워도 사람은 멀리 있군요. 이따금 거리 사이를 산보하면서도 또 감히 아무 때나 찾아뵙지 못합니다. 대문을 바라보며 서성이다가 돌아갈 날이 가까워짐을 생각하자니, 비록 하루에 1천 사람과 만나 이리저리 얽힌다 해도 다만 이 한 마음만은 끝내 옮길 수가 없습니다. 해마다 북경으로 와서 훗날의 모임이 끝이 없다 하더라도, 앞일은 캄캄하니 누가 다시 이를 알겠습니까? 이것이 바로 제가 어쩔 수 없이 思慮를 다하여 눈앞의 즐거움을 도모하는 까닭입니다. 지난번 보내 주신 서둘러 쓴 편지를 보았지만, 듣고 보는 것이 마음속에 담긴 말을 방해하니 筆墨으로는 다 표현할 수가 없군요.[44]

주변의 이목 때문에 潘庭筠을 쉽게 찾아가지도 못하고 편지로도

---

43) 朴長馣, 『縞紵集』, 2권, 李鼎元 조, "海角天涯, 惟憶精神可以感通, 寤寐或再把晤耳. 文字往來, 頗碍形迹. 開緘欲涕, 徒增妻愴. 欲不報而不能, 欲多言而不敢. 奈何奈何! 尊作本擬和呈, 而握管心傷, 不能成句."

44) 朴長馣, 『縞紵集』, 1권, 潘庭筠 조, "長日如年, 室邇人遐. 時時散步街市間, 又不敢以非時進. 謁望門屛而跼躅, 念歸期之將至, 雖日遇千人, 纏綿綢繆, 而只此一心, 終竟不能移也. 卽使年年進京, 後會無窮, 而未來冥冥, 誰復知之? 此僕之所以不得不殫竭思慮, 以圖現在之樂耳. 頃見回書草草, 豈耳目有妨心肺之言, 非筆墨所可罄者耶?"

제 뜻을 다 표현할 수 없다는 말이 보인다. 潘庭筠 또한 비슷한 이유로 朴齊家와 긴 회포를 풀 수 없었고, 이들의 연은 결국 흐지부지되고 말았다.[45]

특히 朴齊家는 성격이 호탕하고 불같은 면이 있어서, 친분이 있는 淸朝文人으로부터 우려 섞인 서신을 받기도 했던 것으로 보인다.[46] 친분이 깊어져 속내를 다 털어놓게 될수록 교유를 조심하고 중단해야 하는 상황도 있었던 것이다.

마지막으로, 이 시기 편지에는 朴齊家의 다음 燕行을 상정한 듯한 언급들이 보인다.

> [1792]: 말씀하신 대로 제가 이후에도 계속 연경에 있을 경우 선생께서 1–2년 안에 使命을 받들어 다시 오시면 좋은 모임을 잇고자 합니다. 이것은 감히 성급하게 허락할 일은 아니겠지요.[47]
>
> [1792]: 보내 주신 글을 받아 보니 문채가 웅장하고 아름답습니다.

---

45) 당시 潘庭筠을 포함하여 그 주변이 정치적으로 흉흉하였기에 발생한 일이다. 1791년 朴齊家가 북경 도착 직후 潘庭筠을 찾아갔지만 그는 만나주지 않았다. 그 후 태화전에서 열린 건륭제의 팔순 생일 잔치에 겨우 만났는데 중간에 만주인이 와서 염탐하는 기색을 보이자 그는 바로 벌떡 일어나 마치 처음 만나는 사람에게 인사를 청하듯 깍듯이 어디서 왔느냐고 묻고 새삼스레 성과 이름을 묻더라는 것이었다. 潘庭筠은 잔뜩 주눅 들어 무언가를 몹시 두려워하고 있었다. 관련 정황은 정민(2014), 522면 참조.

46) 『탈초·역주 秋史筆談帖 2』(2022), "'(朴齊家)중국의 풍습이 외국에 좀 관대하시군요.' '(李鼎元)풍습은 본디 관대합니다만, 요즘 떠도는 말을 만드는 사람이 많으니 신중하지 않으면 안 됩니다.' '(朴齊家)진숭본(陳崇本)이 서신을 보내주셨는데, 이런 일들을 조심하라 했습니다.'['中國俗差寬於外邦耳.' '俗本寬. 近多一般造謠言者, 不得不愼.' '陳崇本以書札見降, 抑懲此等事耳.']"

47) 朴長馣, 『縞紵集』, 2권, 孫衡 조, "承詢, 及弟嗣後如長在都中, 一二年內, 先生奉使再來, 續圖良會, 此則未敢遽諾."

내년에 다시 사신으로 올 기약이 있음을 보여 주시니, 혹 이번 생에 다시 서로 볼 수 있겠는지요.[48]

이외에도 비슷한 시기 龔協 등의 편지에서도 그의 4차 燕行을 가까운 시일로 예상하는 내용이 보인다. 여러 사람에게서 거듭 언급되는 것을 보면 단순한 희망이 아니라 구체적인 기약이 있었던 듯하다. 그러나 무슨 이유에선지 朴齊家의 다음 연경 방문은 10년 뒤에 이루어졌고, 다음을 기약한 대부분의 淸朝文人과 재회하지 못하였다.

3) 우정의 지속

네 차례의 燕行이 마무리되는 동시에 朴齊家의 교유 사업도 막바지에 이르렀다. 이 절에 살필 것은 4차 燕行과 그 이후까지의 편지이다. 10년 만에 연경을 찾은 조선 문인 朴齊家의 높은 명성이 확인된다. 朴齊家가 淸朝文人에게 받은 최고의 평가들이 대부분 이 시기에 나타난 것이다. 또한, 영영 이별임을 인지하고 보내온 편지도 있다.

이 시기 특히 주목되는 교유를 주고받은 淸朝文人으로 曹江이 있다. 4차 燕行에서 曹江과 나눈 필담을 보면, 그는 학생의 입장으로 朴齊家에게 여러 질문을 했다. 朴齊家는 자신보다 31살이나 젊은 학자에게 적극적으로 호응해주었다. 曹江은 필담에서 기생에 대해 얘기하자 朴齊家가 이를 눙치기도 했다.[49] 燕行 막바지에서야 만나게 되었지만

---

48) 朴長馣, 『縞紵集』, 2권, 伊秉綬 조, "接惠書, 文彩鉅麗, 承示來年有再使之期, 或者今生可復得相見?"

49) 朴長馣, 『縞紵集』, 1권, 曹江 조, "이학에 대해서는 묻지 않고 미인만 물으시니, 사람의 큰 욕심만 남았습니다그려. 그대가 사신이 되어 우리나라에 오면 관기를

둘은 나이 차이를 뛰어넘어 금방 친해졌다. 아래는 曹江이 1805년에 쓴 편지를 살펴보자.

　　그대는 性命을 나눈 벗이니 반드시 편지로 저의 부족한 점을 바로 잡아 주신다면 다행이겠습니다. … 그대를 그리는 마음은 모두 남백 역에게 준 시구 가운데 있으니, 찾아보실 수 있을 겝니다. … 伯罸 남척로와 오류거 서점에서 서로 얘기를 나누었는데, 예스런 모습과 유자의 풍모가 얼굴과 등에 가득하여 저로 하여금 그대의 그때 모습을 다시금 떠올리게 하였습니다. 급히 근황을 묻고 각자 잘 계시는 줄을 알았습니다. 아울러 들으니 벼슬을 그만두고 문을 닫아건 채 손자를 가르치는 것으로 일을 삼는다 하니, 특별히 저로 하여금 흠 모함을 그치지 못하게 하시는군요. 근래에 지으신 회인시에 틀림없 이 제 이야기도 들어 있겠지요.[50]

　　짧은 시간 만났을 뿐인 朴齊家를 벗으로 여겨 그리워하는 시구를 쓰고, 그 모습을 머릿속에 떠올린다고 말하였다. 1805년의 曹江의 편 지에서 1773년 郭執桓에게 편지를 보내던 朴齊家의 그림자가 보인다. 朴齊家는 대국의 문인에게 신교를 청하며 자신을 알아주길 바라던 젊 은 문인에서, 존경받는 조선 문인이 되어 신교의 대상이 된 것이다. 조강은 특히 이후 金正喜(1786-1856)와 교유하는 핵심 인사가 된다는

　　불러 보시지요.[不問理學, 乃問美人? 人之大欲存焉! 君奉使東來, 要索官妓矣?]"
50) 朴長馣, 『縞紵集』, 2권, 曹江 조, "閣下爲性命交, 必有書來, 匡我不及, 幸幸. … 思 君之忱, 盡在贈伯罸句中, 可索觀也. … 南伯罸相晤五柳居, 古貌儒丰, 盎于顏背, 令人還憶閣下當年光景. 急詢近況, 知各平善, 竝聞解組杜門, 課孫爲事, 殊使我欣 羨不已. 懷人近作, 必及下走."

점에서도 의미가 깊다.

　李鼎元은 朴齊家가 4차 燕行을 마친 뒤에도 편지 왕래를 이어갔고, 朴齊家 사후에는 朴長馣에게 편지를 보내왔다. 그야말로 朴齊家의 天涯知己라 할 수 있다.

　　그대 부친의 문장은 틀림없이 동국의 대가로 추대될 것이니, 부쳐 주신 『竟信堂集』은 다만 그 한 부분일 뿐입니다. … 그대의 부친께서 大令이 된 것은 알고 있었지만, 그 뒤 어느 때 귀양을 가게 되었는지요? 생각건대 신유년(1801) 이후의 일과 관련이 있는 듯합니다. 재주 있는 사람이 으레 힘들고 괴로운 것은 우리 촉 땅의 李太白과 蘇東坡, 승암 양신도 이미 겪었던 일입니다.[51]

　朴齊家의 문장이 동국의 대가로 추대될 거라 하였다. 『縞紵集』을 통틀어 朴齊家에 대한 가장 높은 평가라 할 수 있다. 또 그가 당한 유배를 李太白과 蘇東坡의 경험에 비유하며 朴齊家를 높이는 한편 朴長馣을 위로하였다.

　이어 李鼎元은 朴長馣에게 자신의 젊은 시절 소조를 선물했다.

　　이제 우촌 李調元과 치존 홍양길 그리고 그대의 부친이 또 그 자취를 이었으니, 훗날 그 이름이 반드시 전해질 것을 어찌 의심하겠습니까? 사람이 나이가 들면 마음을 다치기가 쉽다는데, 편지가 여기에 이르자 눈물이 주르륵 떨어지려 하는군요. 부쳐 보내는 〈行樂

---

51) 朴長馣, 『縞紵集』, 2권, 李鼎元 조, "尊翁文章, 定推東國作手, 所寄竟信堂, 特其一斑, 何時彙刻成集? … 尊翁前爲大令, 固知之, 此後何時遭謫, 想係辛酉後事. 才人例偃蹇, 卽吾蜀太白東坡升菴, 其已事矣."

小像)은 제가 35세 되던 해에 그린 것입니다. 지금은 살쩍과 터럭이 허옇지만, 神采만은 예전과 다름이 없답니다.[52]

35세 되던 해의 소조라면, 朴齊家의 燕行 시기와 정확하게 일치하지는 않아도 한창 교유했던 시기의 모습이다. 李調元, 洪亮吉 등 함께 교유했던 사람이 다 세상을 떠나 예전의 교유를 함께 추억할 수 없게 되었다. 29년 전 그린 자신의 초상화를 꺼내 그 시절을 그리워하면서 그때 자신과 같이 교유했던 사람의 자식에게 부친 것이다. 朴長馣이 요청했을 수도 있고, 李鼎元이 朴長馣의 글을 읽고 먼저 보냈을 수도 있겠다. 다만 이 일로 두 사람이 소조를 보며 朴齊家와 그 교유를 떠올렸을 것은 분명하다.

연경에서 명성이 높았던 명가로서 朴齊家는 이 시기를 마지막으로 조청 교유의 무대에서 내려왔다. 23살 때 淸朝文人에 대한 동경을 가지고 시작한 교유는 40여 년 동안 이어졌다. 4번의 燕行이 짧은 시간 안에 이뤄진 것은 아니었다. 2번에 달하는 10년 공백을 채운 것은 앞서 연경에서 펼치고 온 朴齊家의 文才와 함께, 부지런히 조청을 오간 편지의 교유였다.

---

52) 朴長馣, 『縞紵集』, 2권, 李鼎元 조, "今雨村及稚存竝尊翁, 又繼其軌. 其必傳於後 何疑. 人老易傷, 書至此, 涙涔涔欲下矣. 附去行樂小像, 乃愚三十五歲時圖者, 今鬢 髮雖霜, 神采如故."

4. 맺음말『縞紵集』수록 편지의 자료 가치

朴齊家와 청나라 문인의 편지 교환은 朴齊家가 燕行을 가기 전부터 燕行 당시, 그리고 燕行 후까지 반세기 가까이 지속되며 우정의 매개체 역할을 했다. 마지막으로『縞紵集』에 수록된 편지의 자료 가치를 제시하면서 글을 마무리하겠다.

첫째, 18세기 한중 문인들이 우호적으로 교유했다는 직접적인 증거가 된다. 燕行 이전 편지에서 朴齊家의 호감에 청나라 문인들은 적극적이고 호감 어린 태도로 반응했다. 燕行 중에 朴齊家는 관직과 관계없이 청나라 문인들과 편지와 선물을 주고받으며 평등하게 교류했다 서로의 장점을 취하고 단점을 보완하며 함께 성장하고자 했던 당대 동아시아의 우정과 교감을 보여주는 것이다.

둘째, 朴齊家와 淸朝文人들의 교유 자료 중 가장 장기간의 자료로, 교유의 흐름과 淸朝文人들이 朴齊家를 보는 시선 변화를 직관적으로 보여준다. 무명의 외국문인 혹은 洪大容의 벗에서 스승 朴齊家가 되기까지의 흐름이 40여 통의 편지에서 구체적으로 파악된다. 편지는 한번 보내면 다시 회수할 수 없으니, 거기에 담긴 淸朝文人의 태도는 신중하고도 진실된 것이라고 본다.

셋째, 淸朝의 검열과 회피의 정황과 맥락을 단적으로 보여주는 자료이다. 민감하고 깊은 내용은 주로 대면하여 필담으로 주고받았지만, 그런 경우 대부분 그 자리에서 처분하여 남은 자료가 많지 않다. 편지의 경우는 애당초 민감한 내용을 담지 않으려 하였으나 朴齊家가 조선에 있는 등 대면이 불가능한 상황에서는 피치 못하게 그러한 뉘앙스를 담아 작성한 편지가 남아있어 중요한 연구 자료가 된다.

　넷째, 朴齊家의 원서나 답서를 추정해볼 수 있다는 데 의미가 있다. 朴齊家의 편지가 실리지 않은 것은 한편으로는 『縞紵集』 자료의 한계이다. 그러나 편지가 일실된 것이 아니라 시의에 저촉되는 발언이 포함되어 朴齊家나 朴長馣의 판단에 의해 실리지 않았을 가능성이 있다. 이런 경우 淸朝文人들의 원서나 답서는 중요한 참고 자료가 된다. 朴齊家의 벼슬 상황이나 해직 이후의 상황을 알고 있는 듯한 李鼎元이나 조강 등의 편지는 실제로 이 같은 맥락을 추론할 수 있는 요소를 제공하고 있다. 특히 朴齊家와 깊은 교유를 나누었던 李鼎元 등의 편지는, 필담 등 기타 자료와 연계하여 더 깊은 숙고를 요하는 자료라고 할 수 있다.

참고문헌

1. 자료

朴長馣, 『縞紵集』, 하버드 옌칭도서관본.

朴長馣, 정민, 강진선, 이패선 외 역(2022), 『縞紵集』, 돌베개.

朴齊家, 정민 외 역(2010), 『貞蕤閣集』, 돌베개.

朴齊家, 『楚亭全書』(1992), 아세아문화사.

柳琴 편, 박종훈 역(2011), 『韓客巾衍集』, 도서출판 문진.

『燕杭詩牘』, 하버드대 옌칭도서관 소장본(망한려본).

蔡冠洛(1937), 『清代七百名人傳』, 世界書局.

李調元(2010), 『函海』(全十册), 人民出版社.

2. 논저

과천문화원 편(2009), 『후지쓰카 기증자료 목록집』 2.

단국대 소장 연민문고 동장귀중본 해제사업단(2012), 『단국대 소장 연민문고 〈동
      장귀중본〉 해제집』, 민속원, 843-848면.

『탈초·역주 秋史筆談帖 2』 김정희, 朴齊家 편(2022), 과천시 추사박물관.

정   민(2014), 『18세기 한·중 지식인의 문예공화국』, 문학동네, 317-410면.

楊世明(1980), 『李調元年譜稿略』, 西華師範大學學報.

藤塚鄰(2009), 『추사 김정희 연구』, 과천문화원 清朝文化東傳の研究 번역본.

徐毅(2019), 『十八世紀中朝文人交流研究』, 中華書局.

정   민(2007), 『18세기 조선 지식인의 발견』, 휴머니스트.

정   민(2014), 『18세기 한·중 지식인의 문예공화국』, 문학동네.

안대회(2009), 「楚亭 朴齊家의 燕行과 일상속의 국제교류」, Vol.0 No.145, 동방
　　　학지.

유재형(2017), 「연암 그룹과 담원 郭執桓의 문예교류」, 『韓國漢文學硏究』, Vol.0
　　　No.66.

이패선(2020), 「《望蜀聯集》 연구」, 한양대학교 국어국문학과 고전문학전공 석사
　　　학위 논문, 1-15면.

김현권(2011), 「조선후기 小照의 제작과 북학파의 역할」, 미술시학연구, 174-179면.

박종훈(2023), 「호저집(縞紵集)에 보이는 朴齊家의 교유와 교류 양상」, 온지학회.

박향란(2010), 『燕行錄 所載 筆談의 硏究: 洪大容, 朴趾源 등을 중심으로』, 인하
　　　대학교 한국학과 박사학위 논문.

찾아보기

ㄱ

『간정동필담(乾淨衕筆談)』 12, 22, 23
『간정동회우록(乾淨衕會友錄)』 6, 17
『간정록(乾淨錄)』 41, 42
『간정필담(乾淨筆譚)』 42
강세황(姜世晃) 172, 174
『경오유연일록(鏡浯遊燕日錄)』 30
『경의의 도념(敬義の道念)』 156, 157
『고운당필기(古芸堂筆記)』 216
『국호필화(菊壺筆話)』 24, 32, 34
『금석목고람(金石目攷覽)』 90
김창업(金昌業) 49, 60, 68

ㄴ

『난양록(灤陽錄)』 226
『논어총설(論語總說)』 98, 140

ㄷ

『담헌연기(湛軒燕記)』 32, 34

ㄹ

『만천록(萬泉錄)』 24, 36, 43
『망촉연집(望蜀聯集)』 338, 346
『명농초고(明農草稿)』 231
목만중(睦萬中) 180, 182, 184
『무오연힝녹』 54, 65, 66, 68, 69, 70, 71, 78, 79, 80
『문암문고(問庵文藁)』 217
민정중(閔鼎重) 28

ㅂ

「반형총화(班荊叢話)」 27
『부연일록(赴燕日錄)』 28
『북유록(北遊錄)』 54, 55, 73, 75, 79, 80
『북학의(北學議)』 88, 89, 212, 226

ㅅ

『사가시(四家詩)』 211
「사임당수낭발(師任堂繡囊跋)」 191
「사임당화란발(師任堂畫蘭跋)」 191
『상간편(相看編)』 31, 32
성후룡(成後龍) 28
송환기(宋煥箕) 189, 190
시게노 야스쓰구(重野安繹) 146
시마다 코손(島田重禮) 146

ㅇ

『연계기략(燕薊紀略)』 75, 76
『연계기정(燕薊紀程)』 75, 76
『연기(燕記)』 49, 60, 62
『연대재유록(燕臺再遊錄)』 227

『연원직지(燕轅直指)』 32, 34
『연행기사(燕行記事)』 33, 35
『연행일기(燕行日記)』 28, 49, 60, 68
『연행잡록(燕行雜錄)』 35
『열상주선집(洌上周旋集)』 230, 231
『열하기행시주(熱河紀行詩註)』 226
『열하일기(熱河日記)』 6, 15, 26, 27,
　　43, 49, 57
『예당금석과안록(禮堂金石過眼錄)』
　　135
옹방강(翁方綱) 130
阮元(완원) 130, 133
유금(柳琴) 208, 241, 247, 302, 304,
　　333, 334, 341
유득공(柳得恭) 216, 217, 241
유본예(柳本藝) 290
유본학(柳本學) 217, 290
이덕무(李德懋) 89, 169, 225, 231,
　　241, 257, 335, 336, 345
이빙허각(李憑虛閣) 170
이상적(李尙迪) 31, 90, 242
이서구(李書九) 241, 257
이익(李瀷) 166, 170, 171, 172, 173,
　　174, 175, 177
이전수(李田秀) 35, 43
이조원(李肇源) 32, 34, 35, 208, 221,
　　225, 231, 233, 257, 298
『일하제금집(日下題襟集)』 224
임백연(任百淵) 8, 10, 11, 12, 14,
　　30, 31, 32
『입심기(入瀋記)』 35, 36, 37, 43
「입연기(入燕記)」 225

ㅈ

정원용(鄭元容) 22
『정유각문집(貞蕤閣文集)』 211, 256,
　　269
『정유각시집(貞蕤閣詩集)』 211, 251,
　　252, 254, 255, 256, 257, 258,
　　259, 260, 263, 264
『정유각집(貞蕤閣集)』 242, 243, 244,
　　247, 248, 249, 250, 251, 266,
　　268, 271, 272, 273
『정유고략(貞蕤稿略)』 223, 227, 258,
　　269, 270, 271, 273, 317
조문명(趙文命) 176, 177

ㅊ

『초정시고(楚亭詩稿)』 231
『추사 김정희 또 다른 얼굴』 129,
　　137
『추사필담첩(秋史筆談帖)』 39, 40,
　　229
『춘운출협집(春雲出峽集)』 230, 256,
　　257

ㅎ

하야시 다이스케(林泰輔) 146
『한객건연집(韓客巾衍集)』 208, 223,
　　231, 241, 244, 247, 257, 304
『한상제금집(漢上題襟集)』 223
한필교(韓弼敎) 27
핫토리 우노키치(服部宇之吉) 149, 150
『해동비고(海東碑考)』 135
허난설헌(許蘭雪軒) 169

호시노 히사시(星野恒)   146

홍대용(洪大容)   6, 7, 12, 17, 22, 23,
　　24, 26, 27, 30, 32, 34, 35, 42,
　　43, 49, 62, 65, 80, 224, 233,
　　305, 342

『화동창수집(華東唱酬集)』   90, 94,
　　117

『황청경해(皇淸經解)』   128, 133, 144,
　　145, 147

실학자와 동아시아 교류

초판 인쇄   2023년 8월 24일
초판 발행   2023년 8월 31일

지 은 이   최식·임영길·송호빈·정혜린·김기완·정민·박종훈·강진선·이패선
기   획   경기문화재단 실학박물관
            (담당 김엘리)
            12283 경기도 남양주시 조안면 다산로747번길 16
            전화 031-579-6000-1   https://silhak.ggcf.kr

발 행 인   한정희
발 행 처   경인문화사
편 집 부   유지혜 김지선 한주연 이다빈 김윤진
마 케 팅   유인순 전병관 하재일
출판번호   제406-1973-000003호
주   소   경기도 파주시 회동길 445-1 경인빌딩 B동 4층
대표전화   031-955-9300
팩   스   031-955-9310
홈페이지   www.kyunginp.co.kr
이 메 일   kyungin@kyunginp.co.kr

ISBN 978-89-499-6743-1 93910
값 28,000원